新四军秘密战线纪事

杨连波 著

当代中国出版社
Contemporary China Publishing House

图书在版编目(CIP)数据

新四军秘密战线纪事 / 杨连波著 . -- 北京：当代中国出版社，2024.10
ISBN 978-7-5154-1101-9

Ⅰ．①新… Ⅱ．①杨… Ⅲ．①新四军—史料 Ⅳ．① E297.32

中国版本图书馆 CIP 数据核字（2020）第 264454 号

出 版 人	王　茵
责任编辑	姜楷杰
责任校对	贾云华　康　莹
印刷监制	刘艳平
封面设计	宋　涛
出版发行	当代中国出版社
地　　址	北京市地安门西大街旌勇里 8 号
网　　址	http://www.ddzg.net
邮政编码	100009
编 辑 部	（010）66572264
市 场 部	（010）66572281　66572157
印　　刷	中国电影出版社印刷厂
开　　本	710 毫米 ×1000 毫米　1/16
印　　张	26.25 印张　1 插页　362 千字
版　　次	2024 年 10 月第 1 版
印　　次	2024 年 10 月第 1 次印刷
定　　价	98.00 元

版权所有，翻版必究；如有印装质量问题，请拨打（010）66572159 联系出版部调换。

其实难为序也

刘顺发[*]

我和作者原本素不相识，承蒙新四军老同志后代的信任，专门发函请我为他的作品把关、指导，这让我们相识、相知而成为好友。当我得知是一位年轻的军人，而非史学研究者，竟热衷于为新四军著书立说，心里由衷的高兴。要知道，新四军史学界最缺的就是年轻的后继者呀。当杨连波捧着洋洋三十多万字的书稿与我见面时，我被感动了：初览目录，眼前一亮，选题独特，涵盖面宽，内容全面，安排合理。支持他、帮助他，是应尽的义务，更是我这位年长的新四军军史研究者的职责。

我是在一个特殊的健康状态下，连续十二个下午阅读完书稿的。书中大多是我熟悉的新四军中的人和事，可是作者的叙述却能一直吸引着我，他的写作是成功的。

他研究的是新四军锄奸、保卫工作，这是一个独特的选题，至今还没有人专门研究这个专题，这分明是填补新四军研究的空白之作。当然，公开的机构叫作"锄奸、保卫"部门，其实质则是新四军的秘密战线，或者说，是新四军部署的暗战。

作者的阐述条分缕析，始于新四军组建之初，从组织机构入手。军部在司令部设立了军法处、在政治部的组织部设立了调查统计科，作为全军

---

[*] 刘顺发，中国新四军研究会特邀研究员，江苏省中共党史学会原常务副秘书长，《铁军》杂志社原副总编。主要研究方向：中共党史、中共江苏地方史、新四军军史。

锄奸与保卫工作的主管部门，军法处处长由司令部秘书长李一氓兼任，调查统计科科长则由老政工、政治部的组织部副部长汤光恢兼任，负责全军的锄奸、保卫工作。军法处与调查统计科有四项主要工作任务：第一是对内保护核心机密，如机要室、作战室、电台等核心机密单位，防止这些单位的工作人员发生问题，主要搞好预防工作和审理逃亡等政治案件；第二是对组织、作战、通讯等部门的人员进行政治审查，对任免干部和人员调配发表意见；第三是掌握官兵政治倾向和思想动态，建立系统的锄奸网员；第四是审判案件，负责受理政治、刑事和军纪案件，必要时召开群众大会公审公判，惩罚犯罪，教育群众和官兵。

新四军从组建时的四个支队，其后的江北指挥部、江南指挥部，到重建军部后的七个师和浙东纵队，都组建了锄奸、保卫工作部门，都需要选配锄保工作干部。新四军组建之初，最缺的就是锄保干部，怎么办？

第一，选配。新四军副军长、实际上的政委项英同志在选配汤光恢兼任调查统计科科长的同时，还选配了另一位干将杨家保，出任军法处下属的部队科科长。长征途中，杨家保从红一军团政治保卫局侦察员做起，后任检查科长，到陕北后又任特派员，西安事变时曾跟随周恩来做贴身警卫工作。调任部队科科长后，因为李一氓军部的工作多，部队锄保的实际工作则由杨家保负责。三个支队成立之时，军法处长、调查统计科科长人选也先后确定：第一、第二支队的军法处处长兼科长，分别是周林、蓝荣玉，第三支队的军法处处长是朱先鉴，科长是项永章；第四、第五支队划归江北指挥部领导后，指挥部军法处处长为梁国斌，杨家保受命担任军法处军法官，各支队所属团、营设特派员，连队支部设网员。

第二，自己培养。新四军组建不久，即于1939年3月在皖南组织了第一期军法干部训练班，时间为20天左右。主要讲解军法工作的有关政策和相关技术。这次训练班为新四军锄保队伍培养了第一批骨干，共有八位，他们是朱磐、许西、钱惠铭、周柏林、石甘棠、周山、周平和李长发。八人中，除朱磐、周山二人不幸牺牲外，其余六位一直战斗到新中国成立，均成长为厅局和省级领导。

梁国斌调往江北之初，同样面临锄保干部严重匮乏，直接影响军地锄奸保卫组织建设的情况，遂于1939年12月在津浦路西定远县藕塘乡秘密开办了路西锄奸保卫干部训练班，韩融、傅科、杜尉然等三十多人参加学习。1940年3月，梁国斌又从皖东青年大队、第五支队的营教导员中选调干部二十多人，在半塔集举办锄奸保卫干部训练班。江北指挥部军法处就以这两期训练班的学员为骨干，组建起路东、路西各县保卫机关，保安总处也得到充实。此后，利用战斗间隙自上而下举办训练班培训锄保干部，作为开展锄保工作的一项制度被固定和坚持下来。江北锄保干部训练班走出的学员，不仅在抗日战争、解放战争中发挥了重要作用，也成为新中国成立后部队保卫部门和地方公安系统的业务骨干，许多同志后来担任了国家和一些省市政法部门的领导。

新四军锄保工作全面启动后，可谓千头万绪，全书的叙述则是有条不紊，清晰明了。首先是内容丰富：既有派出去执行潜伏、策反的传奇，也有顽方、伪方甚至日方打进来而被锄保战线成功侦破的故事。比较典型的就是，新四军组建之初，国民党派驻新四军的五个联络参谋，其实就是以公开、合法身份执行间谍活动的国民党特务。他们的总头目就是国民政府军事委员会别动总队总队长康泽。这五人中，驻军部是少将联络参谋卢碧云，驻第一支队是上校联络参谋许建华，驻第二支队是上校联络参谋杨凤举，驻第三支队是中校联络参谋孟繁伦，驻第四支队是中校联络参谋倪志操。他们从四川前往江西途经第三战区时，顾祝同还特地选派了一个中校参谋陈淡如随行。这些联络参谋表面也做一些联络工作，暗地里则是另一番景象。新四军领导早有预感，所以，这几人的言行活动一直处在新四军军法处的监控之中，最终，或丑态毕现，或阴谋暴露，铩羽而归。国民党的情报系统处心积虑地向新四军部队渗透，无时无刻不在千方百计觊觎新四军的部署、动态、人员等各种情报。更危险的是日军方面既利用国民党，又亲手暗布对新四军的监控、破坏、扼杀，也是无孔不入。潜在的地下斗争，潜伏与反潜伏、渗透与反渗透，间谍与反间谍，策反与反策反，既尖锐、残酷，又曲折、复杂。表面看风平浪静，实际上危机四伏。一桩桩、一件件，作者娓娓道来，揭示了历史的真相，披露了锄保战线勇士们的忠诚、勇敢、睿智、灵动、干练和不畏艰险的牺牲精神。其中较多的斗智故事原貌，无论斗争的曲折，运智的婉转，还是情节的生动，策划的惊险，真正精彩纷呈之貌，至今尚无一部相关电视剧能与之比肩，读来使人惊心动魄。

其次是涵盖面宽，新四军发展的各个时期、每支部队、各个战略区即抗日根据地内各条战线的锄保工作的细节，都有生动精彩的描述。新四军1937年12月25日在武汉组建军部，次年1月移驻南昌，4月移驻安徽泾县，后即常驻皖南；皖南事变之后，新四军奉中央军委之命在盐城重建军部。皖南军部时期，除前所述，还有新四军江南指挥部军法处处长周林，江北指挥部军法处处长梁国斌。新四军军部在盐城重建后，部队整编为七个师和浙东纵队，随即也配备了锄保干部。一师锄奸部部长蓝荣玉，二师锄奸部部长龙潜，三师锄奸部部长扬帆，四师锄奸部部长方中铎，五师锄奸部部长许道琦，七师锄奸部部长李丰平，浙东纵队锄奸科科长丁公量等。

书中的精彩描述，常让人惊诧叫绝。江北指挥部总指挥张云逸从一次未能实施的战斗策划中，判断本部可能藏奸泄密，立即布置军法处处长梁国斌迅速展开侦破工作。经过排查，梁国斌当夜行动，果然抓获一个皖东当地入伍并已担任了指挥部译电员的内奸，经审问得知其幕后主使者竟是司令部的作战科科长，作战科科长又供出他们特务组的第三人，是已担任司令部机关支部书记的张英。原来，这三人是两年前趁新四军组建扩军之机，奉国民党第五战区长官之命"应征"打入的情报特务，经过努力表现，获得了信任，担任了要职。三人特务组案的破获，为江北指挥部消除了内奸隐患。国民党之外，汪伪总部和其各地工作站以及日军情报部门，也不断向新四军各部派遣特务，搞潜伏，也搞策反。然而，新四军的情报和锄保部门也同样高招迭出,不仅破获甚多,而且,派进去,拉出来,多次获得重要情报。江南指挥部也有许多锄保案例,仅举一例:陈毅得知丹阳县后巷镇一名不满40岁名叫管有为的后生会测字看相,立即联想到几天前军法处一份情报提及,驻镇江日军头目茶联非常迷信,就连日伪外出"扫荡"都不忘占卜算卦,遂决定安排管有为担任特殊情报员,专事战略情报。命其以张大同之名、镇江镇丰轮船公司副经理身份为掩护,进出镇江城,秘密身份则是新四军挺进纵队外交副官。管有为入城后,重操旧业,不出两月名声大噪,很快引起茶联注意,上门占卜,巧舌如簧,骗得日伪团团转。一年多时间,管有为获得并送出了多份重要情报,也巧妙干预过日伪的多次行动。但是,多次的失利与吃亏,使日伪也对他产生了怀疑。1940年春节刚过管有为被逮捕,3月28日,在南通城外英勇就义。事后不久,因一伪维持会长告密,茶联方知其真实身份,恨得咬牙切齿。

书中对新四军各师、华中各战略区即各根据地的锄奸保卫工作的真实记载与细节描述,实在丰富多彩,情节诱人,此处不再赘述。更感动我的是以下两点:

其一是作者走心的钻研精神。写作必须掌握资料,取得资料必须大量阅读。没有对大量的、翔实的、多方面的资料,进行艰辛地寻找、挖掘、甄别、研究、鉴定,以求比较充分的把握,是不太可能写出好的作品的;没有对健在的各方面的当事人和其亲属、子女进行多次、深入的采访,是掌握不了生动细节和真实情节的,当然也成就不了好的作品。我敬佩作者挚情用心的刻苦钻研精神,除了做好日常工作,他把其余时间都用在了钻研与写作中。我喜爱这部作品,因为作品展现出了厚重的史料价值,典型的文学价值,值得称道的可读性,爱不释手的收藏性。

其二是作者并非为着寻求惊险故事而为之,虽然全书展示了作者的文学品位、文学修养和作品的纪实文学性;实则是为着完成一部历史作品而辛勤耕耘,实在难能可贵!作品向世人展示出一条"看不见硝烟的特殊战线",揭示了一个"密不示人的要害部门",歌颂了"一群游走在生死边缘的无名英雄"、忘我无畏的新四军指战员、忠诚无私的共产党人。作品讲述和展示的是锄奸保卫这一特殊工作、特殊组织和特殊群体在隐蔽战线上的光辉业绩，使读者能从新的角度、多个侧面了解新四军在华中抗日根据地艰苦卓绝的奋斗历史。这是一部关于新四军隐蔽战线的专题史著作，全书具有厚重的历史感。这也是吾辈新四军史研究者应该躬身以学的，要使新四军的辉煌史迹和永恒的铁军精神，发扬传承，履行宣传重任，吾辈学无止境。

以上文字实为本人的读后感言，其实难为序也。

写在前面

战争,常见枪林弹雨、厮杀流血,进行公开的对决。

然而,在公开对决的背后,还有一条隐形战线。

"两国交兵,不斩来使;两国交难,先杀侦探。"

这里的侦探,既指敌方的特务,也指己方的叛徒。

特务叛徒的作用怎能抵得过正规作战部队?但屡有战例说明:他们对于战争的胜败常常又能起到特殊而关键的作用。与他们的较量,尽管无声无息,其结果往往直接影响甚至改写历史的进程。

1939年3月18日毛泽东在延安纪念"三一八"惨案、巴黎公社和慰劳保卫工作人员的晚会上深刻指出,我们要消灭敌人,有两种战争:一种是公开的战争,一种是隐蔽的战争。隐蔽的战争有战略的进攻,打入敌人内心;也有战略的防御,保卫自己。要打败敌人,须内外夹攻,所以两者都有同样重要的意义。

于是,在我们的党史军语中就应运而生了"打进来"与"拉出去"这两个生动而形象的新词。一方面,我们向对手进攻,就要千方百计地"打进去""拉出来";另一方面,我们战略防御,就要筑牢内部防线、保持内部纯洁,防止被对手"打进来""拉出去"。

一打一拉,形象地概括了战时锄奸保卫部门开展工作的两种常用手段。难怪当年美国记者埃德加·斯诺到陕北保安采访中共情况,曾直言不讳问毛泽东："国民党方面认为，周兴是中共的特务头子？"毛泽东笑答："我以为，周兴是无产阶级的宝剑！"这与斯大林曾经赞扬契卡（即肃反委员会）是无产阶级出鞘的宝剑不谋而合。新中国成立后，公安部部长罗瑞卿提出以"盾牌"作为公安的标志，国家安全部门的标志则是二者兼有——"剑与盾"。而在人民群众心目中公安部门还有一个更为形象易记的特定叫法——"刀把子"，现在演变成了政法工作和政法机关的代名词。

  敌我的矛盾越是尖锐，暗战的角力就越为激烈，"刀把子"的地位作用就越为凸显，这既是斗争的艺术，也是决战胜负的窍门，更是和平年代不断巩固执政地位的保底手段。这项重要而又专门性的工作，南昌起义时叫政治保卫，土地革命时叫肃反斗争，抗日战争时则叫锄奸保卫；工作部门的称谓对应也由建党建军之初的中央特科、政治保卫处、国家政治保卫局和肃反委员会等演变成了社会部、锄奸部，在新四军成立伊始沿袭国民革命军编制称作军法处和调查统计科，根据地政府序列称作保安处（室），1941年11月中共华中局锄奸工作会议后才统一为锄奸部（对外也称军法处）和公安局。解放战争时，鉴于社会矛盾已由阶级矛盾重新替代民族矛盾，人民解放军的锄奸部又改回保卫部，而政府的公安局一直沿用至今，其中代为行使的审判职能分离归位到军法处和法院，公诉职能直至新中国成立后才分离归位到检察院。

  一条看不见硝烟的特殊战线，一个秘不示人的要害部门，一群游走在生死边缘的无名英雄。几多风采几多伤。本书为您讲述和展示的正是华中抗战中锄奸保卫这一特殊工作、特殊组织和特殊群体在隐蔽战线上的光辉业绩，力求使读者从新的视角、多个侧面了解新四军和根据地广大军民艰苦卓绝的奋斗历史。

目 录

楔子　从九陇山陈毅险遭错杀说起 / 1

第一章　皖南建功 / 5
  选准配强领导者 / 5
  从特务到特别党员 / 9
  军法处立了大功 / 13
  逃走的革命者 / 16
  文人扬帆搞锄奸 / 20

第二章　重庆"使者" / 23
  国民党派来了联络参谋 / 23
  蒋介石亲自训示 / 26
  摇摆的天平 / 28
  夭折的合作 / 32

第三章　淮南锄奸 / 36
  梁国斌北上 / 37
  智破黄小斋汉奸案 / 42
  七月除暴记 / 45
  潜伏的作战科长 / 51
  芜湖枪声 / 54
  锄保训练班 / 57

第四章　芦荡谍影 / 62
　　郎中的算盘 / 62
　　中招 / 67
　　"墙头草"胡司令 / 70
　　借刀杀奸 / 73

第五章　东进序曲 / 77
　　谁人不识"管半仙" / 77
　　护送密码过长江 / 81
　　临危受命赴泰州 / 87
　　连夜送出"鸡毛信" / 94

第六章　茂林悲歌 / 99
　　沈之岳谜题 / 100
　　致命的警卫员 / 106
　　击杀叛徒"二赵" / 112
　　李志高冤案 / 116
　　领导集中营暴动 / 119

第七章　征战江淮河汉 / 124
　　保卫新军部 / 124
　　刘少奇来到了锄训班 / 128
　　"真理团"案真相 / 132
　　汤家沟的不速之客 / 138
　　战地黄花香 / 143

第八章　红色交通线 / 148
　　四通八达的交通站 / 148
　　潘汉年与镇江事件 / 153
　　通向延安 / 158

第九章　用好"食客三千三" / 165
新四军的"孟尝君" / 165
蒲桥收编 / 170
团结刀会好抗战 / 174
"你还要再收三千'学生'" / 177
政治保卫局走出来的"红色龙头大爷" / 180

第十章　据点游击战 / 188
短枪队 / 188
"望江楼" / 194
反保甲 / 198
政治攻势 / 203

第十一章　华中失足者 / 208
整风、审干和抢救 / 208
被抢救的锄奸部长 / 212
"托派"疑雾 / 216
赵阜：我所亲历的"抢救运动" / 222
不辞而别的宣传部长 / 225
审干还是要重证据 / 228
"抢救"出了真特务 / 232

第十二章　"进步青年建国团"案平反始末 / 236
一支钢笔引发的错案 / 236
口供，还是口供 / 239
真假内线 / 242
刀下留人 / 248

第十三章　纵横虎穴 / 251
捉放娲尚郎樱 / 251
走进日军据点的女公安局长 / 255

卧底聚安公馆 / 263
　　计杀胡人杰 / 268

第十四章　汤团木马计 / 272
　　一份尘封的历史档案 / 272
　　震惊根据地的整团"叛逃事件" / 274
　　惊心动魄 167 天 / 278
　　破腹而归 / 284
　　儿子眼中的父亲 / 288

第十五章　敌后便衣队 / 292
　　从便衣队到便衣大队 / 292
　　锄奸是个脑力活 / 297
　　守护泗宿道 / 303
　　大李集的红色布告 / 306
　　三进徐州接高树勋夫人 / 309

第十六章　潜伏者 / 315
　　中将潜伏者 / 315
　　寺街"余则成" / 320
　　孤胆女特工 / 325
　　田胡子的"女秘书" / 330

第十七章　代号"400" / 336
　　宁波城的红特工 / 336
　　一箭三雕 / 342
　　交朋友、敲竹杠与睡干铺 / 346
　　降伏叛徒向露云 / 351
　　《新浙东报》泄密事件 / 357
　　谭启龙来信 / 361

第十八章　黄花塘锄奸散记 / 367
　　"红黑点"运动和群众锄奸 / 367
　　军部的潜伏哨 / 371
　　砍头不是割韭菜 / 376
　　竹镇派出所 / 382
　　密衔使命赴南京 / 386

尾声：奔赴新的战场 / 394

主要参考文献 / 396
后　记 / 402

楔子　从九陇山陈毅险遭错杀说起

1937年夏秋，国共达成二次合作，全民抗战局面形成。根据双方协议，中国共产党着手对自己掌握的武装进行改编。

与改编陕北主力红军不同，对长征后分散在湘、赣、闽、鄂、豫、皖、粤、浙南方八省的红军游击队武装进行集中整训，指挥联络的难度自然不言而喻。地域广、路途远不说，各支游击队均以山为家，行踪飘忽不定。再加上合作伊始，国民党顽固派表面上把"团结抗日"口号喊得震天响，暗地里却实施"北和南剿"图谋，不断派出正规部队、地方民团和密探叛徒对中共武装进行诱捕、诈降甚至集体缴械。纷乱且大逆转的时局让一些红军游击队领导人思想一时转不过弯：昨天还在你死我活，今天却要相泯一笑。

在获得中共中央授权后，项英、陈毅和张云逸经过商量，打算采取最原始也是最有效的办法，分头带人到赣西南、闽西北等红军游击队集中区，一个山头一个山头上门做工作。

10月16日，陈毅一行从江西南昌到达吉安，不顾途中劳顿随即登门拜访国民党江西省第三区（吉安）行政督察专员公署专员刘振群。刘早年在日本读大学法律科，做过河南绥靖公署军法处长，面对外敌入侵，他颇具正义感，赞同团结抗日。基于这一前提，国共双方的这次谈判气氛友好融洽。会谈结束后，走出保安司令部的陈毅步履轻松，当天就马不停蹄地奔赴湘赣边临时省委所在地九陇山，准备动员临时省委书记谭余保和游击队下山。

陈毅

九陇山,位于永新、宁冈、莲花和茶陵四县交界,从土地革命开始就一直是中共掌握的红区。到过这里的人都知道,九陇山重峦叠嶂,古木参天;削崖深壑,溪涧回旋;云雾缭绕,鸟雀啁啾。军史上著名的三湾改编就发生在九陇山脚下的三湾村。

湘赣游击司令部设在南山口的工作组哨兵首先发现了陈毅一行。据游击司令部参谋长段焕竞回忆:"从山外到九陇村来了一顶大轿,下来一个头戴礼帽、身穿呢料中山装的人,很气派,手上拿着文明棍,鼻上架着黑眼镜,是国民党几个兵护送来的。……那人向老百姓打听红军游击队和谭余保。老百姓不告诉他,他也不着急,白天晚上都到群众中去,在老百姓劳动时,向老百姓讲抵抗日本鬼子侵略,还分糖果给孩子们吃。看他的衣着像是反动派,看他的行动倒像是红军的老干部。"

哨兵把这一重要情报第一时间报告了山上的段焕竞和游击司令部政治部主任刘培善,段、刘两人也拿不定主意,决定派四连指导员刘别生带人下山一探究竟。

经过一番交涉,黄昏时,陈毅只带一个随行人员就随刘别生上了山。面对盘问,陈毅从容不迫,从时局到中共的抗战宣言,从井冈山的斗争到延安的新政权建设,……都答得让人不容置疑。

是真是假?是敌是友?已经参加革命多年、斗争经验丰富的段焕竞和刘培善,一时也没了主见,因为他们深知一旦判断错误,就会错杀同志,牺牲更多的战友。人命关天,容不得一丁点错失。

对他们来说,这样的教训历历在目,刻骨铭心。就在全面抗战爆发后

第一章 皖南建功

行军途中的项英

说来也巧，两人均系江西人，从军经历也非常相似，都是1930年就参加了工农红军，经过中央苏区五次反"围剿"的历练，后又一起随主力红军长征，1937年新四军组建时先后由延安派到皖南。对这样的老红军干部，政治素质、工作能力自然可以绝对放心。

杨家保有个先天的短板或者说弱项：文化水平太低。他因家境贫寒没上过一天学，大字不识两个，参军时的入伍登记表还是请别人代填的，不料误将原姓"欧阳"写成了"杨"，遂将错就错，一直使用。而汤光恢就大不同了，不仅上过学，还是中学毕业，早期参加革命的掩护身份就是老师。此外，汤光恢是去年底项英赴延安汇报工作时带回来的，一起工作已近半年，从感情上来说可能更亲近一些。

然而从经历上看，杨家保似乎更胜一筹。长征途中，他从红一军团政治保卫局侦察员干起，做过检查科长，到达陕北后又任特派员，西安事变时曾跟随周恩来做贴身警卫工作，多次出色完成任务。汤光恢则一直任宣传股长、宣传队长、师和军团的组织干事、巡视员等，压根没有锄奸保卫工作经历。

要说项英也真不简单，工人出身的他不仅意志坚定，在识人用人上也还真有自己的一套思路。权衡再三，他作出了决策：作为司令部指挥中枢七大处之一的军法处处长先由秘书长李一氓兼任；杨家保为军法处下属的

7

部队科科长，负责实际工作，也就是说李一氓的军法处处长主要是名义上的，具体工作还要靠杨家保来抓；作为一名老政工，汤光恢被任命为政治部组织部的副部长兼调查统计科科长，既是老本行，也有新业务。

李一氓是新四军内公认的大笔杆子，曾先后在上海大同、沪江、东吴等大学求学，与郭沫若、阳瀚生等文化名流熟稔，1933年到瑞金后就在中华苏维埃共和国临时中央政府国家政治保卫局执行部工作，对锄奸保卫工作了解、有经验，同时负责秘书处与军法处的领导工作当然没什么问题。

接到任命，杨家保和汤光恢都迅速开展起工作来。然而，事有意外。这年底杨家保回江西老家探亲，因日军切断浙赣线，一时无法重返军部，遂转道桂林，辗转到了皖中。1939年5月，新四军江北指挥部成立，杨家保任军法处法官，成为处长梁国斌麾下一名干将。比杨家保稍早一些，1939年初，汤光恢兼任新四军军部军法处副处长。1941年1月"皖南事变"后，他专任处长，军法处内部机构也在原来的部队、审讯两科的基础上增设地方科和教育科，加上看守所和执法队，形成了"四科一所一队"，人员增多，力量也随之增强。其中，一科为部队工作科，科长雷根，科员马凤祥，负责部队内部纯洁工作，分管营连网员、首长警卫、机密部门安全、邮检和典狱工作；二科为地方工作科，科长先后为汤光恢、扬帆，科员有洪沛霖等，日常工作主要是与地方秘密党组织联系，调查汉奸特务渗透破坏活动情况和国民党顽固派反共的战略情报；三科负责审讯，科长汤庸，参与案件预审和公审，也兼顾起诉的职能；四科负责锄奸教育和开办训练班，科长高原。1939年3月新四军建军之初，四科就在军部驻地组织了第一期锄奸训练班，学员有朱磐、许西、钱惠铭、周柏林、石甘棠、周山、周平和李长发八人，他们是新四军第一批锄保骨干。

三个支队成立时，军法处处长、调查统计科科长人选先后确定，一、二支队处长兼科长分别为周林、蓝荣玉，三支队处长为朱先鉴、科长为项永章，四、五支队划归江北指挥部领导后，处长为梁国斌。各支队所属团营设特派员，领导二三人开展锄奸业务；基层连队的支部只设网员，负责发现并上报可疑人员和线索，除非紧急情况，网员不参与工作处置，而且身份一般都是秘密的，与特派员保持单线联系并接受工作指导。

从特务到特别党员

新四军组建初期，装备十分落后，大刀长矛还是一些战士手中的常用武器，比较现代化的设施——几十辆运输卡车是上海煤业救护队开来捐献的。医疗卫生条件就更差了，不仅器械设备简陋，人员也奇缺，就连军部的医务处处长沈其震也是因为与叶挺私交不错，其中难免有感情因素。为此，军部多次向延安、苏南等地党组织申请介绍医务人员来新四军工作，下属的个别部队还在上海、杭州等大城市的报纸上刊登招聘启事。

从业务建设角度来讲，这样的做法并无不妥，然而在国民党间谍、特工的眼里就成了"千载难逢的良机"。

国民党特务张超得知这个情报后顿感眼前一亮，他嗅到了一种味道，随之计上心头。张超是臭名昭著的国民党军统局派驻上饶的特务头目，人虽在三战区，但直属军统局副局长戴笠指挥，手下爪牙遍布华东。当时的情况是，军统局为强化情报侦搜，以"防共"为借口在国民政府各部门、社会团体和军事系统中均派有特务组织，权力大得很。

可以"名正言顺"地派人打入新四军，是张超做梦都要笑醒的美事。

在国民党上海军特组织协助下，张超很快就从宝隆医院物色了两个人：护士长杨忠，真实身份是军统局驻该医院特务组组长；临时工胡新武，此人不是特务，还略懂卫生知识。为什么不选两个特务？显然里面有张超的深层考虑，这样的搭配易于隐蔽身份蒙混过关，便于执行任务时相互照应。

临行前，张超按照惯例找两人训话。对于杨忠，不过是交代注意事项，勉励他多为党国效力，许诺立功后大大有赏。最后张超狡诈一笑：温州的家属，政府会妥为安排，请勿牵挂。弦外之音，杨忠自然听得出来。

以利用，岂不是能把坏事变成好事？可是要争取一个特务，难度与风险自然不言自明。汤光恢当即找项英等军部领导报告，没想到项英还批准了，军法处遂决定以特别党员名义逆用杨忠，在工作中由汤光恢单线联系直接掌握。

所谓逆用，在反间斗争中又称"反反间"，即通过对方的特务了解对方的情报为我所用。这是一着好棋，更是一着险棋，优点在于不易引起对方注意，提供的情报涉密程度深、准确性高、时效性强，难点在于精准把控，特别是幕后控局的人必须胆大心细，具备谋略思维和全局视野，否则极易自受其害。

很快，汤光恢就接到杨忠报告，张超开始派人秘密联系他，要求提供新四军情报。

怎么办？如果什么都不给，那就会让张超觉得杨忠的情报价值有限，时间长了杨忠就可能被作为死棋子弃之不用，当然也就不会给新四军提供什么有价值的情报；而如果给假情况，经核对不实，杨忠不仅容易引起怀疑，还很难取得张超信任。只有给真的，合情合理，逆用才有可能取得更大成果。

主意已定，汤光恢亲自出马，将一些老旧过时的一般性情报或者估计对方已经掌握的公开消息，交给杨忠转报张超。张超看后非常高兴，听说杨忠要入党的事更是连夸他干得好，又是加薪又是提职，竭力鼓励他混进中共党内钻深爬高。

此后，通过杨忠这层关系，汤光恢得到不少国民党部队特别是三战区的情报，对做好新四军军部机关安全保卫工作帮助很大。不久张超又要求杨忠介绍并派遣了五名国民党特务到新四军连队工作，因为汤光恢预有准备，对这五名特务针对性开展争取教育，他们还没来得及进行捣乱破坏，就被新四军的强大政治攻势征服，全部投案自首，均表示洗心革面重新做人。后来，张超再派人与他们联系，企图刺探新四军情报，五人均敷衍说新四军条件艰苦，防范严格，部队马上要打仗，可能要牺牲，慢慢中断了联系。

1941年皖南事变后，杨忠随部队突围未果被俘。巧合的是，他被关入上饶集中营，后不久竟被在此负责思想改造的张超等人认出，他们仍要求杨忠从事狱内特务活动。杨忠多次推托说连自由都没有，无法开展工作。不死心的张超就交代他监视新四军组织部部长李子芳等高级干部，杨忠始终没有反映真实情况。1942年5月，狱中中共党支部在李胜等人领导下组织茅家岭暴动，杨忠等18人成功越狱，历尽千辛万苦回到苏北军部，继续战斗在抗战前线。解放战争时期，杨忠任华中野战军第七纵队卫生部部长等职，新中国成立后转业地方，当过福建省卫生厅厅长，后来在肃反和"文化大革命"期间，因历史问题多次受到牵连审查，汤光恢都如实出具证明，帮他落实了政策。

军法处立了大功

实事求是地讲，在抗战初期，日伪间谍并未重视对新四军的渗透策反工作，他们认为国民政府才是主要对手，即便考虑了共产党，恐怕也只限于延安和八路军，压根就没把新四军放在眼里。

比较而言，反共老手蒋介石对新四军的认识则明显深刻得多。只是受制于全民抗战的统一战线政策，国共才不得不暂时坐到了一张桌前，但如果就此以为桌底下风平浪静，则是政治上最大的不成熟，他搞的"北和南剿"和从1940年掀起的三次反共高潮就是很好的例证，所以才有了毛泽东在延安时被迫进行的反摩擦斗争。

摩擦和反摩擦可谓贯穿中国现代政治舞台的始终，贯穿国共斗争史合作史的始终。这也难怪，细数中国历朝历代的政治斗争，都逃不出一边握手一边互掐，表面上觥筹交错，桌底下都是暗流涌动甚至刀光剑影。这里的暗流涌动和刀光剑影，燃点的表现形式无一例外都是隐蔽斗争。而对于此时各方面实力都处于优势地位的国民党来说，积极进攻，当然是首选。

打不进去，张超就换了个思路，想方设法在新四军中找条内线拉出来。

新四军组建伊始，官兵主要有三个来源：一是三年游击战争时期的红军游击队，数量上最多，是主要组成部分；二是从延安和八路军抽调过来加强的力量，包括袁国平、周子昆、彭雪枫和罗炳辉等主要领导和一大批业务骨干，他们要么是长征干部，要么是陕北老红军；三是接收自发入伍的知识分子和热血青年，特别是经华中各地党组织考察输送的城市工人、学生和社会各界人士参军，规模较大的有上海煤业救护队、中共江苏省委组织的慰劳三战区将士演剧团等，这些工人、学生，普遍具有强烈正义感，以挽救中华民族危亡为己任，革命立场非常坚定。显然，要在这些人中撕开缺口找到内应，并不是一件容易的事。

那个时代社会通信手段非常单一，虽然已经有了电话、电台，但普通人之间要想联系，最常用的途径还是写信。所以，控制邮局、开展邮检，既是隐蔽进攻的手段，也是锄奸部门发现情况的重要渠道。

资深特务张超当然深谙此道。1938年夏的一天，张超手下的特务们在邮检时发现，来自云岭的一个人多次给上饶的一个固定地址写信，经秘读分析，判定这个人在新四军军部机要部门工作，老家就在上饶县的一个村。

部队机要部门主要承担文件、电报办理，掌管电台密码，负责上传下达作战命令、部队部署和调动等，平时工作中能接触大量机密事项，属于军法处和调查统计科重点防护对象。如果被敌人从这样的部门拉出人来，其影响和危害可想而知。

当然，发现这个情报的张超兴奋得一夜没合眼，他感到立功升迁的机会又来了。他底下的特务们循着信封地址一查，收信人的基本情况和社会关系就摸清了。

真实情况恰如张超等人所料，这个上饶籍战士早年就参加了当地游击队，后随部队开到皖南，整训后被分配在新四军军部从事机要工作。他

第一章 皖南建功

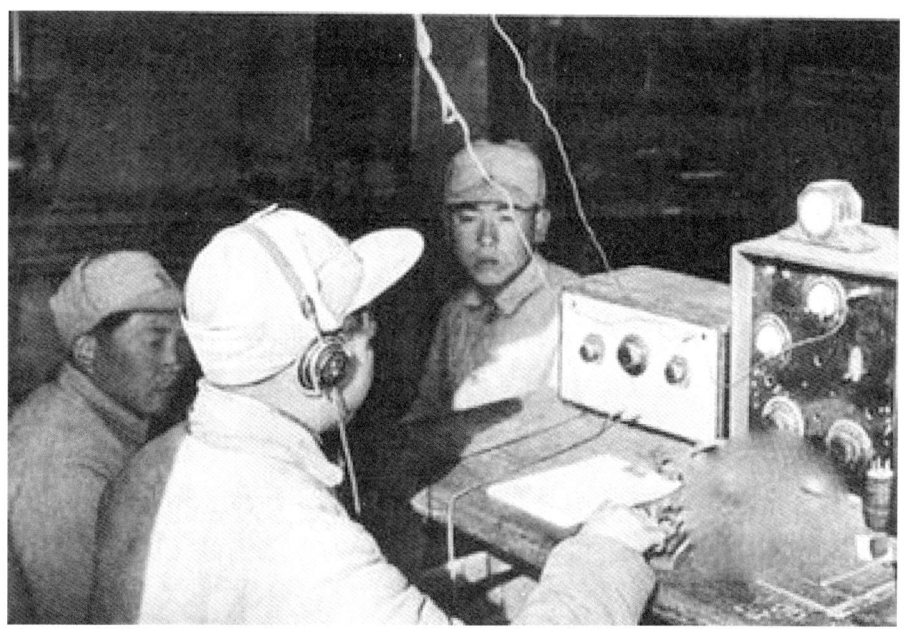

正在操作电台的新四军战士

的父母是小商贩，为人老实，几年前才以投亲名义从乡下搬到了上饶县城居住。

对付无权无势的老百姓，张超的办法自然很多，一捉一放，软硬兼施，一般人到此就乖乖就范了。这个战士的父母也不例外，更何况张超还允诺对他们儿子的通共行为既往不咎，事成之后还能安排在国民党政府做官。

六神无主的父母真就信了张超的鬼话，他们稀里糊涂写了信，极力恳患儿子按照张超等人的授意办事。接到这样的来信，受过锄奸教育的战士当然知道这是什么勾当，明知叛变革命的严重后果，但面对父母一封一封的家信，特务们的封官许愿，这个战士的思想最终还是发生了动摇。

然而，魔高一尺，道高一丈。这些变化都被新四军军法处尽收眼底。要知道，云岭的邮局也有军法处暗插的邮检人员，进出机关的每一封信件都要经过严格检查。

15

有信为证，为防止产生更大危害，汤光恢决定立即收网，当天就逮捕了这个战士。

在如此重要的机要部门挖出了内奸，项英听说后也是大吃一惊，亲自带领军法处干部组织审讯。既然铁证如山，这个战士再狡辩也无济于事。最后，考虑到这个战士参加过红军游击队，也算是对革命有功，是初犯且还没来得及出卖情报，态度也很端正，汤光恢建议给予出路，作了调离岗位的从轻处理。

事后，项英多次夸赞军法处立了大功。

清除一个内奸，就如挖掉身上的一处毒瘤。作为新四军领导人的项英自然要宣扬成绩，以此激励部属教育部队，而对于汤光恢来说，这才是开始，根本容不得他停下来喘口气歇一歇，更大的挑战还在后面……

逃走的革命者

1938年8月，盛夏的云岭村，连续几天的绵绵阴雨下得让人烦躁。

因为一直忙于工作，临时来军部办事的一支队副参谋长陶勇很晚才睡，躺在床上恍惚中被屋外一阵阵急促奔跑的脚步声惊醒，只听见外面吵吵嚷嚷，还依稀响过两声闷枪。戎马多年的陶勇立刻意识到出事了，遂即从床上一跃而起，抓着手枪就往外跑，不料却与军部警卫连指导员谭知耕撞了个满怀。一问才知道，是叶营长企图携枪逃跑，半路被抓了回来，刚刚又挣脱看守人员准备去找军长理论，到底还是被人截了下来。

叶营长就是叶道志。与陶勇一样，他也是延安派来的干部，两人颇有缘分，都出自红四方面军，一起参加过西路军，又是抗日军政大学第三期的同班同学，私交一直不错。来到新四军后，陶勇被分配到苏南一支队任副参谋长，叶道志则任二支队四团副团长。

对这样的工作安排，两人都没有太大意见，毕竟服从命令、听从指挥是军人天职，革命干部更是从不计较个人的官阶大小。人生地疏，刚开始在工作生活上有些不适应，是延安派来干部普遍面临的问题，从工作角度来看当然也属正常现象。陶勇是个直性子的人，他主动找支队司令陈毅作了汇报，经过开导后思想慢慢稳定下来。叶道志还有个特殊情况，他所在的四团是由红军闽浙军区挺进师、闽西南抗日讨蒋军一部、闽南独立团和漳州农民起义武装等部队改编而成，干部战士基本上都是闽南人，福建话成了四团的团语，语言不通很快成为他开展工作和融洽感情的障碍。心里苦闷的叶道志有时就约几个人喝点酒，喝多了难免与周围人发几句牢骚，流露出还是想回八路军工作的想法。

按理说，思想问题还是要通过思想工作来解决，解决这样的同志的问题以教育引导更为适宜。不料，他的这些牢骚话传到军部，被个别领导人定性为"政治动摇"，直接给予了纪律处分，职务上也由副团长降为营长，这更加坚定了叶道志重回八路军的决心。

由延安一起来的原红四方面军干部陈五和、徐长胜与叶道志有相同想法，于是三人一不做二不休，以勘察地形为名，诱骗特务营通信班副班长杨绍良带路，各带短枪离开部队。在向南跑到二百里开外的祁门县山里后，叶道志才把真实情况告诉了杨绍良，杨当即表示不愿意同去，便单独返回了军部。

三名干部带枪私自离队，这还了得！新四军副参谋长周子昆听说后立即向叶挺军长报告，就在两天前的7月28日，副军长项英已赴延安参加中共六届六中全会。

叶挺素以治军严明著称，对发生这样的事情当然十分恼火，命令周子昆务必将人追回。

军令如山。侦察科科长李志高带人火速追到景德镇，才将叶道志三人堵住。徐长胜因抗拒被当场开枪打死，陈五和侥幸逃脱，只有叶道志一人被五花大绑带回军部。

按照军部规定，携枪逃跑者一经捉拿，一律枪毙。这是因为新四军组建之初，全军共计10300余人，而枪只有6200余支，枪比人贵！

叶挺将军

还有另一个不得不交代的背景。1938年4月,也就是三个月前,中共党内刚刚发生了张国焘叛逃事件。张国焘是红四方面军最高领导人,叶道志三人都是其多年的老部下;张国焘在拜谒黄帝陵时擅自上了西安行营主任蒋鼎文的车,目前正滞留武汉,虽经周恩来等人反复做工作,他重返延安的可能性也越来越小,而据叶道志口供,此次三人出走的目的地正是武汉。携枪逃跑,张国焘叛变,多年老部下,出走武汉……这些足以让人绷紧神经的字眼,哪一件的分量都不轻,更何况交织在一起,情况就显得更加扑朔迷离了。

虽然叶道志多次向看守他的谭知耕和审讯他的军法处干部交代,他们去武汉不是找张国焘,仅仅是想到八路军办事处拿个重回原单位工作的介绍信。

虽然相知多年的老战友陶勇决心以死相救,多次与他人联名向军部领导写信力保,但仍无法帮叶道志洗脱投奔张国焘的嫌疑。而携枪擅自逃离部队，性质就更严重了。

经三战区司令长官顾祝同批准，新四军军法处公审，8月30日叶道志被枪决，年仅28岁。

三个月后，返回云岭的项英得知情况后心情沉重地说：叶道志携枪逃跑，其行为是非常错误的，但不是叛变投敌，而是想回八路军工作，问题的性质是违反纪律，属于内部问题，他曾担任红四方面军的师长、政委，怎么能仓促决定枪毙呢？这个决定太简单、太重了。

时隔45年，历史证明陶勇等少数人的判断是正确的。1983年10月21日，解放军总政治部经过复查，认为对叶道志执行枪决是错误的，应予平反。《决定》写道：

> 1938年4月，原红四军十师政治委员叶道志，原红三十一军九十二师二七六团副团长徐长胜，从延安分配到新四军工作，分别担任该军特务营营长和参谋。叶、徐因对任职偏低有意见，于同年7月31日，以看地形为名带枪逃走，被抓回。同年8、9月间，新四军军法处以投敌叛变罪，将叶、徐处决。现经复查证明，叶道志、徐长胜同志带枪逃走的目的，不是投降敌人、叛变革命，而是因为对任职偏低有意见，不能正确对待，想回八路军工作。其行为是非常错误的，但性质是违反纪律，属于人民内部问题。因此，对叶道志、徐长胜同志执行枪决是错误的，是一起历史错案。现决定为叶道志、徐长胜两同志平反，恢复名誉。

陈五和离开新四军后改名陈康，被重新分配在八路军一二九师工作，率部参加过百团大战和太岳区反"扫荡"斗争。抗战胜利后，他任晋冀鲁豫野战军第四纵队十三旅旅长等职，先后参加了上党、豫西、淮海、渡江、广东、广西、滇南等战役。新中国成立后，他先是任第十三军军长，1956年起任昆明军区副司令员、云南省委书记等，1977年12月重回部队任兰州军区副司令员，直到 1981 年 11 月离职休养，享受大军区正职待遇。

文人扬帆搞锄奸

扬帆做锄奸工作，出乎所有人的意料。

因为扬帆在参加新四军以前，是一个地地道道的文化人。北京大学未毕业就受戏剧家余上沅聘请出任国立南京戏剧学校老师，秘密带领学生参加救亡运动。1937 年 3 月，他回到上海工作，一直活跃于文化艺术界，与田汉、夏衍、阿英、唐纳等人过从甚密，有一段时间在中共江苏省委领导下组织戏剧电影委员会，团结沪上文化名流和艺术家开展抗战演出，编辑救亡报刊，开办民众夜校，唤醒群众觉悟。1939 年，满怀爱国热情的扬帆等带领上海文艺界慰问团绕道浙江温州、金华，冲破重重封锁到达皖南，稍事休息后，便面向新四军举行慰问演出。演出结束后，扬帆应项英邀请留队参加了新四军。同行的吴大锟在途中不幸被捕关至上饶集中营，1942 年被担保出狱。

在新四军，扬帆的第一份工作是担任新成立的教导总队文化队指导员。文化队的主要任务是为部队培养文艺宣传骨干。

教导总队是新四军为培养政治、军事干部开办的类似军校性质的教育机构，每期学习长则半年短则十天半个月；初期分为八个队，一至七队为男生，第八队为女生。培训内容有两种类型：第一类以政治为主，军事为辅；第二类以军事为主，政治为辅。政治队的学员主要招收来自各地参军的青年学生、店员、工人等，军事队的学员主要是从前线调回来学习的官兵，所以文化队挂靠在政治队也就不足为奇了。

扬帆的身上有一种无拘无束、追求自由的特质，这在要求整齐划一、令行禁止的新四军中显得有些突兀。

而扬帆这样的形象正合适到文化队做文艺兵的工作。因为在文化队及其前身戏剧训练班，混进了几个国民党员、"三青团"分子，他们故意带头捣乱，经常破坏教学秩序，之前几任指导员都被气走了。囿于统一战线，当时对个别国民党分子只要没有严重危害行为，一般并不处理，即便确定是国民党特务，往往也只是"礼送出境"，没有什么有效的办法。有一回，第三战区派了一个家住云岭的女特务以探亲为名回娘家企图抵近刺探新四军的情报，被军法处执法队的小伙子们在巡逻时当场抓获。虽然抓到了人，

新四军锄奸干部扬帆

但由于缺乏过硬的证据，最终也只是由毛普安队长带两名执法战士押送她走出二十多里后释放了。

扬帆上任后不久就管住了班里的几个文艺小流氓，还成功吸引了驻地中村周围一些社会闲人与其主动亲近。扬帆当然知道，这些人企图暗中拉拢自己，有什么政治目的没摸清前还不好说。他就将计就计，一面报告组织，一面假装后进与其周旋，平时少不了在一起抽抽烟喝喝酒发发牢骚，干一些文化队某些干部、学员想干而不敢干的事。

接到报告，军法处高度重视，李一氓当天就指派调查统计科干事周山与扬帆保持联系。扬帆将交往中发现的可疑人员及时密报周山，由周山利用工作渠道开展秘密核查。在他俩的默契配合下，竟真的抓了好几个企图混入新四军驻地捣乱破坏的国民党特务。

出师告捷，扬帆的锄奸才干得到军部军法处和调查统计科上下一致认可。而这些战果当然也惹怒了三战区，不久文化队在它的干涉下不得不停止办学，扬帆也就离开教导总队，随后他被项英调入机关，公开身份是军部秘书，实际上成了军法处的一名科长，主要负责军部机关安全。1940年

军法处改组后，扬帆担任地方工作科科长兼情报科科长，科员主要有陈啸奋、周柏林、李长发、杨堤、苏虹、刘西孟和张应谦等。

相较于指导部队内部锄奸，地方工作科主要负责做好驻地周边社会治安和群众防奸工作，任务最重。据扬帆回忆：

> 当时军部直属队和教导总队、后方医院、兵站等，分散驻在泾县大小十多个村子里，地方的区乡政府保长都是国民党的，还有国民党和三青团组织，特务也暗地布了钉子……他们把军部看作眼中钉，一再想把军部赶走。国民党特务千方百计对我进行各种阴谋破坏活动，如散布谣言、收买我人员个别或成批逃亡、挑拨我和群众关系、迫使群众不敢接近我们，甚至还以各种借口公开或秘密逮捕我人员……斗争形势十分严峻，情况相当复杂，军部驻地人来人往，鱼龙混杂……

从此，扬帆经常以新四军中校秘书的身份，骑着配发的枣色战马，出入军部周边的国民党四十师、五十二师和一八〇师等友邻部队驻地，向这一区域的地下党员传达中共东南局最新工作指示，同时以统一战线名义与国民党军保持联系，从中交朋友，择机搜集有关情报，成为一名名副其实的锄奸保卫干部。

当年扬帆写了一首《潜入青弋江候约不至》的短诗，记述了一次外出与秘密关系接头所遇到的情况："零星渔火惊难稳，细浪偷传获语低。有约不来生死系，寒江风雨夜凄迷。"

第二章　重庆"使者"

当初放虎归山,蒋介石用了三年时间"分割进剿",成效甚微;现在猛虎下山,更是搅得蒋介石寝食难安,成了心头的一处隐痛,他无时无刻不在思忖:怎样才能遥控和牵制好新四军?新四军部队活跃的华中敌后,特别是长三角的苏南地区,土地肥沃、物产丰富、城镇林立、人口辐辏、交通发达,既是英美等西方列强在华利益最集中的地方,也是国民政府的统治基地和中心,可谓蒋家王朝的"龙兴之地"。

既然武力解决不了,蒋介石只好变换思路另辟蹊径。一开始,他批准了周恩来任命叶挺为新四军军长的提议,毕竟叶挺也算是他北伐时期的亲密战友。与八路军的朱德、彭德怀等相比,他觉得自己与叶挺有着一股天然的亲近感。后来,当中国共产党断然否决国民党选派干部担任新四军领导的方案时,迫于时局和国内抗战的呼声,他不得不选择隐忍。现在,他只能指望即将派往新四军的五名联络参谋了。

一次次的接触谈判,一次次的交涉妥协。看似能随意翻云覆雨的"政治强人"蒋介石,此时能够掣肘新四军的似乎就只剩下联络参谋这张孤牌了。那么,这些以联络之名行监控之实的重庆"使者"们,能够担起蒋介石给予他们的"重任"吗?

国民党派来了联络参谋

对新四军官兵来说,"联络参谋"是个时髦词汇。国民党为什么要向新四军派联络参谋，联络参谋又主要担负什么样的职责？这还要从国共第二次合作说起。

1937年全面抗战爆发后，中国共产党与国民党再度携手，开展第二次合作。

其实早在1935年12月底，主力红军长征到达陕北后不久，国民党CC系头子陈立夫就曾派曾养甫通过谌小岑找到华北地区中共地下党组织进行秘密接触，试图以政治方式解决"共党问题"。中共北方局经过研究，决定派周小舟及吕振羽前往南京，以探询对方真实意图。1936年2月，原属于中共特科系统的董健吾和张子华分别受宋子文和陈果夫陈立夫兄弟委托，经张学良安排秘密抵达陕北苏区中共中央所在地瓦窑堡，两党由此初步建立了高层沟通渠道。1936年底，在周恩来等人协调下西安事变得到妥善解决，为两党开展和谈奠定了基础。

1937年2月10日，与周恩来接触后，国民党代表张冲对解决陕北苏区和红军改编问题提出具体方案："（甲）先按指定区域调防，派驻联络人员并予以接济；（乙）……红军改编为国军，维持原有领导，但加派政训工作联络员"。

第二天，周恩来回复同意在"政训处派人联络"。

3月8日，周恩来将一个月来的谈判结果形成文字，准备通过电报报告蒋介石，其中在政治问题中明确提出"政训工作由中央派人联络"。

7月7日，根据中共中央的决定，博古、林伯渠与周恩来一道应蒋介石之邀经西安飞至上海，准备转往庐山，参加同国民党的下一阶段谈判。

当日深夜，日军借口夜间演习有一名士兵失踪，要求进入宛平城搜查，遭到中国守军拒绝。双方交涉过程中，日军突然炮袭中国守军，拉开了全面侵华序幕。这便是震惊中外的卢沟桥事变。事变的突然发生，使得国民党在谈判中的态度迅速发生逆转。然而蒋介石仍不同意中共军队拥有独立指挥权，提出红军改编后"各师须直接隶属行营，政治机关只管联络"。次日周恩来致函蒋介石予以拒绝，中共中央要求周恩来等人中止谈判返回延安。

7月27日,蒋介石沉不住气了,在指挥权和指挥机关问题上开始作出让步,但仍坚持国民政府军事委员会别动总队长康泽担任八路军政治部副主任,中共强硬表示以邓小平代之。

8月30日,就在康泽通知中共代表关于边区政府和八路军政治部领导人选、两党关系宣言必须在中共军队全部出动抗日之后才能发表时,中共也得知国民政府还确定了派驻红军的高级参谋人员,当即表示反对,坚称:南京所派"高级参谋前方实行挡驾,不许踏进营门,理由是南京应该信任红军,不应该破坏红军,但外面传说高级参谋是康泽等派来破坏红军的,因此不敢欢迎,如改为联络参谋并改派红军同意之人选则不拒绝"。9月2日,周恩来向康泽表示:"八路军总部及各师高级参谋其任务系在联络,务请受命者认识清楚,免生误会。"

至于中共起草的为公布国共合作的宣言,双方就有关内容删来改去,中共始终坚持:拒绝政治部副主任,只接受联络参谋。

迫于异常危急的战争形势,对中共的种种要求,蒋介石在《困勉记》中道出自己的苦楚:"此时惟有顺受之。"经博古、叶剑英与康泽等进一步交涉,国民党方面不得不作出有利于实现合作的让步,同意照中共意见重新修改宣言内容,以同时发表中共宣言与蒋之谈话来宣布共产党之合法化,确定高级参谋为联络性质,同时对陕甘宁边区政府领导人选也作了妥协安排。

这样一来,中共中央所争取的目标实际上已经基本达到了。

然而随着武汉会战结束,抗战局势进入战略相持阶段,国民党算是相对获得了安稳局面,顽固派又开始挑起事端。继1939年1月国民党五届五中全会确立"溶共、限共、防共"方针、制定《防制异党活动办法》、成立防共委员会后,是年6月颁布《共党问题处置办法》,其中"对共党各种活动之限制"第八点明确:在八路军与新四军之驻在区,军事委员会得指定中央与之互派联络员,监视其整个活动。

由于蒋介石始终想要监督和控制中共军队，因此坚持要向八路军和新四军部队派驻联络参谋，而这些所谓的联络参谋，大都是康泽手下的特工人员，以监视八路军和新四军为己任，这就不可避免地造成抗战期间国共两党两军的"摩擦"。

随着联络参谋陆续到职视事，新四军锄奸保卫部门的任务便更繁重了。大家都在思考：对于有公开身份做掩护的联络参谋们，工作思路和方法要怎么调整呢？

蒋介石亲自训示

1939年4月，重庆黄山云岫楼，委员长官邸。

五名新近任命的国民政府军事委员会驻新四军联络参谋，在康泽带领下，神情严肃地端坐在会议室，等候蒋介石召见，同座的还有参谋总长兼军政部长何应钦。

五名联络参谋分别为驻军部少将联络参谋卢碧云、驻一支队上校联络参谋许建华、驻二支队上校联络参谋杨凤举、驻三支队中校联络参谋孟繁伦、驻四支队中校联络参谋倪志操，他们都是康泽多年的老部下，有的还是他1933年任中央军校特训班班主任时一手栽培的学生。

铁杆部属、师生情谊，国民党似乎就喜欢搞这样的团团伙伙。

按国民政府惯例，选调外派军事干部通常由军令部或政治部负责，这次蒋介石却直接指令康泽办理，其中的玄机不言而喻。这群所谓的联络参谋在公开联系的背后，一开始就隐藏着某种不可告人的秘密。正如军委会军令部长徐永昌在核签时将"中央对八路军、新四军指定联络员，监视其整个活动"修改成"军委会为求与十八集团军、新四军密切联系起见，照各军前例，派联络参谋若干员前往联络考察。该参谋等应适时呈出报告，以便指导、考核、纠正"。

在全民族抗战大形势下，国共合作、联手对日已成必然，蒋介石惧怕八路军、新四军发展壮大的担心始终没法排解，但换个思路，这又何尝不是他对中共武装强化影响和控制的绝佳时机？蒋介石看清了这一步，似乎也就找到了政治解决共产党问题的窍门。蒋介石在耗时 21 个月之久与中共的接触与谈判中，始终想采取"上调中央"和"中央下派"方式，试图破除共产党对其军队的绝对领导。谈判伊始，蒋介石要求直接收编红军，遭到拒绝后转而提出派丁维汾任陕北根据地正职官长、康泽任红军政治部副主任和调朱德、毛泽东离开红军到中央任职的方案。不料，全面抗战的爆发导致双方谈判天平的倾斜，最后盛气凌人的国民党代表只得以委派联络参谋的名义挽回一点颜面。

这样的结果，打翻了蒋介石的如意算盘。多番绞尽脑汁后他发现，自己手里似乎就只剩下联络参谋这一张能够掣肘八路军和新四军的孤牌了。所以，当闻报联络参谋人员已经拟定并即将赴任时，他决定要亲自召见也就在情理之中了，真可谓用心良苦啊。

这五名联络参谋虽然都是将校级军官，但毕竟面见最高统帅还是第一次，所以激动之余显得稍许紧张也是在所难免。倒是蒋介石显得和蔼可亲，在康泽简要介绍每个人的情况后，他充分肯定每一名联络参谋都是百里挑一、党国充分信任的干将，到职后完全可以放开手脚大干一场，又点出联络参谋必须时刻牢记自己肩负的使命任务：及时报告新四军的各种情况，既要报告战斗情况，也要关心实力的发展、内部的关系等。

蒋介石还特别强调："大家去新四军、八路军，一定要做到能久住。因为你能久住，那他们的一切，一定都明白了。久住不仅仅是坐在司令部里，更要随时下团、下连联络，不要显得太幼稚，被人家看不起，甚至被人家赶走。如果让他们把人赶走，那你的工作就全部失败了。"

秘密召见，单独训示，康泽的心里自然明白蒋介石对联络参谋们寄予厚望。所以，蒋介石的话音刚落，他就赶紧以联络参谋管理者的身份接话表态。

最后，蒋介石还不忘叮嘱："共产党是有一套的，对于游击战的组织指挥，军队的补充、军事训练、政治教育，都有办法，大家都要虚心研讨。"说完便径直离去。

接着，陪同召见的何应钦又讲了一通，大体按照蒋介石的意思重复一遍，不过他特别严肃地强调一条纪律："以后无命令绝对不准回来，严禁自由往返。"何应钦还说到一个细节："发电报就用新四军的电台，不准自带电台去。自带电台，一定会增加他们的怀疑，加重大家的工作困难。"关于组织系统，何应钦作了明确："先到上饶三战区向顾祝同报到，听从指挥。"

因战时交通不畅，五名联络参谋抵达上饶时已近9月份，从四川到江西足足走了四个月！

顾祝同对他们的散漫作风虽有意见，却也无可奈何，毕竟他们到三战区只是履行报到手续。对于这几位联络参谋的工作内容，顾祝同自然心神领会。为便于工作，他如法炮制，选派中校参谋陈淡如随行，直接负责三战区与新四军的联络工作。

摇摆的天平

按照国共谈判时的书面职能定位，联络参谋负责加强国民政府军事委员会与敌后八路军、新四军联系，了解敌后抗日情况和作战经验，及时上报军令部。同时，如实反映八路军和新四军的人员编制、武器弹药消耗等，以便准确发放军饷和做军事接济。据此，联络参谋若能忠实履行职责，将有利于消除国共双方分歧和隔阂，巩固团结合作。

刚开始，新四军领导特别是军长叶挺对联络参谋们不远千里到来，还是抱着欢迎接纳的态度。在云岭，叶挺和政治部主任袁国平特地接见了几位联络参谋，叶挺还向他们详细介绍了新四军的组建和挺进敌后抗战的情况。叶挺说："希望你们到各支队多看看，了解新四军战士们的战斗、生活情况，发挥好新四军与友军以及与重庆之间的桥梁作用。我们的目的是一致的,是抗日把我们联结到了一起,我们要多做有利于抗日的事。"叶挺一席话,足可见新四军的坦荡与真诚。当日,叶挺还在种墨园家中专门设宴为联络参谋们接风洗尘,不久,赴各支队的联络参谋又在军部警卫队的一路护送下安全到职。

中共素有先礼后兵的传统。在延安,八路军对派来的联络参谋,同样没有因为他们政治立场、观点身份的不同特别是肩负秘密使命而排斥他们,总是以礼相待,做到政治上尊重、生活上优待,并予其正当的工作提供各种便利条件,极力争取和团结他们。1938年秋,陈宏谋、郭亚生、李克定三人一到延安,就受到了中共中央和军委领导的热情欢迎,毛泽东也亲予接见、设宴接待,在窑洞口与他们做了一次长谈,阐明中共抗日主张,勉励他们安心工作,为抗战和国共两党两军合作多做贡献。到了1943年2月底,陈宏谋等从延安返回,接替的徐佛观等赴延安任职,八路军重庆办事处专门在曾家岩设宴招待。延安举行的一系列重大政治集会,均邀请联络参谋参加,并请他们发表演说。

客观地讲,联络参谋初到八路军、新四军时,是能够如实反映和上报情况、积极协调友党友军关系的,对团结一致抗日起到了积极作用。

驻新四军三支队联络参谋孟繁伦曾编制过三张新四军游击战绩年度统计表,分为作战次数、缴获、爆破、俘虏和敌我双方伤亡人数等六项,统计之细、分析之实令人敬佩。他在1939年的一份统计表后写了一段附记,很值得一读:

> 本军系担任游击任务,其部队多深入敌后,有时因敌情紧张,便于袭扰敌人,履行任务,甚至一营一连在游击区内均须分散行动,因此与后方通讯联络不如其他部队之便捷。同时物质艰苦,交通工具缺乏,联络线往往无形中断。基于此种困难,故历次战斗仅凭电报扼要转达,内容诸多简略,各种数字亦止于概数而已。至月终统计报告,皆赖徒步送达,每递送一次则须通过数道封锁,辗转需时月余。因之

每月统计仅能依据电报汇成,而此表则系根据各部队按月详报统计,数字与战况均确实,故与以往月报略有出入。特此说明。

从这段附记中,可以读出这名联络参谋对新四军的客观态度。

当然,面对这些以合法身份掩护的国民党特务,八路军、新四军的锄奸保卫部门并没有被表面的假象所迷惑蒙蔽,他们始终保持头脑清醒。对于个别联络参谋的特务活动和不当行为,他们坚决予以针锋相对、有礼有节的斗争。李克定一到八路军一一五师师部,就设法收买了一名译电员,企图窃取内部机密。案件被锄奸部门侦破后,工作人员按斗争政策对他的行径进行了揭露。李克定无法抵赖板上钉钉的事实,只得灰溜溜地返回重庆。周励武驻延安期间进行特务活动,曾秘密发展反动组织,还企图胁迫和收买边区政府派给他的勤务员。他数次故意将金戒指丢在地上,暗中偷看勤务员打扫卫生时是否捡走。勤务员识破周励武的意图后,主动向边区政府交际处和保安处作了汇报,周的拉拢策反阴谋至此破产。

在新四军也一样,联络参谋的言行一直处在军法处的监控之中。据新四军老战士丁公量回忆,联络参谋一到皖南军部,军法处就制定了周密防范计划,选派处里最年轻的干事杨堤担任卧底,名义上是保障生活,实际上对联络参谋每日言行进行监控,发现异常情况及时报告,同时军部也指示各支队军法处要做好赴各支队联络参谋的防范工作。

热情归热情,招待归招待,团结归团结,从联络参谋入职伊始,国共双方就展开了渗透与防范的阵势,就如相隔一层薄薄的纸片,双方都心知肚明,只是不愿挑明罢了。

一些思想反动、坚持反共顽固立场的联络参谋的表现,往往也随着国共关系的变化而变化,当双方关系融洽时,其言行则表现出更多的友好和善意;反之,他们的反共气焰随之嚣张,公开说怪话发牢骚,蛊惑宣传混淆视听,还道听途说报告一些不实情况,污蔑新四军,借机邀功请赏。

当时,驻军部和各支队的联络参谋向重庆报告工作都是通过新四军的电台，这也是何应钦特别交代的工作纪律，但实际操作起来让他们颇感棘手。如实报告一些真实情况还好说，偷偷传送情报或者对新四军不利的情况，如何进行天衣无缝的操作，让他们费尽心机。毕竟人人都心知肚明，这才是蒋介石关注的重点，也是他们升官发财的重要路径。他们起初想到的办法是另备密码，所以离开重庆时特意向军令部申领了一本"央密"，康泽加发了一本"络密"，途经上饶时三战区情报室又增发了一本密码。但基于保密，联络参谋们轻易也不敢使用这三种密码，大多数情况下还是使用军委会配发给新四军的"通密"。在离开重庆前，联络参谋还与军令部游击科长乔茂林约定：用"通密"发的电报，凡开头有"钧鉴"两字表示全不可信，凡最后有"为祷"两字表示一半可靠，只有直称"部次长徐熊"（军令部长徐永昌、次长熊斌）才是可信的。

尽管有多套密码，又玩了这些花招，要用新四军电台传送情报，联络参谋们到底有点心虚，所以他们多借机另找电台。担任四支队联络参谋的倪志操，有一回奉命到驻安徽寿县的国民党皖北行署主任颜仁毅处调查颜部与新四军摩擦事件。他当然不会放过这个好机会，借机用颜的电台发了一份电报向军令部和康泽报告新四军在江北的扩编情况。后来，倪志操又到驻合肥的国民党第一三八师，用那里的电台发情报。

当然，监视窃密是联络参谋们来新四军的主业，有时他们也会扮演"钦差大臣式"的监工角色。三战区联络参谋陈淡如到达皖南军部后发现新四军新组建的文化队，就以军队不是文化团体为名，直接干预文化队工作，要求取消办学解散队员，向顾祝同报告后还以扣发给养相威胁，后经军部据理力争，改用战地服务团第二队名义并搬到汤村附近的偏僻小村，才使文化队勉强办到了1939年9月结束。

1940年春，国民党江苏省政府苏南行署主任冷欣不仅不抗日，而且将矛头直指新四军，专门制造两党摩擦。为配合反共，他借口先例也向新四军一支队派出了联络参谋，名曰联络官，实则搞特务活动，企图监视新四军行动。陈毅司令员一眼就看出他黄鼠狼给鸡拜年——没安什么好心，指示要"设法把他挤走"。反监视的任务同样落到了军法处处长周林的身上。周林参照军部做法,给这个"联络官"派去一名勤务员,并发动群众一起做工作。据周林回忆:

> 军法处负责对付这位"联络官"。……这位"联络官"借住在当地一个地主的家里。他住进这个地主家后,很快勾引上了地主的儿媳妇,做出伤风败俗的事情来。军法处了解到这个情况后,立即抓住这一机会,揭露了他的丑事。这件事使这个地主感到很丢面子,出面控告了这位"联络官"。当陈毅遇见冷欣时,谈及这位"联络官",轻蔑地说:"做出伤风败俗的丑事,群众反映不好啊!"冷欣万万没有想到,派到新四军的"联络官",非但没搞到情报,反而名声扫地。这真是"偷鸡不成,反蚀把米",冷欣不得不撤回他的"联络官",从此再也没派出第二个"联络官"。

夭折的合作

1940年5月,重庆电令派驻新四军的联络参谋返渝述职,实际上是秘密布置他们监督新四军对北调黄河命令的执行情况。经过一个来回,联络参谋重返上饶的时间已是12月下旬了,这时三战区包围新四军皖南部队的军事部署已经完成,急需联络参谋们各就各位,以便里应外合。

顾祝同甚至手令交通处,从前线调派汽车火速运送联络参谋返回新四军部队。

屁股还没坐热的联络参谋们虽然平时散漫惯了,但此刻也明显感到了战前的紧张气氛,哪敢懈怠,领命后立即赶至距离云岭不远的太平县境国民党第三十二集团军前进指挥所。这时,联络参谋们得知三战区作战意图后进退两难,考虑自身安全,这时去新四军无异于自投罗网,而如果不去又怕事后被康泽追究,几人坐下来一合计就想出一个两全齐美的办法——

他们一不做二不休给军长叶挺发去电报,佯装告知抵达的大体时间,实质是为探明情况再定行止。

新四军很快复电:现在本军已定分头北移,行踪难料,希暂不来军部。

得此电报,联络参谋们如获至宝,以此为由分别向军令部、康泽和顾祝同作了报告。

"将在外,君命有所不受。"事已至此,军委会和三战区也拿他们没什么办法,只得作罢。

皖南事变后,康泽又命令联络参谋们就地留在三战区工作。这些人跟着特务头子张超,参与了对新四军失散突围人员的搜捕和被俘人员的迫害,在上饶集中营犯下了累累罪行。

倒是三战区派出的联络参谋陈淡如,因为不在回重庆述职之列,一直留在云岭随新四军行动。1941年1月4日,军部北移陆续离开云岭,当晚陈淡如突然提出有急事要找叶挺。其时,叶挺、项英及周子昆等军部领导因调度部队太忙,遂委托袁国平接谈,哪料陈淡如改称并无什么紧要事,

1939年7月,新四军第一次党代会十六人主席团,前排左一至四:陈毅、袁国平、项英、周子昆,后排左一谭震林。

只是要求部队暂缓出发。

前几天顾祝同还来电力促新四军速行，如今陈淡如反劝暂缓出发，此中道理，搞得军部机关干部们一头雾水。当然，这一反常举动还是引起了叶挺、项英的关注，立即叮嘱袁国平再次向陈淡如说明部队已开动，并留其同行。

其实，新四军领导人的想法是，有陈淡如随军一起行动，一则可以有个证人，来戳穿国民党军散布的新四军袭击友军拒绝北移的谣言，二则若沿途遇到阻难，也希望他以三战区长官部参谋名义出面劝阻。可此举在陈淡如看来，与扣留无异，但又没有理由推辞，只得依允。见他情绪低落，叶挺屡次派人去说明，一路上，甚至备了轿子抬送，但仍不能使他释然。据时任战地文化服务处处长钱俊瑞回忆：

> 六日，军政治部对敌工作部部长林植夫先生以与陈联络专员亦有几面之交，遂去看陈，旦告以友军之布置如此。陈大惊，当时以为林氏此行乃给彼以警告，实则林氏全无此意，仅向彼说明，新四军的意向决不愿与友军冲突而已。陈当场表示：如新四军方面对彼已忆有所决定（其意是指枪决），请早早执行，如欲令其有所报效，彼当致电并致函于司令长官说明新四军的苦衷，并希望令饬各友军解围。言罢，泪下如雨。林部长就告诉他，新四军以他决无别意，其生命安全，敢绝对担保。同时表示，如彼愿意从中斡旋，使不幸局面得以和缓，则彼以国民一分子资格，表示感谢。陈即乞纸笔，草拟一电报，乃致顾长官者，并写附一信。此外，他还写了一封家书。

寥寥数语，足见陈淡如口是心非、贪生怕死的虚伪本性，原本趾高气扬的联络参谋最后竟搬起石头砸了自己的脚，这可能是他做梦都不会想到的。这次见面的经过，林植夫在《皖南事变亲历记》中也有记载：

五日在茂林，军部派我去招待陈淡如。我仍然很耐心地和他谈话。他身上长着疥疮，我到军医处找人替他治疗，还陪他下象棋。不知何时他写好了一份给三战区的电报稿，内容是主张团结，反对同新四军摩擦。他要求我把这份电报发出去。我知道他这是怕我们杀他，故意写这份电报来讨好的。我实在看不起他这种手腕，但仍然把电报稿交给了政治部主任袁国平。他看毕一笑，便搁入衣袋中去了，自然这份电报是不会发出去的。我想即使发出去，到时候陈淡如也不会认账的，反而会说是新四军假借他的名义发出去的。这种人怕死，此时要他通电反对蒋介石，为了保命，他也会照办的。

几天后，新四军领导鉴于战况惨烈，同意陈淡如自行离队。陈回到三战区后，竟谎称是花了很多钱收买新四军哨兵才逃回来的。

至此，六名联络参谋全部离开中共军队，这标志着国共两军在新四军中的合作失败，也预示着蒋介石通过合法身份、合法手段监控新四军图谋的彻底破产。

随着一项特殊任务的结束，新四军军法处和调统科的担子似乎也轻松了一些。

皖南事变后国民政府宣布取消新四军番号，停止一切武器弹药供应和后勤保障，后来随着相互摩擦增多，在华中的国共两军关系基本决裂，再派联络参谋自然无从谈起，但新四军毕竟是蒋介石始终放不下心的一支中共武装，此时号称"蒋介石佩剑"的戴笠地位一下子就凸显出来。如同蒋介石肚里的一条蛔虫，戴笠赶紧布置位于苏浙皖边、澄锡虞等地的特务武装"忠义救国军"和军统局驻沪、宁等站点，迅速弥补联络参谋遗留空缺，担负起对新四军监视、渗透和引起摩擦任务。当然这与联络参谋利用公开身份职务深入到新四军部队内部与其同吃同住同战斗比起来，所能发挥的作用就不可同日而语了。

第三章　淮南锄奸

"云中美人雾里山，立马汤池君试看。千里江淮任驰骋，飞渡大江换人间。"这是新四军军长叶挺初入淮南这片处女地时情不自禁写下的著名诗句。

1939年5月，叶挺渡江北上，在庐江县的汤池镇组建江北指挥部，下辖四、五支队和江北游击纵队，张云逸任指挥，徐海东、罗炳辉任副指挥，赖传珠任参谋长，邓子恢任政治部主任。地盘扩大了，队伍壮大了，可与其不够相称的是，此时的江北部队和地方民主政权中锄奸保卫机构还是一片空白。

1939年5月，新四军军长叶挺、政治部副主任邓子恢、参谋处长赖传珠、第一支队原副司令员罗炳辉、战地服务团团长朱克靖等从皖南渡江北上，组建江北指挥部。图为叶挺（前排左五）与张云逸（前排左六）、朱克靖（前排左七）、邓子恢（前排左四）等在庐江县东汤池。

面对日、伪、顽的重重包围，面对地主恶霸和反动民团的蠢蠢欲动，面对四支队司令员高敬亭被错杀后导致官兵思想的大起大落，谁敢来横刀立马？

梁国斌北上

1939年8月的一天，繁昌县荻港的长江边，在地下交通员护送下，梁国斌陪同邓子恢的爱人陈兰在此顺利渡江。他们此行的身份是军政治部常驻江北指挥部巡视员，主要任务有两项：一是把陈兰和参加新四军党代会的四、五支队代表安全送回淮南，二是筹建江北新四军部队和地方民主政权中的锄奸保卫机关。

与梁国斌同行的，是锄奸干部陈庭槐。

四个月前，时任军政治部副主任的邓子恢随叶挺从皖南来四支队处理"高敬亭问题"，结束后就留下来参与组建江北指挥部并任政治部主任。邓子恢原以为来这里就是临时出趟差，没想到重新调整了工作岗位，遂在项英等军队领导关照下，决定陈兰随梁国斌等人一起动身北上。

说到梁国斌认识项英也算机缘巧合。1938年初梁国斌随张鼎丞、邓子恢等领导到达皖南后不久，就被抽调参加粟裕率领的先遣支队进入苏南，留在了二支队。后来，项英到江南检查工作时两人才相识，当得知梁国斌曾在苏维埃国家政治保卫局福建省分局工作多年、有着丰富锄奸保卫工作经验时，项英当即决定上调梁到军部，担任教导总队调查统计科长近一年。1939年2月16日中共中央军委副主席周恩来来皖南军部视察时，为做好安全警卫，项英又想到了梁国斌，直接将他上调到军部工作。

2月23日，周恩来传达了中共六届六中全会精神和关于新四军向敌后发展的指示，并与叶挺、项英等研究确定了新四军"向南巩固，向东作战，向北发展"的战略方针。3月6日，周恩来应邀在军部大礼堂作《目前形势和新四军的任务》报告，明确提出新四军发展三原则：哪个地方空

1939年初,新四军秘书长兼军法处长李一氓(前排左一)陪同军部领导与周恩来(后排右二)合影。

虚,我们就向哪个地方发展;哪个地方危险,我们就到哪个地方创造新的活动地区;哪个地方只有日寇伪军,友党友军不注意没有去活动,我们就向哪里发展。

在皖南期间,周恩来还提出了"二八五团"原则。所谓"二八五团",就是年龄在28岁以上、已有5年以上从军经历和团级以上职务的干部,还没有结婚的,允许谈恋爱找对象。此前,项英以服从抗战大局为由,规定干部一律不准在当地成家,说只有打败了日寇,才能谈恋爱。

20天近距离的保障与陪伴,周恩来出色的人格魅力给梁国斌留下了深刻印象。

梁国斌此次北上的淮南地区,位于安徽东部和江苏西部,属苏皖两省接壤处,东起运河,西至淮南路、瓦埠湖,北抵淮河,南濒长江,津浦路纵贯其间,以津浦路为界分为路西和路东。1939年5月中旬,江北指挥部在安徽省庐江县东汤池成立后,6月即着手对江北部队整编,将四支队扩编成四、五两个支队,机关分别驻路西定远县的藕塘镇和路东来安县的半塔集。

梁国斌与邓子恢也是老相识,两人既是闽西同乡,又是游击队的上下级,相互之间十分了解熟悉。所以,到达江北后,梁国斌把陈兰交给了邓子恢,就到四、五支队做了一个多月的巡视调查。从路西到路东,梁国斌所经之处看到了江北敌后游击区部队积极收缴敌伪枪支,扩充队伍,自行筹粮筹款,政治空气十分活跃,抗日形势令人鼓舞,这与皖南的沉闷空气形成了鲜明对比。回到指挥部以后,梁国斌兴奋地向张云逸、邓子恢汇报了沿途的见闻与感受。

邓子恢听完,笑着说:"老梁,到江北来就不同!项英同志主张统战高于一切,不敢得罪国民党,因此不敢放手发动群众,发展抗日武装,壮大我们的力量,建立根据地。这样做,实际上是在贯彻执行王明的右倾路线。这种搞法并不如项英所说的那样,麻痹了蒋介石,恰恰相反,正是麻痹了自己,限制了自己。我们在江北就要抵制这种错误倾向,坚决贯彻中共中央的正确方针,大胆地、放手地向敌后发展我党我军的力量。"

邓子恢的一席话,解开了梁国斌脑子里的许多疑问,联想到他在二支队时曾被派去茅山收编地方一支民团武装,双方已经接洽好了,但项英却不肯批准,最后让给国民党部队去收编,说这是为了"顾全大局"。前后事情一比较,梁国斌进

邓子恢

一步认识了中共关于坚持抗日民族统一战线的重要意义。

当时，邓子恢知道梁国斌受项英指派，名义是到部队巡视，实际上是来帮助指挥部筹建锄奸保卫机关，就把有关情况一一作了介绍。邓子恢告诉他，淮南是一块正在开发的新区，部队刚到这里才几个月，部队和地方锄保机关都还没有建立；暗藏的汉奸、特务、土匪和封建帮会活动猖獗，司令部周围更是特务如麻，他们四处窃取新四军情报。"你来了正好，要赶快把保卫机关建立起来。"邓子恢有些急切地对梁国斌说。

接着又问梁国斌："你看治安保卫工作怎么搞啊？"

在老领导面前，梁国斌也就直言不讳，说出自己的困惑："如果像皖南那样，服从国民党的'军法条例'这个紧箍咒，就没有办法搞保卫工作。按那个条例，我们只能搞军内，对地方上的反革命分子只能眼睁睁地看他们搞破坏，不能触动他们一根毫毛。……我总觉得，只有把军队和地方的保卫工作结合起来，才能真正把保卫工作搞好。"

邓子恢认为梁国斌的这些意见很好，同意这么办，并告诉他，指挥部正考虑在根据地建立"三三制"的民主政权，应该把军队和地方的保安工作结合起来。

有了邓子恢的支持，梁国斌踌躇满志，干好工作的信心更足了。

就在江北指挥部成立前一个月，四支队刚刚发生了"杨、曹逃跑事件"。第七团团长杨克志、政委曹玉福，两人曾任高敬亭的秘书和警卫员，带领部队在打地主筹军粮过程中私分缴获，被检举揭发后一起叛变投敌，当地的国民党顽固派利用他们为反共造势，带来恶劣影响，四支队一些干部战士思想不稳。梁国斌认为马上就在四支队开展保卫工作阻力较大，于是决定首先到津浦路东，从新成立的五支队开始，抽调干部，把部队的保卫工作系统建立起来。

尔后，梁国斌重回路西江北指挥部，相继成立江北指挥部军法处和各部队的锄奸保卫机关，并在地方上建立区县保安室和保安分处，把军地两个系统的保卫机关统一起来合署办公，加强了对淮南抗日根据地的治安保卫工作。据曾任五支队指导员的瞿道文回忆：

> 在五支队工作两个多月后，我又被调到江北指挥部军法处任一科科长。处长是梁国斌同志，下设四科一队。按顺序：一科侦察科，二科教育科，三科审讯科，四科总务科，保卫队共有一百多人。考虑到当时地方侦察工作任务较重，我向张云逸、邓子恢、梁国斌三位首长建议，将一科分为部队侦察科和地方侦察科，他们采纳了我的意见。我任一科科长兼教育科科长，兼淮南路东联防保安处侦察科长及教育科长。

通过这一系列工作，江北新四军各部的精神面貌有了比较明显的变化，干部战士留恋鄂豫皖边的情绪基本上得到了克服，识破了叛徒特务的蛊惑奸计，消除了一度存在的混乱现象，逐步完成了在淮南地区的战略展开。张云逸和邓子恢在给中共中央的报告中说："总结这一时期，部队已经稳定下来，逃亡停止，干部提高了一步，政工制度逐渐建立，纪律改善，作战胜利影响扩大，地方工作开始发展。但最大缺点是干部教育不够，干部对党认识尚差。"

在不断对敌作战和反摩擦斗争中，新四军部队不断扩大，国民党顽固派对此十分害怕。三战区只承认新四军的一、二、三、四支队，其他部队一概不承认，还以不发军费来限制新四军。因

张云逸

此，新四军许多部队的给养只能靠借款或打汉奸来解决，有时甚至连饭都吃不上。因为红军时期的苏维埃国家政治保卫局就负有打土豪筹款子的任务，所以有一次，五支队司令员罗炳辉来到军法处说："国斌同志，能不能想点办法呀！部队明天就没有饭吃了。"

刚好梁国斌了解到路东六合县水口镇一个米行老板有通敌行为，就爽快地说："有办法，打汉奸去！"

当时，在靠近敌占区的地方，地主奸商为了发国难财，勾结汉奸、日寇，剥削欺压群众，群众敢怒不敢言。梁国斌带着军法处的几个干部和一个排的战士到水口镇抓住了这个老板，从他家里搞到几百担米、几十只火腿和一些现款，给五支队解了燃眉之急。

通过一系列斗争，梁国斌深切体会到没有政权导致的困难，认为只有建立民主政权，才能改变当前被动的局面。

1940年春，新四军在淮南津浦路东半塔集打退了国民党韩德勤部的进攻，为建立路东抗日民主根据地奠定了基础。这时，中原局和江北指挥部也紧紧抓住这一有利时机，派了大批干部到路东的盱眙、嘉山、高邮、仪征、天长、来安、六合等县，担任民主政府县长和半塔直属区区长，建立起抗日民主政权，领导农民开展减租减息斗争。经过几个月的时间，群众发动起来了，各县的区乡基层也成立了民主政府和地方武装部。5月，路东抗日民主政权淮南津浦路东抗日联防办事处成立，邓子恢任主任，方毅任副主任，梁国斌兼任保安总处处长。以后，淮南路西也相继建立了抗日民主政权和锄奸保卫组织，为打击日、伪、顽特务渗透破坏和维护根据地内部治安发挥了积极作用。

智破黄小斋汉奸案

黄小斋是淮南抗日根据地天长县汉涧镇的一个地主恶霸，自恃其国民党区分部委员、联保主任的身份，经常欺行乡里。看到日伪势力强大，他私底下又勾结日伪，组织秘密维持会并自任会长，公开散布反共言论，蛊惑人心，还阴谋策应日伪进攻汊涧镇，准备里应外合，建立据点。

这样一个反动分子，军法处在平时工作中也有所耳闻，但未将其列入重点对象开展具体工作。1940年春节刚过，一天梁国斌正与审讯科长李华、侦察科长瞿道文一起研究工作，供给部长胡弼亮来军法处串门聊天，他无意中谈起了熟人黄耀庭。

与黄小斋的反共立场不同，黄耀庭应该算是一名爱国商人，虽也与国民党和伪军有联系，但都是因为做生意的需要。他还利用经常到敌占区南京等地便利，为新四军部队采买布料、药品等后勤物资。

当时，黄耀庭的女儿黄晓虹参加了新四军，正在江北军政干校女生队学习，毕业后与该校大队长朱绍清结婚。朱绍清是红军干部，从延安派来新四军工作。所以，黄耀庭既是革命军属，又是贸易伙伴，与新四军的关系自然更近些。

据胡弼亮讲，黄小斋曾多次警告黄耀庭不要同新四军做生意，还称国民党都挡不住日本人，新四军更是住不长久，最好不要跟着共产党，否则后果很严重。

这岂不是明目张胆地恐吓拉拢？

战时动摇军心民心，就可以依法严惩。经验丰富的梁国斌认为事情可能还不只说说这么简单，当即决定由瞿道文负责开展外围侦察，争取掌握黄小斋通敌资敌的犯罪证据，以便精准打击。

瞿道文1939年6月从中央党校学习结束后分来五支队工作，先任八团二营教导员，因战伤未愈又被分配到支队司令部任指导员。到新岗位还不到一个月，瞿道文就被支队政治部主任方毅看中，这是因为方毅听说他曾在西路军保卫局工作过，便要调来调查统计科工作。让方毅没想到的是，瞿道文经几番劝导才勉强同意调任。当时的调统科人员虽不多，只有瞿道文、郑从政、李华三人，但部门很重要，这从方毅兼任科长就能看得出来。然而，瞿道文到任不久即被调入军法处，成为梁国斌手下的一员干将。

经胡弼亮引荐，瞿道文带侦察员王中一和唐劲实首先找到了黄耀庭，在表扬其爱国行为、坚定其抗日决心后，布置他与黄小斋继续保持联系交往，争取其好感信任，同时借机获取内部情报，并特别交代：遇有节日或红白事时可以照常送礼，所需费用由军法处承担。

由于军法处驻地离汉涧镇还有一段距离，交通不便，瞿道文向梁国斌汇报后，决定就近指派江北军政干校特派员王勋（后改名黎立坚）负责具体侦破工作，瞿道文给予工作指导。

瞿道文对王勋很了解，两人在王勋任五支队八团特派员时就熟悉，后来成立江北军政干校时，瞿道文建议梁国斌调王勋来此工作，得到了邓子恢主任的批准。所以，当瞿道文专程从半塔集赶到江北军政干校传达任务后，两人专门进行了研究，还一起向谢祥军校长等校领导进行了汇报，请求支持，特别是需要调动兵力时给予配合。

王勋接受任务后，积极主动开展工作，除了继续用好黄耀庭这一工作关系外，还主动联系当地的民运工作队、商会、农抗会等组织，多方调查情况、收集证据。

功夫不负有心人。一天中午黄耀庭暗地里跑来向王勋报告昨晚与黄小斋见面的情况。原来，在王勋的直接指导和策划下，黄耀庭假装忧愁不安的样子，携带厚礼主动登门向黄小斋讨教办法。黄小斋先是拉拢黄耀庭，说："你要是跟我们一起干的话，有办法，有出路，身家性命、家庭财产全保险，还可以升官发财。"黄耀庭假意迎合，黄小斋信以为真，便打开话匣子口若悬河起来。他神秘地低声告诉黄耀庭，自己正在组织地下武装，已与日伪据点勾通，准备配合日伪"扫荡"挤走新四军。黄小斋越说越得意，最后竟连参加反动组织的人员名单也透露给了黄耀庭。

关键人证的获取，令瞿道文为之一振。王勋顺藤摸瓜，很快掌握了黄小斋叛国当汉奸的相关人证，经对其家中搜查，又缴获了几条藏枪和日军太阳旗等。同时，从民运工作队、商会和农抗会也传来了好消息，他们向王勖提供了黄小斋勾结日伪的大量反动言行材料。

铁证面前，黄小斋不得不认罪。

按照当时根据地处理汉奸特务政策，军法处采取"首恶必办、胁从不问"，对一般胁从者采取教育改造方针，允其自守自新，在写出交代材料、保证不再重犯后予以释放，而对罪大恶极的主犯则坚决镇压，判处死刑。这也有利于团结大多数群众投身抗日洪流，分化和瓦解暗藏的敌特分子。

经军法处报告江北指挥部张云逸、邓子恢等领导同意，决定枪决黄小斋。

1940年春，瞿道文以主审法官身份，在江北军政干校驻地汊涧镇利用逢集赶场时机组织了对黄小斋等人的军民公审判决大会。多年后，瞿道文对当时的场景还记忆犹新：

> 大会声势很大，除了有组织到会的人数之外，还有许多听到临时在街上鸣锣喊话动员而自动来参加的人，到会的总人数约有两千。当公审结束，我宣布判处汉奸黄小斋死刑，验明正身立即执行枪决时，全场热烈鼓掌，掌声经久不息，群众心情振奋异常，纷纷说："大快人心"，"当汉奸没有好下场，可耻！"

处理完黄小斋案后，瞿道文又带人在淮河边上的观音寺镇一举侦破了秘密混入根据地阴谋破坏、由蒋介石亲自任命的所谓"国民自卫军总司令部"案，捕获正副总司令、参谋长、高级参议等30余人，缴获长短枪37支、电台1部，为巩固根据地作出了贡献。

七月除暴记

地方县乡政权建立起来后，自卫队、模范队等抗日自卫武装和农、工、青、妇等群众组织也纷纷成立，一时间困扰新四军部队的兵源补充、物资补给等问题得到顺利解决。

江北新四军发动群众反暴抗租，触动了反动势力的利益，引起他们的恐慌、忌恨，甚至公然组织武装反扑。

淮南路东原来是国民党的地盘，不少反动地主手里还掌握着打散的国民党小股部队，受恶霸地主控制的青洪帮等封建势力以及暗藏的汉奸特务，也在新生的革命政权立足未稳之时蠢蠢欲动，他们编造谣言争取人心，暗中破坏新政权，残害干部。

据记载，军法处和基层锄保组织有时一天会接到多起群众报案，有暗杀的，有敲诈的，有放火烧房、毒害牲口的，有公然在偏远街镇设卡收租、强行摊派的，甚至有武装袭击区乡政府的⋯⋯

一个村一件事不算严重，但连接起来从面上看，说此时的路东根据地山雨欲来风满楼一点也不过分。

眼看着以鲜血和生命为代价争取来的革命成果被一点点吞噬，还找不到地方伸张正义，而近在咫尺的部队锄奸部门却鞭长莫及，梁国斌心急如焚。经再三考虑，他拟了一份电报请示项英，如实汇报现在淮南根据地刚刚创立，国民党特务和地方土匪多，反革命活动猖獗，建议把军法处和地方保安处工作结合起来，集中力量开展镇压，坚决打击反革命的嚣张气焰。谁知项英回电，责怪梁国斌是"标新立异"，"不照顾抗日统一战线"等。看了电报后，梁国斌很是想不通，后来他干脆绕过军部，直接向江北指挥部的领导和中共中原局书记刘少奇请示。

邓子恢说："你提得对，同意你的方案，就这样搞好了。"

刘少奇也表示支持。

这样，除了在部队成立军法处之外，又建立起淮南津浦路东联防保安总处和路东八县保安分处。有了这两个机关，把军队和地方的锄奸保卫工作结合起来，实行统一领导、合署办公，便于在复杂的斗争环境中主动出击了解情况。以前，新四军对潜入驻地的国民党特务很难办，只要碰他一下，国民党三战区就向军部抗议，军部就来电报批评新四军，现在就可以运用政权优势，引用《紧急治罪法》策略地打击他们。根据统一战线要求，自己人不打自己人，中共军队不能打国民党军队，但政府要维护社会治安，保安处打击特务，就不在此限了。

但是，反共顽固派怎么会甘心失败呢？他们当然会以十倍的仇恨、百倍的疯狂加紧反扑。此时，路东八县的地主、恶霸、土匪和特务正加紧串联，暗中勾结，阴谋策划武装暴乱。

1940年初夏，路东五支队主力先后开赴淮河以北，配合苏中地区的反摩擦作战，反共势力翘首以盼的"时机"终于来了：

盘踞在宝应湖西岸金沟、龙岗一带和长江沿岸的"忠义救国军"配合仪征各地刀会暴乱，向铜城、天长、六合等地进犯。

津浦铁路两侧的国民党嘉山县流亡县长周少藩、特务武装梁竹荪部，窜至来安县境内策应暴乱。

恶霸地主周跃忠等带领七十余名武装暴徒袭击乡政府，乡长周耀、民运工作人员唐英和石莉等四人被残忍杀害。

国民党盱眙县党部书记长吴静修带领数十名逃亡地主，在大通镇长沈万元接应下包围中街乡长周荫、农抗会理事刘善凤和马志高，经过突围，周、马两人脱险，刘善凤在还击时英勇牺牲。

由匪首余宗海、余宗邦幕后指挥，策动屯仓乡长孙乃聪、乡中队长蒲金龙等纠集四十余名乡队员叛变，包围正在开会的屯仓区委书记辛奇等五人；潜伏分子叶长华做内应，以抓获叛徒孙乃聪、蒲金龙为由诱捕区长朱志远、陶思黎等三人。

屯仓乡指导员侯静波，因叛徒出卖遭到袭击，受伤被捕，伪军头子企图强奸她时被咬断耳朵，不久侯惨遭杀害。

就连保安处的同志上午外出办事，晚上竟不见回来、遭遇不测；嘉山县保安分处主任也被暗害。

……

各地武装暴乱接连发生，矛头直指民主政权。

敌情就是命令。正在路东视察工作的中原局书记刘少奇当即决定召开会议，专题讨论剿匪的作战计划，出席会议的有刘少奇、张云逸、邓子恢、赖传珠和梁国斌、瞿道文等。关于这次会议情况，据瞿道文回忆：

> 会议开始后，赖传珠参谋长讲了剿匪计划，经过讨论，决定路东路西各派一个团的兵力，执行剿匪任务，最后由刘少奇同志作结论。他说（大意）：……关于逮捕和俘虏的汉奸、特务、大小土匪头目、骨干分子，一律交由军法处瞿道文科长全权负责处理，原则上还是坦白从宽、抗拒从严、立功者受奖。对那些汉奸、特务、大小土匪头目、骨干分子，无恶不作、欺压人民、罪大恶极者，不杀不能平民愤者，一律由瞿科长全权决定，审查清楚，就地处决。到会同志都一致同意刘少奇同志的正确指示。张云逸、邓子恢同志都说："少奇同志给予瞿科长以生死予夺大权，这在我们江北指挥部还是第一次，是少奇同志和我们大家对你的信任和重托，一定要坚决执行。"我当即说："感谢党组织和少奇同志以及首长们对我的信任和重托，我一定要为坚持华中敌后抗战、建立淮南抗日民主根据地，肃清一切汉奸、特务、土匪、反动武装，保证完成这次剿匪任务。对那些无恶不作、罪大恶极，民愤极大的罪犯，审查清楚，证据确定，我绝不手软，遵照党的政策、少奇同志和各位首长的指示，坚决予以严厉惩处。"少奇同志说："好！就这么办。"[①]

会后，江北指挥部和路东联防办事处立即指示各地党政军民紧急动员，打击反革命分子，争取受欺骗、被胁迫群众，粉碎敌人阴谋，并立即作出平定暴乱的部署：命令教导队在蒋坝一带阻击企图渡淮河逃跑的匪徒们，指挥部参谋长赖传珠率五支队警卫营和独立团两个连开赴来安屯仓，军法处和保安处到天长、仪征、高邮一带敌特势力较强地区开展平叛。

---
① 瞿道文：《纪念刘少奇同志》，《战斗在淮南——新四军二师暨淮南抗日民主根据地回忆录》，上海文艺出版社 2005 年版，第 50 页。

梁国斌迅速通知各县保安分处主任，要求他们组织力量，镇压各地小股暴徒，同时为前来清剿的部队提供情报。整个军法处和保安处从干部到伙夫、马夫，不管男女老少都拿起武器奔赴前线，只留下两个班的兵力看守犯人、十三名干部留守机关。

根据各地上报的情报，梁国斌对这次暴乱作了分析：首要分子都是各地的反动地主、封建帮会和土匪头子，而参与者多是受他们威逼、欺骗和裹胁的普通群众，应贯彻镇压与宽大相结合的方针，既要毫不手软地处决挑头分子，又要将受蒙蔽的群众争取过来。

按照这一思路，梁国斌每到一地都把武力镇压和政治瓦解结合起来，处决暴乱头目后，就张贴布告，公布罪行，宣传中共政策，号召检举揭发，并指导地方进一步开展减租减息运动，给普通群众以实际利益，赢得他们支持拥护。

大通镇位于安徽省天长县西北，史称禹王集。传说在南北朝时期梁武帝为体察民情，曾到此微服私访为百姓伸冤除害，人民感念其恩，遂改禹王集为大通。

梁国斌率领军法处干部抵达大通后，亲自审讯抓获的暴动要犯。经过一个星期的紧张工作，所有线索都指向李仲桥，他就是这次路东武装暴乱的策划人和组织者。

李仲桥是天长当地一个有钱有势的大地主，除有多处田庄外，在县城还开着多家店铺，两个儿子都在重庆做官。此人平时表面上抗日救亡的调门很高，对过往新四军殷勤招待，私底下却耍尽了两面派手法。

其他暴乱头目也招供，前期联络和秘密会议都是在李家召开的。

打蛇七寸，除恶务尽。很快，军法处就在天长将李仲桥等暴乱匪首公开处决。

前后不到三个星期，新四军就彻底平息了路东八县地主的反革命暴乱，巩固了抗日根据地，也为粉碎日军1940年9月开始的秋季"大扫荡"创造了较好的群众基础。据全程参与平叛的军法处干部陈庭槐回忆：

在人民武装力量的打击下，进犯铜城、天长、六合一带的"忠义救国军"，也被我军歼灭一部，其余向江南逃窜。我主力十团还攻克三河附近的季家圩子，负隅顽抗的刀会头子也被一网打尽。在黎城召开了群众公审会，就地枪决九名罪大恶极的首要分子。前后历时半个多月，终于平息了全区的地主武装暴动。

消息传到中原局，书记刘少奇和江北指挥部张云逸等领导都非常满意。刘少奇说：这一次剿匪部队和瞿科长等都为人民立了大功，人民拥护共产党、新四军，淮南抗日根据地就会逐步发展巩固起来，我们就会在皖东、在华中敌后有了自己的"家"，就能站稳脚跟。现在浮面上的灰尘扫掉了，暗藏的敌人还是有的，还要继续努力，放手发动群众，依靠群众，组织群众，加强锄奸保卫工作，把那些隐藏的敌特、汉奸、土匪彻底肃清。[1] 后来在总结镇压地主武装暴动经验时，刘少奇又指出：从来的反动阶级都不会自行退出历史舞台的。他们绝不会甘心于自己的失败，只要他们的力量还没有用完，总是要做拼死挣扎的，甚至只剩下两个牙齿还会咬人的。这是不以人们意志为转移的历史规律。[2]

七月除暴后不久，组织科长张凯传达江北指挥部军政委员会命令，梁国斌调任盱、凤、嘉三县临时地委书记兼保安三团政委。

战争年代，锄奸保卫干部专门从事隐蔽反特斗争，走上前线动刀动枪的直面厮杀并不多，但他们毕竟身穿戎装，第一身份还是手握武器的战士，当情况危急时，自然不惧生死、以一顶十。除了这次梁国斌在淮南指挥锄奸干部直接参与除暴平叛的战斗外，还有一例发生在三个月后的黄桥战役中，担负苏北指挥部警卫任务的军法处在处长周林带领下，直接参与

---

[1] 瞿道文：《纪念刘少奇同志》，《战斗在淮南——新四军二师暨淮南抗日民主根据地回忆录》，上海文艺出版社2005年版，第51页。
[2] 陈庭槐：《淮南路东镇压地主武装暴动的回顾》，《战斗在淮南——新四军二师暨淮南抗日民主根据地回忆录》，上海文艺出版社2005年版，第274页。

了战斗。时任某连通信员的马苏政回忆：

> 在黄桥战斗尚未结束时，有一天部分国民党散兵游勇约二三百人突然来到新四军指挥部附近。指挥部虽是新四军的首脑机关，但当时没有警卫部队，机关内的参谋和干事大部分没有枪。眼看着这支保安旅的顽军来到面前，不少人都有些紧张。在这紧要关头，周林带领执法队向这些国民党兵冲击，他们有的手持驳壳枪，有的挥舞着大刀，高喊着"缴枪不杀"冲向敌军……顷刻间敌军被打得溃不成军，四处逃窜。执法队在危急关头挺身而出，击退了敌军，还抓了几十名俘虏，保卫了指挥部机关安全。

潜伏的作战科长

从 1940 年初起，皖东的国民党军队对新四军搞摩擦与新四军的反摩擦不断升级。

国民党五战区司令长官李品仙和安徽省长廖磊纠集十几个团的兵力，公然进攻江北指挥部和四、五支队，占领界牌集和大桥镇后，四处修地堡、挖战壕、架电线。

江北指挥部机关被迫转移至太平集。

这还没结束，7 月 8 日，驻大桥镇的国民党一七一师两个团和驻古城镇的一三八师一个团，分三路向太平集合围，南北夹击，企图再次挑起事端。

岂料，他们自认为神不知鬼不觉的行动被新四军提前侦知。原来，四支队直属便衣队活捉了一名固守王山头的桂系一〇三团通信兵，为保命问他什么说什么，不问的还主动交代。

张云逸召集作战科分析敌情，决定采取"分段防御、各个击破"策略，命令七团、九团和新十四团隐蔽设伏于定远县和全椒县的狼牙山、黄棵树一线，先消灭敌人一路，挫其锐气。

凌晨5点，天刚擦亮，部队就进入了伏击阵地，可直等到太阳西垂也不见国民党军的身影；派出去侦察的同志也传回情报，说是在国民党军兵营就根本未见部队出动的迹象。原以为一场酣畅淋漓的迎头痛击，到头来连国民党军的影子都没看到，准备战斗的指战员失望至极。

当时，皖东的国共两军力量虽悬殊，但在战场上交手互有输赢，所以在没有绝对把握的情况下，国民党军一般也不敢贸然出击，更何况桂军这样的杂牌部队，求战立功的欲望并不迫切。很显然，如果那个被俘通信兵交代情况不假，就是有人走漏了风声，桂军据此才改变了行动计划。

张云逸对此百思不得其解，思前想后，认为其中必有蹊跷。他找来司令部侦察科长蒋本兴，问是不是侦察员走漏了风声。蒋本兴拍着胸脯保证，执行这次任务的是名排长，人很忠实，平时表现也很积极，绝对不可能变节通敌。那有没有可能是参战的三个团官兵？似乎也不是。一是时间短，根本来不及通风报信；二是对于这样的小规模战斗，战前一般并不向官兵具体交代作战任务，只有极少指挥员才能了解，而这些指挥员都是久经考验值得信任的干部，通敌还不至于。

排查来排查去，最后疑点集中到了译电员身上。这名译电员就是皖东当地人，做事严谨，头脑灵活，为人低调，参军后就被安排在机要岗位工作。

怀疑归怀疑，因为没有真凭实据，张云逸布置军法处长梁国斌负责侦破。

事也凑巧，当晚梁国斌带着军法处干部讨论完案情走出房间时，竟意外发现译电员一个人还在忙着发报。这么晚了还在坚持工作，如果不是积极工作的先进分子，就是趁着夜色干坏事的捣蛋鬼，梁国斌思忖着。

为慎重起见，梁国斌立即派人清查机关有无单位交代译电员深夜发报任务。问了一圈下来，排除了这种可能性，译电员的通敌嫌疑就更大了。

于是，梁国斌推门入室，果断抓捕了这名译电员。刚开始，面对军法处同志的审问，译电员一声不吭，准备来个打不还手、骂不还嘴。但当梁国斌在他床下搜查出写有情报的发电稿纸后，他意识到终究纸包不住火，不得不交代了与驻地桂军勾连的事实。经军法处连夜突审和政策攻心，凌晨时分译电员终于开口交代，通敌的还不止他一人，幕后主使就是司令部的作战科长。

原以为是其一人所为，没想到审着审着竟审出了一条"大鱼"，这着实让梁国斌等人始料未及，同时也出了一身冷汗。

众所周知，作战科在部队作战部门负责与战斗有关的计划拟订、统筹协调和组织实施，是司令部的核心部门。好的作战科长，可谓指挥员的半边肩膀；可遇到了投敌的作战科长，再懂打仗的指挥员恐怕也是必败无疑。

作战，机要，核心中的核心。无论哪一个出了内奸，后果都很严重，何况两者联手，军事机密可以在瞬间泄露。

作战科长一经被捕就知事已败露，被审讯没两个回合就承认了通敌的事实，并供出该特务组织由他和译电员、司令部机关支部书记孙英三人组成，他任组长。两年前乘新四军扩军机会，三人奉李品仙和廖磊之命，以抗日宣传队和抗敌慰问团名义潜入了四支队，经卖力表现才钻深爬高到了部门负责人、译电员等重要岗位，之后常常利用工作之便通过掌握的密码电台随时向五战区提供新四军情报。年初以来，随着国共摩擦增多，他们勾连活动更加频繁，为避人耳目白天正常参加工作，只在夜深人静时才敢发送情报，自以为做得神不知鬼不觉，不想还是露出了狐狸尾巴。

进一步深挖案情，7月8日桂军突然取消合围行动的原因也就水落石出。原来，作战科长参加了前一天张云逸组织的敌情分析会，第一时间了解到部队的反合围计划，当晚即通过译电员密报给了李品仙和廖磊。作战科长还供述，这次摩擦，桂军的目的就是把江北指挥部和四支队挤压到津浦路两侧，以联合驻江苏的国民党韩德勤部队，并勾结铁路沿线的日军配合形成链点"围剿"，制造一个"皖北事变"。

三人特务组案的破获,使桂军一时失去了耳目,他们"剿灭"江北新四军的阴谋也终成泡影。

芜湖枪声

1940年盛夏的一天,热闹的江城芜湖突然全市戒严,警笛疯响……

与此同时,一则爆炸性新闻在街头巷尾不胫而走:汪伪芜湖市党部书记长、"大民会"要员何孔溶遭不明身份人员击杀。

大批伪警在全城折腾了大半天,最终一无所获,徒劳收场。

第二天,这一消息就在南京、合肥等周边大城市和皖南新四军军部快速传播开来。正义的人们纷纷竖起大拇指称赞这位锄奸英雄,也在互相猜测着蒙面杀手的真实身份。

而谜底揭开已是五年后的抗战胜利。

执行此次锄奸任务的正是国民党繁南芜情报站主任、中央调查统计局芜湖行动组长储筱园。他还有一个真实身份:共产党员、新四军一支队干部,打入三战区的秘密内线。

时间退回到十年前,储筱园在岳西、潜山一带从事地下工作,工农红军独立二师成立后曾任二团副政委,请水寨暴动失败后转战皖南,在石台以教书为掩护进行革命活动,主持过徽州工委交通站工作。抗战初,随皖赣边红军游击队会师祁门舍会山,不久开往瑶里整训,1938年3月到达岩寺被编入了一支队。

如果不是一个电话,储筱园也许会在一支队成长为一员身经百战的虎将。就在他准备与一支队战友信心满满开赴苏南前线时,一天接到军部通知,组织上准备委派他到国民党第二十三集团军参加情报工作,常驻芜湖。这是顾祝同的主意,情报工作如何体现国共合作,即通过叶挺从新四军象征性地挑了几名干部,分配到国民党部队的情报系统,他们要么被不委以重任,要么被派到日占区去。这些城市有一个共同特点,往往国共力量都非常薄弱，国民党情报人员看不上更不愿冒这样的风险，便都派给了新四军干部。芜湖正是这样的城市。

自古以来，芜湖就很繁华，既是皖南水陆交通枢纽，素有"皖南门户"之称，又是长江两岸的大米、土特产和皖南山区的竹木茶炭集散地，商业贸易活跃。1937年12月日伪侵占芜湖后，为达到其"以战养战"卑劣目的，除部署大量军警宪特外，还利用汉奸组织芜湖维新政府和"大民会"，成立"防共"自卫团，大肆掠夺芜湖物资和皖南土特产品，实行残酷血腥统治。

新四军来到这里，可谓：明知山有虎，偏向虎山行。因为这里不仅是对日作战的要点，还是军部与皖北四、五支队联络和过江的要道，虽说周围已部署三支队部队，但主要分散于乡村，市内的中共地下力量严重不足。对驻城日伪情报的搜集和掌握，是国共双方的共同需要，所以才在顾祝同提议下，打着国民党第二十三集团军情报处名义，在芜湖秘密成立了情报站。

为便于开展工作，储筱园与无为县殷家村的殷素珍结为伉俪，在长江北岸裕溪街以开店贩卖南北杂货做掩护广交朋友，把秘密搜集来的日伪情报，分别报送给新四军和国民党军。

从1939年初起，储筱园又经组织批准参加了国民党中统芜湖行动组，带领四名便衣武装暗中破坏铁路、爆炸仓库、击杀日伪，芜湖城里的日伪因此而惶惶不可终日。

何孔溶当上汪伪芜湖市党部书记长后，主动认贼作父，经常来往于赭山日军司令部，带领日伪特务疯狂破坏抗日组织，残害抗日志士，所犯累累罪行令人发指。不仅芜湖百姓对其倒施逆行恨之入骨，就连国民党特务机关也欲除之而后快，重庆多次来电要求择机击杀，以儆效尤。

当然，狡猾的何孔溶也自知罪孽深重，平时深居简出，住处更是警卫森严，无关人员极难靠近。

在这种形势下要成功锄奸，难度可想而知。储筱园接受任务后，凭借多年地下工作和锄奸经验,亲手布置,不惜花重金收买了何家的一名厨师。最初方案是请这名厨师在饭菜中下毒,哪知厨师怕累及家人,死活不干。看着最后期限日益临近,储筱园心急如焚,遂决定亲自出马。

机会说来就来。

虽说此时的何孔溶已如惊弓之鸟,很少在外抛头露面,找不到锄杀的空子,但为笼络感情,在家中他还是频繁组织酒宴,邀请芜湖日伪的头面人物参加。储筱园遂将计就计,以协办采买为名提前混入何家,在一次宴会上将正觥筹交错的何孔溶当场击毙。侥幸逃脱的日军小野队长待回过神来气急败坏,当场就抓起电话命令全城搜捕。说时迟那时快,混在人群中逃出何家的储筱园已在同伴接应下顺利出城,消失在了茫茫长江中……

国民党三战区闻讯给予重奖,并通令赞称:储同志胆量极大,技术亦为行动队员之冠者。不久,重庆中统总部也来电嘉奖。新四军军法处接报后,副处长汤光恢专门给周林写信,要求他向储筱园转达问候,并嘱其做好长期潜伏准备。

锄杀何孔溶后,储筱园的斗志更加坚定,所得万元奖金全部投入商店扩大经营,他让妻女仍住裕溪街以开店为生,自己则在芜湖市区长街又新开一家商店,作为联络点,招募爱国志士为店员,专事搜集情报和锄杀汉奸等抗日活动。

皖南事变后,芜湖成为新四军军部人员北撤过江的交通要道。为配合国民党正规军的"剿共"计划,中统密令芜湖行动组搜捕新四军官兵,按职级论功行赏。储筱园决定将计就计,他要求行动组队员凡是发现新四军官兵立即予以逮捕,押回秘密处理。经储筱园一一"审讯"后,这些新四军官兵全部被改换衣帽,发放通行证,由心腹人员护送过江,再由其妻转送至根据地。

许多被救的同志到达江北后对这段际遇不明就里,起初都还以为储筱园只是国民党中统的一名爱国志士,在向组织汇报逃难经过时纷纷对其表示了感激。

1942年，芜湖日伪加剧了白色恐怖，地下组织因此屡遭破坏，储筱园的国民党情报人员身份不幸暴露。日伪不惜重金五万元在全城范围内悬赏通缉，国共双方均劝储筱园离开芜湖暂避风头。储筱园认为自己熟悉芜湖，还有更重要的工作要做，他对妻女及战友讲：以身许国，虽赴汤蹈火，在所不惜。不久储筱园在长街被捕后关押在赭山日伪司令部，虽被严刑拷打仍坚贞不屈，后惨遭杀害，年仅37岁。

然而，直到储筱园英勇就义，日伪也未搞清楚他与何孔溶被击杀的关系。

改革开放以来，储筱园的锄奸事迹为更多人知晓，1982年，他被家乡安徽省岳西县追认为革命烈士。

锄保训练班

1938年10月，毛泽东在作《论新阶段》报告中讲：政治路线确定以后，干部就是决定的因素。开展锄奸保卫工作，同样离不开培养一支对党忠诚、业务精通的锄奸干部队伍。

1939年3月，军部在皖南举办第一期锄奸干部训练班，为期20天左右。主要讲授锄奸工作的有关政策问题和业务技术，军法处长李一氓带头授课，学员都是从教导总队中挑选出来参军不久的大中学生，清一色的中共党员。

开训前，汤光恢向袁国平汇报，想请他来作个指示或讲一课。在革命战争年代，许多干部参加革命早，经验丰富，千锤百炼，能力水平和觉悟都很高，对许多业务工作确实有自己的独到见解。袁国平就是这样的领导干部，参加革命后的十多年来多次担任军、军团政委或政治部主任，结合自己的亲身经历，他感到锄奸工作不同于一般性工作，对相关干部也应该有更高标准更严要求。不巧的是，袁国平临时另外有事，遂委托汤光恢转达他的报告内容。多年后汤光恢回忆说：

我记得当时袁主任是这样对我说的，锄奸工作很重要，这是我党带有要害性质的工作之一，有它的特殊性，又有它的一般性。因此，在工作的方式方法上，要注意保密，时刻保持高度的警惕，但又不要神秘化，不要单打一的孤立工作，要公开与秘密结合起来。要进行警惕性、保密性、纪律性等公开教育，使广大群众正确了解锄奸工作是怎么一回事，这就要各有关部门一致的配合，使这项工作群众化、普通化。做锄奸工作的同志，对自己范围的工作，要严肃认真地去做，担负起完成这一党的要害部门任务的责任。除了有光荣感、责任感之外，还应具有高度机警、敏感的头脑，有不出风头、埋头苦干、任劳任怨，做一辈子无名英雄的道德品质和修养。锄奸工作有它光荣、重要的一面，也有危险性的一面。对问题分析判断要重证据，坚持实事求是的原则，要接受1930年肃反时打"AB团"的教训，要防止扩大化的违反政策的极左做法，当然右了也不行。总之，要实事求是地调查研究，不冤枉好人，不放过坏人。蒋介石那一套"宁可错杀一千，不可放过一个"的法西斯政策，只能成为我们的对立面。在具体工作上，要注意同各部门的配合，善于填补各部门工作上的漏洞，出了问题要以"亡羊补牢"的精神去做好安全工作。

就在这次训练班结束后不久，朱磐调入军部军法处担任机要秘书，由于事务多、责任心强，经常顾不上休息。1939年7月1日这天午间，日本军机突袭云岭，当时朱磐正在去副审处找一名同志谈话的路上，不幸被炸弹击中牺牲。据新四军老同志回忆，抢救时医务处指导员唐克就在担架旁，还拍下了一张珍贵的照片，新中国成立后存放于盐城新四军军部旧址展览馆。

与军部的情况一样，梁国斌初到江北指挥部时，同样面临着锄保干部严重匮乏的窘境，四支队的工作实际上只剩调统科长李森启一人苦苦支撑，各团特派员、军法官只能处理一些贪污腐化、开小差、拖枪逃跑等违纪案件。梁国斌带陈庭槐到部队巡视一圈回来，迫不及待向指挥部领导提出加强锄奸工作建议，深得邓子恢等领导重视和支持。

说干就干。1939年底，路西锄保干部训练班在定远县藕塘乡永宁集四户陈村秘密开班，韩融、傅科、杜尉然等三十多人参加学习；春节期间，在大圩子又组织了第二期。1940年3月下旬，半塔集保卫战胜利后，五支队成立路东八区联防办事处和各县政权，普遍建立主管地方公安保卫工作的保安处（室），对锄保干部的需求量就更大了。3、4月间，梁国斌又从皖东青年大队、五支队营教导员和从大别山撤出的学生军党员中选调干部二十余人，在半塔集举办路东首期锄保干部训练班。

没有师资、没有教案、没有固定的上课地点，梁国斌就亲自上阵，既当管理员，又当教员，其间还请五支队政治部主任方毅讲授秘密工作的方式方法。20世纪30年代初，方毅曾任中共厦门中心市委特派员，具有丰富的地下斗争经验。

江北锄保训练班学习的内容主要有三块：政治教育，包括干部的品德、作风、纪律要求；形势教育，包括国内外政治形势、军事斗争形势、社会各党派情况，尤其是日本特务、国民党军统和中统的活动特点；锄保工作的方法及侦察、审讯、看押等专门业务知识等。

到了6月，路东第一期锄保训练班结束时，中原局书记刘少奇恰在半塔集五支队视察工作，应梁国斌邀请到大柳营接见全体学员并讲话，这让学员们兴奋了一整天。

对锄保工作刘少奇也不陌生，他从中央特科讲到苏区肃反，从国家政治保卫局讲到八路军锄奸部，最后严肃指出：锄奸工作是党的一项重要工作，是党的一把利剑，尤其是在新建立的革命根据地内，显得特别重要。公开的敌人被打跑了，暗藏的特务和秘密的反革命组织以及日特、奸细还在捣乱和破坏，要百倍提高警惕，不能让敌人钻到内部来搞破坏。锄奸工作又是一项非常艰苦的工作，要做无名英雄，有成绩、有功劳、受表扬不能骄傲自满。锄奸干部要安心工作，把从事锄奸保卫工作看成是最大的光荣，是党的信任。锄奸工作的任务是保卫和巩固革命根据地，肃清暗藏的反革命奸细，镇压汉奸、反革命、土匪头目，但决不能乱杀人，做到不放过一个奸细，不冤枉一个好人。具体工作中还要注意政策和策略，团结各阶层和一切抗日力量，孤立顽固派，打击日本帝国主义。

刘少奇的报告，赢得热烈掌声，也给学员和全体锄奸干部极大鼓舞。陈庭槐回忆："刘少奇同志这一席讲话，至今犹感非常亲切而新鲜，永远是我们共产党人，保卫、军法干部行动的指南和准则。"

五师锄奸部长许道琦

袁国平和刘少奇对锄奸工作、保卫干部的认识和要求，既成为训练班课余学习讨论的思考题，也成为后来根据地开展锄保工作的重要依据。1941年下半年，梁国斌又在五师驻地半城开办第四期锄保训练班，为淮北行政公署组建保安处和各县保安处（室）培养骨干力量。

江北指挥部军法处就以这几期训练班的学员为骨干，开始组建路东、路西各县锄奸保卫机关，先前成立的保安总处也得到加强。各县保安分处每开辟一个新区后，也仿照锄保训练班做法，从地方基层干部和不脱产的民兵中挑选政治历史清白、现实表现好的人员，参加锄保班学习，经过一段时间训练，再分配到各区乡担任特派员、治安员和情报员等，充实了基层锄奸组织。

此后，利用战斗间隙自上而下举办训练班培养培训干部，作为开展锄奸工作的一项制度得到固定和坚持下来。在军法处和保安总处内先后设立了专职的教育科员和教育科，负责组织锄奸干部培训和部队锄保干部的培养使用。

路东保安总处制定的《锄奸工作计划》明确提出："要创立基层和中层锄奸干部短期训练班。""训练要经过各种组织系统进行，乡治安员由区轮训，区特派员以上由边区保卫处轮训，锄奸干部及一般干部的锄奸政策教育要有计划地进行之……首先训练乡治安员，其次训练党与群众团体的保卫干部，每期七至十天"，"建立在职干部轮流调训制度，以提高各县负责干部及重要干部的质量"。不久，各地保安处与部队锄奸部门协同办学，开办了锄奸干部训练班、特务人员训练班、锄奸武装干部训练班、区公安特派员训练班、乡以下锄奸人员训练班等多个班种，满足了不同类型单位对锄奸干部的需求。

据1942年统计，两年里江北部队和地方民主政府共举办锄奸训练班36期，培训400余人。

经培训毕业的锄奸干部均作为骨干分配至各县，筹建组织，物色干部，发展人员，开展锄保工作。他们中担任县级干部的有10余人、区级干部60余人、乡级干部120余人，先后发展情报员70余人、保卫委员330余人、情报网700余人、锄奸小组110余个，为根据地锄保工作打下了坚实基础。

江北锄保干部训练班的不少学员，在血与火的战争淬炼中成长为业务员骨干，新中国成立后持续奋斗在部队保卫部门和地方公安战线。他们中有担任第三野战军三十三军政治部保卫部长的刘新屏、华东军区后勤部政治部保卫部长的朱涛民，以及安徽省委书记严佑民，上海市人民检察院检察长林道生、副检察长陈庭槐，上海市公安局副局长屈成仁、王凌青，江苏省公安厅长、省政法委副书记洪沛霖，福建省人民法院院长唐劲实等。

第四章　芦荡谍影

阡陌苇香、柳堤闻浪、双莲水暖、竹林幽径、隐湖问渔……位于常熟的沙家浜景区，今天已经成为苏南最大的湿地生态保护区和爱国主义教育基地，一年四季都如磁石般吸引着游客们好奇的目光。

遥想烽火当年，随着陈毅大手一挥，叶飞亲率新四军六团指战员东进，迅速开辟以阳澄湖为中心的新的抗战根据地。但这里毕竟地处苏南腹地，与上海、苏州等大城市近在咫尺，是日军觊觎已久的利益所在，此时气焰嚣张的日伪怎会坐视不管？

唇亡齿寒的道理谁人不懂！

郎中的算盘

1939年4月，一支队司令员陈毅为贯彻向东作战战略，顶着军部巨大压力，毅然决定派出叶飞率第六团向苏、锡、常方向开进，与梅光迪、朱寿松领导的江南抗日义勇军第三路在武进戴溪桥会合，成立江抗总指挥部。六个月后，江抗部队由来时的七百多人迅速发展到六千余人，手里的破烂武器也换成了清一色的三八式、捷克式，每个班都装备了轻机枪，每个连都有重机枪。除此之外，由江抗运向支队其他部队的轻重武器和钱、布、药源源不断，临别时陈毅提出的人、枪、款要求，一一得到落实。

江南抗战形势的迅猛发展，自然引起国民党政府的忧惧，从9月18日至10月6日短短二十来天时间，蒋介石阻止新四军东进的急电就连发

第四章 芦荡谍影

活跃于江南水乡的江抗部队

了四个,顾祝同旋令六十三师东渡太湖与戴笠的特务武装"忠义救国军"联手"剿杀"江抗;当地的日伪更是痛恨新四军,除以"清乡"名义公然袭击江抗武装外,还派出大量特务化装潜伏在江抗军民中伺机搜集情报、拉拢策反和渗透破坏。

一次,江抗二团在驻地就抓到了一个面黄肌瘦的中年人,因为他身穿宽大的蓝布长衫,口袋里藏着一把米,整天游手好闲,走起路来东张西望,遇到人多时总喜欢探头探脑。许多人看他形迹可疑,就怀疑他不是日伪汉奸也是个国民党特务,而证据就是那一把米,便是来接头的暗号,群众纷纷举报,请求部队公审枪毙,免留隐患。

人送到团部,团长徐绪奎没有轻易表态,开门见山就问:"不要害怕,老实交代,到底是干什么的?"

"长官饶命啊,我真的不是汉奸特务。"那人早已惊吓不已,双腿跪地苦苦哀求,"长官,我有一句话只能对你一人说。"

是有什么难言之隐,还是想滑头耍花招?但见他说得诚恳,徐绪奎还是把人单独领进屋关上门,那人才哆哆嗦嗦地交代:"长官,我、我是靠抓鸡混生活的……"

"那你刚才为什么不当众解释？"

"长官有所不知，在老百姓心目中，上门偷鸡摸狗比杀人越货还要遭人痛恨，我哪敢当众承认？"

耳听为虚，眼见为实。为验证他所说真伪，徐绪奎又让他当场表演一下。果然，那人掏出米来，略施小技，不一会儿就巧妙地抓到了四五只老母鸡，手法之娴熟、动作之滑稽引得众人捧腹大笑，而那件宽大的蓝布长衫竟是他隐匿赃物的所在。

事情的来龙去脉调查清楚，一桩锄奸的冤案也就避免了。

这是抓的假特务，虽然过程有些荒诞离奇，但结果毕竟没有伤及无辜，可谓虚惊一场，而碰上那些真特务，与他们的斗争，可就没有这么戏剧性了。

汪何仁，表面是阳澄湖一带的游医，整日举着个包治百病的招牌走街串巷，真实身份是汪伪苏州特工站站长黄毅斋手下的一个老牌特务。

黄毅斋又是何许人？抗战前，黄毅斋就是军统特务组织复兴社苏州特别组的代组长，以《苏州早报》记者及吴县警察局督查员的身份为掩护，在苏州城乡秘密活动三年多竟无人知晓。1939年汪伪特工总部在上海极司菲尔路76号成立后不久，根据军统局内部人员提供的线索，李士群等人才在苏州成功诱捕并劝降了老谋深算的黄毅斋。

有奶就是娘。黄毅斋改换门庭后，化名王道生，摇身一变又成为汪伪苏州特工站的首任站长。苏州特工站地址初设于苏州府前街福民桥弄1号，不久在日军驻苏州宪兵队的授意下，秘密迁至祥符寺巷90号的蒋氏别墅。

为了保密需要，特工站的对外站名就以巷址门牌号称为"90号"，其组员也以复兴社黄毅斋的同伙为主。这些特务的公开身份，在城区范围内通常为新闻记者、政府机关的中下级职员；乡镇的情报员则多由当地的区、乡、镇公所及警察局、学校、商店的在职人员兼任。日军驻苏州宪兵队为特工站和工作指导,也派有专人担任联络员,其中名气较大的有宪兵队本部的佐佐木、田中、松本和宪兵队分部的武植隆、松田晋、永森、近藤利男等,前后共有七人。特工站成立初期归属南京特务区领导,后转隶上海特工总部直接领导。苏州成立实验区后,又划归实验区领导,其下属机构设立"四股一队":总务股、情报股、组训股、侦行股和警卫队。此外,特工站还在常熟、吴江、昆山三县设置分站,昆山分站下又辖太仓组。

其实在江抗部队东进之前,汪何仁就以行医为名潜入阳澄湖沿岸镇村活动,只不过那时形势还没有现在这么紧张,汪何仁也就三天打鱼两天晒网,隔三岔五才下乡转一圈,回来时随便拣几条道听途说甚至添油加醋的所谓情报交差了事,其他时间都借故躲在苏州城里逍遥自在。

刚开始,阳澄湖群众对这名一手举着"妙手回春"招幡、一手摇着铜鼓铃走街串巷的老中医并没有多少怀疑,因为不仅语言相通习性相投,一看就是本地人,关键汪何仁还带着一名十七八岁的女儿随行。

哪有特务出门还带着这么大女儿的?

但世间没有不透风的墙,常在河边走没有不湿鞋的。

最初发现其中疑窦的是涵春阁茶馆老板娘广兴嫂。涵春阁茶馆是新四军江抗部队在阳澄湖西岸的一个地下交通站,胡广兴夫妇都是地下交通员。说到这里,也许有人想问,这个广兴嫂是不是京剧《沙家浜》里的阿庆嫂?据当年留在沙家浜养病的伤员之一、原福州军区空军政治部主任黄烽1997年接受《福建日报》记者采访时回忆:

> 戏里的(指京剧《沙家浜》)18个伤病员,实际上是36个,绝大多数是我们闽东籍的老乡,戏里的"春来茶馆",实际上是涵春阁茶馆,老板胡广兴,他和侄子胡小龙用开茶馆作掩护做地下交通工作,戏里说的阿庆嫂,实际上是茶馆老板胡广兴的老婆广兴嫂……

作家文牧在《芦荡火种》(京剧《沙家浜》就是由此改编而成)的创作札记中也记录道：

> 老板娘本来就用广兴嫂，后来觉得"嫂"字的音是朝下缩的，那么，当中的一个字必须要着重、有力，叫起来也叫得响。所以，我把广兴嫂改成了阿庆嫂……其实，阿庆嫂这个角色，是由不少生活原型拼凑起来的，是个特意塑造的艺术形象。

言归正传。其实，汪何仁对涵春阁茶馆的"通敌"行为也素有耳闻，苦于没有确切证据。这次在黄毅斋的再三催促下，才决定亲自出马到现场来一探虚实。

按照原先盘算的方案，汪何仁想首先从胡广兴嘴里套出点情报。因为据他观察和了解，胡广兴这人老实巴交，不善言辞，讲起话来不知拐弯，容易中套，相反广兴嫂为人精明，口风较紧。

那几日气温乍暖还寒，当地正流行哮喘，不少老人小孩生病。所以刚沏了一壶茶，还未与胡广兴夫妇接上话，汪何仁就被几名乡亲团团围住，又是把脉又是问诊，搞得他疲于应付。看病对于一名郎中来说是主业，见掩饰不过汪何仁只得一边望闻问切，一边开起了方子。

然而明眼人一看就知，这位郎中的眼神飘移、答非所问，整个人心不在焉，完全不在悬壶治世的仁医状态！更何况面对越围越多的病人，汪何仁无一例外草草打发，临别还大度一挥手，不收取分文铜钿，倒是对胡广兴颇为关注，两眼死盯着转过来转过去。

就在汪何仁抽身准备招来胡广兴攀谈时，胡广兴又抱着一堆柴火转头去屋内灶上添火，广兴嫂恰在这时提着水吊子来续水，汪何仁没得选择，只得故意压低声调来套套她的话，可广兴嫂竟似哑巴一样指指墙柱上贴着的"莫谈国事"笑而不答，令他好不尴尬。

广兴嫂一走，汪何仁一时又没了主意。

眼前日头渐高，茶客们正慢慢散去，汪何仁只得抛出最后一招，大声告诉邻桌的茶客们近期要提防日军"清乡"，对时间、地点和规模说得有鼻子有眼，不容外人不相信，最后他还不忘提醒大家赶快向新四军报告。

等汪何仁一走，胡广兴夫妇就悄悄商量起来。按理说，如果汪何仁的这个消息确切，倒不失为一条重要情报，必须马上报告江抗部队。但是对于汪何仁今天的异常举止，夫妇俩还是心生了诸多怀疑：在哮喘病多发的水乡，现在正是中医一年中最忙碌的时节，汪何仁怎么会不在家做上门的生意而是干起了游医？既然为营生而来，为什么刚才那两个老汉问他要付多少方子费时，他却一律免单呢？日伪"清乡"这么绝密的军事情报，他一个乡村郎中又怎么会摸得这么具体翔实？更何况，平时很少来茶馆抛头露面的汪何仁，今天却突然光顾，这本身就很不正常。

思来想去，夫妇俩一致判定只有一种可能，那就是汪何仁是日伪派来的奸细，今天来是想诱使他们夫妻暴露身份，或者说试探试探涵春阁茶馆到底是不是秘密情报点，也或者说看看在这些茶客中有没有新四军的人，要不他为什么要散布日伪"扫荡"的消息呢？

狐狸再狡猾也斗不过经验丰富的猎手。显然，汪何仁一探究竟的企图彻底落了空，胡广兴夫妇当天就向上级报告了这一可疑情况，鉴于日伪没有掌握确凿证据，江抗领导要求以静待动，避免打草惊蛇。

中招

对汪何仁的这次无功而返，黄毅斋当然非常不满意，不仅措辞严厉地批评了他，还限他在月底前不惜一切代价摸清详情，否则军法处置。

没有退路的汪何仁关起门来独自绞尽脑汁好几天，无奈中想出一个不是办法的办法。病人是他这两年在阳澄湖秘密活动时掌握的最大资源，只能从中打主意了。手捻八字胡的汪何仁在头脑中如放电影般一一过了一遍，盘算来盘算去最后将目光锁定在了江抗战士李冬生身上。

别看李冬生职务低年纪轻，只是名普通战士，但身份非常特殊。他是江抗司令部的警卫员，经常随领导一起活动，所闻所见比其他战士多，涉密程度自然更深一层。如果能把李冬生成功拉下水，及时了解掌握新四军情报自不必说，相当于在江抗部队"心脏"安上了颗定时炸弹，这样的功劳定让黄毅斋刮目相看。只是这次的代价确实太大，他要抛出18岁的女儿做诱饵。

当然，汪何仁独独盯上李冬生也是有自己的分析和一定的把握。正所谓苍蝇不叮无缝的蛋，自从半个月前发现李冬生对女儿汪秀兰有那么点意思后，汪何仁就曾考虑过加以拉拢，但值不值得、女儿同不同意、能利用多久，这些都是未知数。然而那天在涵春阁茶馆广兴夫妇那碰得一鼻子灰后，现在已经无路可退，只得放手一搏了。

具体怎么安排，汪何仁当然得仔细斟酌。

不久，李冬生便上了钩。时间到了7月的初夏，已被汪秀兰勾引得丢魂落魄的李冬生，晚饭时再一次借口拉肚子看郎中到了汪何仁家，两杯酒下肚就喝多了，待清晨醒来看到身边躺着赤身裸体的汪秀兰，方知自己酒后无德闯了大祸。

面对老奸巨猾的汪何仁，李冬生自然不是对手。一番讨价还价后，在温柔乡与杀头这一软一硬两把刀子面前，李冬生叛变了，地下交通员沈菊英随后暴露。

苏州市相城区阳澄湖镇峭泾老街26号，是当年江抗部队驻峭泾办事处所在地，也是苏常太游击根据地交通联络站，江抗领导人夏光、苏州县委书记翁迪民等都曾在此办过公，现在成了阳澄湖地区抗日斗争史迹陈列馆。

这处房子的女主人正是沈菊英。沈菊英虽是普普通通的农村妇女，但深明大义、疾恶如仇，带着儿子陆义积极投身抗日洪流，义务为江抗部队传送情报，为了不被敌人发现，冬天他们将纸条缝在棉袄夹层里，夏天衣服穿得少，就藏在鞋子里或是盘在长辫子里。

第四章 芦荡谍影

这天正逢当地百姓赶集，也是善男信女们吃素食斋的日子。沈菊英一身佛门信徒装扮，素身素衫，肩上还搭了一截黄香袋，匆匆赶往阳澄湖北岸三镇最大的黄泥庵，她此行的任务是到常师傅处取回紧急情报。

半路上，沈菊英迎面碰上了肖琴芳。肖琴芳家住邻村，人虽才二十出头，也生得水灵，身上却没有了同龄人的干练朝气，因为两年前她被当地一个汉奸流氓刘彪强占，父母气愤不过，留下她一人后不知所踪，周围乡亲们因此对肖琴芳都避而远之。

不被理解和接纳，内心的煎熬和苦楚只有肖琴芳一个人知道，好在江抗领导夏光了解她，地下党员张天爵更是暗中给予指点与鼓励，这才让她顶住压力强打精神，坚强地活了下来。她从心底里恨透了这个恶贯满盈的刘彪，发誓一定要利用自己与刘彪的这层特殊关系，暗中支持江抗，借助正义的力量除掉刘彪，也为自己雪耻申冤。

当然，外人哪能知此内情？所以，当沈菊英看到肖琴芳对她格外热情，也只好礼貌应付，说两句无关痛痒的家长里短。哪知临别时肖琴芳竟用两眼直直地瞪着沈菊英，用只容她一个人听见的声音提醒她今天常师父身体不舒服，劝她还是不要去进香了。

显然，这是话里有话。但如果换一个人，由可靠的哪个乡亲来递话，沈菊英自然会深信不疑，而对肖琴芳，一个与汉奸有染的女人，她的话可信吗？还没容得沈菊英细想，腿已经迈进了黄泥庵的大门。穿过那道熟悉的走廊和放生桥，隔着密密麻麻的人头远远望到佛堂中央，常师父正像往常一样在忙着主持法事，哪来的身体有恙？

沈菊英还是像往常一样，挤到拜台前，将两张法币恭恭敬敬地放到常师父面前。依例，常师父也回了一个细瓷碗，就在两手递接时沈菊英分明感受到碗底还扣着一张小纸条。

亏只亏沈菊英不识字，纸条上分明写着：李冬生已叛变。

多年练就的沉稳性格让沈菊英不慌不忙将碗和纸条塞入腋下的香袋，转身出门就准备往涵春阁茶馆赶。但这次晚了，人还未走出黄泥庵，她已能觉察到今天的异常，有两三名鬼鬼祟祟的中年男子正从三面向自己合围而来，她急中生智装作小解模样，扭身钻进了庵后的芦苇荡。

7月的芦荡已是密密麻麻，刚好没过沈菊英的头顶。

一阵急促的紧张穿行之后，一条两米多宽的河道横在了沈菊英面前，容不得多想她又顺势沿着河坡急跑起来。她知道，穿过这条河，前面就是沈家村，只要一到沈家村，她就有办法弄到小船，然后驶入沟渠交错的阳澄湖。然而，终究还是没有摆脱追踪，正当她奔出坡岸准备飞身过桥时，被迎面而来的两个彪形大汉挡住了去路。

趁前后匪徒惊愕的刹那，沈菊英一个侧身就将肩头香袋里的纸条吞进了肚子里。

气急败坏的匪徒们不由分说围上来，粗鲁地又是扳嘴又是掐脖子，几经折腾终也一无所获，一路骂骂咧咧地把沈菊英押到太平镇上的猛将堂，推到了胡肇汉面前。

"墙头草"胡司令

苏锡常地区位于江南腹地，北依长江，东接上海，西连南京，交通便利，商贸发达，物产丰富，自然成为反动势力竞相窥探和争夺的焦点。当时江南的抗战形势十分复杂，日军在所有县城、重要乡镇设有守备点，在水陆交通要道上设有封锁线；汪伪的"和平救国军"干将徐凤藻以常熟绥靖司令名义，配合日寇占领城镇据点；国民党特务武装"忠义救国军"袁亚承、周振刚部则勾结当地大刀会等封建武装，以抗战名义鱼肉乡里；此外，以阳澄湖为中心，还有大大小小湖匪武装十余个，无一例外打着抗战的幌子，行霸占一方之实。

胡肇汉就是这样的人物——京剧《沙家浜》中那个老奸巨猾的胡司令的原型。

说起胡肇汉，绝对称得上是个传奇。他生于1906年，原籍湖南岳阳，

20世纪30年代初参军到上海,淞沪会战失败后将青浦朱家角的水警队一部由淀山湖越过京沪铁路向北拉到了阳澄湖一带,毛遂自荐编入国民革命军四十五旅,混了个连长,驻防在太平镇。不久又打起抗战旗号自立门户,当起了"草头王"。这人最会见风使舵,谁的势力大就倒向谁,跟谁干有好处就抱谁的大腿。1939年6月,迫于形势胡肇汉伪装积极,接受叶飞改编,被委为江抗四路独立第一大队一支队司令。然而,江山易改,本性难移。四个月后,江抗主力西去扬中,胡肇汉很快露出本来面目,他将自己的人马从革命队伍里拉出,表面投靠国民党,暗中也勾结日伪和特务机关,大肆屠杀共产党员和革命群众。

所以当地群众都说,汉奸比日本人更可恨,因为汉奸比日本人更了解国情;叛徒比特务更可恨,因为叛徒比特务更懂得抗日武装。

有资料统计,胡肇汉在1940年下半年至1941年的一年半时间里就残害地下党员、新四军官兵17人,活埋江抗伤员10多人,杀害革命群众34人。这些人中就有沈菊英。

就在前几天,胡肇汉已从汪何仁那里得知沈菊英地下交通员的真实身份,但他并不着急下手。他派人暗中跟踪沈菊英,并企图通过她追查出更多江抗部队的活动线索。不料立功心切的匪徒们被沈菊英识破,无奈之下只得下令抓捕她。

沈菊英是抓到了,然而胡肇汉没有因此得到任何有价值的线索,他迁怒于三个手下,将他们一顿训斥。

恼羞成怒的刘彪立时凶神恶煞般掐住沈菊英的喉咙,叫嚣道:"不是吃下去了吗?干脆剖开她的肚皮,看看都是什么情报!"

这个刘彪,正是强霸肖琴芳的那个湖匪特务。

胡肇汉的魔性瞬间被刘彪激发出来。他挥了挥手,一道寒光闪过,随着沈菊英一声惨叫,刘彪手中的刺刀已穿肚而过……

疯狂的刘彪当场割下了沈菊英的头颅,悬挂在峭泾村其家门前的大树上,借以恐吓所有敢与江抗部队联系的群众。

这一年，沈菊英39岁。

母亲的去世，更激发了儿子陆义的抗战斗志，刚满19岁的他积极参加当地青抗会，迅速成长为组织骨干，后又脱产参加江抗部队，转战阳澄湖地区。1941年3月，在外出执行任务时不幸负伤被捕，同样惨遭胡肇汉杀害，年仅20岁。子承母志先后牺牲，人称"母子英烈"。婆婆和丈夫先后牺牲后，陆义的妻子石雪珍妻承夫志，擦干眼泪拖着17个月大的儿子陆智钤继续战斗。

阳澄湖的群众记住了胡肇汉欠下的一笔笔血债。

后来，江抗部队和革命群众也曾多次发动针对胡肇汉的锄奸行动，但均让他侥幸逃脱。

1949年江南解放前夕，双手沾满人民鲜血的胡肇汉犹如丧家之犬，从阳澄湖潜到上海；上海解放后，又只身回了岳阳老家，再经广州随国民党五十二军逃至台湾。不久受国民党江苏省主席丁治磐蛊惑，又于1950年5月3日伙同一批反共骨干偷渡吴淞口，企图实现"东山再起"美梦。岂料，5月21日就被苏州专员公署公安局长丁兆甲、副局长周柏林秘密逮捕。11月30日，苏州专区人民法院依法作出如下判决：

> 查匪犯胡肇汉，兵痞出身，从1926年起历任蒋匪保安特务团团长、三青团京沪行动总队司令、青浦警察队长、太昆地区清剿指挥所主任、吴县阳澄区区长等伪职，直至解放。二十四年来该匪一贯进行反共反革命活动，残杀人民，抗日期间，专门勾结敌伪，反对人民抗日武装，仅1940年夏，在吴县陆巷村，该匪勾结日寇金田及伪军第十师包围我新四军夏光部队，伤亡我抗日武装百十余人，活埋我伤员十余人，又在阳澄区残杀十图偃无辜农民徐政狗、王行洪，江抗工作队员陈瑜同志，进步青年张忍熙、张天爵，及田泾乡渔民三十六人。解放后，该犯不思悔改，竟参加蒋匪军统特务训练，受任伪江苏省第二行政区专员公署中国人民反共自卫救国军第二纵队副指挥官兼

伪行政专员及伪专区前进指挥所主任，率领匪众，潜回我解放区进行反革命破坏活动，并积极扩展其武装，建立匪地下区乡镇伪政权，并派周匪荣，收集其旧部，企图以淀山、阳澄太湖等地为反动基地，进行武装破坏活动，委任王匪柏年、刘匪建军担任伪常熟行政委员，布置发展匪特武装，扩充匪特组织宣传，该犯历时数十年，一贯与人民为敌，残杀善良人民总计达千余人，人民咸称为"杀人魔王"，罪恶昭著。

以上胡匪肇汉，一贯进行反革命活动，坚决与人民为敌，实殊（属）罪恶累累，法不可赦，特依法将胡肇汉处死刑，剥夺政治权终身，经呈奉苏南人民行政公署核准，将胡匪肇汉验明正身，绑赴刑场，执行枪决。

借刀杀奸

沈菊英的牺牲，使得叛徒李冬生在江抗司令部暂时潜伏下来，倒是汪何仁差点阴沟翻船露了马脚。

事情的起因非常凑巧。1940 年初，国民党江苏省保安团团长赵北以合作抗日为名，兼并了袁亚承领导的"忠义救国军"一部四千余人，总兵力达到三个团两万人。仗着人多马壮，愈加猖狂的赵北忘乎所以，竟勾搭上驻常熟日伪，经常配合一起下乡"扫荡"。江南抗日义勇军司令员兼政委谭震林果断命令江抗东路部队以二支队为主力，由何克希、张开荆率领重拳还击，只用两天就打散了赵北顽军，给阳澄湖地区嚣张至极的日伪严重警告。

在缴获的赵北皮包里，参谋长张开荆发现了常熟日本警备队颁给赵北的嘉奖令，以及不久前日寇召集赵北、胡肇汉举行秘密会议的文字记录，还意外获得了一份阳澄湖地区汉奸潜特名单，其中就有汪何仁！

但遗憾的是，因为汪何仁使用化名，最终侥幸地逃过了这一劫。

俗话说，不是不报，只是时候未到。这次，倒是被汪何仁死死套牢的李冬生按捺不住，准备来找他通风报信了。原来，李冬生了解到江抗部队一份秘密行动计划。就在昨晚，夏光与杨浩庐、吴立夏等一纵队几位领导在司令部召开秘密会议，决定扩大反顽战果，拿胡肇汉先开刀。具体怎么打，最后夏光拍板采取敲山震虎，两天后突击查抄胡肇汉姘妇王白妹家。不用说，干了几年警卫员的李冬生心知肚明这样的闭门会议肯定是研究部队作战行动，所以表面上仍像往常一样在天井里执勤放哨，可毕竟心里有鬼，耳朵就故意朝向窗口，有几次还借口换岗支走其他哨兵潜近门外侧耳偷听。

意外得到这个情报，叫李冬生怎能不激动？想着水灵灵的汪秀兰，兴奋得一夜都没合上眼，第二天还蒙蒙亮就趁人不备溜到汪何仁家里告密。这让尚躺在床的汪何仁吃惊不小，倒不是这份情报多么重要，胡肇汉、王白妹与他非亲非故，死又何惜？他真正警惕的是自身安危：李冬生的这次鲁莽行动极有可能引起江抗领导怀疑，结果不但会害了他本人，更是会牵连到自己。

这个愚蠢至极的李冬生啊！

一时间，汪何仁睡意全无，草草打发走李冬生后，迅速叫醒女儿汪秀兰带上家当转移。

不得不佩服汪何仁的警惕，多年的特务生涯练就了他灵敏的直觉。汪何仁的判断没有错，就在李冬生前脚离开江抗司令部，另一名战士已悄悄紧盯其后，一路尾随而来。

真是天作孽犹可恕，人作孽不可活。李冬生一返回部队就被当场擒获，就连汪何仁父女慌不择路直跑到了村外也被江抗便衣队堵截落网。

刚开始，汪何仁还准备狡辩一番，但战士们很快从其腋下发现了一个日本太阳旗的文身标志，在汪秀兰随身携带的衣物中也搜出了一台小型无线电发报机，他这才不得不低头认罪，哀求宽大处理。

倒是李冬生欲作困兽斗垂死挣扎，第三天晚上竟趁着看管战士不备逃了出来。

求生的本能支配着李冬生在黑夜里一路狂奔,鬼使神差竟来到了肖琴芳家里。这里刘彪曾带他来过两回,也算是熟门熟路。正所谓病急乱投医,走投无路的李冬生不问三七二十一上来就"啪啪"敲门。

虽见过两次面,说实在的肖琴芳对李冬生并没有什么印象,所以开门看见是一名新四军战士,起初还一打愣。李冬生似乎从她疑惑的眼神里看出了陌生,赶紧自我介绍自己是刘彪的小弟,现已投靠日伪,正有重要情报要转告刘彪。

这两天,江抗部队出了一名叛徒的传闻早已在十里八乡人尽皆知。肖琴芳虽是一介村妇,没有多高文化,但与乡亲们一样凭着朴素的情感对叛徒都是恨得咬牙切齿。面对眼前这个不速之客,肖琴芳暗下决心,必须先稳住,免得放虎归山落入敌手。主意已定就把李冬生隐藏到楼下一间堆放杂货的小屋里。

与此同时,江抗领导发现李冬生逃跑后,一面迅速分头通知所有地下交通站紧急疏散以防不测,一面派出特务连紧急搜捕。因为还不知叛徒李冬生掌握了江抗多少重大机密!如果因他告密,不知又要有多少人牺牲!江抗这半年来辛辛苦苦建立起来的关系网,也很可能因此毁于一旦!

夜深之时,窗外巷子里时不时传来急促的脚步声,可分不清敌友,肖琴芳哪敢轻举妄动?时间在一分一秒流逝,对如何制服李冬生,肖琴芳始终想不出办法,除了外出向邻居们求援外几乎一筹莫展,江抗部队驻地分散,最近一支连队离她家少说也有三四里远,现在黑灯瞎火她一个女人家怎么去报告?可这样一直拖下去到了天亮,白天就是日伪的天下,再要锄奸就更难了,就在她轻轻拨开门闩准备外出找人商量时,刚才还鼾声如雷的李冬生竟从杂物间一下子冲了出来,挡住了她的去路。

面对咄咄逼人的李冬生,肖琴芳感到死神正在向她逼近。

也就在这千钧一发之际,屋外传来了沉闷的敲门声。是刘彪!肖琴芳一听这暗号,就知道是刘彪到了。从第一次开始,刘彪就与她约定:只要门上出现用枪管敲出的两点一拖的声音,便是他来了。

时间似乎要凝固了。

肖琴芳急中生智,三下五除二就撕烂了上身圆领衫、扯乱头发,然后迅速上前移开插门。

……

结果可以预料,当叛徒李冬生反应过来为时已晚,他以强奸未遂的嫌疑惨死在了自己"大哥"手里,而那些他自以为可以换来升官发财的江抗部队机密,也随着他被一刀暴毙而永久地封存了起来。

第五章　东进序曲

1939年11月,在阳澄湖绕了一圈的江抗主力冷不丁扭头回撤,与管文蔚部会合于丹阳以北,番号改称挺进纵队,部队顺势分兵苏北,利用统战关系在扬州郊外取得短暂喘息之机。

向北发展,是年初周恩来视察新四军军部时确定的既定方针,但进来容易立足难,要想坐稳更是难上加难,这一局面无时无刻不牵动着陈毅等领导人的心。挺纵从扬中渡江后,陈毅多次从江南打来电报,告诫管文蔚和叶飞要保持克制,竭力维护与驻泰州国民党军李明扬和李长江的统战关系,不到万不得已应力避发生正面冲突。可战局的发展,哪会遂人如愿?

初入江北的挺纵部队面对内外交困,该如何破解?

谁人不识"管半仙"

在一支队司令员陈毅的心目中,苏南新四军要贯彻"向北发展"的方针,首先必须打通镇江、扬州和泰州一带的过江通道。所以,从皖南初入苏南,他就一直关注扬中一带的敌情社情,派人四处实地侦察。听说在丹阳以北还有一支共产党员管文蔚领导的丹阳游击纵队后,陈毅兴奋得不顾个人安危多次到部队指导视察,与管文蔚谈心交朋友,也做当地开明绅士和社会名流的统战工作。

一次闲聊中,管文蔚向陈毅提起了丹北一带家喻户晓的算命先生"管半仙"。他真名管有为,这年虚岁恰四十,生于丹阳后巷镇,祖上经商,家境殷实，有"六都里第一家"之称。

管有为年轻时做过几年私塾先生，在丹北当地也算得上响当当的头面人物，过着衣食无忧的生活。也是际遇巧合，23岁那年管有为结识了一位来村避雨的老和尚，因赶上梅雨季节老和尚就在管家吃住了十余天，临走时感觉过意不去，便传授了他一套奇门遁甲的相术。没料到管有为颇有兴趣，自学了大半年出去一试，生意竟很红火，于是辗转来到上海，在城隍庙租房摆起了算命摊子。由于他博闻强记又善察言观色，常常说得人不由不信，这才人送外号"管半仙"。淞沪会战失利后，管有为不愿苟安孤岛毅然重返故乡，平日走街串巷给人测字看相，暗中参加管文蔚的抗日自卫团，任过"四抗会"组织科长和锄奸科长。

说者无心，听者有意。还没等管文蔚说完，陈毅就来了兴趣，因为前几天他刚看过军法处送来的一份情报，里面就提到驻镇江日军头目茶联非常迷信，不仅个人、家庭遇事喜欢找算命先生，就连日伪外出"扫荡"都不忘占卜算卦，问一问何时出动吉利、去哪个方向会有收获。这两天来丹阳的路上，他就在一直盘算着如何利用好这条情报。

虽说"管半仙"是合适人选，可他自己愿意吗？

"让他在乡下，是屈才了！"听完介绍，陈毅准备会一会"管半仙"，

1939年，陈毅到挺进纵队视察。左四陈毅，左五管文蔚。

再做决定。

论年龄,"管半仙"要比管文蔚长四岁,可辈分上却足足小了两辈,所以一见面,他便恭恭敬敬地叫了声"二先生"。管文蔚让他挨着陈毅坐下,手一指道:"这位是仲老板,听说你算得灵,今天特意请你来看看相。"

哪料"管半仙"转头定睛只一对视,立刻如弹簧般跳起,双手抱拳深深一揖:"贵客到此,有失远迎呀!"动作如此夸张,看得一旁的管文蔚也忍不住"噗嗤"笑出了声,揶揄道:"'半仙',你平时不是最恨为富不仁的奸商,怎么这回反常啊?"

与往常一样,只要不是行军带兵指挥打仗,陈毅外出一律不穿戎装,这是他参加革命多年来养成的习惯,这样不仅易于隐蔽,躲过敌人的搜捕,更主要的是可以与群众打成一片,相互不会产生距离和隔阂。今天的他头戴礼帽,鼻架墨镜,一袭长袍,走到哪都与苏南的普通商人无异,只要不开口露出那腔浓重的四川话,外人还真难识破真实身份。

还没等陈毅接话,"管半仙"又道:"二先生,不要哄我,面前这位可不是什么唯利是图的商贩。"边说边压低声调,跷起大拇指,"他可是统军十万、能打胜仗的大将军!"

"何以见得?"

"二先生为国事在外奔走多年,一般商人怎么可能成为你的座上宾?""管半仙"顿了顿才道,"这是其一。其二,这位贵客虽商人装束,却与商人明显不同:一看腰,商人再富,腰是软的,见人都要点头哈腰,而军人昂首挺胸,腰始终是硬的;二看貌,商人养尊处优,往往脸白肉细,而军人南征北战,日晒雨露,皮肉自然结实……"

这一席话,直听得陈毅颔首微笑,管文蔚却故意板起脸打断说:"'半仙'啊,你这些年怎么学得油嘴滑舌?干脆,你说说这人是谁,说得不对,看我不教训你。"

"既蒙二先生器重,也没有外人,恕我直言。""管半仙"转身向陈毅又是一拱手,"这位贵客不姓仲,乃姓陈名毅,字仲弘,早年留学法国,当今征战茅山。"

陈毅心里称奇，嘴上却不点破，有意再考考他，遂摘下墨镜，操着四川口音笑问："不稀奇，你再说说，我有几个娃娃，大的几岁，小的几岁？"这年，陈毅已近40岁，按当时一般人的情况，总该有几个孩子了。哪料"管半仙"却道："将军此言不实，您婚姻未无，何来子息？不过一年之内，我便要喝到将军的喜酒了。"

当时，陈毅与张茜正处在热恋之中，就差组织批准了。句句是实，不容得陈毅不点头赞许，倒是管文蔚不禁纳闷，这些情况连他都所知甚少，"管半仙"与陈毅初次见面，就能如数家珍，真有这么神吗？其实，"管半仙"从上海返乡后不久新四军一支队就来到了江南，出于对司令员陈毅的敬仰，关于他和新四军的情况"管半仙"早已探询甚详了然于胸，管文蔚哪能考得倒他？

在陈毅的心目中，这次任务非"管半仙"莫属了！

1939年春，根据组织安排，"管半仙"化名张大同，投股两百银元当上了镇江镇丰轮船公司副经理，有了掩护身份，进出城就方便多了。临行前，陈毅特意交代管文蔚："让他搞战略情报，眼光放远点嘛，不要急于搞战术情报，那样太危险，日伪容易发现，另外派人去。"最后，经陈毅特批，"管半仙"被授新四军挺进纵队外交副官的秘密头衔，这对他也是一个极大安慰。入城后，"管半仙"重操旧业，凭着一张三寸不烂之舌，不到两个月就在镇江城内名声大噪，一传十、十传百，很快便引来茶联队长注意，果然骗得日伪团团转。

在一年多时间里，"管半仙"要么送出情报，帮助新四军围歼小股日伪；要么改变日期路线，使日伪"扫荡"扑空。日伪多次吃亏，时间一长自然对"管半仙"产生怀疑，但他明知危险随时都可能向自己袭来，仍坚定地战斗在岗位上。不幸的是，1940年春节刚过他就遭逮捕，日本宪兵队虽动用酷刑审讯，但始终没有得知"管半仙"的真实身份。3月28日，气得发疯的茶联队长下令处决他。就义前的"管半仙"已被折磨得双腿全断、浑身血迹斑斑。多年后，管文蔚回忆起来还记忆犹新：

> 假如我能严格按照陈毅的指示，把战略情报和战术情报分清楚，管有为的暴露也许可以避免，可是，他的牺牲是光荣的。如不遇到陈毅这样的领导人，他在旧社会只能一辈子当个江湖术士，东飘西荡，然后默默无闻地死去，怎么可能走上抗日救亡的道路，英勇地为国捐躯，成为永垂不朽的烈士？

噩耗传来，管有为六十多岁的父母亲痛不欲生。第二天，他们带人前往镇江认尸，可到了之后看到城门口日伪岗哨林立，一行人只得强忍悲痛，回来后把管有为生前衣物、一张相片装到铁皮盒内，在村头填了一座假坟以作纪念。

就在管有为衔命潜伏镇江后不久，他的儿子也参加了新四军，先被送到皖南军部学习，结束后调一支队锄奸部门工作。父亲牺牲后，经批准回家料理后事。挺纵部队过江发展后，他因病就留在了家里，以此掩护地下交通工作，1948年北撤到苏北，1949年又随军打过长江参加丹阳接收，新中国成立后经中国人民大学法律系学习分配到丹阳法院等单位工作，直到离休。

护送密码过长江

就在苏南日伪顽为"挤"走江抗主力而自鸣得意之机，叶飞已率部西撤与管文蔚会合在丹阳以北。这里因为有管文蔚领导的丹阳游击纵队，群众基础好，还是跨过长江向北发展的理想通道。天气晴好时，都能清晰看到一江之隔的扬泰地区。

跨过长江，指日可待！

站在江边，管文蔚和叶飞都踌躇满志，然而他们深知要在扬泰一带打开局面立住脚跟并非易事。扬州驻有日军松井师团的一个支队，泰州则是李明扬和李长江的苏鲁皖边游击总指挥部所在地,再往北去东台还有江苏省政府主席兼鲁苏战区副总司令韩德勤的国民党部队。三者中,日军、韩德勤反共最为坚决,相较而言"二李"有争取的可能。

具体怎么争取?陈毅说很简单:发现和利用好矛盾。作为眼光长远的战略家,陈毅果断提出"击敌、联李、孤韩"策略;作为手腕巧妙的政治家,陈毅1939年8月起三进泰州城,与"二李"建立统战关系;作为"生意人",陈毅的回报同样也很可观,派出二支队四团为"二李"接送13万发子弹过江,在其默许下得以在嘶马、大桥地区安全休整半个多月,旋以苏皖支队名义西进仪征、天长、六合地区活动,与五支队形成呼应。所以到了1939年底,当叶飞、管文蔚率挺进纵队从丹阳、扬中一线北移江都吴家桥时,新四军在江苏就形成了横跨长江的有利态势。

以扬泰为支点和跳板,以五支队和苏皖支队为依托,北上盐淮,东进南通,进而打开与山东根据地的战略通道,一直萦绕在司令员陈毅心头的"向北发展"战略即将付诸现实。

这次新成立的挺进纵队由原丹阳游击纵队和西撤的江抗一部合编组成,司令员管文蔚,副司令员叶飞,参谋长张开荆,政治部主任陈时夫,副主任陈同生。下辖4个支队,共3600余人,除第二支队一部继续留江南丹北、茅山一带外,其余部队全部北渡长江开赴扬泰。

仓促过江后有一个问题一直没有解决,就是对外的通信联络。部队虽配有电台,但没有机要密码,只能用明码发电;涉密情况就通过各地的地下交通站接力转达,遇到局势紧张或者人员调整,时效根本得不到保证。从安全角度看,这两种方法显然也是十分危险甚至是致命的。

两三千人的部队孤悬江北,通信联络解决不了确实是个大问题。掌管新四军密码工作的是皖南军部秘书处,处长也是李一氓。当时,新四军秘书处下设机要科和速记班,其中机要科主要负责军部机要和对延安、重庆并皖南、江南、皖北前线部队和国民党三战区的密码联络。同样,旅团以下部队上报支队、军部的涉密文件也必须通过密码电报,所以说密码就是

1938年4月，上海煤业救护队120余人、汽车25辆，由叶进明（中共党支部书记）、忻元锡、乐时鸣、周中奎率领，辗转到达南昌参加新四军。图为该兵站人员在修理汽车。

安全通信的关键。

1940年4月初的一天，李一氓把护送密码去挺纵的任务交给了调查统计科干事周山。周山原名周中奎，浙江定海人，高中毕业后来到上海参加革命工作，淞沪会战期间曾冒着生命危险开展战场救护、分发传单等支前工作。上海沦陷后与叶进明、忻元锡等中共党员一起带领上海煤业救护队100多名队员、20多辆卡车千里跋涉到达皖南参加新四军。

少小离家，为纪念家乡，参加新四军后周中奎才改名周山。

从泾县到江北，途经皖南和江南腹地，要多次变换日占区、国统区，沿路的辛苦和凶险自不必说，甚至还有牺牲的可能，但李一氓信任周山，相信他能完成任务，毕竟疑人不用、用人不疑。

战争年代，对急难险重特别是带有政治性的任务，部队领导都喜欢交给锄奸干部去执行，因为锄奸部门在挑选新人时始终坚持的两条标准就是忠诚和老实。因为忠诚和老实，所以他们几乎没有人会搞阴谋耍手段叛党叛国，所以他们宁愿个人牺牲亲人蒙冤也要完成任务，所以他们不求回报甘于奉献，所以他们默默无闻保守秘密，即使到了新中国成立后也很少留下回忆的文字记录。

新四军教导队在进行射击训练。

他们就是无名英雄!

当然,周山除了忠诚老实,还是在上海就参加革命见多识广、机智灵活的知识分子,这项任务交给他完全可以放心。另外,李一氓分配周山去执行这项任务还有另一深层考虑,挺纵等江南部队初入苏北,人生地疏,政治环境十分复杂,但军地锄奸机构却多是空白,把斗争经验丰富的周山派到苏北也是作为一粒火种,可以快速建立组织开展工作。因为就在大半年前,挺纵发生了二支队支队长方钧、参谋长倪健受国民党顽固派金钱收买企图率部叛变的严重政治事件。说其严重,一是部队的两位领导人同时投敌,这在新四军实属罕见,影响极其恶劣;二是在处理这次事件过程中,还牺牲了两名优秀领导干部,纵队政治部主任龙树林奉命缴械时不幸中弹牺牲,年仅29岁,二支队副支队长王子清也在几天前被倪健诱捕并秘密杀害。分析其原因和教训,当然是方钧、倪健等个别人意志薄弱、信仰动摇不惜铤而走险危害革命,从组织角度来看,也有锄奸保卫等工作缺位带来对部队控制力不强,教训非常深刻。

战时的锄奸保卫是干什么的?根本职能就是政治保卫,就是防范部队被拉拢渗透、官兵被收买腐蚀。缺少了锄奸保卫这道防线,就没有部队的集中统一,就没有官兵的思想纯洁,关键时候就有调转枪口打自己人的风险。

乔装后的周山在沿路地下交通站接力安排下,只用几天时间就顺利到达茅山脚下的水西村,在这里他见到了江南指挥部军法处长周林。

继在安徽省庐江成立江北指挥部,1939年11月,江南指挥部在溧阳市水西村成立,统一指挥新四军第一、第二支队和地方抗日武装,原一支队军法处长周林任处长兼情报科长,原二支队调查统计科长蓝荣玉任副处长兼部队工作科长,吴福海任地方工作科长,陆政为军法官,下设执法队。关于执法队的性质和任务,周林的女儿在《打开尘封的记忆》一书中写道:

> 执法队的职能除了锄奸,还要与警卫部队一起担负保卫新四军首脑机关的使命。执法队员大都是老兵,有的还是老红军战士,个个英勇善战,有丰富的战斗经验。在行军和转移时,执法队经常要作为尖刀排,走在部队的前沿,在丛林、山野或河沟中摸索前进,在艰苦的环境下开辟道路,保证后面总部的安全行进。有时要负责断后、接应和帮助身体虚弱或掉队的人员赶上部队。

两人一见面,相谈甚欢,因为周林从1934年起受组织派遣到上海领导工人运动,1938年8月带领七百多名工人、学生以难民身份赴皖南参加

1939年11月,新四军江南指挥部在苏南溧阳县水西村成立。

江南指挥部军法处长周林与爱人宗瑛在溧阳水西村。

新四军,经教导队学习后分配到一支队政治部工作。相同的信仰、相同的职业,甚至相同的参军经历,让这两个只差五岁的年轻人心心相印。

周林开门见山问周山:完成任务还有什么困难?周山也不客气,说出了自己的担忧:从皖南到江南路虽远,但两地新四军人员常有往来,又有地下交通站接应安排,相对安全;而江南到苏北路虽近,但地形生疏,特别是敌我环境复杂,又有长江天险阻隔,自己没有绝对把握,希望能安排一名当地干部带路、几名警卫配合。

没问题!豪爽的周林当场拍板,下午就从执法队调来锄奸干部钱汇明和三名熟悉情况的执法队员随行。

由一人增加到五人,就是这样周山还是不敢马虎大意,临行前他用油皮纸把密码本整整齐齐包好放进了贴身的内衣口袋,旁边还放着一盒火柴,万一遇到紧急情况可以就地销毁。人可以牺牲,但秘密绝不能落入敌手。

出发前，周山还特意交代了行进队列，由钱汇明带着两名侦察员走在最前面，发现敌情及时报警，中间为周山，第三名侦察员则负责断后，这样形成梯次可以首尾呼应相互照顾。

经过七天昼伏夜行，越过日顽层层关口，在地下交通员安排下坐上老百姓的木盆趁夜过了江，周山一行终于把密码本安全送到了挺纵驻地江都吴家桥，帮助纵队与皖南、江南建立了直接通信联络。

纵队副司令员叶飞对周山不畏艰险出色完成任务非常满意，连声称赞，欣然同意他留队工作，组建纵队军法处并任负责人。

临危受命赴泰州

挺纵过江发展，虽然初时只有千余人，但社会影响日益扩大，对盘踞苏中的日伪顽构成不小威胁。日军视其为眼中钉肉中刺，不时开展袭击"扫荡"，企图逼其退返苏南；韩德勤对泰州"二李"更是一改以往的排挤打压策略，以加官晋爵、增发军饷为诱饵派人游说加紧拉拢；李明扬和李长江也感到，陈毅说好的暂借吴家桥，可一借半年还不见动静，拖久了必定夜长梦多，不是什么好事，所以对新四军的态度也慢慢发生了改变。

怎能容忍新四军部队在眼皮子底下活动？日伪首先按捺不住了。1940年5月17日，日军出动500余人、配合伪军2500余人，开始对吴家桥一带进行突击"扫荡"。兵来将挡，水来土掩。叶飞知道，日伪是想利用挺纵初入江都立足未稳之际打个措手不及，显然这样的恶仗迟早要来。了解敌情后，叶飞立即动员部队奋起反击，战斗从凌晨一直打到下午，最终将日伪压回到仙女庙。关于这一天的战斗，叶飞曾回忆：

> 从拂晓打到中午，敌我双方都没有吃上饭，这在我军是经常的事，而日伪军却提不起劲头，攻势就不如上午猛了。下午，我军反

攻,一个冲锋就把敌人冲垮了。一路追击,追到大桥。日伪军继续向仙女庙据点逃窜,被我军包围在离仙女庙五里路的一个小村庄里,歼敌大部,我军伤亡也不少。

仙女庙是日伪在扬州城外的一个据点,离市区只有二十多里远。

打到这个程度,挺纵领导碰头一商量决定速战速决,否则引来城内日伪增援将极其不利。

见好就收,部队很快全部撤出了战斗,但下一步往哪里去,大家都直挠头。再回吴家桥吧,那里南邻长江,北接通扬运河,是一块狭长的沿江地带,易攻难守,日军经过此役受挫近期必会增加兵力前来报复性"扫荡",回去无异于自投罗网。

与其坐以待毙,不如走为上策!

就在大家议论纷纷之际,有人提到了郭村。郭村是由三个大村子组成的镇子,恰好呈等边三角形,从地形上看易守难攻,东、北两边是水网地带,西邻运河和邵伯湖,只有南边才是开阔地;从周边敌情来看,属于一个三不管地带,西边十里外是日伪的高邮、邵伯据点,以北是韩德勤部张星炳的保三旅,东南宜陵、塘头则属"二李"防区。这里的群众基础还不错,1939年10月起就建有地下党组织和自卫武装。同时,"二李"派驻郭村一带的部队司令颜秀五,这个人思想倾向进步,并不反对新四军东进抗日,之前苏北临时特委书记惠浴宇一直以同乡身份做其统战工作,相互积累了一定的感情信任。由此看来,郭村虽算

惠浴宇

不上一个理想去处，倒也差强人意，至少能为挺纵部队提供一定的缓冲和回旋余地。

然而，这里也不是安乐窝、避风港。部队刚驻下没两天，颜秀五就派人撂下了话：如果只是暂时歇歇脚可以私下通融，但若想长驻此地则绝对不可能，"二李"已下令限期出境。

正是受到韩德勤蛊惑施压，6月初"二李"已开始在郭村周边调动部队修筑工事，俨然做打仗准备。在郭村问题上，两人根本立场一致，既怕养虎为患，又不敢冒私通新四军的罪名，只是在方法手段上尚存分歧，李明扬主张"逼"，李长江力主"打"。

有一次，李长江拍着桌子叫嚣："他新四军就是天兵天将，也不过两千多人，我们鲁苏皖就是豆腐渣，也有十七八大堆，也要胀破老母猪的肚皮！"

确实，两军实力摆在那，二李部队与挺纵的兵力比是10∶1，武器装备也悬殊，更重要的是天时、地利、人和这三条中，挺纵似乎只占"人和"这一条。

好不容易拖到了6月22日，眼看就超过"二李"通牒的最后时限，管文蔚和叶飞为避免冲突，派出政治部副主任陈同生带着陈毅亲笔信去泰州城，为和谈做最后努力。当时，陶勇、卢胜领导的苏皖支队正在皖东，陈毅也在苏南指挥部队抗击冷欣的反摩擦作战，可是远水解不了近渴啊！即便这样，戎马倥偬的陈毅还不忘多次给管文蔚和叶飞打来电报，告诫他们要保持克制，尽力维护两军关系。所以，当听说陈同生即将赴泰州谈判时，陈毅即兴赋诗一首，表达了对国共合作抗日的担忧与期许：

停骖问我意何如？词婉情真再致书。
军令今当斩马谡，歧途何事泣杨朱？
仲连智免蹈东海，武穆冤成走传车。
凭君寄语强梁辈，摩擦自戕慎厥初。

陈同生

在谈判人选上,原定是陈同生与惠浴宇带两名警卫员同行,因为惠浴宇曾两次陪同陈毅见过"二李",也算是老熟人,不巧这几天惠浴宇害了红眼病一直闭门休养,派一个病人去谈判显然不合适。叶飞就想到了周山,虽说相处才短短几个月,但叶飞对他印象很好,一是立场坚定党性强,二是处事稳重有主见,另外还有一点,周山个子高形象好,舍他其谁?

当然,叶飞心里也明白,决定谈判最终结果的绝不是桌面上的唇枪舌剑,而是背后的实力较量。所以,他给陈同生和周山的谈判底牌就是谈得拢最好,实在谈不拢就拖,为其他部队回援争取时间。

真正的革命者就是这样,明知山有虎偏向虎山行,这是一种信仰、一种情怀,更是一种担当。

周山以秘书的身份和两名警卫员陪同陈同生早饭后就从郭村驻地出发,原本最多只要两小时的路程他们足足走到太阳快落山才进了泰州城。从沿路"二李"部队哨兵生硬的口气中,周山分明能感受到对方的态度和这次谈判的艰险。

当晚,在鲁苏皖边区游击总指挥部所在地泰山庙,陈同生一行只见到了趾高气扬的副总指挥李长江。而总指挥李明扬呢?原来就在前一天,听说新四军谈判代表要来,精于算计的李明扬干脆来个走为上策,借故到城外部队视察去了。

了解这段历史的人都知道,李明扬和李长江虽都姓李,其实并不是父子、叔侄、兄弟之类的嫡亲关系,他们之间的关系也很微妙。李明扬是安徽萧县人，老同盟会会员，早年追随孙中山闹革命，曾任粤赣军总司令，参加过北伐，算是职业军人，在国民党内颇有影响。而李长江的履历就没有这样光鲜厚重，他是马弁出身，曾任李明扬卫队连长，因是扬泰本地人，靠与帮会、土匪的渊源，四处结拜金兰招募杂勇，在兵荒马乱中七搞八搞就拉起了一支队伍，抗战后最高官至上校团长。他文化水平低，有时头脑略显简单，考虑问题一根筋认死理。

一个人可以这不行那不行，但在关键事情上不糊涂就行。李长江就是这样的人，队伍拉起来了，人数也像滚雪球一样越聚越多，顺理成章可以自封个总司令总指挥当当，但他拱手让给了李明扬，做起了副总指挥。当然，让步给他带来的好处是看得见摸得着、实实在在的：李明扬凭借资历、名望、谋道以及背后桂系实力派的支持，从南京国民政府军委会顺利拿到了部队番号、编制和军饷，虽说在指挥关系上受韩德勤节制，军饷也常遭打折和克扣，但毕竟出师有名，保住了一支稳定的队伍和一块固定的地盘，成为扬泰地区能与日伪和韩德勤平起平坐的"三驾马车"之一。

对于陈毅和韩德勤，李明扬知道他谁都得罪不起，所以陈毅来了，他保证坚决抗战到底；韩德勤到了，他又许诺绝不当汉奸卖国贼，老于世故可见一斑。他这次借故离开，并不是真怕新四军的谈判代表，而是有自己的盘算：由李长江出面谈妥了当然有他总指挥的功劳，万一谈崩了自己还有个回旋余地，回来收拾好残局，能够始终处于主动，对陈毅和韩德勤都能交代得过去。

李长江显然没有考虑这么多，他仗着人多势众，根本听不进陈同生的意见，就是周山向他当面宣读了陈毅亲笔信，他也是一掷了之，其间甚至默许反共坚决的部属陈才福、陈中柱带人冲进谈判会场气势汹汹要缴新四军代表的枪。

周山想起来了，就是这个陈才福，曾公开叫嚣："新四军一共才两千人，我去大叫三声也能把他们叫垮了！"

就在谈判陷入僵局之际，眼明手快的周山以迅雷不及掩耳之势带领两名警卫护住陈同生，同时用黑洞洞的枪口从背后抵住了李长江的腰……然而，寡不敌众，周山他们最终被陈才福他们缴了枪。

谈判已经走到尽头，但斗争还要继续。

当晚，陈同生和周山的住处就被从李明扬家幽静的小院挪到了泰山庙旁的两间杂物间，并派兵24小时站起了岗，名义上是保护谈判代表，实际上是将陈同生和周山软禁了起来。这显然已不是什么"待客之道"。

与外界无法联系，千钧一发的局势让陈同生坐立难安，他在逼仄的屋里来回踱着步，思忖着战局。周山则正在为陈同生的脱险而四下想办法。经过一番有意无意的攀谈，周山发现，负责看管的哨兵班长为人正直，同情革命，于是想通过做他工作与泰州地下党组织取得联系，安排陈同生尽快脱险。危局面前，陈同生已将生死置之度外，他告诉周山，在外面可以战斗，留下来坚守也是一种战斗，表明了新四军团结抗日、反对摩擦的决心。

陈同生的一席话鼓舞了大家的斗志，坚定了周山与两名警卫员的信心。于是，四人组成了以周山任组长的临时党小组，周山一边以英烈的事迹教育两名警卫员要意志坚定，一边分工各人结对做看守战士的工作，主要是通过他们及时了解外部情况。其实，他们所在房间的隔壁就是李长江指挥部，每天进出什么人、神色如何都可以隔窗望到，甚至有时作战参谋们对外联系的电话声都能清晰听到。周山密切注意着相关动向，及时做出分析，与陈同志一起研究形势。

相对安静地过了五六天，周山明显感到进出指挥部的人多了，脚步声快了，电话铃急了，通话的声音也越来越大。有一天，甚至隔窗听到了"前头部队已进村！"的叫嚣，周山他们知道，这场战斗还是不可避免地打起来了。双方兵力悬殊，陈同生、周山都为管文蔚、叶飞他们捏了一把汗。熬了三四天，从指挥部里又传来了"新四军已过桥！""新四军快进城了！"的惶恐声音，很显然战况发生了逆转……

前线的战事越是顺利，四人谈判小组的人身就越安全。

不出陈同生和周山所料，第二天一早李明扬就带着李长江一行专程前来拜访，言语神态恢复了往日的谦恭，特别是李明扬连声致歉，称不应该在关键时刻出城视察部队，万没想到出了这么大的乱子特来向新四军代表赔不是。一旁的李长江也连称糊涂，受了小人挑唆，有眼不识泰山，完全是场误会，一再保证会确保谈判代表人身安全。

中午，"二李"在指挥部设宴，隆重送别四人谈判小组，饭后还派出副官开车护卫，把陈同生一行直接送到了郭村。周围乡亲们得到消息自发来到部队驻地夹道欢迎，一时间鞭炮齐鸣，锣鼓喧天，好不热闹！

英雄归来！

这段传奇式的经历，新中国成立后被改编成脍炙人口的话剧，20 世纪60 年代初又拍成了电影《东进序曲》。

回来后周山才得知，他们谈判走后没几天，6 月 28 日一意孤行的李长江就以 13 个团的兵力向郭村发起进攻，管文蔚和叶飞指挥挺纵部队连续奋战三昼夜，坚守郭村没丢一寸阵地。7 月 1 日，李部第三纵队第八支队及第二纵队第五支队第四大队在支队长陈玉生、大队长王澄等领导下，分别举行反摩擦起义，弃暗投明参加了新四军。与此同时，陈毅也由江南紧急赶抵郭村，指挥挺纵于 7 月 4 日发起反包围，一举歼灭李部三个整编团，一路乘胜追击兵临泰州城下，此时攻占泰州如囊中取物。出乎所有人意料，陈毅忽然决定部队主动停止前进，还释放全部俘虏七百余人，归还部分武器。

正是在这样的形势下，"二李"才不得不向挺纵低头，礼送四人谈判小组归队，举行团结抗战谈判，重新回到了统一战线上来。

这就是被称为"东进序曲"的郭村保卫战。

此后，周山一直跟随叶飞转战苏中的扬州、泰州一带，黄桥战役中负责陈毅、叶飞等首长和指挥部机关的安全警卫。解放战争初期新四军主力部队北撤南调后，周山主动申请留在高邮地区，任苏中三分区公安局长、地委组织部长、苏皖边区两淮公安局长和苏中区党委社会部长等，带领群众开展土地改革,积极做好抗敌支前。1946年11月23日晚,周山和高邮县长杨天华带领官兵在高邮界首周家垛村宿营。第二天午后周山得知有几十名土顽队员下乡抢粮,当即决定予以歼灭。不料此时国民党二十五师一部正路过周家垛,遭敌围困。周山等人突围时,泗水渡河不幸溺水牺牲,年仅29岁。新中国成立后,高邮市为了纪念周山,将界首区改名为周山区,现为周山镇,镇中的一条主干道就叫中奎路。

连夜送出"鸡毛信"

郭村保卫战是新四军战史上一次以少胜多、以弱胜强、军事政治双胜利的经典战例,后人赋予了其诸多意义非凡的注脚。关于这次战役,除了陈同生和周山四人谈判小组冒着生命危险毅然深入虎穴智斗"二李"的传奇故事以外,还有一位国民党军女中尉只身送出"鸡毛信"、帮助挺纵赢得宝贵备战时间的惊险故事。

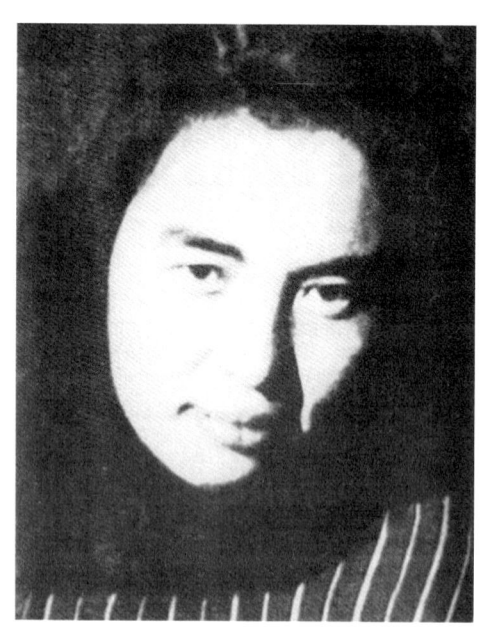

郑少仪

这名女中尉就是郑少仪,原名李振芳,当时还叫李欣,江苏扬州人,1937年12月家乡沦陷后参加抗日救亡运动,后经父亲友人介绍走上革命道路。此时刚刚20岁出头的她已是"二李"部队中的一名中尉政训员,另一个身份则是打入这支部队的中共地下党员。

挺纵移驻郭村,泰州来了自己的队伍,自然引起泰州地下党组织的关注,地下党员们也都欢欣鼓舞,纷纷琢磨着能为自己的部队做些事。后来，四人小组谈判受阻被扣，就在泰州地下党组织积极实施营救时，6月27日下午李欣到城外办事，却意外发现"二李"部队在提前发饷，人人打起了背包。那时候国民党部队欠饷是常事，发饷就意味着要打仗了。

联想到郭村已被"二李"部队包围了几天，李欣感到大战已迫在眉睫，遂不动声色地赶到其他几个部队，巧妙探听到了参战部队的兵力部署。通过其他情报来源，泰县县委书记陈扬同样得到"二李"即将攻打挺纵的紧急情报。

怎么才能把消息迅速送达挺纵？李欣心急如焚。为躲避"二李"部队盘查，她赶到一个熟悉的裁缝家里，换上一套旗袍，焦急地等到天黑才从后门悄然而出，来不及与亲人告别一路狂奔向郭村。天黑，路险，时间紧。多年后，李欣回忆：

> 绕过一个个乌黑的村庄，涉过一条条的溪头，却绕不过横穿田野上长长的河流。只有下水过河。离开彭家庄，大约两三里路，到了一条河边，下水走了几步，水已淹到胸口，人也漂浮起来，我还能躺在水上扑腾几下子，只是头抬不起来……幸好河不太宽，总还能游过河。
>
> 过了河，虽然全身湿漉漉的，毕竟是夏天，倒也觉得凉爽了一阵子。可是脚上的力士鞋泡足了水，走到田里沾满了泥，又重又滑走不快。脱了鞋，赤脚走，虽然轻快得多，但一走上荒野地，破砖、碎瓦、荆棘割得脚痛，同样走不快……

就这样遇河凫水、摔倒了再爬起来，心怀强烈信念的李欣强忍着疼痛深一脚浅一脚赶往郭村，被挺纵哨兵接到政治部时已是午夜零点多了。在这里，李欣先后见到了值班科长彭德清、苏北特委书记韦一平和叶飞等，向他们详细汇报了泰州敌情特别是"二李"部队加紧进攻准备的动向。

自从四人谈判小组入城后，挺纵领导就一直为他们的安危焦虑得茶饭不思，近几天杳无音信的异常现象足以表明处境危难，这也从另一个侧面传递出李长江的真实态度。现在，李欣又带回泰州城的最新敌情，毫无悬念地可以判断双方冲突已经不可避免，那么这场战役的胜负，就不仅仅关系到两军团结抗战局面，更直接决定着陈同生、周山他们能否平安归队。

叶飞以后多次提及李欣，赞许之意溢于言表，在其回忆录关于"郭村保卫战"一节中更是深情讲道：

6月27日午夜12时许，我已经上床睡了，值班参谋把我叫醒说，泰州城里来了一位女同志，一定要见我。我赶紧起床，见到一位浑身湿透，头发滴水，穿着白色旗袍的少女。她自我介绍是颜秀五纵队政训处的政训员李欣（即郑少仪），也是这个纵队直属队共产党秘密支部的书记。

从24日起，她每天都要到泰州去观察情况，打听消息，然后报告泰州地下县委书记陈扬同志，并派人转告郭村。今天上午她到泰州后，就感到情况异常，满街是士兵买这买那，北斗宫留守处的一个勤务兵告诉她："城里的部队昨天发饷了，我们也快发了。"那时候的旧军队欠饷是经常的，发饷就意味着要打仗了。她赶到县委秘密联络点，县委交给她一份重要情报，是李长江围攻郭村的部署，要她找人送到郭村去。她一想，现在要赶快弄清楚"两李"部队进攻的确切时间，也要核实一下情报。好在她熟人多，匆匆赶到泰山寺、雨声寺等司令部找熟人打听，发现他们今天都要开赴郭村前线，并且得知：丁聚堂的一纵队到宜陵，陈中柱的六纵队到塘头，陈才福的四纵队到摸挡铺。李长江调兵遣将，包围郭村，攻击已迫在眉睫；新四军派到泰州的谈判代表陈同生等同志，已被李长江扣留起来等等消息。有个靠山很硬的政训员还炫耀他已得到消息：明天拂晓就要发起进攻。

> 军情紧急！她赶回彭家庄驻地，又得知情况确实不一般，晚上的口令换了，太阳快下山了，新口令还没有发下来；向乡保长摊派的民夫，规定晚饭后一定要集中……这位年轻的女共产党员下决心自己把情报送到郭村。
>
> 天黑后，她脱下军装，换上旗袍，混出岗哨，在没有月亮的黑夜里，避开李长江部队驻扎的村庄，在田埂上东弯西转，过了七八道河汊，十八里路竟然转了半夜，终于来到郭村东面的大河边，叫应了对岸摆渡的老乡，把她撑过河，被我军的哨兵抓住了，于是见到了值班科长彭德清同志。
>
> 李长江要来进攻，我们是有思想准备的。前天"两李"的参谋长许少顿来郭村谈判，以责问我军筑阵备战的手段，要求看我军的工事。这引起我们警惕，既来侦察，定会进攻。当时郭村防御工事尚未完全构筑好，许少顿走后，我们军民齐动手，抢修工事。现在弄清楚敌人的部署，弄清楚敌人发起攻击的时间，这非常重要。12点钟知道，12点半下命令，赶快吃饭，4点钟以前全部进入防御阵地，准备迎击敌人。
>
> 我常说：郑少仪是有功的。那时她还是个小姑娘，只身深夜潜来郭村送情报，使我们赢得了好几个钟头的宝贵时间，真不容易。
>
> 28日拂晓，李长江部队进攻的枪炮声果然打响了，这姑娘还酣睡未醒，她太劳累了。

此时，李欣在苏北特委妇女部长施月琴的床上睡得正香。她回忆道：

> 我像回到了妈妈的怀抱，心里甜甜的，轻松愉快地躺下来就睡得很熟，战斗打响了我还在酣睡中，枪弹打在屋顶上，噼噼啪啪，还是施大姐来叫醒我和特委机关一起转移的……

郭村保卫战结束后，李欣留在了"家"中，改名郑少仪，正式成为一名新四军战士，参与开辟抗日根据地，1946年与毛岸英一起在鲁中地区开展土改工作，1949年随军南下解放浙江；新中国成立后在浙江省政法部门工作，主办过多个棘手大案要案……

如今，在郭村保卫战纪念馆一面墙上，悬挂着许多参加过这场战斗的新四军官兵和普通群众照片，郑少仪也位列其中，照片里的她年轻美丽，眼神清澈而坚定。

郭村保卫战以及三个月后的黄桥战役的胜利，奠定了新四军向北发展的基础，更为锄奸工作的顺利开展迎来了难得机遇。1940年7月初，江南指挥部机关和主力部队北渡，月底进驻黄桥地区，改称苏北指挥部，军法处适应工作需要也增配了人员。锄奸干部丁兆甲对此回忆道：

> 过江后军法处增加了几个男女干部。除原处、科外，记得还有许西、梁易安、石甘棠、胡平然、陈炳南和执法队的唐腊才等。
>
> 新四军打下姜堰后，韩德勤又以三万之众来进攻黄桥，企图一举消灭我军。我军破釜沉舟背水一战，以七千人歼灭来犯的一万一千余人。顽军八十九军军长李守维、独六旅旅长翁达战死，被俘的三十三师师长孙启人和姓苗的旅长及营团以下军官五十余人，均由军法处下属的执法队看管。
>
> 韩德勤的江苏省政府和军事总部原本设在东台，黄桥决战失败后便逃往兴化。我军进入东台城后，由彭柏山（即彭冰山）任县长、王维城（即陈伟达）任公安局长。当时地方公安局均由军队保卫部代管，因此周林非常忙。指挥部将缴获的李守维的一辆三枪牌自行车给周林使用，他可以骑车来往于严许庄驻地与黄桥之间。周林到下面地区公安局时，既无秘书，也不带警卫员，只带我一人前往。很快指挥部移师海安，他带着我去东台帮助王维城建立东台县公安局。

第六章　茂林悲歌

把历史的镜头推回1941年,从新四军军部所在地云岭一路向南,直线距离尚不足20公里的地方,就是茂林。不要以为这才是个镇,据说当年比泾县县城还要繁华,素有"皖南文化中心"之称。1月6日拂晓,奉命北移的新四军前头部队刚抵镇东南的丕岭山脚下,即遭国民党军拦击,双方旋即发生激烈交火。

这是一段血色历史,参加此次北移的新四军将士九千余人,经过激战除不到两千人成功突围外,其余均被"剿杀"、俘虏或失散。远在重庆的周恩来闻讯后难掩悲愤奋笔手书"千古奇冤,江南一叶;同室操戈,相煎何急?"发表在《新华日报》头版,揭露皖南事变真相,表达对国民党反

1941年1月,周恩来在《新华日报》上发表手书。

动派蓄意挑起内战的强烈谴责。

这是一段难解之谜，中共历来重视的隐蔽战线，对国民党的这次军事阴谋竟没有掌握丝毫情报。其实，在茂林街头，就在前一天的1月5日，新四军哨兵还遇到两个身着长袍大褂、30岁上下、语言支吾、形迹可疑的过路人，经反复查问两人不得不承认是国民党军派来刺探军情的特务，并供认国民党军一个师已进抵下一个前进要道三溪口。

这也是一段信念拷问，皖南事变后，有人为理想慷慨赴死，有人为同伴英勇争斗，有人为活命投敌叛变，更有甚者竟把枪口对准了自己的领导……人性在生死考验面前变得赤裸裸。

惨剧里面蕴正气，悲歌当中教训深。

沈之岳谜题

1941年1月7日，震惊中外的皖南事变爆发。这次事变成为国共合作抗战的一个重要转折点，特别是对南方的中国军队来说，标志着两党两军摩擦的公开化，此后新四军与国民党部队彻底分道扬镳。关于这次事变，后任新四军军法处副处长的扬帆回忆：

> 1940年底皖南的国民党部队有五十军新七师、一四四师、一四五师，二十五军五十二师、四十师，另外还有一○八师、七十九师，共10万余人。而新四军皖南军部和三支队只有9200余人，经过一个星期左右激战，除约2000人成功突围外，2300余人壮烈牺牲、4900余人上饶被俘，几乎快要占到了五分之四。

不幸中的万幸，半个月前，军部组织部副部长兼军法处副处长汤光恢等人已率战地服务团、后方医院、修械所和部分干部家属等非战斗人员提前东进苏南转赴苏北，一路上谨小慎微，虽有磕磕碰碰但终究没出太大纰漏。

如此重大的损失，在中共党史军史上亦属罕见。细究其原因，正如扬帆所述，两军兵力悬殊应该是主因，此外在一些老同志的回忆中个别领导人的临阵指挥失当也被多次提及，还有没有其他因素？比如说情报上的滞后、锄奸保卫工作中的被动等。

因为就在同一时期，中共中央所在地延安的周边，同样面临着胡宗南军队重重包围、东西方向日军虎视眈眈、地主土匪武装暴动袭扰以及日伪顽间谍特务环伺渗透的直接威胁，但安全保卫工作始终做到了滴水不漏，敌动我知，有时敌未动我也知，没有出现明显失误。

早在1936年，国民政府军统局长戴笠就让西安站站长马志超在汉中开设了一个特警训练班，专门培养打入延安的特务。结果，第一批进入延安的薛志强等人因无法立足，不久后全都偷偷离开。1938年1月，军统西北区区长张严佛又通过陕西电政局局长顾德明的关系，派遣西北区无线电支台长汪克毅去当延安电报局局长，要他刺探情报，发展组织，但四个多月后汪同样无功而返。据他回忆：

> 一到延安，就感到难受，仿佛四面八方的眼睛都刺着我，连电报局里面的人对我也不放松，他们好像是用无言的心声在詈骂我："你是特务，不准你乱动。"我仔细地观察，我在电报局里也被他们包围了，而他们都是共产党的人，我简直气都喘不过来。我故作镇静，而内心恐慌。再说，机子上面有固定的值班，我所要发的电报发不出去，实际上我也没有什么电报可发的。我觉得我的身份被发觉了，待在延安，动都动不得，越想越不对，因此我只好借口回来了。

两者一对比，难免叫人对事变前的新四军情况疑窦丛生：既然中共部队历来善于运用侦察网提前获取对手情报，那么为什么国民党军在皖南用了差不多一年时间调集近十万军队才对小镇云岭形成的合围阴谋，军部机关竟没有看出任何的蛛丝马迹，更没有拿到预警性情报？这正是许多学者在研究这段血色历史时没有顾及或者说一直未解开的谜题。

要解开这个谜题，就不能不提到锄奸保卫工作经常运用的用间和反间。客观地讲，与延安保安处、八路军锄奸部相比，新四军军法处在用间和反间的指导思想上过于保守。其中有客观原因，比如说在八路军、新四军与国民党部队之间的关系上，相互联系的紧密程度并不相同。相较而言，八路军更为独立自主，可以结合实际制定并执行一系列情报保卫政策，相反新四军似乎对国民党三、五战区的依赖度更强，这是地缘因素。还有主观原因，与当时军部个别领导人囿于统一战线政策不无关系，导致在复杂的对敌斗争中没有了凌厉的情报进攻，只剩下被动的锄奸防守。

作为隐蔽斗争的一种重要形式，锄奸工作当然也要讲究情报战，打进去和拉出来都是为了在敌内部建立内线，搜集隐蔽敌情特别是间谍特务的渗透动态，从而有针对性地加强部队防范工作。

就在皖南军部北移计划确定前，云岭一带关于新四军的谣言可谓满天飞。有的说部队外调蒙古，有的说重回江西，还有的说去东北，最可笑的竟说开到苏联去。此类谣言一听就知道纯属无稽之谈，可后果却不可小觑——离间新四军与群众关系、蛊惑利诱家属、导致普通战士思想混乱。国民党特务人员则借机许以重赏，引诱、收买新四军官兵。就连担负机关警卫重任的第一团，也发生了一名排长组织战士成批逃亡事件，幸被连队指导员发觉，及时予以制止；军直属特务团一战士在开小差的路上被发现扣留，经讯问正是受谣言恐吓而企图投敌。

不难看出，锄奸保卫工作一味被动防守就容易防不胜防。皖南事变前，新四军出了个被后世称为"继戴笠之后第二代军统谍王"的潜伏者沈之岳，正是疏于对他的防范，导致国民党军统窃得大量情报，包括新四军部队北移的时间和路线等绝密情报统统落入敌手，最后新四军不得不面对十倍于己的国民党部队的围追堵截。

沈之岳是浙江省仙居县人，年轻时思想激进，敢说敢干，在上海领导工人罢工时遭到当局逮捕。入狱后，沈之岳将浙江人的优秀品质——不仅勤奋肯吃苦，还灵活善变——发挥到了极致。面对严酷的审讯，沈之岳既没有卑躬屈膝背叛理想，也没有死扛到底牢底坐穿，据说他与审讯人员耍了个小聪明，从容自若地谎称一位国民党大员是自己的远房亲戚，这帮特务被唬得愣愣的而又不敢深入核查，终究没敢造次，他因而免受了各种酷刑。

真相大白之后，戴笠竟一反常态，对沈之岳这个小老乡赞赏有加，不但没有怪罪处罚，还亲自找其谈话，说服他参加了军统的前身特务处。当然，戴笠对这样的人才并不要求像其他特务那样整天提着脑袋搞爆破暗杀，他给沈之岳一项特殊命令，允许其继续以进步青年的身份潜入革命队伍，只保持与自己的单线联系。

直到1937年国共第二次合作，戴笠才决定起用这枚"冷棋子"。第二年4月，化名沈辉的沈之岳跟随中央大学的一个教授访问团从重庆来到延安，自称是萧致平教授的私人助手，因为他学过俄语，也精通英语，枪法又很准，为了潜伏延安临行前还特地研读了几本马列著作，能够讲一通"革命理论"，装扮成"进步青年"，所以应其请求也就让他留了下来，先在抗大学习，毕业后不久被分配到边区政府教育处普教科工作，很快就与前后脚到来的上海老熟人江青攀上了关系，利用工作便利具备了搜集情报和暗杀中共领导人的掩护条件。在此期间，也曾有军统潜特在其所住窑洞外留下接头暗号，试图秘密联络。但事实证明，战略间谍的高明之处就在于懂得以静制动，不可为之坚决不蛮为，可为之时也要慎重抉择，说到底就一个"忍"字。在这点上，戴笠绝对没有看走眼，沈之岳绝对是战略间谍的高手。组织政审时，保安处长周兴尽管一直怀疑沈之岳的真实身份，但始终没有找到真凭实据，使他侥幸逃过了1938年边区对中统特务潜伏组吴南山、祁三益、李春茂等人的收网抓捕。

此事过后，沈之岳离开延安被分配到新四军工作，其中缘由后人不得而知，只是曾任国务委员兼公安部党组书记、部长的王芳在其回忆录中隐约提及：

> 沈辉在延安进入抗日军政大学学习，并加入中国共产党，后来甚至一度进入中共中央机要部门担任收发工作，不久引起毛泽东的怀疑，于是把他外调到浙江白区工作……

从王芳的履历来看，抗战期间他一直在山东根据地从事锄奸和联络工作，对延安的人事安排肯定没有亲历，而一个普通工作人员的调动原因他又怎么会了解得这么具体？后人不得而知，倒是1983年1月10日当事人沈之岳在接受台湾及香港传媒专访时曾自述他调入新四军工作的原因，事后公开发表的谈话这样表述：

"他长期潜伏在中共地区，共党不仅没有怀疑他，并且非常信任他，毛泽东派他协助筹组新四军。于是，他来到新四军三支队，协助张云逸工作。"

显然，王芳和沈之岳两人对沈之岳离开延安原因的回忆并不一致，当然由于两人的立场差异这样的分析也在情理之中。1938年底前后沈之岳奉命到了新四军，时间不长便重返延安，在抗大又潜伏了近一年，1940年3月才从延安悄悄逃跑了。

关于沈之岳在新四军期间的表现，有没有从事什么特务活动，大陆目前没有权威的史料说明，不过台湾"国防部情报局"在一份资料中称：沈之岳"一面替共党工作，一面与戴先生派去的同志密切联系，暗中密布组织，搜集中共党与军中机密情报"。对皖南事变，该资料又称："是因为共党军事密谋外泄于国民党的缘故。也正是沈之岳预先布置在新四军内部的秘密组织，所发生的作用。军统局也吹嘘：将探知中共在抗战时期之各种策略密呈中央。1938年，沈随共首叶挺赴江南收编新编第四军，乘隙将第四军军力及其不轨阴谋向国民党中央密陈，国民党中央用能洞悉其情。1941年1月，第四军在皖南准备哗变，国民党中央先得沈之情报，尽察虚实，处理称便。"台湾知名学者徐宗懋也说：一些史学家认为，皖南事变中就是沈之岳将新四军动向的情报传递给戴笠的。

无独有偶，新四军史研究专家童志强 2010 年 4 月在台北"国史馆"蒋介石文物档案中查阅到了 1941 年 1 月 4 日顾祝同致蒋介石电原稿，该文转报了两天前 1 月 2 日陈淡如刺探到的情报："据密报，延安方面近对该军指示：一、北调事应贯彻佳电精神；二、所需经费弹药用得过高要求，免激起不幸事件；三、以主力通过苏南增援苏北，余由皖南北渡。"①童志强感慨：陈淡如能刺探到如此机密的延安来电，可谓神通不小，这里不排除云岭有其卧底的可能。

陈淡如，正是 1939 年 9 月由第三战区派驻新四军军部的联络参谋。

此时，恰是皖南新四军北移的日子，距 1 月 6 日拂晓的两军前线部队接触战只有两天，距 1 月 7 日的大规模遭遇战只有三天。

笔者翻阅了大量资料也未看到专家学者或新四军老同志回忆中有关于当年皖南军部曾有国民党潜伏特务的直接记录，国民党公布的有关资料也只能视作一面之词。现在所能看到的相关记述，是在事变前夜，新四军先头部队俘虏了几名来自三战区的国民党军特务。时任战地文化服务处处长钱俊瑞对此印象深刻：

> 1 月 5 日下午，友军（即指国民党军）某师之一连，已在高岭附近向新四军开枪袭击，当时新四军并未回枪，后来见友军增援冲来，遂予以回击，双方死伤数人，友军被俘四人，即解送到军司令部军法处。6 日，我和政治部汪科长（汪海粟）等特去审问。他们只说："此次冲突终不能免，我们完全奉命而行，没有办法。"问他们究竟作何布置，他们坚决不说。后经军法处多方探询，始知这四个都是相当老练之特工人员，并非普通战士。

这些被称作"老练之特工人员"的，也要假以普通战士的身份才能接

---

① 童志强：《皖南事变发生原因新探》，《抗日战争研究》2011 年第 5 期。

近新四军，从一个侧面说明新四军军法处平时的防范工作是积极有效的。当然，百密一疏恐怕也在所难免。皖南事变极有可能是沈之岳布置的其他潜伏人员作为内应，关键时刻向陈淡如提供了新四军绝密情报，蒋介石和顾祝同因而准确掌握了新四军皖南部队北移的时间和路线，迅速定下了"围剿"的决策。据参与"围剿"的国民党第三十二集团军参谋处长武之棻回忆，12月初上官云相以送亲笔信为由，派少校情报参谋闻援前往云岭军部任联络参谋，侦察新四军实力，下旬闻援偷得新四军兵力部署图稿，这才第一次对新四军实力作出判断。由此可见，国民党军虽在皖南事变前就有"剿灭"新四军的预案和部署，但对在何时何地动手，则非常谨慎，其决策权始终牢牢掌握在蒋介石手中。

据沈之岳1983年接受采访时称，1940年3月因推荐的军统特务暴露了身份，他被迫离开新四军。后在戴笠引荐下受到蒋介石接见，1941年7月被任命为军统局第一处科长，至此从幕后走到前台。

从1933年打入上海地下党组织，到1941年在重庆改头换面履新军统局科长，沈之岳在中共党内整整潜伏了九年。1951年，沈之岳担任"保密局大陆闽浙工作站"站长时，又化装成教师潜回浙江奉化，摄得蒋家故宅不少照片，回到台北进呈蒋介石，大获蒋的欢心。之后，沈之岳在台湾情报系统中扶摇直上，当上了国民党"安全局"的中将局长。

曾与沈之岳共过事的开国上将张爱萍这样评价：沈之岳九年共产党员资历中，七年是模范党员。他个性跟周总理很像，内敛、温柔而含蓄。1994年，沈之岳去世后，张爱萍赠送挽联："智勇双全，治国有方，一事二主，两边无伤"。这又为沈之岳之谜留下了无尽的猜想空间。

致命的警卫员

仗打到1月13日黄昏，眼看部队牺牲太大，军长叶挺下达分路突围命令。

根据计划,叶挺、饶漱石等率教导总队及军部工作人员经过火云尖向大康王方向机动。第二天叶挺带军法处组长李胜等人下山与国民党军接洽谈判时意外遭扣,从此被蒋介石一直囚禁到了抗战胜利后,1946年3月才经中共中央多方营救始获自由。岂料一个月后,4月8日,叶挺在返回延安途中因飞机失事与夫人李秀文及秦邦宪(博古)、邓发、王若飞等中共领导人一起遇难。这起发生在黑茶山的震惊中外的空难,在其发生后50年,参与阴谋策划者军统特务杜吉堂承认是国民党军统特务的一次暗杀行动。

另一路,项英带政治部主任袁国平、副参谋长周子昆在警卫连掩护下走出石井坑,不久袁国平因被打散掉队而英勇牺牲。其他人则沿螺丝坑、田坑、濂坑转移,沿路收拢失散人员,先后发现作战科长李志高、二纵队参谋长谢忠良、军部协理员杨汉林、军需处副处长罗湘涛、营长李元和陈仁洪、马长炎等,2月下旬到达赤坑山时队伍已有七十余人。

泾县一带山多林密,隐蔽条件好。赤坑山顶下有个蜜蜂洞,位于悬崖上,三面石壁环抱,常年无人来往。因地势险要、易守难攻,经地下党员姜岳凡(又名姜德贵)推荐,项英决定暂住蜜蜂洞。此时,项英深深懊悔自责,曾多次含泪对其他同志说:"我们的部队遭受这么重的损失,主要责任在我。我回到中央,要做检查,请求处分。"当时对于有多年丰富斗争经验的项英来说,还没有到山穷水尽、走投无路的窘境,一切都还可以从头再来。

蜜蜂洞

然而就在项英痛定思痛、心底升腾起新的希望时，他忽略了在大康王收拢来的军部副官刘厚总。这一疏漏，导致了项英队伍及他本人不可挽回的损失。

刘厚总参加革命十来年，在血与火的斗争考验面前素以"敢打敢拼、冲锋陷阵"著称，老家湖南耒阳的群众喜欢叫他"总老爷"，说他是"大杀星"下凡。1928年刘厚总参加农民赤卫队闹革命，其堂哥刘厚林、堂弟刘厚定、刘厚存等五人因此一夜之间被国民党挨户团杀害。1938年4月，刘厚总随湘南红军游击队下山编入新四军，起初任军部特务营副营长，同年9月被送到延安中央党校学习。第二年春，他重回新四军工作时被分配在副官处，负责管理木工班和饲养班。

刘厚总的显著特点是个子高、力气大、枪法准，所以在螺丝坑初次见面时，尽管项英对他并不十分了解，还是决定留其在身边工作，任警卫员。

出于对项、周两位首长的安全考虑，李志高和谢忠良等人及时调整了警卫部署，项英亲自挑选刘厚总、周子昆及其警卫员黄诚四人住在山顶的蜜蜂洞内，谢忠良带李德和、郑德胜等警卫战士在半山腰靠悬崖处搭起临时草棚，警卫员夏冬青白天到蜜蜂洞口警戒，晚上回草棚休息；军部参谋刘奎带人住在山脚下的石牛窝村，李志高带30人在铜山、水岭外围活动，陈仁洪、马长炎等20多人在金毛山隐蔽，这样以蜜蜂洞为中心、警卫力量一字排开形成环环相扣的圆圈，保证遇有敌情能及时预警首尾呼应。

由于大家对刘厚总这个人谈不上知根知底，其他警卫战士不好讲，李志高就多次在私底下委婉向项英提出调换刘厚总，建议仍然使用老警卫员郑德胜、李德和与夏冬青这三名战士，不料均被拒绝。相反，项英认为刘厚总是干部、有打游击的经验，对他不仅工作上信任，生活上也很关心。据军部侦察连排长张益平回忆：

> 大家几十天来看不到米饭和荤菜，好不容易出去从老百姓那里买来的一点鸡蛋，李志高、谢忠良和我们都舍不得吃，专门留给首长吃，我们情愿挨饿也不能让首长挨饿。可是首长却留给刘厚总吃，我们看到很生气，埋怨首长自己不吃分给他吃。我们也很不理解首长什么原因那么疼刘厚总这种人。

警卫员与警卫对象的关系历来都是这样亲密无间，平时当成自己的孩子一样爱护，关键时候甚至可以托付生死。但往往成也萧何败也萧何，项英身上浓厚的游击情结帮助他走过了人生最为艰苦的三年游击战争，也正是游击情结使他在皖南短暂的领军岁月里与军长叶挺以及远在延安的中共中央关系上始终存有芥蒂，最后还是因为这种游击情结"认人唯亲"为自己埋下了祸根。

3月14日午夜，蜜蜂洞，电闪雷鸣，风狂雨急。谁也没有想到，鬼迷心窍的刘厚总因对革命前途丧失信心，乘另外三人熟睡之际，掏出驳壳枪先后向项英头部、周子昆胸部和黄诚连开多枪。项英就这样倒在了自己最信任的警卫员的枪口下。

此时，山脚下茂林镇上的大街小巷还张贴着"活捉项英奖励五万元、交出项英奖励五千元"的通缉告示。幸运的是，连中三枪昏死过去的黄诚被从山下赶来的战友们及时救出。而就在前一天，项英还在与周子昆、谢忠良开会研究，决定第二天由李德和带刘厚总到太平镇铜山附近寻找泾县地下党负责人洪林联系渡江事宜。正是这个缘故，行凶后的刘厚总匆匆下山来找李德和时，并未引起他任何警觉。李德和在回忆当时的情况时说："由于山区回音大，辨别不出打枪的方向，就问谢忠良，谢说可能是对面山上的龚杰等人在打野猪。"

多年后，警卫战士郑德胜对此回忆：

> 3月12日那天，根据分配的任务，由刘奎、张益平、何继生和

我四人去水岭李志高那里挑米，后来把米挑背回来，到石牛窝姜岳凡家休息，已是3月12日深夜。13日凌晨，突然刘厚总同李德和两人也赶来了。刘厚总从口袋里掏出一小包小刀牌香烟，给每人一支。我说："这香烟是首长吸的，你从哪里搞来的？"他说："管他哪里搞来的，你吸就是啰！"李德和问："你们刚才听到枪声没有？"我们说没有听到。刘厚总说天快亮了，我们快走吧！说完就拉着李德和往外跑。我们知道头一天曾研究的任务，要他俩去联系突围的事宜。过了大约一个小时，只见李德和一人急急忙忙奔跑到姜岳凡家，他连声喊了几声："不好了！出问题了，快上山吧！"原来刘厚总和李德和跑到一个岔路口，听见狗叫声，刘厚总就说前面有个戴军帽的人，可能是敌人，你等一等，我先去看看，说完就丢下李德和，慌张地奔跑。李德和见他不回来，就在后面喊他等一等，他不睬，又喊他站住，他反而跑得更快了。李德和联想到出发前听到的枪声，认为山洞里首长的安全可能出了问题，就跑了回来。我们粮食也顾不得背了，跑到半山的茅棚，喊醒了谢忠良等，一起跑到蜜蜂洞。只见项英、周子昆、黄诚都倒在血泊中。项英副军长死在洞口，头朝南，头部中了两枪，子弹是从太阳穴打进去的；周子昆副参谋长头朝北，胸部中了一枪，仰面倒在血泊中。两位首长的心脏都已停止了跳动。黄诚中了三枪：一枪在右臂上已穿透，一枪在后脖上，子弹还留在里面，还有一枪从左肩擦过。

当事人黄诚的回忆则相对简单：

洞里的地势外高内低，最里面的石壁上不断地有水滴下来，靠里面的地很潮湿，我便挨着石壁先睡下了。过了一会儿，首长也都睡着了，我们睡的位置是从里到外，依次是我、周副参谋长、项副军长，最外面是刘厚总。大约凌晨三四点钟，我睡得正香，突然被几声沉闷的枪声惊醒，我立刻意识到出事了，便抬手去摸枪，只见一道手电筒光射到我脸上，一声枪响，接着又是一枪，我只觉得头"轰"的一下就昏过去了。

逃离部队的刘厚总本以为就此可以邀功请赏，不料在向国民党搜捕部队告密时竟四处碰壁，他的话根本没人相信，就连从项英、周子昆身上窃得作为军费的黄金、银元、自来水笔和手表等贵重物品，也在过路卡时被地方民团的哨兵全部讹走。万般无奈之下，刘厚总只有冒充三战区特务才见到了国民党旌德县长李协昆。将信将疑的李协昆派人随刘厚总重回蜜蜂洞指认现场，项英、周子昆被害的消息虽经证实，可又有谁敢轻信警卫员干出杀害自己警卫对象的丑事？以后的遭遇，恐怕刘厚总做梦都不会想到，他被国民党地方党部以保护人身安全为借口审来问去，先后关押在安徽省党部皖南办事处和皖南行政公署，1943年冬又转解至重庆军统局的渣滓洞看守所，直到1948年国民党政权即将垮台时才予释放。

就是这样，刘厚总仍不思悔改，1948年5月10日竟厚颜无耻地写信给蒋介石，称：

> 厚总之所以贡献于政府者，其价值如何，当亦不难估计。但此种忠诚之表现，非惟未蒙抚慰，且不幸被禁数年。现蒙局本部开释，并蒙发给2500万元，以资返籍，深感大德。厚总因被禁有年，致成残体，耳、目、脚等均有重病（现正医病），年龄老迈，六亲无靠，虽蒙厚惠2500万元，实不敷医病之用，他如购买行李衣物及旅费与今后生活费用，均无着落。际此生活奇昂，瞻念前途，不禁凄然。

走出国民党看守所的刘厚总自知罪孽深重，有家不能回，有名不敢用，时刻生活于惊恐不安之中，只得隐名埋姓四处漂泊。1952年7月28日在江西新余的一家店铺里，被曾任周子昆警卫员、县公安局副局长黄宜蕃登记户口时认出并抓捕。陈毅得知当年杀害项英、周子昆的凶手落网的当天就给江西省委书记陈正人打电话，指示公安部门尽快结案。同一天，华东军政委员会副主席谭震林也给江西省和新余县拍发了及早严惩叛徒的加急电报。

1952年8月初，罪大恶极的刘厚总在江西南昌被枪决。

击杀叛徒"二赵"

"二赵"指的是赵凌波和赵希仲，皖南事变时两人先后投敌叛变。

赵凌波和赵希仲不仅同姓，翻开两人的履历竟也有十分惊人的相似，尤其是到新四军工作后在职务上有过多次交集。两人早年均参加过国民党军，被红军俘虏后同在鄂豫陕的红二十五军工作，长征开始随军到达陕北根据地，抗战开始后又作为延安干部先后调入新四军，1940年分任军部参谋处处长和副处长，不久赵凌波调任三支队参谋长，1941年初军部北移时两人被一同编入第一纵队，分任副司令员和参谋长。

不难看出，两人可谓是在同一战壕战斗多年的老战友、老同事，有着光荣的前半生。不曾想，在人生面临生死考验时抵御不住诱惑，信仰动摇被拉下水。2015年2月出版的《国家人文历史》杂志在封面以"历数中共史上最危险的叛徒"为题介绍了顾顺章、向忠发等13人，其中唯一出自新四军的叛徒就是赵凌波。该文称，赵凌波是四川泸县人，早年曾参加过川军，在红四军南下英山作战时加入红军，由于吹得一手好军号，在红二十五军素以"一手军号、一手持枪"而闻名。1932年赵因受到军政委吴焕先的喜爱，逐次提拔为经理处政委、二二三团政委、中共鄂豫陕省委委员，因其口头禅为四川话"格老子"，故人称"格老子政委"。

1941年1月8日，北移的新四军前头部队在涉过青弋江南进时遭到国民党军第四十师的伏击，纵队司令员傅秋涛率部抵抗并寻机突围。就在激战正酣时，副司令赵凌波突然命令部队撤退，团长熊应堂不同意，赵竟下

纵队司令员傅秋涛（左六）与皖南事变部分突出重围人员合影。

令吹起了军号，企图强令部队后撤。傅秋涛得知后非常愤怒，立即派警卫员去找赵当面质问。谁知赵早已乘乱脱离部队，叛变投敌了。事后，他向国民党审讯人员表示："我早就想脱离中共而没有机会。""我今后有两个目的：一是做反共工作，一是愿意报效中央。"

皖南事变结束后被俘的新四军指战员大部被囚于上饶集中营，面对狱中敌人的严刑拷打和政治利诱，革命志士们始终硬如钢铁、坚不可摧，进行不屈不挠的斗争。然而在赵凌波游说下，一纵队参谋长赵希仲跟着叛变。同年6月，两人一道发表脱党声明，并称"深自反悔，今已彻底觉悟"，"正式退出该党，与该党脱离一切关系，今后决心信仰三民主义，愿在中国国民党暨总裁领导下，努力抗战建国，誓死不渝"。办理书面自新手续后，经三战区电请国民政府军事委员会"准予自新"。

在普通人眼中，支队的副司令员和参谋长也算是大官，他们的先后叛变，着实令三战区情报专员、主管集中营教育感化工作的特务头子张超欣喜若狂，作为自己教育感化的业绩四处鼓吹炫耀，并给"二赵"分别委以政治教官重任，派他们利用老熟人关系在集中营活动，收集情报、开展劝降。

先说赵凌波。

军长叶挺被诱扣后转押于上饶集中营李村监狱，三战区司令长官顾祝同遵照蒋介石旨意，以保定军校同学的名义亲自劝降未果，又逼迫叶育青、叶天流到狱中以叔侄之情"感化"仍然无功而返。不久在顾祝同授意下，赵凌波出场了。他平时总爱穿着半新半旧的西装，这一次一反常态穿起了一套新四军军服，来到叶挺囚室假惺惺地说："军长，我住在隔壁囚室，经一再请求，今天才被批准来见你一面。"

叶挺对赵凌波并不陌生，狱中听说其叛变革命早已恨之入骨，没好气地质问："你来见我做什么？！"

"请军长不要误会，我赵凌波如果对军长有半点不忠诚的地方，天诛地灭！"赵凌波本想缓和一下气氛，哪知叶挺见他居然还有脸来"规劝"自己，不禁怒火上蹿，没等赵凌波把话说完就冲上去，不由分说抽了几个耳光，怒斥道："你满身污臭，滚，马上滚开！"说完又抄起一条板凳砸过去，赵凌波见势不妙，灰溜溜地退出了囚门。

有一次，同被关押在集中营的苏南地下党领导人宿士平听说赵凌波和赵希仲已投敌，就和其他同志一起自编了一首歌来嘲讽"二赵"："赵希仲呀哎，赵凌波呀嘿，你看两个王八蛋呀哎，不要脸呀嘿……"

后来，负责搜捕皖南事变新四军失散人员的国民党铜南繁泾绥靖指挥部在三支队驻地繁昌成立，赵凌波摇身一变成了反共副专员。该部紧跟在游击队活动的边缘地区，专门从事策划对新四军和中共地下党组织、地方武装的"清剿"活动。

赵凌波重回皖南的消息很快被新四军部队侦知，情况上报到七师后，政委曾希圣、代师长傅秋涛非常重视，一面报告军部，一面急令在皖南执行任务的师部干部李务本带侦察班开展锄奸行动，最初的方案是设法活捉赵凌波后送军部审判。李亚平多年后回忆起父亲李务本谈及赵凌波诱捕战友的过程仍难掩愤恨：

这个赵凌波很狡猾阴险，很多被打散的新四军战士被他欺骗并拉入敌方队伍。那个年代不像现在信息传播速度那么快，很多人并不清楚赵凌波叛变一事，这家伙就钻了空子，利用自己在新四军时的团级领导身份获取被打散的新四军战士们的信任，有好几批不明就里的战士们被他骗到敌方阵营之后，都被关入了上饶集中营。

叛徒对革命的危害比日伪顽更甚的道理就在这里，尽管叛变后的赵凌波已如惊弓之鸟般，但由于他熟知新四军的侦察手段，反侦察的能力自然不弱，多次侥幸逃脱。

可常在河边走，哪有不湿鞋？第二年5月，赵凌波故伎重演化装成跛腿一扭一拐潜入繁昌湖阳冲，冒充刚从上饶集中营逃出来的新四军人员暗中搜集情报，被坚持红花山根据地游击斗争的七师五十七团二连指导员董南才一眼认出。于是，董南才不动声色将计就计，以帮助其寻找组织为名派人一路"礼送"到白茆州的团部。团长梁金华、政委马长炎迅速报告师部，又指定李务本负责转押到无为县北乡大俞家岗的师部。

一路上为了麻痹赵凌波，李务本不仅没有对他进行捆绑，还处处尊重悉心照料，但不知是哪里露出破绽，或者说根本就是做贼心虚，当队伍行至石涧埠附近路边休息时，狡猾的赵凌波乘看守人员不备冷不防一个箭步向国民党军黄洛河据点方向冲去，逃跑的意图十分明显。李务本见势不妙，立即带人追捕，在劝说警告无效的情况下果断开枪将其当场击毙。事后，李务本如实报告了师部，师锄奸部随即派人去实地验尸后转报军部。至此，赵凌波这个新四军历史上最危险的叛徒的耻辱一生就结束了。

再说赵希仲。在上饶集中营被赵凌波拉下水后，赵希仲为了邀功也供出了皖南新四军人数、武器装备特别是一些领导人的姓名、籍贯和年龄等情报，这才被委以政治教官，参与迫害曾经的战友，成为国民党集中营特务头子张超手下的一个走狗。

1942年受日本侵略军进攻浙赣线影响，集中营于6月5日从驻地周田出发向闽北山区转移。或许是良心发现，或许是已经听闻赵凌波的下场，当队伍经过石塘镇宿营时，赵希仲乘众人熟睡偷偷从后门逃了出来。由于人生地疏，赵希仲开始到处流浪，在浙江金华时因言语不通，又无良民证，被日军逮捕充服苦役，半年后才获释。1943年2月，赵希仲流落到义乌做起了小生意，6月经人介绍到杭州当摇面机工人，不久被日军以严重危害社会治安罪判处死刑，因证据不足一直关押到日本投降后的1946年初，才以政治犯释放出来，辗转回到老家陕西长安县隐瞒身份、租种土地。1950年，不甘心的赵希仲再次混进革命队伍，经西北分局统战部批准进入西北人民革命大学学习，第二年调入兰州新华公司工作，1956年肃反运动中历史问题初步暴露被撤销职务、隔离劳动。1968年8月，赵希仲投黄河自杀身亡。

李志高冤案

就在皖南事变的枪声余音未尽之时，1941年1月17日蒋介石以国民政府军委会名义对外发表谈话，反诬新四军为"叛军"，宣布撤销番号，停止一切给养供应。中共方面则针锋相对，除在多地组织群众游行抗议外，1月20日发布重建新四军军部命令，中原局书记刘少奇制定了政治上进攻、军事上防御策略。1月25日，新军部在苏北盐城成立，陈毅发表就职演讲，以华中新四军八路军总指挥部为基础，将新四军和活动于陇海路以南的八路军部队共九万余人，统一整编为七个师和一个独立旅。陈毅、刘少奇分任代军长和政委，张云逸为副军长，参谋长为赖传珠，政治部主任是邓子恢。

组织就是旗帜，旗帜就是方向。重建新四军军部，恢复了一支部队的指挥中枢，也成为皖南事变突围人员心向所归。随着他们先后归队，为防止个别变节分子乘机混进部队，3月初起在军部和团以上部队临时成立"皖南突围人员审查委员会"，专门抽调组织、锄奸等部门干部参加，要求每名归队人员详细写出突围经过和证明人，并逐一谈话核实，作出结论。

军法处科长扬帆与参谋处三科科长、电台总队队长胡立教等人相偕走了三四十天，2月25日才到达苏北东台，先后受到新军部领导人陈毅、粟裕和刘少奇接见，事后两人一起参加军部审查委员会工作。据扬帆回忆：

> 陈毅同志要我们在东台稍事休整，就很快去盐城军部向刘少奇同志汇报。我们坐了小轮船到了盐城，当晚就见了刘少奇同志。少奇同志表彰了我们，接着听我们详尽地汇报，从晚八时直到第二天早四时，共听了八个小时，并根据我们汇报的皖南事变的具体材料，立即草拟了向中央的报告。我还将熟记在心的我党在国统区、敌占区搞秘密工作同志的名单、联络方法等整理成文，面交少奇同志，他很高兴。少奇同志立即交代任务，还要我和胡立教同志担任"皖南突围干部审查委员会"的委员。不久分散突围后到苏北的有三百多人，饶漱石也突围到了，他毕恭毕敬地站在我们面前说："请审查。"

当然，审查是怀疑也不完全是怀疑，审查只是发现可疑人头的一种组织手段。平心而论，这些经历枪林弹雨洗礼、冲破白色恐怖搜捕还不远千里归队的失散人员，无疑都是最忠诚最可信的战士，对他们开展审查也只是落实干部甄别政策的例行性工作，限于客观环境不可能无期限进行，所以任务一完成随即就被取消，但在此间还是发生了七师参谋长李志高以死明志、愤而自杀的严重事件，令人扼腕痛惜。

出生于湖南平江的李志高，1929年15岁时就参加了平江暴动并入伍，后经历长征，写得一手好字，是一个能文能武、很有才干的好干部。1937年12月，李志高随项英和赖传珠、李子芳、汤光恢等作为第一批延安干部到达汉口，参与筹建军部，后任军部参谋处侦察科、作战科科长。1939年2月23日，周恩来赴皖南军部传达中央六中全会精神，李志高等人专程赶到浙江金华迎接，负责接待和保障工作。

皖南事变中，李志高一路追随项英、周子昆转移，与谢忠良一起做好安全警戒。临时党支部成立时，两人被项英分别指定为正副书记。项、周被害后，除刘奎留在皖南组建游击队坚持斗争外，其余六十多人在李志高和谢忠良带领下经铜陵、繁昌突围北渡，4月13日来到无为县七师驻地，李、谢分别担任师参谋长和五十五团团长。

据《回顾新四军军部》记载，李志高、谢忠良等人突围到达皖北后，曾给刘少奇写过一份关于项英、周子昆在蜜蜂洞遇害的真实报告，详细汇报了叛徒刘厚总的行凶经过。但是军部审查委员会根据突围干部中个别人提供的材料，主观臆断李志高等人与叶挺被俘及项、周被害有密切关联，根据就是他们是最后一批坚守在皖南的。材料未经核实，军部个别领导就认定李志高和谢忠良有内奸嫌疑，其中还牵涉其他突围出来的同志。为此，军部派锄奸部副部长梁国斌绕道南京来到七师展开进一步核实，李志高和谢忠良作为事件亲历者，自然是调查的重点对象。

然而，还没等梁国斌抵达七师，李志高与谢忠良就已被隔离审查。也许有的人考虑到突围时李志高任过临时党支部书记，承担的责任要大些，便把他单独关进了无为县政府的一间简陋平房，每日除了吃饭睡觉，就是写事情经过和反省材料。

时间拖久了，自感对党忠诚的李志高逐渐心灰意冷起来，把组织审查看成了人格羞辱，心态发生扭曲，整日情绪低落，对审查极为抵触，为证清白一气之下竟于1942年1月3日自戕，年仅28岁。据有关材料介绍，当时在李志高被关押的房门外专门安排了一名战士，既是看守，也做保障。因为李志高一直担任军部科长，现在又是师参谋长，也算部队相当级别领导，所以在他要求开门放风时并没有引起这名看守战士的任何怀疑，哪料他乘哨兵不备竟顺手抢夺到执勤步枪重返房内，背着哨兵关起门来开枪自杀。

不久，真相水落石出。军部电告七师，李志高、谢忠良不是内奸，应立即释放，恢复名誉与工作。可惜的是，李志高终究没能等来为他洗刷冤屈的这一刻。一同被关押审查的其他人，如谢忠良仍回五十五团工作，1943年被分配到浙江任浙东纵队副参谋长，新中国成立后一直在南京军区、福州军区工作，1961年被授予少将军衔。

远在延安的毛泽东等中共领导得知"李志高事件"后，立即以中央书记处名义给华中局和新四军军分会发来措辞严厉的指示电："华中局和新四军的主要领导必须为李志高事件作出公开深刻的检讨，要从此事中吸取惨痛的教训。要向受到委屈的同志作出诚恳的道歉！向死难的同志致哀！以后绝不能再发生这样严重的事情！"

为此，七师专门为李志高召开追悼会，师政委曾希圣更是痛心疾首地说："李志高同志是个出色的参谋人才，死得太可惜了。"华中局书记、新四军政委刘少奇也作出深刻自我批评："我派保卫部长去了解情况，却没有及时了解进展情况，让好同志蒙受冤屈，导致李志高同志自杀。他们都是皖南突围出来的干部，是革命的火种。他们没有倒在敌人的枪口下，回到自己的部队却倒下了，痛心啊！同志们，这是我们新四军的悲剧啊！是我失职的悲剧啊！我没有及时保护他们，这是我的失误，在这里我诚恳地检讨，向受委屈的同志们道歉！向死难的同志默哀！以后绝对不能再发生这样严重的事情！请大家监督，再有此事，首先撤我的职。"①

领导集中营暴动

皖南事变后有近5000名新四军官兵，其中排以上干部683人，被国民党非法关押于上饶集中营，直到1945年10月中旬出狱，前后长达近五年之久。

关押伊始，为"管训"这些被俘的新四军官兵，三战区组建了训练总

---

① 转引自韩三洲：《"皖南事变"后的一桩审查悲剧》，《炎黄春秋》2000年第9期。

队,下设五个中队,分别位于茅家岭为中心的七峰岩、李村、石底和周田等村舍,对外统称"更新部队"。

哪里有压迫,哪里就有反抗。

上饶集中营——蒋介石眼里囚禁华中革命志士的监狱,成了新四军反抗顽固派的一个特殊战场。共产党人最讲组织性,即使在狱中,这些勇士们也不忘成立党支部。他们利用服劳役、上课、出操、洗澡甚至上厕所等一切可以接触的机会,交换情况,征求意见,组织串联,很快一个个令特务们毫无察觉的狱中秘密党支部就在各个中队产生了。

有意思的是,在狱中党支部核心成员中有多名新四军锄奸干部,分别担任书记或委员职务,领导开展反迫害、绝食抗议、痛打叛徒和越狱暴动等斗争。据上饶集中营纪念馆的资料,曾经在第一个时期担任各中队党支部核心成员的锄奸干部共六人:

新四军军法处三组组长、新一支队特派员周奎麟,先后任第一中队、第六中队支部委员;

新四军军法处参谋、教导总队特派员丁公量,任第一中队支部委员;

新四军新一支队军法处二组组长邢济民,任第一中队支部委员;

新四军二支队三团特派员叶逢樟,任第二中队支部委员;

新四军军法处二组组长、五团特派员李胜,任第三中队支部书记;

新四军二支队兼老三团特派员徐一非,任第三中队支部委员。

为什么称"第一个时期"?原来,为了防范集中营内成立组织抱团反抗,国民党特务每隔几个月就要新编一次部队,在四年多的时间里进行了三次大调整、十余次小调整,零星人员的微调几乎每天都有,每次调整后几乎都会因人员打乱组织遭到破坏,但不久新的支部又会奇迹般地建立起来。拆不散,打不垮,拖不烂!

随着国民党特务变本加厉使用更加残酷的手法逼迫劝降,狱中地下支部认为不能坐以待毙,决心组织越狱暴动,以革命的暴力抗争反革命的暴力。在前后进行的三次暴动中就有两次是在三中队秘密党支部书记李胜直

丁公量

接领导下开展的，第二次更是将狱中反抗斗争推向了高潮。

1941年中秋前夕，三中队秘密党支部经征求意见，决定择机组织越狱暴动，具体安排由李胜和刚从一中队调入的丁公量负责。接受任务后，李、丁两人详细研究了监狱前后特务分布情况，并把时间定在了10月10日。因为这一天是中秋节，恰巧又是国民党政府的"双十节"，按照惯例看守们要过节会餐，戒备力量必然有所松懈，这样方便以打扫卫生为名，利用劳动工具作为武器，解除看守武装。不料就在10月9日傍晚，由于叛徒告密，看守突然采取行动，调用大批宪兵包围中队囚室，现场抓走了丁公量和另一名干部汪海粟，完全打乱了暴动计划。第二天，丁公量和汪海粟遭受严刑拷打，让特务们失望的是，他们两人没有透露任何有关狱中秘密党支部的信息。特务头子张超叫嚣着要枪毙他们，不久两人被关在了一间石头砌的谷仓里等待行刑。而就在临刑前夜，在其他战友掩护下，丁公量和汪海粟两人巧妙地骗过看守，逃离了樊笼！死里逃生的丁公量和汪海粟都异常激动，他们紧紧地拥抱在了一起。每每回忆至此，丁公量都会语速减慢脸色凝重：

由于叛徒告密，敌特猜测我和汪海粟是领头的，就进行了毒打，准备枪毙。就在行刑前夕，我们艰难地用皮带铜扣撬开了铁镣上的插销，后来又千方百计骗看守去买东西，才有机会逃脱牢笼……我整个革命生涯中最难忘的就是这一段。

中秋暴动虽然没有成功，但丁、汪二人胜利逃离虎口，还是极大鼓舞了其他同志的信心和斗志。留下来继续战斗的李胜等人及时总结了中秋暴动失败的教训，为第二次成功领导茅家岭暴动积累了经验。

1942年5月初，日寇大举进攻浙赣，处在两省交界的上饶局势骤然紧张，三战区决定将集中营向闽北山区转移。受此影响，营区看守警戒较前明显放松，三中队党支部认为再次举行暴动的时机已经成熟。为慎重起见，党支部专门成立暴动委员会作为领导机构，由李胜负责指挥工作。

李胜等人抓住各种机会、采用秘密方式进行串联和思想发动，最后全部26名战友同心拼死一搏。这次他们吸取中秋暴动教训，在策略上作了调整，一方面全体同志遵守监规，听从号令，麻痹并转移看守们的注意力；另一方面则紧锣密鼓加快准备，特别是养精蓄锐恢复体能。有人变卖物品换取食物增加大家营养，有人撕掉棉袄打制草鞋赠送战友，长发的同志则以天气炎热为由要求理发，实际上是方便隐蔽。

茅家岭监狱里出现少有的宁静，看守们在干什么呢？5月25日下午，王传馥无意中听说大多数看守已外出，或进城，或开会，或执行其他任务，狱中看管力量非常薄弱。摸清情况后，暴动委员会当即定下暴动决心，悄悄向大家明确暴动口号、行动路线和集合地点。

临近傍晚，李胜指挥杨灿、李维贤两名同志以解手为名，在天色掩护下混到院中天井，趁看守不备迅速关上大门，使监狱内外暂时分隔。就在这时，随着李胜振臂一呼发出暴动信号，顿时各个房间都响起了惊雷般的吼声："同志们，冲啊！"他们合力推烂木栅门，按照原定计划分头抢占东西出口和卫兵室，院内三名看守很快成了瓮中之鳖，仅顽抗了几分钟就被解除武装。暴动战士在监狱警卫排宿舍成功抢到8支步枪、2挺机枪和30多枚手榴弹，26人迅速组成战斗队形，一边向狱外看守还击，一边打开后门撤退，很快冲出监狱消失在不远处的大山中。

这里不得不提到王传馥。他被捕前是三支队文化教员，五团的代理宣教股长，在这次暴动过程中他始终冲锋在前，本来完全可以按照预定路线走在前面安全脱险,然而面对看守的追击又主动承担殿后任务,当场炸死看守班长数人,在他掩护下其他战友迅速撤离,不料他自己却在边打边退时腿部中弹,躺倒在了一片水田里。细心的李胜清点人员时一直未见王传馥跟上来,也顾不上个人安危立即折回寻救,不料此时的王传馥因伤势过重已丧失行走能力,李胜只得将其隐蔽到一座石桥下的涵洞里。由于暴动的枪声惊动了邻近监狱的看守,不一会儿,大批国民党特务和宪兵加入搜捕队伍,王传馥把生的希望留给战友,不由分说推开了李胜……被敌捕回的王传馥于5月28日惨遭活埋,年仅22岁。

参加暴动的26人中,除王传馥和钟袁平英勇牺牲、6人失踪不知去向外,成功脱险的18人在李胜带领下转道武夷山脉进入福建崇安一带,很快便与仍留在当地坚持斗争的闽浙赣边特委领导人王林兴、特派员陈贵芳取得联系并参加了曾镜冰领导的游击队,后又与6月中旬赤石暴动中走出的30多名战友会合,辗转回到了新四军苏南、苏北根据地,继续抗战之路。

1949年初,李胜随华野部队一路南下,解放了苏沪浙闽。新中国成立后,他历任十兵团军法处副处长、福州军区保卫部副部长、军事法院院长等职,1979年重回曾经浴血奋战的上饶市工作,任军分区政委直至离休。1984年李胜逝世,亲属根据其遗愿将其安葬于曾经战斗过的集中营内,在翠柏苍松掩映下与150多名先后在此惨遭杀害的革命英烈们一起长眠于这片红色土地。

第七章　征战江淮河汉

1940年底前后的苏中注定要热闹非凡。黄克诚率八路军五纵越过陇海线南下，江南一支队大部随陈毅紧急北渡，黄桥战役打响，华中新四军八路军总指挥部成立，至此华北、山东和华中连片基本成势。就在皖南事变的枪声还犹在耳畔，1941年1月25日根据中共中央军委1月20日的命令，新四军重建军部大会在盐城泰山庙召开，代军长陈毅发表就职演讲。

"失之东隅，收之桑榆。"很快，新四军部队越打越勇，根据地越打越大，无愧"铁军"称号！

摆脱了国民党政府掣肘的新四军锄奸保卫工作，围绕人才培训、业务建设、政治甄别和服务经济贸易，变被动为主动，由内部转为内外结合，开始全线出击，一时间迎来了更加独立自主的快速发展期。

保卫新军部

新军部所在地盐城，顾名思义与盐有关。这里东濒黄海西襟淮扬，自古以来遍地皆为煮盐亭场，到处都是运盐河道，汉武帝置县时就称盐渎，东晋义熙七年（411）改名盐城，一直沿用至今。2008年建成开放的中国海盐博物馆就坐落在市区的串场河与范公堤之间，似乎还在悠悠诉说着这座英雄之城与盐的不解之缘。

远在延安的中共中央为什么选择盐城作为军部新址？其中有政治、军事形势考量，也有群众基础因素，恐怕更多的还是这里特殊的地理条件。盐城地处里下河下游，境内地势平坦，河汊纵横交错，湖荡广布，海岸线虽长却无一处深水良港，水陆交通相对不便，到了夏秋时节多阴雨带来地表泥泞不堪，明显不利于机械化和大兵团运动作战，反而为游击留有广阔的回旋余地。

新四军能够打了重建，对日、伪、顽而言，自然也可以新四军一建就打。1941年7月，驻南通、扬州、淮阴和灌云的日军调集第十五、第十七师团和独立旅、南浦旅团带伪军一万七千多人，分四路直指盐城，杀气腾腾合击而来。近在咫尺的姜堰一线国民党顽固派韩德勤部似乎也等到了渴望已久的"战机"，与盐城以南新四军前线部队摩擦不断，乘人之危、从中渔利的意图十分明显。此时，城内的新四军又有多少人呢？除了华中局和军部机关人员外，就以抗大五分校师生、警卫连等直属部队为主，三师机关和一个主力团均分散部署在城外，全部加起来也不过千余人，真正有效的战斗力量则少之又少。

千余人，与数十倍之敌如何周旋？

7月10日晚，军部所在地城东蟒蛇河畔的泰山庙灯火通明，气氛热烈，新四军领导在此召开紧急会议，研究反"扫荡"策略。政委刘少奇首先发言："敌人是用现代化的海陆空兵力和武器，还有部分骑兵来'扫荡'的，在敌强我弱的情况下，还是保存有生力量要紧，不能硬打硬拼，要讲战略战术。"

代军长陈毅分析敌情后，提出了一个大胆设想："敌人来进攻盐城，那好！我们就来个将计就计，把军部和直属机关全部撤出盐城，跟日军演一场现代'空城计'，让进犯之敌完全扑空。"

陈毅顿了顿，接着说："我们就是跟敌人唱'空城计'。诸葛亮定下'空城计'后不敢走，司马懿也不敢进城。我们是主动让客，日军没有司马懿聪明，他会呆头呆脑地闯进来。他进来，我们欢迎，我们也不计较一城一地的得失。我们放弃一个城市就是给敌人背上一个包袱，敌人的兵力就分散了。然后，我们寻找有利战机集中优势兵力，歼灭敌人的有生力量，集小胜为大胜，最后全面反攻，彻底消灭敌人。"

陈毅用生动的历史典故一下子就把战略战术讲活了，会场上原本紧张的气氛顿时活跃起来。

"就应该这么打。"刘少奇指着墙上的军用地图，"苏北的地形对我有利，它是个水网地区，河流沟汊多，地形复杂，交通不便，敌人的现代化武器难以发挥作用，优势打不出来。"

部署好机关撤退行动后，陈毅不忘朝后排的一个人指了指："我看，这个'空城计'就由你来演。"随着陈毅话落，大家不约而同把目光一齐聚集到后排。

这个人姓周名彬，是三师锄奸部副部长。别看他还是个 30 岁不到的小伙子，已是锄奸保卫战线的一名老资格了，曾任红三军团五师特派员，参加长征到达延安后又干起了老本行，做过抗日军政大学特派员，1940 年来新四军后继续当保卫干部，任抗大五分校锄奸科长。此时，他还有一个身份，兼管盐城的城防工作。多年后，周彬回忆起这次反"扫荡"的策略说：

> 在敌人"扫荡"围攻的初期，我们把主力部队化整为零，分散到敌人侧翼，配合地方县团武装和民兵袭扰敌人，寻找敌人的弱点，集中优势兵力，打敌一路或几路，同敌人搞推磨战法。我们把自己的主力分散，把精锐部队暂时隐蔽起来，把机关非战斗人员、伤病员隐蔽起来，这是为了尽量减轻军部和战斗部队的负担，以便避重就轻，来往转移，使敌人东奔西走，顾此失彼，"扫荡"到了筋疲力尽的时候，我们就用夜袭、奇袭、突击、伏击和追击的方法，把敌人各个击破，再用主力部队吃掉敌人的有生力量。

会后，周彬根据陈毅指示，立即带领抗大五分校上干队的三个区队加紧准备。上干队的学员大都是连营级干部，年纪轻有活力，因为来自战斗部队具有一定作战经验，他们的任务就是佯打，拖住对手为军部后撤争取时间。到了7月21日日伪军陆续到达城外时，军部机关人员早已分批转移了，但周彬不敢丝毫马虎，连夜率领学员赶到西门外的河坝构筑工事准备阻击。

7月22日上午9时许，日伪第一波攻击打响，果不出刘少奇等军部领导所料，借助武器装备优势日伪首先出动飞机和火炮部队，轮番对盐城进行狂轰滥炸。下午3点多钟，又从地面、水路齐头并进。为避其锋芒，打一阵后周彬主动回撤到城东北一带，故意留出口子放部分日伪进城。此时，他们的任务已经变成了袭扰，给日伪造成错觉。据周彬回忆：

> 敌人没想到，新四军早在城里埋了地雷，把敌人炸得血肉横飞。从水上进攻的敌人乘的是装甲汽船，我们早在河里打了木桩，筑了水坝，还埋了水雷。敌人的汽船每前进一步，既要拔木桩，又要挖水坝，还要挨炸，狼狈极了。

就这样，周彬带着上干队学员在城里打一枪换一个地方，坚守了一天也没有受到丝毫损失，而日伪最终以死伤惨重的代价换来了一座被他们自己的飞机大炮炸得破烂不堪的空城，细细搜索竟连一个新四军官兵的影子都没有找到。

早已泄了气的日伪哪里知道，新四军主力部队撤离盐城后，一直隐蔽在大运河两岸，华中局和军部机关则先后移驻建湖、阜宁的左家庄、刘家舍、停翅港和单家港一带。2014年9月国家档案局网站发布的《浴血奋战——档案里的中国抗战》第23集详细披露了这次苏北苏中夏季反"扫荡"的情况：

> 7月20日，日伪军1.7万余人合击盐城。22日，日军在侵占盐城后即对周围地区进行"清剿"……由于我军先期分散转移，敌连连扑

空……新四军各部在东沟、益林和湖垛地区歼敌数百人,并利用自制水雷,击毁敌装甲汽艇多艘……8月初,日军将大部兵力转向苏中地区进行"扫荡"……盐阜、苏中区军民在新四军军部的统一指挥下,密切配合、相互策应,使敌顾此失彼,对粉碎敌之"扫荡"起了决定性作用。至8月底,敌之"扫荡"被彻底粉碎。在1个多月的反"扫荡"中,我军共作战130余次,歼敌3800余人,击沉敌汽艇30余艘。我军伤亡1000余人。

刘少奇来到了锄训班[①]

"在决定胜负时是用公开的战争,在准备胜利与取得胜利以后的巩固胜利是斗智的秘密战争来决定,也就是你们这项工作来决定的。"1941年4月29日,利用部队整编成师的间隙,军部在盐城举办全军锄奸保卫人员培训班,华中局书记、新四军政委刘少奇应邀作了讲话。

从半塔集到盐城,在一年不到的时间里,作为一个战略区党的主要负责人,两次参加一个业务部门的培训班并发表讲话,这在中共党史军史上实属罕见,足见这项工作的重要程度。

这是重建军部后新四军锄奸部牵头组织的第一次干部训练班,规格很高,参加的都是团以上部队负责锄奸工作的科股长;学习的内容也很专业,全部安排反间侦察和犯人审讯等课程。

打铁还需自身硬。在新的斗争环境下,新四军脱离了国民党三、五战区的束缚,看似缺少了经费、给养和枪支弹药等后勤保障,实际在发展上赢得了更大自由主动的空间。

这是挑战,更是机遇,锄奸工作就要主动适应新的形势任务需要,才

[①] 本标题下刘少奇讲话均参见《刘少奇对盐城保卫人员训练班的讲话》,《中国人民解放军政治工作·保卫工作》,解放军出版社2006年版。转引自罗璇:《刘少奇对盐城保卫人员训练班的讲话解读》,《军队保卫工作》2015年第10期。

能与时俱进有所作为。

早在中共六届六中全会上,毛泽东就指出:"厉行锄奸运动","新的形势下,汉奸、敌探、托派、亲日派必然较前更加猖獗,大肆其造谣、污蔑、分裂、破坏的阴谋","长期抗战中如不肃清奸徒,将不能设想战争的胜利","严密注视汉奸、敌探、托派、亲日派之活动,依照政府法令,不容情的镇压之"。[1]1940年9月,就军队锄奸与司法机关应分开组织问题,远在延安的毛泽东等军委领导专门给项英、袁国平发来指示:

> 军队锄奸工作与司法机关不可混在一起,仍请依照前电分开组织。
>
> (一)锄奸部为军队的政治保卫机关,对敌探奸细及国民党特务进行侦察逮捕及预审,向军法处提出讼诉与判决;不属于敌探奸细的一切军法案件(如贪污逃跑等),由军法处直接处理。
>
> (二)锄奸工作范围应注重军队本身,至居民中的侦察,仅以涉及军队线索为限。至于地方锄奸工作应由公安局保安处及党的社会部担任,军队只处于协助地位,所以锄奸部中不必单设地方工作一科,以免部队线索与地方线索分割开来。[2]

贯彻中共中央指示,作为新四军党的最高领导人,刘少奇一直对华中根据地锄奸保卫工作非常重视,多次对各级党委负责人和政治部门领导强调要强有力地建设这个部门,支持他们的工作,自己更是身体力行,模范带头。

4月的苏北,春风拂面,草长莺飞。一天早上,刘少奇就在锄奸部长汤光恢陪同下来到了锄训班。面对台下几十双求知若渴的眼睛,他结合新四军面临的复杂形势和特殊任务,首先阐述了锄奸工作在战时的极端重要

---

[1]《建党以来重要文献选编》第15册,中央文献出版社2011年版,第622页。
[2]《中国人民解放军政治工作·保卫工作》,解放军出版社2006年版,第387页。

性。他说,现在世界上有两种斗争,一种是拿枪炮对打公开斗力的战争,另一种是秘密的斗智的战争,这战争便是你们负担的战争——间谍战争。

讲了工作性质,接着又讲到从事这项工作的人。刘少奇说,做锄奸工作的同志是最坚决最优秀的同志,要善于保守秘密,要不爱出风头,否则"不但没有把奸细锄掉,反让奸细把我们锄掉了"。那么,锄奸干部需要以什么样的思想认识、作风素养和能力水平开展好这项工作呢?紧接着刘少奇对这支特殊的队伍提出了四点殷切希望:一是注意研究这项工作的技术方法,二是有坚定的党性立场,三是绝不能有"当官、发财"的错误思想,四是坚决服从党的领导和指挥。

"有最高的责任心,坚决的立场,好的技术,同时完全服从党的政策,才是顶好的锄奸者,才是最好的共产党员的品质。"

当时,苏北老百姓和根据地政府工作人员中有少数人对锄奸工作中的宽大政策不是很理解,甚至个别锄奸干部也感到总是好人吃亏,再谈宽大就是纵容坏人。为此,刘少奇举例说明锄奸干部应该怎样因时因势灵活运用和把握工作原则:"我们初到盐城的时候,采取比较宽大的政策……对于反革命的豪绅土匪等坏蛋暂时放任一下,不采取严格的惩治政策,免得造成恐怖现象……然而当我们的言行已为大多数民众所了解,不但不怀疑和畏惧我们,反而同情我们、拥护我们的时候,当我们对于反革命的罪大恶极的土匪豪绅争取说服无效,反而肆无忌惮、怙恶不悛进行捣乱破坏,仍然组织暴动的时候,我们就要严格认真杀他几个……"

刘少奇一口气讲了近两个小时,全场鸦雀无声。

抗战以来,中央和军委虽也下发了一系列锄奸保卫工作指导性文件,但由于特殊环境下斗争形式方式等差异,并不方便过多过细涉及锄奸干部能力素养、锄奸工作技巧方法等操作性规定,这就导致在华北、华中等根据地和在八路军、新四军中贯彻执行并不统一。这种背景下,可以说刘少奇的这次锄训班讲话对于新四军锄奸部门把握工作的原则方法、建立规范制度、形成优良传统具有重要指导作用。就在刘少奇这次讲话半年后,

1941 年底中央军委总政治部再次给新四军来电,询问锄奸组织情况:

> 八路军各级政治部中,设公开的锄奸部、组织锄奸委员会,不知新四军各部中有否此组织?我们的组织方法如下:
>
> 一、军、纵队、支队政治部下设锄奸部(分科),团设特派员,连队只有秘密的工作网,锄奸部中分侦察、教育、执行三科。每科设科长一人及干事数人,教育科是管理锄奸干部之训练,办设锄奸干部训练班等事宜。
>
> 二、在军、纵队、支队团、各级成立锄奸委员会,由司令员、政治委员、政治部主任、组织部长、锄奸部长五人组成之,锄奸工作的大致方针及拘捕判决重要人员之权限属锄奸委员会,锄奸部应服从锄奸委员会之领导,惟政委、政治部主任应负责领导锄奸部之日常工作。[①]

1942 年 2 月,在华中局第一次扩大会议上刘少奇再一次强调根据地和新四军部队要健全各根据地保安处与锄奸部门的工作和组织,加紧对敌探、奸细及破坏根据地与民主政权的特务进行秘密斗争。

同年 11 月,华中局专门召开锄奸保卫工作会议,华中局书记、新四军代政委饶漱石应邀参加,他全面总结华中地区锄保工作,明确根据地锄保机构隶属关系、主要任务和纪律作风等,决定适应政权民主化和领导一元化要求,把过去带有军队性质、垂直领导的保安处改为公安局,作为根据地民主政权维持社会秩序的机关,隶属政府建制,定期汇报工作;提出深刻吸取锄保工作中存在的孤立主义、神秘主义和锄保机构垂直领导弊多利少等工作偏差教训,把反敌探奸细斗争作为全党全军的重要任务,纠正过去全部推给锄保部门的偏向。在这次会议上,还审议通过了《侦察条

---

① 南京军区保卫史编写组:《中国人民解放军南京军区保卫工作史·文献资料》,2013 年,第 8 页。

例》《反侦察条例》《管理检查条例》《对国民党特务的处置办法》等五个规定,进一步明确和细化了锄奸保卫部门的工作职权和程序。

1943年1月,《关于军队锄奸工作及组织条例》正式颁布新四军部队执行,这项法规从锄奸部门的体制结构到锄保工作内容等作了系统规范,成为新四军和华中根据地开展锄奸工作的重要依据。

有关会议精神和文件要求得到各师和战略区党委的贯彻执行。2月18日,淮北区党委印发《关于统一与加强军队地方锄奸保卫工作的决定》,明确在区党委下设保卫委员会,地委的锄奸部长由地委书记直接担任,同时兼任同级保卫委员会书记。1944年11月27日,淮北区再次以党委名义下发指示,总结一年半来锄奸工作开展情况,指出落实中的偏差和不足,强调要建立锄保工作按级负责制度,明确锄保工作做得好坏、各级党委须负全责,锄奸干部调动工作须经上级锄保机关同意,避免流动过大。

"真理团"案真相

皖南事变中国民党顽固派的倒施逆行被揭露后,在全国范围内激起抗战群众强烈愤慨,众多热血青年义无反顾地投身革命,掀起了第二波参军扩军热潮,仅1941年上半年两个月不到的时间里,驻苏中的新四军一师部队就接收了上百名来自上海的青年。

这批青年到了部队后大部分能够迅速适应融入集体,还有一些人对一下子过着居无定所的艰苦生活心生埋怨,经常为吃不饱睡不香讲怪话发牢骚,心理落差很大。尽管一师部队活跃于富庶的苏中,但是官兵的生活待遇仍然较差。

一段时间下来,这些人中的意志薄弱分子就利用部队转移和调动的机会擅离部队,刚开始是一个营一个连有那么一两个人,后来就发展到三四个人结伴而走。如果说偶尔一两个人还算特例,那么几个人甚至十几人一起就成了一种不正常现象,暴露出部队建设有了问题。

"反逃跑、保巩固"历来是锄奸保卫部门的一项重要职责。早在中共建军初期革命陷入低潮时,面对官兵逃亡毛泽东就曾提出:走留自愿,留下发枪,回家发路费。后来在三湾改编中决定支部建在连上,由支部与特派员上下联动一起做工作,才使这种状况得到根本好转。

这次青年学生开小差的事件,最先引起一旅锄奸科领导的重视。按理说,只要派人去连队实地调查一下就不难搞清楚事情原委,可他们并没有细致分析就主观臆断这些人的入伍动机有问题,进而推断逃跑的人一定带了情报回上海,并联系他们平时的不良表现,如传阅内容五花八门的杂志、不满部队生活等,得出了他们是受人指使混进部队搞破坏的结论。其实,这些青年学生与两年多前叶志道等人为重回八路军而擅离部队一样,在错误性质上也就是严重违纪行为,然而一旅锄奸科想当然地把他们与特务挂上了钩,问题的性质一下子就由内部矛盾变成了敌我矛盾。

恰巧这时有一支部队报告,他们刚刚抓回了一名企图逃跑的新兵,请示如何处理。一旅锄奸科立即派人接手此事。因为有了先入为主的判断,审讯人员事先并没有讲清宽大或者从严政策,一上来就板起脸孔要求交代幕后主使是谁,带了什么特务任务入伍。新兵不按要求交代就被指责态度不好,开始动刑逼供。涉世未深的青年学生哪受过这种罪,扛不下来就开始乱供,称他们在上海参加了一个叫"真理团"的反动组织。听到有组织行为,审讯人员以为找到了突破口,拿来这批青年学生名单,要求他指认有哪些人参加了"真理团",谁是头子,不讲就打。这样,一供两,两供四……一开始,限在一个连一个营,后来扩大到团里旅里,甚至还牵涉其他师,在地域上也不再限于上海,只要是同一时期参军的青年学生中都出现了嫌疑对象。

有一个女青年,还是中共党员,怕受皮肉之苦,一逼她就供,要什么她就供什么。她胡编说"真理团"的全称叫"上海共产主义真理团",头头是王兴华。王兴华随即被逮捕。一开始他对此还予以否认,但在审讯人员的反复逼供下很快便屈服,随口供出在上海参加"真理团"的有上千人,这次分配到一旅的二三十人都是"真理团"成员。有了口供，一旅锄奸科很快抓了五六十名所谓"特务"。情况紧急，审讯人员不敢怠慢，打算准备材料向师里报，他们将"真理团"定性为托派组织。

托派的称谓最早来源于苏联，是对托洛茨基主义信奉者的统称。托洛茨基是与斯大林同时期的苏共领导人，因政见不同被开除出党、驱逐出境，但其关于中国革命的一些理论还是得到了不少留苏青年的赞同，这些人回国后在中共党内成立十月社、战斗社和无产者社等组织，1931年5月1日在陈独秀号召下托派组织在上海召开统一大会。抗战时期，托派秉承其一贯的极左思维，既骂国民党也批共产党，还极力否定抗日民族统一战线，甚至个别成员说出一些确有汉奸嫌疑的话来。一时间，托派成了汉奸特务的代名词，被国共两党都当作过街老鼠予以打击。此时"真理团"的定性，意味着其成员即便不是汉奸也是特务，革命队伍里混进了汉奸特务，那还了得！

就在这时，一师锄奸部长周林来旅里检查工作，碰巧看到政委阮英平正在随手翻《斯大林选集》，不像是在阅读，于是就开起了玩笑："老阮呀，看这个干什么？"

"找肃托理论根据呀！"阮英平一本正经地回答。

看周林一头雾水，阮英平便把锄奸科不久前侦破"真理团"案、挖出王兴华等几十名"汉奸""特务"的来龙去脉详细说了一通，周林越听发现的问题越多，越听顾虑越大。

阮英平耐着性子一一解释，坚持认为人没抓错，现在就看依照什么规定处理了。可是周林还是觉得仅靠逼出来的当事人口供，可信度不高，很可能是个冤假错案，所以等检查一结束，立即赶赴军部向部长汤光恢汇报。听完简要案情，汤光恢也是疑窦丛生，就用商量的口吻问周林："敌人会一大批一大批地派遣特务到一个地方吗？说'真理团'是托派特务组织，证据充分吗？'真理团'既然在上海是公开的，为什么不通过上海党组织核实一下？如果你逼他供我们就信，肯定会冤枉好人，对抗日不利。"

周林对汤光恢的分析和疑问完全赞同。两人都感到案情重大，有必要立即报告军首长，遂决定暂停一旅审讯，将该案主要人员送交军部由锄奸部直接处理。

情况传达到一旅时，锄奸科已召开公审大会，并对涉案人员作出判决：史行、董大任死刑；麦杆、严正迁遣返上海；王兴华、黄伟押解军部；倪力送苏北行政公署司法处。事情虽一波三折，但头头王兴华最终被带到了军部，由汤光恢亲自审问。

> 军部决定由我审问"真理团"的头头王兴华。开始，王兴华不翻供。我就向他反复讲党的锄奸政策，对他说："这里是新四军的最高机关，坚决按政策办事，你自己要实事求是，真的不能讲假，假的不能讲真。"这样反反复复地和他讲了一个星期。王兴华的口有些松动了，但还是含含糊糊，不敢否定以前的供词。一天，我严肃地问他："你相信不相信共产党？相信不相信我这些天来苦口婆心地同你交代的党的政策：不冤枉好人，不放走敌人。你到现在还不讲老实话，还有什么顾虑？真的想毁灭自己吗？"这时，他突然哭起来，把真实情况详详细细地讲出来了。我问他在旅部审问时为什么要乱供？他把衣服一脱，身上很多伤痕，他是被逼乱供的。

就在复审期间，上海中共地下党组织很快送来了王兴华等人的背景材料。王兴华原是上海的大学生，课余创办了一份油印刊物，采用激进的高调鼓吹抗战救国，迎合广大爱国青年，在大中校园内有一定影响，平时虽对抗日统一战线有微词，但没有政治目的，也未参加托派组织，更不是什么汉奸特务。这段经历，王兴华在1945年盐阜地委整风时留有相关材料：

> 1938年下半年因好友黄兆华、瞿伟民的关系认识顾钟馏，1939年春节我被邀在顾家吃饭，顾提出要组织读书会。后在1939年3、4

月间我参加了读书会并被选为主席。一共参加了两次，但没有通过学协。1939年上海学生救亡协会遭受到政治上的误解，开除了我的学协执委的职务。又流传说我在1939年参加托派"真理团"，1940年领导三十个托派组织……1941年黄特造谣说上海已确定我是托派。至1944年苏北区党委审干委员会做出结论，解除了历史上的误解。

另据新四军老战士、浙江省委原书记薛驹回忆：

"真理团"的名字是从上级党领导处听到的，使我们想到王兴华过去的言论行动。当时组织上发展王兴华入党，王拒绝。自己搞读书会、擅自组织九校联合公演等等，并经常讲"真理"几个字，因而怀疑是托派。据此看来，王兴华的托派嫌疑证据不足，托派疑点应予否定。

既然否定了头头，对其他人的怀疑也就不攻自破。军部通知一旅立即解除对这批青年学生的隔离审查，并要求对此事作妥善处理。根据本人意见，愿意回上海的发给路费，愿意参军的继续留在部队。汤光恢认为王兴华蒙受冤屈最大，留下来可能会埋怨组织不利于工作，于是动员他回上海。不料王兴华意志坚定说什么也不肯离队，他恳切地对汤光恢说："现在审查清楚了，我更要留在部队。我保证不因受审查而耿耿于怀。"为了让王兴华在部队有一个新环境，心情舒畅地投入工作，汤光恢将他由一师调到三师，并特别叮嘱三师锄奸部副部长周彬："王兴华是个大学生，能干点工作，但要加强思想教育，帮助他改造世界观。"

锄奸保卫工作不仅仅是无情地打击间谍特务汉奸，更要通过问题审查、案件办理帮助和保护同志。把握好其中的界限与尺度，是工作的难点，也是工作真正的价值所在。

抗战胜利后三师奉调东北，王兴华也随军北上，新中国成立后任哈尔滨市委工业部长。20世纪50年代肃反时，王兴华因"真理团"问题被再次隔离审查。收到组织上有关王兴华历史问题的调查函后,汤光恢如实出具证明,帮助王兴华恢复工作。"文化大革命"中,王兴华又一次因这个问题被关进牛棚,还是汤光恢给外调人员写出证明材料,帮助他落实政策,安排了工作。1990年,已到花甲之年的王兴华得知汤光恢在南昌休养,特地从东北给他写了一封信,称赞汤光恢三次救命,感激之情溢于纸上。

这里不得不赘述一事,因与"真理团"案有关联,也可能涉及还原这段历史事件的真相。

汤光恢曾回忆说:

> 当时,到新四军来的上海青年中,确实混进了个别特务。有一对夫妻,男的叫黄特,女的叫刘年。他们的公开职业是记者,办报纸宣传托派观点,欺骗青年学生,实际上是国民党特务。这次随着青年学生混进新四军,企图搞间谍活动,在审查中也被查了出来。

另有一份资料《关于"新人社""真理团""一心社"的甄别意见》,其结论如下:

> 三、通过现江苏省委艾寒松、现中央广播事业管理局长梅益同志(均系地下党员)了解对黄特和黄特所搞的组织的看法。据二人讲:因黄特是上海黄楚九的孙子,社会关系复杂;其老婆又是国民党中央政治学校的学生。当时我们怀疑黄特是以"左"的面目来搞我们。我们党为了弄清情况,曾以艾寒松、王任叔二同志(当时均在《上海周报》工作)在上面和黄特联系,并派姚溱同志打入新人出版社。1941年3、4月间,黄特经我们介绍去苏北,时值"大扫荡"黄逃回上海。1941年底黄特自己又去解放区(后被新四军审查去泰州反共)。总之在1939至1941年间,黄的政治面貌除了他并不是托派可以肯定以外,其他还难下结论。另外据外文出版社翻译陈恩(与黄

特同在新人出版社）称：黄特不是托派分子。据我记忆在"新人社"讨论《联共党史》时，大家（包括黄在内）都说不出托派的主张是什么。

四、从"新人社"的情况看，据其主要分子谢曙（现人民出版社编辑）、吴辙、陈恩等人交代：1939年11月黄自办《新知》刊物后，经陆敬士（现北京新华书店）的关系认识了谢曙，在黄的怂恿下谢出钱办了《译刊》。因《译刊》当时颇得好评，再加上当时有人愿意投资，故于1940年起在上海静安寺路441号开设新人出版社。当时黄特又提出他在东吴大学毕业后就要参加革命，通过组织接大家去参军。于是1940年成立"新人社"，当时选举黄特为社长，成吉冠为研究干事，陈恩为组织干事，谢曙为经济干事，葛正德为出版干事。当时各方面活动虽有分工，但都集中在黄特一人身上。直至黄特去苏北参加新四军，新人出版社逐渐无形解散。又据姚溱同志称"新人社"里面只有个别坏人，大部分青年参加"新人社"在政治上是纯洁的。"新人社"的许多外围组织也只有个别"三青团"。由此看出，"新人社"在当时没有什么其他政治背景，而我们地下党则在其中做了些青年工作。

这段史料从一个侧面展示出在当年特定历史条件下，锄奸保卫部门面临工作环境之复杂、任务之艰巨，要实现"不冤枉一个好人，不放过一个坏人"目标确实任重道远！

汤家沟的不速之客

在新四军老同志中一直流传着这样一句顺口溜："一师打的仗多，二师造的香烟多，三师拔的据点多，四师的骑兵多，五师占的地盘多，七师上交的银子多。"七师人不算最多，根据地范围也不是最大，驻地巢湖、无为与江南比起来也不算最富庶,为什么上交给军部的军费最多?自然与七师当家人曾希圣的倡导、支持分不开,还有一个人和一块风水宝地不得不提:蔡辉与汤家沟。

1943年3月,皖江行署财经处副处长蔡辉兼任贸易总局局长,该局兼有财政、税收、实业、贸易四大职能,并以此做掩护秘密开展与敌区贸易,兼做情报与地下交通工作,行政上受七师政委曾希圣垂直领导。为保障贸易安全,曾希圣特调两百多人的警卫大队和五百人的水上武工队归贸易总局指挥。

很快,富有经商天赋的蔡辉就发现了汤家沟这块宝地。汤家沟位于无为、巢湖交界,东衔含和地区与二师、军部相通,西有沿江区联通五师,北靠根据地和七师师部,南有长江与日伪相隔;周边分驻含和、沿江支队等七师主力部队和皖南特委领导机关,安全基本上可以得到保证;对外交通十分便利,南距长江仅二里地,且有内江环绕而过,小火轮可直航长江。历史上汤家沟曾是无为县沿江的三大商埠之一,也是连接皖南皖北的重要商品集散地。

二师部分锄奸干部在安徽天长汊涧镇。

现地考察一圈回来，蔡辉向曾希圣提议成立汤家沟自由贸易区，以长江航运为载体，与日、顽开展大规模三边特种贸易。

曾希圣是情报保卫工作的老资格：1930年冬调任军委谍报科长，成功截取国民党第三次"围剿"中央苏区的军事计划；1932年参与创建军委二局（情报局）并任局长，多次截获国民党军队无线电报，破译密码近百本，周恩来赞扬他是红军情报工作"创业的人"；长征路上二局表现突出，结束时得到毛泽东的高度赞扬："没有二局，长征是难以想象的。有了二局，我们就像打着灯笼走夜路。"[①] 1938年底，曾希圣被抽调到党内反间防谍的最高机关中央社会部工作，皖南事变后任七师政委兼皖江区党委书记。他的领导方法有两个特点：一是视野开阔，重大决策敢于拍板，敢于负责；二是关注细节，尤其是敌后工作的安全事宜，经常对派出同志千叮万嘱。曾希圣听了蔡辉有理有据的分析后，当即同意。

蔡辉的眼光很快被证实——汤家沟自由贸易区在设立后的短短两三个月就吸引了大江南北大批商贾蜂拥而来，各类商行如雨后春笋般设立，大批商品，其中不乏工业品源源而至，汤家沟的常住人员也由二三百猛增至三千多。一时间，内江千帆林立，码头昼夜繁忙，白天人头攒动，夜晚灯火辉煌，被誉为皖江的"小上海"。

1942年5月，曾希圣更是大胆提出要无为变有为，要让繁昌更繁荣。经济要发展，社会就要开放，社会政策特别是治安管理政策也灵活调整，这显然给七师锄奸部长兼皖江公安局长李丰平带来不小的工作压力，但他认为这也为抢占锄奸保卫工作新阵地提供了难得机遇。

1941年4月，李丰平、文芸夫妇在爱国民主人士史大化的护送下，从立煌（今金寨县）经桐城大关顺利返回无为根据地。一路走来，给李丰平启发最大的就是，七师有必要在桐城大关这一交通要道上设立秘密交通站，以打通七师与五师之间的战略联系。经曾希圣同意，当年6月李丰平

---

① 潘姣娣：《追溯长征路上的军委二局》，《档案天地》2012年第10期。

就利用史大化在当地的名望,在大关镇建立起一个不与中共地方党组织联系、直属锄奸部领导的秘密交通联络站,对外称复兴商店,派锄奸部干部王宇和张永富为店员。这个启动资金不到千元的小商店,开张后不仅为锄奸部带来可观的经济回报,也在搜集和传递情报、安全护送往来干部方面发挥了很大作用,受到七师首长称赞。

七师锄奸部科长乔理清

复兴商店的意外成功,更加坚定了李丰平一个信念,那就是锄奸干部不能仅仅会抓几个汉奸特务,还要兼具商人的经济头脑。毕竟打仗,打得不光是军事,也包括经济在内的综合实力,没有经济做后盾,很难打胜仗。有了这样的认识,李丰平就跟上了曾希圣的思路。

汤家沟贸易的巨大经济利润,让汪伪芜湖军粮收购站站长汪子栋和日军经济顾问楠木垂涎不已。因为就在不久前两人受日伪之命过江采办大米,但皖江抗日根据地实行禁粮出口,他们几次企图高价私购私运均遭查处。军粮供应不上,在战时是杀头的死罪,眼见期限临近,汪子栋和楠木急欲与七师沟通关系,但不知虚实,不敢轻举妄动。

表面看来这是你买我卖的贸易行为,曾希圣考虑更深的却是从中做些文章,争取经济政治双赢。所以得悉汪子栋的意图后,他连夜召集蔡辉、李丰平和师敌工部长段洛夫一起研究,看如何搭好台唱好这出戏。会后,蔡辉通过中间商人作保三次约见汪子栋,最后汪子栋在私欲驱使下也就半推半就了。关于初次秘密见面,新中国成立后七师供给部长叶进明回忆:

在一个冰冷的夜晚,汪子栋乘坐的小军舰驶进了汤家沟的河面上,我们在两岸埋伏了部队,以防万一。我方的全权代表是蔡辉同

七师锄奸部长李丰平(二排右一)与师政治部部分战友合影。

志,也坐了一艘小汽轮,在汪航道上面靠拢,汪子栋请蔡辉同志上了军舰。经过一番唇枪舌剑的争辩后达成了一笔亦军亦商的特别交易。

这次交易顺利成交后不久,蔡辉趁热打铁,又邀请汪子栋和楠木一起到汤家沟作了一次秘密考察。为防止授人以柄,除了加强武装警戒外,曾希圣指示李丰平、副局长严佑民对汤家沟一带的反特防奸工作提早作出周密安排。所以,汪、楠密访汤家沟的消息,对内除了曾希圣、段洛夫、蔡辉、李丰平等直接领导和参与者外,就连锄奸部和贸易总局的干部也一律实行封锁,对外更是滴水不漏。

政委亲自部署、正副局长一线落实,保密工作算是做到了家。当然,锄奸部门在其中扮演的角色绝不仅仅是做好保密这么简单,李丰平还有一个重要任务是与段洛夫一起做日商楠木的争取工作,借机建立这条高级内线为我所用。

俗话说万事开头难,有了第一次,就会有第二次、第三次……更何况面对巨大经济利诱,汪子栋和楠木哪能抗拒?汤家沟,这片七师的红色土地,先是汪子栋一人来了,第二次汪子栋陪同楠木一起来了,后来两人一起抑或单独更是来去自由,合作的领域也不限于贸易而扩展到了情报、营

救干部等。正所谓"贸易牵线,情报唱戏"。时任贸易科长的刘健农回忆:

> 大概是1944年的秋天,在天气宜人的一天,楠木、汪子栋等人,在杨大炎、汪仓(驻利记杂粮特派员)的陪同下,身穿便衣,乘坐小汽轮从芜湖出发来到汤家沟,仍住在仁和饭店,段洛夫、李丰平和蔡辉等同志接待了他们。采取分头会见的办法,经济贸易方面的问题由蔡辉和汪子栋、杨大炎谈判;情报交换方面的问题由段洛夫与李丰平和楠木会谈。会议进行了两天。
>
> 经过不断深入做工作,楠木和汪子栋等人利用他们的身份和地位做了一些对新四军七师有利的事,例如:第一,贸易的范围不断扩大……第二,不时向我方提供情报。例如鬼子下乡"扫荡"前,向我方秘密通报,使我军能及时转移,减少了损失。有次敌人"扫荡"时,汤家沟堆放了大量粮食,来不及转移,我们就贴上汪子栋给我们的日伪总力社芜湖分社的标签,伪装是敌方收购的粮食,避免了敌人的抢掠。第三,营救我方被捕人员。1945年农历正月初二拂晓,日军向无为来乡临江地区进行了"扫荡",我们有五名干部(有王渔、何东初等)不幸被捕。他们都很机警,没有暴露自己的真实身份。蔡辉同志又请楠木抓紧营救,以防事情败露,请楠木和特务机关交涉并作保,汪子栋又花了钱,王渔等五人很快就被安全释放。

战地黄花香

2015年1月22日,北方还是春寒料峭,福州已经暖意融融。笔者陪同原总政治部保卫史料征集组登门拜访一师锄奸部长蓝荣玉爱人徐月明老阿姨。

99岁高龄的徐老,性格开朗,精神矍铄,记忆力超强,特别是谈及在新四军的火热生活更是滔滔不绝、眉飞色舞。我们此行的任务是想通过

梁国斌与女儿在淮南根据地。

徐老了解更多蓝荣玉部长在新四军从事锄奸工作的传奇经历，不料随着访谈深入，徐老向我们主动爆料她也曾是苏中根据地保安处的一名锄奸干部，还充满深情地回忆起了与蓝荣玉之间平实却又机缘巧合的浪漫往事。

在现在人的眼中，婚姻是个人私事，一些公众人物与婚姻的那点事常被作为社会热点由媒体渲染炒作，以满足人们的窥探欲。而在战争年代，个人婚姻是一项严肃的组织行为，不仅需要接受组织的审查和批准，有时候还被纳入保密的范围，尤其是从事锄奸、情报这类特殊任务的干部，婚姻情况更是不得擅自对外公开。所以在研究新四军锄奸工作过程中，笔者对锄奸干部们的婚姻掌故一直饶有兴致。

此前，笔者只是从有关资料中查阅到军法处干部周山与秘书处机要科浙江老乡施奇的恋爱故事。当年，正值豆蔻年华的两人虽已到了谈婚论嫁的年龄，但受"二八五团"限制一直未能如愿。不久，周山奉调江北挺纵部队工作，临行前向施奇求婚，结果没获同意，施奇非要等抗战胜利后回到老家在父母身边结婚，两人就此别离。皖南事变时施奇随机关突围未果被关在上饶集中营，1942年5月活埋于茅家岭，牺牲时年仅20岁，被誉为机要战线上坚贞、圣洁而崇高的"丹娘"。后来，笔者又读到江北指挥部军法处长梁国斌爱人沈爱平的回忆文章《我的好战友梁国斌》，述及其与梁国斌1939年初在新四军教导总队相识、经邓子恢批准1940年6月在皖北结婚的经过。婚后，沈爱平受梁国斌影响，1941年7月参加锄奸部在泗洪县半城镇北大庙举办的第二期锄训班，也走上锄奸工作岗位，成为新四军锄奸干部"夫妻档"。

福州果真是有福之地。这次来福州，走近徐月明老人，面对面聆听到第四位锄奸干部的爱情往事，实在弥足珍贵。1939年3月7日，刚刚二十出头的徐月明随上海进步组织负责人左英一行19人，经温州千辛万苦到达皖南参加新四军。左英被分配到距离云岭十多公里的肖村前方医院任军医，徐月明则经文化队短暂学习后分配到军部战地服务团戏剧组，主要工作就是与战友们一起深入基层部队教唱歌曲、表演话剧。1940年2月，戏剧组奉命成立文艺小分队从军部出发，经繁昌、溧水向东，一路公演到一支队机关所在地水西村，后来就留在江南指挥部宣教科工作，10月初随指挥部机关北撤到苏中黄桥镇。当时，蓝荣玉任指挥部军法处副处长，也在黄桥，处长是周林。

黄桥战役后，新四军在泰州、南通一带逐渐站稳脚跟，不久建立起了根据地。为做好锄奸工作，在军法处协助下，根据地也成立了锄奸组织保安处。随着根据地面积扩大，保安处决定在泰兴等县成立保安科，遂通过军法处向指挥部政治部主任钟期光汇报，想要一个有文化的女同志到县保安科工作。钟期光听后连说："有，有，有……我们宣教科的徐月明又懂英语，又会拉丁话，就派她去最合适"。于是徐月明被分配到了泰兴县政府

一师锄奸部长蓝荣玉（右）与师政治部主任钟期光在苏中根据地。

保安科任科员。

说好试用期一个星期，结果一干就是三个月。工作轻松而枯燥，在邮局负责信件安检，发现凡涉及军事内容就分类打包，转送有关部队处理。因为工作关系，徐月明认识了蓝荣玉。蓝荣玉也是老保卫，龙岩上杭县人。红军时期曾任福建军区独立二团特派员、福建省国家政治保卫局科员，参加新四军后任二支队军法处长、江南指挥部军法处副处长。

到保安科工作不久，聪明伶俐、工作积极的徐月明就深得领导信任和关心，考虑到她年龄小，离家已近两年，在当地又孤身一人，家人肯定担惊受怕，遂趁有熟人来往上海之际，特意批准她母亲可以来一趟泰兴，以探亲名义看看女儿。老母亲担心女儿生活艰苦，来时不仅给她带来了时髦实用的新胶鞋，还有一大堆女孩子爱吃的土特产和糖果。

有一回，苏中区党委副书记陈丕显路过泰兴县政府去指挥部办事，徐月明便托他把近期工作中检查发现的可疑信件捎带给蓝荣玉，省得自己再跑一趟。因为与蓝荣玉是老工作关系，相互已经相当熟悉，当时没多想就抓了一包糖果塞在了打包袋中，一起带给蓝荣玉。

没料到，当蓝荣玉拆开信袋发现里面有一包糖果时，也就随手分给老乡陈丕显和在场的战友们吃，但不知是谁带了头，大家都借机调侃他在发喜糖。原本是再平常不过的事，却搞得少言寡语的蓝荣玉有嘴难辩，但心里还是甜蜜蜜的。八字还不见一撇，或者说根本没那回事，蓝荣玉与徐月明谈恋爱的"绯闻"就在军法处快速传开了。

三个月实习期满后，徐月明从泰兴县政府调回了指挥部，等待分配工作。那几天，当徐月明无意中听熟人说起军法处正在传言两人发喜糖事时，开始以为是战友们乱点鸳鸯谱的取乐调侃，并没有放在心上，没想到有一天，军法处长周林把她单独叫到办公室当真谈起了这件事，徐月明这才感到问题复杂了。

"唉！唉！唉！……啥事体啊！没有这回事啊，等到抗战胜利了，才考虑这事！"谈到当时的心情，老人还难掩当年少女般的羞涩，但经不住周林等领导和周围战友们多次游说相劝，徐月明最终还是接受了蓝荣玉的求婚。

有心栽花花不开，无心插柳柳成荫。

没有花前月下，没有山盟海誓，没有婚车迎娶，没有大红盖头，甚至连一件像样的家具也是奢侈品。1941年1月经组织批准，徐月明与蓝荣玉喜结良缘。虽然当时条件艰苦，物质匮乏，作为领导和媒人的周林还是在食堂筹办起两桌酒菜，蓝荣玉和徐月明也邀请军法处全体干部到场庆贺，为他们证婚，其乐融融。

这些同在艰苦环境中生死与共的战友们，总算苦中作乐开心了一把。

这就是革命的乐观主义和浪漫主义。

革命者的爱情，注定不老！

第八章　红色交通线

新四军从组建之初就一直远离中共中央孤悬华中敌后，皖南事变前尚存与国民政府的统战关系，在全国多地合法建有办事处、留守处和通讯处等联络点，可以保持同中共地方党组织、友邻部队之间的相互联系，实现文件情报传递、物资筹措转运和兵员征集补充等；皖南事变后，日、伪、顽联手实行政治孤立、军事包围、经济封锁，对新四军采取化整为零、分而聚歼的战术方法。在如此复杂严峻的形势下，新四军的对外联络被迫由半公开转入全地下状态，这不仅对情报、联络和后勤等部门产生深刻影响，也给锄奸保卫工作带来了巨大挑战。

四通八达的交通站

锄奸部门除了加强内部教育、保证部队纯洁以外，还有两项重要职能：搜集部队周边和根据地内敌社情，重点是防范间谍特务腐蚀渗透；做好警卫工作，保卫首长出行的绝对安全。而要想完成好这两项工作，都离不开与情报、侦察和敌工等部门密切配合，共同做好秘密交通线工作。锄奸工作做好了，也能为秘密交通线提供安全保障。

皖南事变以前，新四军在华中的交通线主要依托设立于各地的新四军办事处。当时，以南昌为先声，新四军先后在武汉、福州、温州、湖南平江县、湖北黄安县七里坪、河南确山县竹沟，以及长沙、桂林、重庆等地，建立了五十多个办事处或留守处、通讯处，有的地方称作采购处、联络站、兵站等。这些机构中，有的是与八路军办事处合署办公，有的是由新四军军部直接派驻，有的是归支队甚至团级单位领导，还有的是当地中共党组织以新四军名义组建。虽然名称不同、管理有异，但性质基本一致，主要任务都是加强抗日民族统一战线，沟通与国民政府、社会各界联系，负责洽领军饷和筹集、运输军需物资，协助部队处理善后等，特别是接收大批进步青年和大中学生到部队、根据地工作时，部队通常选派锄奸干部以招生委员会名义组织思想考查和政审考核，清退可疑人员，防止特务混入，把好第一关口。同时，迎送进出根据地的中央机关、友邻单位领导的工作，通常也由锄奸干部协调沿途办事处工作人员，共同做好随行警卫和警戒。

这些办事处设立之初，是经国民政府认可的合法机构，但随着八路军、新四军在群众中的影响日益扩大，引起国民党顽固派恐慌。反共摩擦时，国民党部队和地方政府对各地的新四军办事处转而采取限制和刁难政策，经常无理阻挠正常工作、扣押工作人员，甚至制造恐怖流血事件。

1939年5月23日，新四军驻南昌办事处主任黄道由上饶去皖南军部途中，因病暂住铅山县河口镇治疗。不料，情报被三战区特务头子张超得知后，密派特务黄玉成、吕鹤年买通医生采用注射毒药的卑鄙手段将黄道秘密杀害。6月12日，国民党第二十七集团军秘密命令一个连，突然包围新四军驻湖南平江县加义镇的通讯处，中共江西省委副书记兼湘鄂赣特委书记、新四军高级参谋涂正坤等十余名干部惨遭杀害。是年底，国民党顽固派又制造了震惊全国的"竹沟惨案"。1943年，陈毅在《新四军殉国先烈纪念册》中专门揭露了国民党顽固派对新四军办事处的破坏：

> 1938年元旦，军部于南昌办公，在各地经国共双方同意设立之办事处，国民党方面旋自食其言，而予以武力摧毁，如平江惨案、竹沟事件、太平兵站事件等。国民党顽固派蔑视正义，排斥异己，勇于对内而怯于对外，其意旨昭然若揭。

受此影响，新四军驻瑞金、宁德、都昌、瑶里、龙岩、吉安、修水、温州、丽水等地办事机构相继被迫撤销。对依然存在的办事机构，国民党顽固派则设暗哨监视，指使特务盯梢，实行经济封锁。至1940年底，除南昌办事处、福州办事处外，新四军在国统区设立的办事机构大多数转移或关闭，两个月后南昌、福州办事处也被迫撤销。

皖南事变后，新四军和华中根据地虽然摆脱国民党掣肘，发展更加迅猛，但总体上仍处于日伪顽重重分割和封锁之中，加上长江天险阻隔，南来北往非常不便。因此，建立一条穿插于敌人心脏地带的红色交通线就成为各部队和抗日民主政府面临的一个重大课题。

1941年10月，苏南六师成立长江工委，彭炎书记做镇江和尚洲和世业洲自卫团统战工作，联系一批有经验的船工，打通苏南到皖东、苏北的秘密交通线。

驻无为的七师调章家元到铜陵成立沿江地下交通站。章家元采取假投降的办法，拉起一支二十多人的伪军，掩护老洲过江通道。为迷惑日伪，七师故意在《大江报》发布消息："章家元叛变革命，投降日寇，七师决定下令通缉。"

二师和四师则分别成立铁路工委，做好津浦铁路沿线伪军工作，争取了多支"白皮红心"的伪军部队。直到今天，安徽来安县一带还流传着伪军见到新四军领导叫首长、立正敬礼的故事。新四军老战士程明在《铁路工委和铁路便衣大队》一文中回忆：

> 铁路工委和便衣大队在敌人的铁路封锁线上，还多次护送过罗炳辉、谭震林等首长安全地通过铁路……过路的那天晚上，我们把首长接到靠近火车站的工作站休息，待到日军夜间的第一列火车通过后，便把在铁路沿线把守的两个中队的伪军集合起来。当首长过路时，和那些伪军见了面，路边遂传出"首长好"的呼声……有一回，谭震林政委夜间过路，当他骑着马上了铁路时，突然勒住缰绳，翻身下马，

第八章 红色交通线

他叫我们的护送人员把护路的伪军叫了过来。伪军来了后,向他敬了礼,首长随即一一问了他们的姓名、家乡以及生活情况……这些伪军连连点头道谢,并请首长上路。

在海上,北起山东,南至浙东,盐阜区党委、苏中一师先后成立海上工委和海防大队、海防团,起初以贸易为掩护,把黄海沿岸各城市连成一线,开辟了新四军海上交通线。《粟裕画传》有这样的记载:

粟裕

> 1941年3月,一师师长粟裕决定组建海上部队,把与敌人的争夺扩展到海上。他亲率师部机关人员乘船出海,调查研究气象和潮汐变化规律,探索海上生活和作战经验。他从军区抽调了3个连的官兵,向渔民租借了船只,搭起了海防团的架子。他亲自点将,任命身经百战的四分区司令员陶勇兼海防团团长,一师后勤部部长罗湘涛兼政委,吴福海任副团长,何振声任政治处主任。

团长、政委双主官由经验丰富的军地领导兼任,最大的好处是能够把握建设方向,遇到困难矛盾也方便协调解决。从粟裕对海防团领导的干部配备上可以看出,吴福海是实际上的负责人。

吴福海又是谁,为何能得到粟裕如此的器重?要知道,开辟一个全新的作战领域、组建一支新型的作战力量,这样的担子着实不轻,万一有个闪失是要负重大责任的。吴福海也曾从事过锄奸工作。1938年6月,初到苏南的新四军先遣支队在粟裕指挥下首战告捷,取得韦岗战斗的胜利,吴

1943年9月,六师锄奸干事孙德芳(右)与战友在休整。

1944年8月,六师锄奸部长张雍耿(左)与新四军四十七团政委王直于浙江长兴煤山镇。

福海当时任保卫队长。一支队和江南指挥部成立后，吴福海就一直在军法处负责锄奸保卫工作。1940年4月初，一支队政治部主任刘炎患病到上海住院检查治疗，吴福海负责一路护送。是年底，吴福海随汤光恢从皖南北移后任苏北行政委员会保安处督察长，不久受组织委派，利用社会关系到上海物色技术人员和采购机器物资，协助新四军财经部长朱毅组建了印钞厂和江淮银行。新中国成立后，先后任过上海市公安局刑警处副处长、机关保卫处处长等。

1942年11月，苏中军区海防团在如东何家灶正式建团。吴福海不负众望，硬是把不熟悉水性、不习惯水上作战的"旱鸭子"训练成了水上尖兵，特别是成功收编海匪头目孙二虎（也称孙二富，即孙仲明），壮大了海防团声势力量。吴福海对此曾回忆：

> 孙二虎来找我，我也以礼相待，亲手做了两个菜，和他吃酒谈心。谈谈各自经历，讲讲革命道理。第二天，他派人送帖子来，又要我收他为徒弟。他要靠拢我，我想，为了抗日，我也不拒绝，就让他磕头发誓吧。我自小就熟悉青红帮那一套，我们只当是一种把戏，不让他磕头他不放心，磕了头就算一家人。后来他有了阶级觉悟，作战勇敢，还参加了共产党。

有了这些四通八达的交通站线，新四军锄奸部门如虎添翼，特情耳目遍布各地，情报传递便利快捷，沿路护卫安全隐蔽，工作起来更是如鱼得水。

潘汉年与镇江事件

1941年12月8日，太平洋战争爆发。

也就是这一天，日军占领上海租界，原本依托租界开展抗战活动的中共江苏省委处境恶劣。为贯彻党在敌占区"隐蔽精干、长期埋伏、积累力量、以待时机"方针，中共江苏省委根据中共中央指示，决定将领导机关向苏北、皖北根据地转移。当然，还有一个考虑，就是可以在华中局和新四军军部领导下利用相持阶段这个有利时机，总结工作，培训干部，整顿作风。

经半年时间动员准备，从1942年8月起，陆续安排往来根据地的地下交通员分批护送省委和各分委领导到达天长县顾家圩子，一路也是惊险不断。据周晓华、戚原、贺崇寅等老交通回忆：

> 省委和大批骨干的转移从1942年8月开始到年底结束，前后大约四个月时间。在此期间，近十名地下交通员，在时间紧、任务重，再加上人地生疏和初次担任这项工作中不可避免的各种困难下，历尽艰辛，顽强地忍受疾病的折磨和长途徒步跋涉的困苦，机智地战胜了敌伪的盘问检查，巧妙地通过了国民党军封锁线，终于胜利地完成了首次大规模地下交通的任务，先后护送了省委负责同志和各级干部二百余人，均安全到达根据地。

当时，从上海到皖北根据地主要有两条秘密交通线：一条乘火车到南京，改乘轮船到九里埂后步行进入；另一条还是乘火车到南京，转津浦线到明光一带步行进入。这两条线使用一阶段后，为安全起见，曾尝试从浦口经张家渡进入根据地。最初掌握的情况是，从浦口到张家渡25里，沿途无关卡，张家渡口河宽不过10米，可以涉水泅渡。可计划赶不上变化，当舒忻、戚原两名交通员护送中共江苏省委副书记刘长胜等三人先后到达后，发现渡口驻了一个伪军据点，受到严格盘查，幸亏刘长胜沉着机智和其中的一名伪军攀上山东老乡关系，敷衍周旋了好一番才安全脱险。

险情就是命令。

中共江苏省委决定，以后对高级干部进出根据地必须妥善安排交通线，保证万无一失。1942年9月，中共中央再次来电，要求仍留在上海的中共江苏省委书记刘晓、组织部长王尧山和潘汉年等人尽快撤回根据地，参加整风运动。潘汉年与刘晓等人碰头一商量，吸取之前走张家渡口遇险的教训，决定动用情报系统的工作关系，假汪伪特务头子李士群之手另辟一条交通线。

潘汉年

李士群是汪伪政权臭名昭著的大特务，潘汉年与他又有什么特殊关系呢？原来，抗战时期李士群的身份极为复杂，并不像外界传闻是一个死心踏地的大汉奸，而是脚踏日伪、国、共三条船的典型的多面人。他早期从事革命，被捕后投奔中统，日本人来了，又转投日特，成为汪伪特工总部76号的二号人物。但他也有自己的小九九，为给自己留条后路，暗中又向戴笠领导的军统和潘汉年领导的情报组织靠拢。

计划报到延安后，中央社会部同意潘汉年与李士群可以有限度地秘密接触，必要时争取为我所用。这样，当潘汉年向李士群提出近期准备带几名助手到新四军根据地走一趟时，李士群很爽快地就应了，还托中间人带话说："这不成问题，而且今后我要到临近新四军根据地的地区搞'清乡'时，也希望你们能够谅解。还请你们继续用电台和我保持联系，多交换一些情报。"凭着李士群在日伪特工总部的影响，潘汉年清楚只要得到他的承诺，此次集体转移大概率不会出什么乱子，至少人身安全可以得到保证。

1942年11月初的一天，刘晓、王尧山和夫人赵先及学委书记张本一行按约定时间先后来到四川路的一家旅馆，挨到黎明，四人又分乘两辆人力三轮车七拐八拐在广东路一家商号门前停了下来。这时，潘汉年已在商号大厅迎候了。他身穿一套时髦的西装，外加秋季大衣，派头很足，俨然一副阔绰的洋派经理模样。

四人与潘汉年正寒暄间，已有人招来两辆出租汽车。上车后，出租车便直驶火车站广场。前脚刚落地，又立即上来一个商人模样的人把他们鱼贯引入餐厅。一行人吃过早饭便被直接从贵宾通道引上了二等车厢。而此时的列车窗外，熙熙攘攘的乘客正连推带挤蜂拥向检票口，日本宪兵和伪警察正一一进行严格盘查。形成鲜明对比的是，潘汉年他们所坐的二等车厢里，设备豪华，环境优雅，旅客寥寥，从上海到镇江一路上仅有几个腰佩指挥刀的日本军官上上下下短途换乘，沿途也未受到任何检查。事后赵先回忆："这样阔绰的旅行还是我生平第一次，比起两个月前和刘晓、刘长胜同去南京时，挤在做单帮生意的人中间，被日本宪兵推推搡搡的情景，简直有天壤之别。"

其实，这才是一路优待的开始。车到镇江后，胡均鹤和汪伪镇江特工站站长刘毅已在站台迎候多时了，依然贵宾出口，依然专人引导，依然小车接送，还被安排住进了镇江市区著名的金山饭店。

到饭店一放下行李，王尧山放心不下，于是悄声与刘晓商量起来："这个胡均鹤和刘毅，可都是中共中央通报过的叛徒！"刘晓顿时也警觉起来。午饭过后，刘晓径直找到潘汉年，催促他尽快安排过江北上，嘴上虽没说，但内心的担忧显而易见。

哪知潘汉年胸有成竹，笑答："到了镇江忙什么？下午逛金山寺，明天地方长官还要请吃饭。"

刘晓一听急了："你知道胡均鹤、刘毅是谁？他们可都是叛徒，是汪伪的特务头子！"

"我知道，他们也明知跟着汪精卫没什么好结果，所以都想为党、为抗战做些事。我们就要利用他们这种心理，尽力影响分化。"潘汉年转而耐心解释道，"再说，沿路都有检问所，特务多如牛毛，没有他们帮助，我们根本过不去。你们尽管赴宴,只要自称是上海商人要跟我到新四军做生意就行。"

第三天一早,终于到了北上的时间。正如潘汉年所言,胡均鹤等人听话得很,鞍前马后一路伴随,安排潘汉年一行乘上机帆船,虽是逆流而上,但一个多小时就到达了仪征,这里是日占区与根据地的接合地带。因为进入根据地后还有一大截土路要步行,大家决定当晚在县城早早休息养精蓄锐。次日早饭过后,刘毅又专门找来挑夫,一路护送到了二师防区才返回。

先期到达的省委同志听说后,都跑出来迎接。一路上,刘晓等同志受到日伪特务形影不离的保护的传奇经历迅速在顾家圩子传开了,大家纷纷称赞潘汉年神通广大,为根据地往来上海和江南开辟了一条新的秘密交通线。后来,地下交通员何荦也多次利用这条线,一直没有出现过安全方面的问题。

潘汉年巧妙利用情报关系,平安通过日伪封锁线,是对李士群做统战工作的一个积极成果,也是对胡均鹤、刘毅等特务进行分化瓦解的巨大收获。然而谁曾想到,13年后这次转移之行竟被个别人别有用心地反诬成所谓"镇江事件"。1955年4月3日,正在北京参加党代会的潘汉年被秘密逮捕审查;1963年1月9日又被判处有期徒刑15年,剥夺政治权利终身,先后被遣送至北京团河和湖北沙洋的农场劳动改造;1977年4月14日含冤去世。中共十一届三中全会后,重新审查潘汉年问题被提上议事日程。1982年8月,中共中央正式发出《关于为潘汉年同志平反昭雪、恢复名誉的通知》,在对其一生重新作出高度评价的同时,也对"镇江事件"作出了结论:

1982年8月,中共中央发布关于为潘汉年平反昭雪、恢复名誉的通知。

"在敌占区建立秘密交通线,不仅保证了淮南根据地与上海之间地下联系的畅通,而且当环境恶化时,把在上海难以立足的地下党领导同志和大批干部,安全地撤回根据地。"这正印证了潘汉年爱人董慧在他去世后曾多次说过的一句话:"他将来会复活的。"

除了潘汉年,还有一个人不能不提,他就是中共隐蔽战线上的情报尖兵华克之。1939年底,华克之经廖承志和潘汉年介绍入党时,曾写下誓言:"不怕死,不怠工,不撒谎,不贪财,不想出头,不埋怨组织,不讨价还价。"此后,华克之用一生践行了这"七不"誓言。抗战期间,他在上海和香港两地,边从事秘密工作边从事金融和商务活动,净赚了42万港币(折合黄金4200两)全部交给党组织作为活动经费,而他除了扮富商装阔佬时购买的两套西装、两条领带,便身无长物了。

1945年8月抗战胜利后,上海突然出现权力真空,"日寇欲出出不得,蒋军欲来来不及,汪伪号令令不行,新四军接收接不到"。已经撤到淮南根据地的华克之主动请缨再赴上海,动用关系,巧施计策,为新四军部队搞到了540板箱TNT炸药、194挺机枪,受到军部表扬。新中国成立初期,华克之与扬帆一样,受"潘汉年案"牵连被捕,沉冤二十余年才得昭雪。平反后,华克之积极投身改革开放事业,1998年1月初逝世于北京。1月20日新华社电这样评价华克之:"他顾全大局,胸怀坦荡,不计个人得失,表现了一名优秀共产党员为党的事业埋头苦干、对党忠诚的优秀品质,是隐蔽战线干部的楷模。"

通向延安[①]

抗战初期,中央先后委派刘少奇、张云逸、袁国平、彭雪枫、黄克诚

[①] 本部分毛泽东电报资料来源为:(1)何国光:《刘少奇"小长征"纪行》,《湖南党史》1996年第7期;(2)何立波:《1942年少奇延安之行》,《文史精华》2005年第1期;(3)张守参:《刘少奇历以艰辛"小长征"》,《党史文苑》2001年第12期。

等军政干部加强与领导华中局和新四军工作,其他师以下领导和地方干部也不在少数。其间,因学习、开会和汇报请示工作需要,不少领导同志多次来往于延安,路途远、交通差、封锁严不说,沿路还随时可能应付突发情况,安全警卫工作稍有疏漏就可能带来严重后果。这其中,尤以华中局书记、新四军政委刘少奇的经历最为惊险。

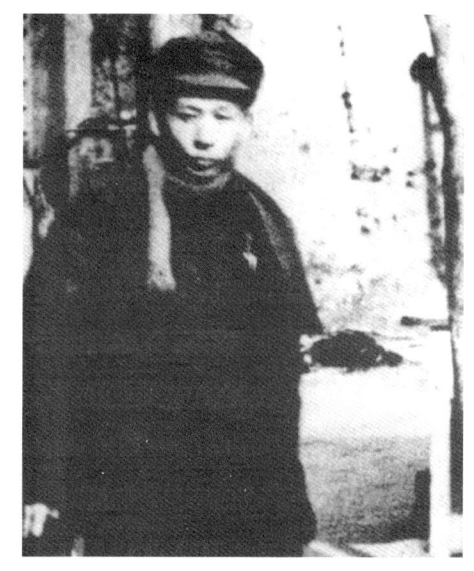

刘少奇

据《刘少奇一生》记载,在华中工作期间,刘少奇曾先后两次来往延安。1938年11月23日,刘少奇、朱理治和李先念等中原局领导从延安启程奔赴敌后,以确山县竹沟为中心主持开展中原局工作,第二年3月底回到延安参加政治局会议。半年后的9月15日,刘少奇以八路军三四四旅旅长徐海东的秘书身份,带领四十多名干部二次由延返豫,到1942年3月再返延安,在华中工作的时间前后累计将近三年。

1938年末,因日军侵华的进攻重点尚未完全转向敌后战场,延安到河南的火车、汽车等交通基本畅通,所以刘少奇第一次来去路上还算轻松和安全。但随着革命形势恶化,第二次特别是1942年由苏北阜宁返回延安,就没那么顺利了,竟历时9个月,跨越苏、鲁、豫、冀、晋5省,穿越103道封锁线,行程1500多公里,可谓一次险险的大征程、大奔袭,史称"小长征"。在此过程中,新四军锄奸部为保卫刘少奇绝对安全,会同军部有关部门专门挑选得力警卫力量,动用各种统战关系,在沿路革命武装支持配合下,才顺利完成了任务。

先来说一说1939年9月刘少奇二赴中原。一路上,担任刘少奇随身警卫的是陕甘宁边区国家保卫局红军工作科科长龙潜。龙潜是江西永新县人，参加革命后长期从事保卫工作，20世纪30年代初就任团特派员，长征中任军委直属政治部特派员和军委干部团特派员，遵义会议召开时担任警卫任务。抗战期间先后任五支队政治部副主任兼军法科长、二师锄奸部长和淮北公安局长、苏皖边区公安总局局长等，是锄奸保卫战线的老资格，1983年6月在济南军区副政委任上离休。

据龙潜在《随少奇同志赴华中敌后》一文中记述：出于安全考虑，中央决定利用徐海东国民革命军少将旅长的合法身份，以检查组之名做掩护来华中敌后，刘少奇则化名"胡服"任徐海东秘书，龙潜等人负责警卫。从延安出发后第三天，一行人安全抵达西安七贤庄八路军办事处。不料第二天一早，西安城上空突然响起刺耳的防空警报，多架敌机就似长了眼一样对准七贤庄进行重点轰炸。龙潜一看情况危急，一面提醒周围人注意隐蔽，一面奋不顾身奔向刘少奇住处。此时，刘少奇正与中共陕西省委的领导谈话，因精力太过集中，根本没有听见外面的警报声。经龙潜和省委领导再三催促，刘少奇才奔向两百多米外的防空洞。而就在龙潜护送他们离开不到五分钟，几颗炸弹就在刘少奇住处周围炸开了。事后才知道，因汉奸告密，说中共一位重要领导人住在七贤庄，日军才不惜代价从太原等地出动七十多架次飞机对七贤庄进行了狂轰滥炸。

一波未平，一波又起。

9月18日，护送刘少奇的两辆汽车抵达洛阳，住进了贴廓巷56号的八路军办事处。第二天，刘少奇召集中共豫西省委开会研究工作，徐海东就借机去找一战区司令长官卫立煌作礼节性拜访，不料卫立煌已回老家奔丧，遂全权委托参谋长郭寄峤隔天回访。真是赶巧，第二天郭寄峤来八办回访刚结束，正当徐海东送他出房门时，刘少奇有事经过，无意中打了个照面。两人过去有交往，彼此都认识，但刘少奇并未列入这次检查组人员的通报名单，郭一看心里就有了数却也不点破，还爽快地提出当晚要设家宴招待，不料刘少奇竟爽快地答应了。

徐海东真没想到会发生这样的意外场景，郭寄峤出面邀请也许出于面上交情，但刘少奇应邀赴宴则给龙潜等警卫人员出了个不小的难题，特别是在洛阳这个人生地疏的环境、在一战区这个国民党掌握的地盘上，遂主动提出陪同前往，还详细安排了应变脱围方案。做好警卫工作，努力不行，做到百分之九十九也不行。所以，警卫对象往往无暇顾及的一些细枝末节，警卫干部事前必须了然于胸，这样才能保证万无一失。结果，刘少奇平安归来，有惊无险。

在中原局工作期间，由于使用化名"胡服"以及内外保密工作做得好，直到新四军重建军部之前，蒋介石都不知道刘少奇在华中领导敌后根据地斗争已经一年多了。在华中工作近两年六个月后，为参加中共七大，1942年3月19日刘少奇率沈其震、崔义田、吴信泉、贺绿汀等中央指示赴延安的一百多名干部，从阜宁县单家港出发，踏上回程之路。

其实，调刘少奇回中央工作，在1941年9月10日起举行的政治局扩大会议上不少中共中央领导就有此意。这次会议的内容是总结党的历史经验，特别是讨论土地革命战争的路线问题，陈云、任弼时、王稼祥在发言中不约而同提起刘少奇，就连康生在9月29日的发言中也检讨了自己在白区工作政策上同刘少奇的分歧。所以，不等会议结束，10月3日毛泽东就发电报要刘少奇回延安：

"（一）中央决定你来延安一次，谅已收到电报，希望你能参加七大。（二）动身时望带一可靠电台。（三）何时可以动身盼告。"

毛泽东对刘少奇回延安途中的安全问题极为重视。在得知决定动身时，1942年2月13日毛泽东又致电陈毅、刘少奇："少奇返延，须带电台，并带一部分得力武装沿途保卫。"

2月20日中央书记处致电刘少奇及华中局："护卫少奇的手枪班须是强有力的，须有得力干部为骨干，须加挑选与训练。"

接到中央和毛泽东电文后，陈毅等新四军领导立即着手研究部署刘少奇一行的安全保卫事宜，制定出周密安保计划，并指定参谋长赖传珠具体

1941年冬,二师锄奸部长龙潜(右二)与罗炳辉(右四)等合影。

负责落实。1941年11月,赖传珠从部队抽调12名年轻力壮、身份可靠、机敏灵活、政治觉悟高的战士组成警卫班,全程担任警卫。曾是12位警卫员之一的魏良彬回忆:

> 赖传珠参谋长召集我们开会。他说:"我们的政委胡服同志要去新的地区工作,你们去保卫他。这是一个光荣而艰巨的任务,大家都是经过考验的好同志,一定能够胜利完成党交给的任务……"胡服就是刘少奇同志。那时他是中共中央华中局书记,皖南事变后中央派他来担任新四军政委。赖参谋长说他"要去新的地方工作",就是指去延安工作。这些,我们当时都是不知道的。在跟随胡政委到延安的整整一年当中,我们都不知道他就是敬爱的刘少奇同志。

从魏良彬的回忆中不难发现,刘少奇的这次延安之行是在极其保密的情况下进行的,只有为数不多的几个人知悉内情。尽管新四军做了周密安排，毛泽东也许觉得这样还不保险，于是又给在华北前线的八路军副总司令彭德怀打去电报，要他派人调查华中到华北沿途道路安全情形，同时要刘少奇再等一等："我们正在调查由华中到华北道路上敌人封锁线的情形，安全保障的程度，俟得复电即行转告。望你等候这一复电。"

一个星期后，3月21日，毛泽东把彭德怀关于沿途敌情的电报转给刘少奇，又一次强调"必须路上有安全保障才能启程"。

从华中到延安主要有三条秘密交通线：前两条是沿陇海线分别到开封、西安下火车后改乘汽车或步行，第三条是经过山东根据地折走豫北、晋南一线。相对而言，第三条路线因为穿越山东和大别山等多个根据地，沿途有八路军、地下党组织接应，安全基本可以得到保障。临行前中共中央书记处打来电报额外增加了一项使命，要刘少奇代表中央去山东根据地指导工作，所以最终选择第三条路线了。

山东是衔接华北、华中两大根据地的枢纽，战略位置十分重要。处理好山东的工作，已是1942年6月底。中共中央原来并没有计划安排刘少奇在山东停留这么长时间，出发的时间一再延宕，一来由于山东工作的需要，二来是因为途中安全仍令人担心。

面临的情况是：不宜西进，亦不宜南返。鉴于这个形势，毛泽东有意让刘少奇以中共中央全权代表资格长驻八路军一一五师，指挥整个山东和华中党政军全局："我们很望你来延并参加七大，只因路上很不安全，故不可冒险"，"你的行止，以安全为第一，工作为第二"。

又等了十来天后，通往延安的交通安全状况有所好转。7月下旬，刘少奇觉得没必要再等下去，决定启程。为了应付沿途险情和行动方便，刘少奇将原先随行的100多人精减为18人，均穿便衣化装成老百姓，自己则化名"老许"，打扮成一名生意人轻装上阵。一行人夜行晓宿，隐蔽行进，不准抽烟，不准讲话，就连骡马等牲口的嘴也用布裹上，只能听到轻微的脚步声，警卫分队则排成两纵左右呼应鱼贯而行。在通过由日伪顽把守的碉堡和封锁沟时，刘少奇和其他人员一样都随身都带着铲子，直接铲开一个大口子让人马通过，有的沟水齐腰深，全体人员就涉水前进。经过大地主庄子附近时，不时有土炮从岗楼里射出，枪弹从头顶呼啸而过。每每遇到这种情况，刘少奇总会镇定自若，安慰大家："不要怕，夜里的枪弹是打不着人的。"

有一回队伍行进至一条河边已是深夜，而渡口离日伪的据点很近，河面上经常有小汽艇出没巡逻，随时都可能发生意外。没有别的选择，一行人只得利用巡逻艇过往后的间隙穿插过河。为了加速渡河，有的同志乘桶；牲口则卸鞍，趟水而过，有几次险些与日军撞个满怀。当得知刘少奇到了山西涉县赤岸八路军一二九师师部后，毛泽东再次来电叮嘱："安抵一二九师无限欣慰，望休息短期然后来延，……来延路上安全保障，请商刘、邓作周密布置。"

10月16日，毛泽东获悉刘少奇即将穿越日顽封锁严密的白圭至晋城铁路，特地通知晋西北区党委书记兼晋绥军区副政委林枫、军区参谋长周士第和政治部主任甘泗淇，要他们派人小心接护："少奇同志过路，你们派人接护时须非常小心机密，不要张扬，但要谨慎敏捷。"

1942年底，艰难的行程终于结束，12月30日，刘少奇一行安全到达延安，由新四军派出的12名警卫战士也历经血与火的考验圆满完成任务。多年后，魏良彬在回忆这段难忘的历程时还激动地说：

> 在陇海路南一个村庄休息，我对地方同志谈起夜里的情况，心情仍然很紧张，手心里还直冒汗。地方同志却说："你们的担心很好，可也是多余的。昨晚，护送我们的有一两团人，通路的前后左右，部署为井字形，鬼子敢来碰一下，那就算他倒霉！"这时，我们才想起，夜里模模糊糊地看到道路两边经常闪动着人影，一挺挺机关枪指向敌人的方向，原来就是护送我们的部队啊。大家不由地激动起来，都说上级对胡政委和大家的安全，真是想得周到，保证万无一失呀！

第九章　用好"食客三千三"

项英曾感慨江南有"七多":麻将多,茶馆多,澡堂多,大刀会多,土匪多,青帮多,两面派多。二支队司令员张鼎丞在报告中也承认,新四军进入江南战场后遇到的困难之一就是这一带土匪多,失意军阀政客多,各种会门多。

帮会、刀会作为旧中国的一种封建组织,有其保守落后甚至反动的一面,许多首领在抗战的态度上往往也是左右摇摆,但由于其数量众多、分布广泛,也有很强的群众基础,一直成为日伪顽争相拉拢的对象。进入华中的新四军和根据地中共党组织坚持贯彻统一战线方针,对做好帮会、刀会工作十分重视,有的领导主动登门拜访、联络感情甚至义结金兰,有的选派政治可靠干部利用个人威望擎起义旗开堂收徒、襄助革命。锄奸部门为斗争需要,要么派人以掩护身份巧妙打入伺机瓦解,要么发展对象潜伏其间为我服务,这也是新中国成立后公安保卫工作在社会各阶层中广泛布建特情耳目的初始形态。

有了这些"白皮红心"人的支持和配合,新四军和根据地的各项工作的阻力大为减少,开展起来更加顺畅。

新四军的"孟尝君"

帮会和刀会是旧社会城乡普遍存在的秘密结社组织。抗战时期,新四军活动的华中地区同样活跃着诸多此类组织,影响比较大的有苏沪青红帮、皖中大刀会等。这些秘密组织在建立之初通常以强身健体、防匪保家为口号，会众多是普通乡民，既抗击日伪土匪，又抵制抽丁派税，对新四军等抗日武装也往往采取两面派，政治立场摇摆不定，你强他软，你软他强。

在淮南的路东沦陷后，日伪因兵力有限，只能占领县城、较大集镇和交通要点，帮会势力乘机在广大乡村拦路设卡，鱼肉百姓；路西的凤阳等县，差不多每家都有人参加帮会，而淮海地区也几乎每个县都自发成立了刀会组织，安徽巢南甚至发展到村村有会堂、家家有会员，每户人家十七八岁以上，甚至个别十三四岁以上的男性都参加了大刀会。特别是苏南地区，由于特殊的地理位置、政治因素和历史渊源，封建帮会组织众多，拜先生、收徒弟、认兄弟非常普遍，社会上的官商绅士、地方实力派中许多人是帮会头子，如句容的洪天寿和许维新、延陵的贡友三、丹徒的刘洪魁、宜兴的程维新、太湖的蔡浩恭等，一般都亦军亦商亦正亦邪，与伪军、顽军的头目又是亲朋好友、师徒或把兄弟，关系盘根错节。

帮会、刀会等组织扎根乡土、来自农家、防匪护院的特质，决定了它们往往具有一定群众基础和社会影响力，其态度向背往往影响新四军的发展。1939年5月，彭雪枫率新四军游击支队主力进军淮上。为迅速打开局面，彭雪枫特意聘请亳东红枪会师爷任义清为参议。部队刚刚抵达，任义清就到多地联络帮会首领，协助开展说服争取工作，使部队基本没有受到困扰。与之形成鲜明对比的是，新四军江南指挥部主力北渡后，留下来坚持斗争的武装不足三千人，当地不少帮会见形势有变，转而向日伪顽靠拢，蛊惑裹胁群众，老百姓因此不敢亲近新四军。新四军部队在江宁一带村庄过夜时，老百姓都闭门不出，官兵只能露宿野地。

正是看到了帮会、刀会在战争中的特殊作用，日伪顽等经常对它们许官封地，极尽拉拢利诱之能事。早在1926年，蒋介石到达上海就看中了帮会的反动力量，利用青红帮镇压工人革命运动，一时间黄金荣、杜月笙、张啸林都成为蒋的座上宾。抗战时期，潜伏江南的国民党特务在报告中直言不讳称：帮会之一二领袖往往可以掌握数百人或数千人甚至数万人，各党各派若得数十帮会领袖参加其组织，无异得数万或数十万甚至数百万人参加其组织，费力少而成功多。

新四军的领导们在分析形势后，也开始思考如何利用和争取好这些帮会武装共同抗战。1939年3月，周恩来到皖南视察时就讲：争取青帮、刀会的群众，我们应研究这些组织，进行政治工作，争取他们。项英也要求从政治上争取帮会群众成为抗日民众武装组织，去掉封建迷信成分，培养和扶植政治上进步分子逐渐取得领导地位。邓子恢也在《新四军怎样做政治工作》中要求：团结和争取一切已有的地方武装，如游击队、自卫队、大刀会等共同抗敌。

显然，能否争取到帮会势力的支持，成为影响工作成效的一个重要因素，就看哪一方的工作方法更有效了。不久，落实"研究组织"的任务，首先落到了军部政治部调查统计科的肩上，因为他们负有对部队周边敌情社情调查摸底之责。那时，部队流动性强，经常移驻新址。一住下来，其他同志可以宿营休整，军法处和调统科的同志就开始忙碌，他们必须马不停蹄寻找当地地下组织和进步群众了解社情民意，从中发现可能影响部队安全的威胁因素，而社情民意中的一项重要内容就包括封建帮会的数量情况，掌握主要头头的政治态度、思想倾向和抗战立场，确有必要或者条件成熟时还登门拜访，拉近感情，建立关系。

开展统一战线工作过程中自然不能少了锄奸工作。皖南事变后，刘少奇主持华中局和新四军工作，对部队争取利用帮会极为关注。他针对当时有的领导干部认为帮会加入新四军就是招兵买马的认识，提出严肃批评："打日军要用枪来打嘛！有枪就得有兵，为抗日招兵买马有什么不好？要放手扩大新四军，扩大游击队，有了兵，就要有个'家'，这个'家'就是根据地。"刘少奇还结合华中帮会众多、各种政治力量都想利用的特点，告诫大家不要忽视这一股社会力量，要学会争取和利用帮会来开展工作。

实际上，刘少奇的这一思想并不是毫无根据的，也有一个认识和比较的过程。就在新四军新军部迁到盐城不久,就发生了一场锄奸肃特大战斗。当时的苏北政治环境十分复杂,除了日伪顽各霸一方外,势力较大、活动猖獗的帮会和土匪武装就有四股,少则几百人,多则上万人,他们在反动势力操纵下亲日靠蒋,欺压百姓,破坏抗战。有一次,三师七旅派了一个连护送旅长彭明治到师部开会,两地相距只有三十多里,半路上硬是遭到上千土匪袭击,最后不得不退回旅部。

这还了得?陈毅代军长、刘少奇政委主持召开紧急会议,要求锄奸部门坚决清除反动帮会和土匪头目。据全程参与战斗的三师锄奸部长周彬回忆:

> 我们师由我和八旅参谋长庄林同志主持组成指挥部。师锄奸部侦察科长赵炳安负责侦察工作,与地方保卫部门共同组成严密情报网,搞清汉奸特务及匪首、惯匪的姓名、住址及其主要罪恶,为指挥部提供可靠情报。在搞清敌情的基础上,我们采取军事打击与政治瓦解相结合,镇压匪首、汉奸、特务与教育争取受骗群众相结合的策略,对苏北地区的汉奸、特务、土匪和地方武装进行了四次大的军事行动……在四次军事行动中,除当场击毙匪首顾豹岑、薛根六等人外,共抓获汉奸、特务、匪首、惯匪及匪徒三千余人。

当然,对这些土匪也不能一律镇压,除少数罪恶昭著的头目坚决处决外,绝大多数还是经过教育画押立保后予以释放。推而广之,对于那些封建帮会的态度,新四军的政策是打击极少数、争取大多数,这就有了做好锄奸工作要有"食客三千三"的说法。据扬帆回忆:

> 最早向我提起孟尝君三千食客的事是刘少奇同志,那是1941年刘少奇在盐城新四军军部,曾对我说过这样的话:"孟尝君门下有三千食客,难道我们共产党不能养几个食客吗?"当时是教导我要敢

于使社会上各种类型的人为我所用。

原来这年初,扬帆带领锄奸部一科的同志扣留了一个从泰州过境去涟水招兵买马的"左司令",后查明此人是泰州"二李"任命的支队司令,真实身份是当地的一个帮会头目。对其如何处置,大家议论纷纷,扬帆一时也拿不定主意。因为不久前苏北剿匪中部队捕获了一名匪首送到锄奸部,对其是否镇压因为缺乏法律依据,内部意见并不统一。扬帆就找政委刘少奇请示,刘少奇告诉他,对杀人的问题,要十分慎重,多从政策上来考虑,注意政治效果,这一席话对扬帆启发良多。

这次回军部的路上,扬帆又遇上了刘少奇。上次是土匪头目,这次是帮会头目,两类人能不能采取同样的处理原则?扬帆考虑再三,还是将情况和盘托出,作了简要汇报。刘少奇听后没有立即表态,思量片刻后才对扬帆说:"你们研究一下,可否争取他为我们工作。"

从少杀慎杀,到为我所用,没想到刘少奇心中的政策底线比扬帆想象的还要大。于是,扬帆带人研究了几种处理方案,有个别同志囿于惯性思维认为这个人留下来能否用起来不一定,恐怕群众也会有不同看法。为慎重起见,扬帆再次找到刘少奇汇报,刘少奇鼓励他:"战国时孟尝君门下有三千食客,难道我们共产党就不能养几个食客吗?我们要敢于使社会上各种类型的人为我所用,也可以根据他们的情况,采取青红帮的面目去进行活动嘛!"最后还不忘叮嘱扬帆:"不要千篇一律,可以论功行赏嘛!"

一席话说到了扬帆的心坎上。从事锄奸工作以来扬帆就在想,锄奸保卫部门要发现打击特务窃密者等隐蔽敌人,在工作力量上必须大胆打破工农、学生等出身限制,敢于使用来自社会各种阶层各类政治面貌的人,这样往往可以起到党员群众起不到的作用,当然,工作的方式方法也应灵活多样。锄奸干部必须脑子灵反应快,因时因地因人开展工作。

正是在这一策略思想指导下,扬帆不仅没有杀这个"左司令",还成功予以争取,仍以他原来的名义,在盐城、阜宁和淮安交界的马家荡一带活动。当时，马家荡是日伪顽三不管地区，一直被一股土匪武装盘踞。利用"左司令"的关系，扬帆派自己的老部下、锄奸干部陈啸奋去担任了这支队伍的参谋长，经做工作不仅成功改编三百多名土匪人枪，还为开辟这个地区准备了条件。后来，这个"左司令"以开商店为掩护，利用其徒弟往来敌区为新四军搜集传递情报，抗日战争和解放战争时期一直作为锄奸部门的"食客"，新中国成立后才回到苏南，之后因年老退休安置在镇江。

此后，扬帆在锄奸情报工作中不断总结和发展这类经验，还真起过不小的作用。据他回忆：

> 在苏北淮阴城，我担任华中分局联络部长。有一次华中分局组织部长兼财委主任曾山同志，派顾准同志来找我，要我介绍一些朋友关系，帮助他们开展国民党统治区的贸易工作。他是上海地下党的同志，在苏北抗日根据地的政府中任过财经处副处长，我们比较熟悉。他说了一句玩笑话：孟尝君有食客三千，老兄手下有多少食客？我也随便顺口应了一句：我比孟尝君还多三百。这本来是开玩笑的话，后来苏皖边区政府秘书长张恺帆把它写成了两句打油诗：扬公门下三千客，尽是鸡鸣狗盗徒。

从此，锄奸工作要有"食客三千三"的说法就在新四军中流传开了。

蒲桥收编

其实，早在新四军初入皖南，不少部队就遇到了当地帮会、刀会敌视阻挠给发展抗日武装带来的难题，不少领导人从抗战大局出发，动之以情晓之以理，积极开展争取和统战工作。在此过程中，作为各级组织最信任最放心的人，锄奸干部们经常临危受命深入虎穴，行走在生死边缘。1938年11月，驻芜湖的三支队成功收编蒲桥青帮头子余子才便是一例。

余子才祖籍安徽潜山,家住南陵蒲西,原本也是当地一介农民。此人平日性格爽直,好打抱不平,特别是对贫苦百姓不仅秋毫无犯,还经常援助接济,时间长了在蒲桥一带闻名乡里。

余子才的发迹史充满了传奇色彩。1931年初夏,南陵县境连降暴雨,不几日就沟满河平、圩溃堤破,农民眼睁睁看着一季庄稼颗粒无收。狠心的地主老财哪顾灾民死活,仍加紧催租逼债,闹得许多人背井离乡、流离失所,有些灾民更是卖儿卖女、投河悬梁,搞得家破人亡⋯⋯

此情此景,引得余子才深深同情,他挑头串连起当地一些能说会道、敢作敢为的年轻人帮助老百姓"剽债"。所谓"剽债",是旧社会皖南一带流行的佃户向地主老财抗租抗债的民间习俗,由欠债农民自备一席简单水酒,请余子才等人出面邀来开明士绅和地主老财,三方一起面议免租免息。开明绅士充当的是见证人的角色,若其不秉公评议,或者地主老财不肯免租免息,余子才等人便出面替农民打官司。

穿鞋怕光脚的。因与自己没有多大利害关系,开明士绅自然拿捏准分寸,象征性替灾民讲几句公道话,也算卖个顺水人情;地主老财虽心有不甘,但慑于余子才人多势众,也不敢公开对抗,只得勉强同意。

果不出所料,"剽债"的节节胜利给余子才带来冲天人气,威望在当地迅速提升,得到周围乡邻拥戴支持。余子才不等地主老财们缓过神来实施报复,就宣布自立青帮,开始招收门徒、购买武器,短短一年多时间竟拉起了一支七八十人的队伍,拥有长短枪十余支。平日,靠这些门徒干些抽头纳贡抢劫越货的勾当,余子才过上了体面生活,人称"余大先生"。当然,为了不树敌太多结怨太深,余子才向帮众宣布了四条规矩:

一、不准抢劫劳动农民的钱粮财物;
二、不准在蒲桥一带抢劫;
三、不准抢劫集镇商店的钱粮货物;

四、只准索取地主、富户家的钱粮，不准伤害其家人性命。

哪有这样亲民爱民还通情达理的帮会？在这里，打劫似乎成了一个不那么让人反感甚至值得同情、理解和尊重的活儿。由于余子才恪守诺言、仗义疏财，其社会影响越来越大，驻蒲桥的敌伪顽对他竟也客客气气，国民党的南陵地方政府还派人上门谈判收编，几次都被他婉言谢绝。

抗战初期，三支队来到了蒲桥。副司令谭震林先是派支队政治部分管调查统计工作的组织科副科长项永章带人去探余子才的虚实。很快项永章便把余子才的底细摸了个一清二楚。原来，余子才在1929年春就经时任中共南陵县委青年部长的堂弟余子春介绍加入地下党组织，后因吸食鸦片和赌博被开除出党。对这不光彩的一页，余子才自愧难当，后来还送过一支手枪给南陵县委的负责同志，这足以说明他对革命还心存念想。说白了，这个人是可以争取的对象。

谭震林听完项永章的汇报当即拍板开展对余子才的工作。

登门谈判是第一步。谭震林叫来民运科长金贯一和副官处主任俞炳辉一同前往，临走时交代了四条：第一，要阐明国家兴亡、匹夫有责的道理，国难当头只有团结抗战才不会当亡国奴，以激发余子才的爱国热情；第二，要认真宣传中共抗日民族统一战线政策，建立双方互信基础；第三，要开诚布公讲清收编动机，是为了团结抗战大业，而不是大鱼吃小鱼式的吞并；第四，要规劝余子才认识到识时务者为俊杰，弃暗投明才有前途，否则没有出路。

虽然余子才在当地几个乡镇还玩得转，目前也是衣食无忧，但那是小富小安，双方实力也摆在那。对找上门的新四军代表，余子才心里可以有不同想法，但面对句句在理的民族大义，表面上肯定不能翻脸。凭余子才这么多年混迹社会，外人完全可以想象双方的见面必然是在十分融洽友好的气氛中进行：宾主先相互客气一番，尽到地主之谊后，余子才对这支抗战队伍表示热烈欢迎，称以后遇到什么困难定当鼎力相助，最后再皱皱眉头说收编事宜请宽限几日，容他与弟兄们商量商量。

谭震林对此心知肚明，毕竟这是余子才奋斗了多年的心血，但小家与大家的关系怎能分不清？为了促使余子才尽快觉悟，谭震林请来余的亲朋好友王兴友、汪忠才等人一起来做统战工作。为了试探三支队和谭震林的态度是否真诚，余子才不顾手下劝阻决定对新四军来一次回访。让他没有想到的是，谭震林不仅准备了丰盛的午宴招待，还迎出了部队大门外，平易近人的态度，真诚坦荡的胸怀，一下子拉近了双方的距离。精诚所至，金石为开。经项永章等人多次做工作，终于感化了余子才，使他彻底消除犹豫和彷徨，决心弃暗投明高举义旗。双方达成四条协议：

一、余子才率部接受新四军三支队的收编，同意改编为抗日游击大队，受新四军三支队的领导和调遣。

二、为了避免同友军冲突，抗日游击大队只能向芜湖方向活动，不得擅自进入友军防地。

三、为了互相支援，共同抗日，游击大队必须配合三支队担任防区警戒和完成有关军事任务（如搞情报、购药品、护送干部过江等）。

四、在抗日游击大队有了发展，需要武器装备时，三支队可以支助一些枪支弹药，以充实其战斗力量。

不几日，抗日游击大队正式成立。为了鼓励余子才等人走上抗日救国道路，谭震林亲临成立大会表示祝贺，并在会上讲了话。余子才被收编后，利用自己的特殊身份，多次为三支队疏通关系，送情报，营救和护送人员，并配合搞好后勤工作，协助完成战斗任务。谭震林也在游击大队发展到一百多人时送去二十多支步枪和一挺轻机枪，余的大儿子结婚、小儿子周岁时，均送去厚礼以示关怀。

团结刀会好抗战

与帮会多活动在城市边缘不同,刀会主要活跃于广大农村。它们多以村寨为单位,会众基本上都是普通农民。这些人不仅是新四军赖以生存发展的群众基础,还是新四军补充兵员的主要来源。因此,争取刀会,对新四军来说已是迫在眉睫。

起初,新四军对各地刀会的性质、特点和内部组织方式缺乏深入了解,加之没有实际工作经验,只是一味批判其封建性和迷信性,所以各部队普遍采取排斥的态度和对抗的办法,结果经常遭受挫折。胡发坚,江西吉安人,20 世纪 20 年代就参加革命的老党员、老红军,新四军成立时作为延安干部派任一支队参谋长,协助司令员陈毅负责军事工作。1939 年 1 月调江南抗日义勇军第三路副司令员,率部转战沪宁铁路武进至无锡段西侧,很快打开了苏南抗战新局面。3 月 15 日,胡发坚到洛阳镇谈家头村收缴当地刀会枪械。会众将收缴枪械误解为武装镇压,纷纷拒降并四出脱逃。混乱中胡发坚不幸被流弹击中,牺牲时年仅 33 岁,真是天妒英才。第二年夏,苏皖边境发生了"横山事件"。新四军一个单独留守的连队遭横山当地的刀会突袭,牺牲多名官兵,地方武装也受到重大损失。

严峻的斗争形势迫使新四军部队和各地民主政府及时调整了斗争策略,提出基于刀会会众绝大多数是劳苦民众,决定对他们采取教育、瓦解的方针,除非危及新四军安全,否则决不轻易诉诸武力。

在淮南地区,罗炳辉要求打击反动刀会头目,争取广大群众;不主动出击,不打第一枪;对被打死者准许家属认回尸体,被打伤者允许治疗;对被俘人员给予教育,屡抓屡放。

江南指挥部北渡后,陈毅在给苏南党政军负责同志的信中也明确提出,个别领导人对刀会采取硬性政策,不承认有任何妥协是不对的,而应该做到:采取积极态度,化消极因素为积极因素,争取刀会会众站到抗日立场上来；尊重刀会宗教仪式和风俗习惯，保护正当权利，帮助解决生活困难，促其逐渐靠拢；区别对待刀会头目和上层人物，爱国抗日的争取利用，否则依据不同情节给予法办。

正是在这些新政策影响下，新四军部队和根据地政府逐渐改善了与刀会关系，有的刀会被争取后与新四军携手抗日。正如有的干部所讲，团结刀会好抗战，不仅为部队补充了大量兵员，壮大了抗日武装统一战线，还扩大了新四军和根据地的群众基础。据时任镇丹县太平区区长兼武工队队长范征夫回忆：

> 1943年10月，我苏南第六师第十旅部队，向溧（阳）高（淳）郎（溪）广（德）的敌后进军时，顽专员汪国栋鼓动其徒子徒孙（都是刀会首领）与当地据点的日伪军沆瀣一气，妄想消灭我党我军及抗日人民力量。新四军根据当时情况，对刀会认真调查研究，然后因势利导。我们抱着不入虎穴、焉得虎子的态度，深入刀会活动场所香堂，经过一段时间的摸索，学会了刀会的会规行话暗语，与刀会首领称兄道弟，联络感情，并在刀会会员中发展了一批积极分子，针对日伪经常下乡强派民夫、强奸妇女、敲诈勒索、胡作非为、百姓遭殃的罪恶行径，提出"好男不当亡国奴""好汉不受鬼子欺骗""不仅要自卫保家还要抗日救国"等口号，激发刀会民族意识和提高他们的政治觉悟。
>
> 经过几个月的宣传教育工作，许多刀会会员的思想有了很大的转变。有的参加了农会，向地主展开减租减息斗争，有的自动揭发那些压制刀会群众装神弄鬼、劣迹昭彰的坛主和点传师。对那些顽固不化的刀会首领和神职人员，坚决予以镇压。通过这些措施，许多刀会说新四军是我们的好朋友，是我们的靠山，谁要勾结鬼子打新四军我们就和他拼。
>
> 在1944年9月安兴区花墙门战斗中，刀会配合新四军部队当场烧毁碉堡两座，打死打伤日伪军十多名，缴获了一大批武器弹药，取

得了重大胜利。这些战斗后不久,溧高地区爆发了大规模的刀会暴乱,但安兴区不但没有人参加,而且刀会首领还纷纷请缨战斗。

在苏南反"清乡"期间,范征夫带领武工队神出鬼没,几次锄奸打伪行动虽然规模不大,却给"清乡"的日伪极强震慑。当地百姓对此议论纷纷,见面相互伸出四个手指头,低声说:"老四"没走。

南通地区的东南政治保卫队在锄奸干部赵一德领导下,加紧做好当地青红帮刀会的清理改造工作,区分情况开展打击、争取和瓦解。赵一德回忆:

> 在启西区,坚决镇压怙恶不悛的"斧头党"头子黄维,摧毁了这一伙杀人越货的股匪;分区首长陶勇同志专门派员来启东争取了陆舟舫部队,使这一支武装树起了抗日旗号;对长江沿岸的青帮头子杨念初反复晓以大义,加强民族气节和爱国守法教育,做好了这股帮会势力的转化工作;对海中区的流氓土匪头领陆惠山,我行动队积极地从分化瓦解其部属小头目顾福林、李国真入手,使之孤立起来,最后向我就范,立下保证:拥护抗日,不当汉奸,尽力采购供应抗日武装所需的枪支弹药,供给我情报。这些被我争取的势力,在两年反"清乡"斗争中,均为我们做了不少工作。

群众编了一首歌谣秘密传颂:"新四军,有神通。来无影,去无踪。抓汉奸,杀特工。吓得伪军心直跳,闹得鬼子常扑空。"

在澄西,经澄武锡工委争取,刀会头目钱显生表示拥护抗日,立下"投了红旗不投白旗"的誓愿。1944年夏,"先天道"传到无锡,不少农民抱着免灾消难、习武保身的心理纷纷入道,很快道众达到十万人。苏中六地委在分析了"先天道"的具体情况后,提出了"分化上层、争取中层、团结下层"斗争方针,公安局选派得力人员打入内部,开展统战和争取工作。相关工作很快取得成效，仅1945年2月至5月，"先天道"就先后组织暴动九十余次，配合新四军部队突袭作战，沉重打击了当地日伪。

"你还要再收三千'学生'"

赵鹏程，原名赵德懿，安徽和县人，23岁时为谋生投拜当地青帮头目尹禹亭。在尹禹亭关了"山门"后，根据青帮规矩，赵鹏程可以单独收"学生"了。与其他帮会头目欺行霸市、鱼肉乡里不同，赵鹏程出身寒门，平时对贫苦百姓颇多同情，又个性豪爽、见多识广，所以主动前来投帖拜师的人络绎不绝。在那个"有枪便是草头王"的动乱年代，各种名目的"司令""队长"比比皆是。赵鹏程就以这些"学生"为基础，收编了一批散兵游勇，很快发展成为和县一带颇有实力的头面人物，人称"赵二爷"。

树大招风。一回，赵鹏程在帮助县长整治南乡时遭到对手暗算，队伍被打散，县长被杀，幸得"学生"冒死相救才得以脱险，事后虽也联络旧部好友组织反扑，但均以失败告终。

血气方刚的赵鹏程报国无门、雪恨无路，人生走入低谷，心情也陷入极度迷茫痛苦之中。恰在此时，1938年3月新四军四支队挺进皖东，和县来了中共党员冯文华和张恺帆。赵鹏程似乎又看到了希望，决心参加新四军，经介绍被安排任八团一大队参谋主任兼二营长，从此踏上革命征途。

第二年，在江北新四军部队整编过程中意外发生了范培珉率部叛变事件，赵鹏程跟随祁式潜参与处理，结束后听从指示，重回和县拉起了一支武装在南乡一带活动。原第二炮兵副司令员廖成美曾在回忆文章中写道："这里有我们党领导的一支赵鹏程游击队。和县南乡这块抗日游击根据地，在我党我军的历史上有着光荣的一页，是值得记载的。"

1940年10月，因扩军需要，江北游击纵队政委孙仲德找到赵鹏程要求他不仅依靠原来的"学生"做工作，还要继续收"学生"扩大影响。

1942年12月，赵鹏程（前排中）与和含独立营领导在和县五显集。

孙仲德说："我们现在是一个十分复杂的环境中工作，敌人经常利用帮会组织对我们进行破坏活动，我们也要充分利用帮会开展我们的工作，这样才能赢得胜利。"

1942年华中局指示七师：要进一步扩大部队，发展地方武装，巩固根据地。7月，傅秋涛代师长来到和含地区，他主动约见赵鹏程并赋予任务："除以往你收的'学生'不算，今后，你老赵至少还要收三千个'学生'。"

当时，根据地发展武装力量的主要途径就是扩军，即由民主政府和部队的中共地下党组织出面，动员青年参军入伍。扩军虽然一些基本群众都能积极响应，但经常遇到来自多方面的困难阻挠，要想在刚开辟的新区和日伪顽边缘地区征兵并不是那么容易。在实际工作中，有同志发现，如果由当地帮会出面组织动员，效果往往要好得多。

为完成傅秋涛交代的任务，赵鹏程对青帮"十大帮规"进行改造，提出：大敌当前，我们有责；团结为重，一致对外；国家需要，父子上阵；保护群众，如同父兄……为了更多吸收"学生"，赵鹏程还简化入帮手续，委托他的"学生"以其名义再收"学生"，同时采用"过继"，就是已经拜了其他帮系的人也可以改投他的帖子。和县一带伪顽人员为给自己留条后路，又怕惩责不敢公开投降新四军，就选择投靠赵鹏程做"学生"，名为参加帮会，实际上暗中支持新四军和民主政府。

一时间，由赵鹏程引进抗日部队的兵源数量远远超过了三千。抗战时期的和含地委副书记林岩后来说：赵鹏程为我军输送的兵源，少说也可装备一个师。

利用与这些"学生"的师徒关系，赵鹏程为江北部队搜集了大量情报，还多次配合七师锄奸、敌工等部门，侦破敌特针对抗战武装和民众组织的渗透破坏与暗杀案件。

含山苍山庙和尚宽定也是赵鹏程的"学生"，按照赵鹏程的安排，他经常用宗教人士身份做掩护来往敌伪顽区搜集、传送情报。1941年，有国民党特务以七师师部驻地无为三宫殿为据点，秘密联络当地的反动地主和地痞流氓准备武装暴动。这一情况被赵的"学生"李成典侦悉，李通过宽定报告赵鹏程，很快七师锄奸部就与地方保安处联手，组织力量将这伙人一网打尽。

1942年，利用扩军机会混入七师临江大队的闲杂人员水厚谱，暗中与三战区特务勾结企图拉部队投敌，并商定以杀害大队主要负责人为"献礼"。三战区情报员、赵的"学生"何翠如得悉后赶紧将这一情报送回，情报经核实后赵鹏程建议放长线钓大鱼。于是锄奸部门来了个欲擒故纵，一直拖到水厚谱即将行动时才在他家中抓了个现行，现场搜出国民党委任状和有关证据。铁证面前，水厚谱不得不低头交代了全部通敌事实，只是他至死也不知道自己的一举一动其实早在锄奸部门的严密监控之中。

日伪在芜湖的特务机关11号，是七师锄奸部门最主要的工作对手。一段时间以来，双方几经交手，11号都没占到便宜。有一回，11号精心策划，企图派一个姓朱的特务带一个班的伪军向七师部队假投降，乘机暗害部队领导。这个阴谋还未实施就被赵鹏程的"学生"高世发了解，并报告了组织。几天后，当这个自以为伪装得天衣无缝的真特务来假投降时，一踏进部队大门就被悉数抓获。经锄奸部门审讯，朱对假投降真破坏的罪行供认不讳。

驻扎在淮南铁路线上的日伪翻译官陈翼，也是赵鹏程的"学生"，他利用自己的特殊身份，多次送回日军计划"扫荡"根据地的情报。由于准备充分，新四军和根据地在日伪对和含地区的"扫荡"中基本没受到什么损失，还打得日军有去无回，每次都损兵折将，再也不敢轻言"扫荡"。

政治保卫局走出来的"红色龙头大爷"

大别山，位于鄂豫皖三省交界，绵亘千里，群峰巍峨，气势磅礴，雄伟壮观。从土地革命时期的鄂豫皖根据地，到鄂豫边抗日根据地，再到刘邓大军千里挺进大别山，这里始终是一片红色土地。巧合的是，大别山东麓的皖西出了个"赵二爷"，大别山西麓的鄂东地区则有一位颇具传奇色彩的"红色龙头大爷"，他曾受组织派遣利用洪门帮派——"汉留会"参加抗日活动，担负起为革命武装筹粮筹款、搜集情报、锄奸杀敌和补充兵员等任务，做了许多连部队和抗日政府都难以做到的工作。这就是二十世纪三四十年代在黄冈一带家喻户晓的中共党员漆先庭。《李先念传》这样评价他：

> 漆先庭是农民领袖，尽管不识字，但聪明绝顶，一辈子忠心耿耿。他最使我感动的，一是从不动摇共产主义信念。部队打垮了，重建；再垮了再重建，一直在大别山坚持斗争。二是大公无私，乐于助人。他如果有两件衣服、两条裤子，一定会给你一件衣服、一条裤子穿。鄂豫皖肃反、红二十五军和二十八军肃反，都没有肃掉他，就是因为他对党忠诚，不谋私利，肝胆照人。如果有点私心、贪心，有十个脑袋也给杀掉了。

1926年，漆先庭入党并参加革命，这一年他已经37岁。

由于家乡大崎山地区的地下党组织遭受破坏严重、一时重整旗鼓实在困难，1931年7月漆先庭等人离开黄冈，结伴来到鄂豫皖边区根据地的政治中心河南光山县新集，被分配进红四军第十一师三十二团，先任后勤处膳食股长，不久升为团政治处主任，在这里他结识了三十三团政委李先念，从此两人成了无话不谈的生死之交和患难与共的战友。这年10月上旬，部队移驻白雀园后，因为出身贫苦、政治可靠，漆先庭被作为肃反骨干抽调到政治保卫局，负责审干工作，成了一名红军保卫干部。

翻开漆先庭的革命履历，这是他唯一一次从事保卫工作，虽然时间不长，前后不过一个月，甚至最后还因敢于直言、保卫干部差点被肃反冤杀，但这一段短暂而又惊险的工作体验，对他以后的革命生涯还是产生了极其深刻的影响，特别是在如何准确理解和灵活运用党的政策最大限度联合积极因素、策略性打击敌人方面起到了重要作用。

在鄂豫皖苏区转战15个月后，随着红四方面军西征，漆先庭带着郑位三亲笔信重回家乡大崎山，利用开豆腐店做掩护，联络故旧，恢复基层组织，先后任中共贾铁区委书记、黄冈中心县委书记。1936年5月，留在大别山区坚持游击斗争的红二十八军政委高敬亭来黄冈检查工作，临走时组建了以汪少川为队长、张建月为指导员的黄冈便衣队，协助漆先庭开展锄奸斗争。

不久，便衣队就逮捕了新洲镇帮会头目黄绪文。此人自恃会武功，网罗打手靠强取豪夺危害乡里，但没有做过不利于地下党的事。怎么处置黄绪文？有人主张枭首示众，为民除害。漆先庭却建议汪少川加以改造利用，并找黄绪文谈话，促其转变立场。后来的事实证明，争取黄绪文是对的。抗战期间，黄绪文为表示对共产党和便衣队诚意，秘密处决了一个日军小队长和当地一个劝他反共的保长。不久，他还向漆先庭和便衣队提供情报，协助锄掉了一个反共积极的顽保安团长，使大崎山在不长时间内就成为红二十八军一块稳固的后方基地。

1938年12月25日，随着武汉沦陷，入侵鄂东的日军开始集中兵力接二连三对大崎山根据地开展"扫荡"，而国民党守军奉行消极抵抗政策节节败退。处于水深火热之中的当地百姓只得自发团结起来，纷纷参加当地帮会组织——"汉留会"，以求自保。

汉留原称留汉,肇始于明末将领郑成功领导的反清复明秘密组织洪门,为隐蔽起见将名称颠倒过来才叫汉留。在持久的反清斗争中,汉留用结拜兄弟的形式发展群众,组织逐步发展,管理不断完善,形成了一套通行的规章制度和相互联络的暗语。到清末民初,鄂东一带的"汉留会"不仅没有消亡,反而受各种利益驱动,组织恶性膨胀,性质也发生了根本变化。抗战爆发时,当地最大的"紫金山汉留"领导权就被国民党特务、鄂东调查统计室专员夏南山把持,国民党鄂东行署专员程汝怀以此网罗收买本地反动帮会,借机瓦解中共统一战线,进行投敌反共活动。

为与国民党展开针锋相对的斗争,接任鄂东军政委员会书记不久的刘西尧带着鄂豫皖党委意见,风尘仆仆赶到大崎山,动员漆先庭重新组织"抗日汉留"。漆先庭年轻时就曾参加过"汉留会",但时过境迁,那时他完全出于帮助穷人目的才入的会,现在自己入党多年,再参加"汉留会"家人怎么看,群众会不会产生误解?

尽管心有顾忌,漆先庭最后还是愉快地接受了任务。他在袁星瞿、熊发季等老伙计协助下重出江湖,以群众基础较好的贾庙泉华山一带为中心,开始"开堂砍香"。除自主发展会众外,一次就归并"同善社"全部成员,到"夏家山事件"发生的四个月时间里,"全华山汉留"人数迅速发展到三万多人,会众涉及医生、教师、商人、手工业者等不同职业。

不久,随着社会上流传开"全华山,往里钻;紫金山,莫沾边"歌谣,不少人纷纷"换帽子""移山头",很快就把"紫金山汉留"挤出了黄冈。对其中的骨干能人,漆先庭知人善任,秘密安插到多种社会岗位,有的当起了日军翻译,有的到国民政府任职,有的成为社会精英人物,遍布各个阶层,他们为新四军送来情报、西药、武器和物资,部队需要什么,他们就能搞到什么。到解放战争时期,"全华山汉留"会众发展到数十万人,分布在鄂东为中心上至武汉、下至南京的大江南北地区,成为中共在鄂东地区颇具影响的最庞大的统一战线组织,其作用远远超出了成立时的初衷。对此,《李先念传》这样记述:

因日军入侵，洪帮又起，发展很快，仅鄂东地区的汉留山头就有八十多个，约二十万之众，被国民党顽固派操纵。为此，鄂东特委决定派漆先庭等人加入汉留组织，采取团结、改造、发展的方针，使之在共产党领导下参加抗日，担负为抗日武装筹粮筹款筹医药，提供情报，寻找武器，补充兵员等项任务。一九三九年春节前后，"泉华山汉留会"在黄冈的泉华山成立，漆先庭为该会双龙头大爷。继之，共产党员刘天元也在黄冈、新洲交界处成立了"复兴山汉留会"。在鄂东特委的领导下，仅几个月的时间，会员即遍布鄂东各县，达数十万之众，将国民党顽固派操纵的"大洪山""紫金山""景宝山"等组织统统吞并，成为一支支持抗日反顽的雄厚民众力量。①

组织"复兴山汉留会"的刘天元又是谁？他青年时干过剃头匠、学过打榨、唱过皮影戏，一直跟随漆先庭在大崎山干革命，1928年入党时的介绍人就是漆先庭。这次他也受组织委派，在家乡新洲一带组建"复兴山汉留"，公开身份是龙头大爷，实际上是黄冈中心县委第四区区委书记，第二年（1940年）又被任命为县委社会部长兼公安局长，担负起领导黄冈锄奸斗争的重任。

看来，在鄂东闻名遐迩的"漆大爷"和"刘大爷"还都是隐蔽斗争的高手！两人的第一次合作就成功策反国民党黄冈县自卫大队中队长毛海东和许老八，并把两个中队一百多号人枪拉回根据地，编入了新四军豫鄂挺进纵队。

1940年8月，黄冈县抗日民主政府成立税务局，配备二十多人的手枪队协助征税，为抗日积极筹集经费。根据地内的一些地主富商还好说，唯有团风镇的日商倚仗日伪势力，对税务局送去的征税章程、警告信看都不看，还叫嚣"金票大大的有，到团风来拿吧！"根本不把民主政府放在眼

---

① 《李先念传》编写组编：《李先念（1909—1949）》，中央文献出版社2009年版，第343页。

里。漆先庭与刘天元商量，决定由公安局配合税警队，坚决拿下团风这块"硬骨头"。漆先庭幽默地说："莫惯坏了他们，要想办法叫他们乖乖送上门来。"

很快，税警队在公安局协助下接连给团风日商以下马威：

在大埠街至马驿的江面上，日商69头牛和十几船食盐被截；

在陆路，日商50多担黄蚕丝和牛皮被截；

在刘集江面上，日商十几船布匹、衣物和肥皂被截；

在七架山，日商3车食盐、11车皮棉被截，多名押运士兵被当场打死；

……

刘天元领导的公安局与税警队以游击方式神出鬼没，打得团风日商心惊胆战却又无计可施，不得不托人私下说和，还答应如期交税。可好景不长，1943年正月的一天，团风日军突然出动一百多人包围大埠街税务所，残忍杀害所长郭瑞清夫妇。在随后的一个月时间里，团风附近多个税卡被日伪破坏，十多名税务干部牺牲。接连好几次，只要税务局工作人员和税警队一出动，就遭到日伪伏击，有时才换一个新地方，前脚刚到后脚就有日伪尾随而来，工作极其被动。

"肯定是我们内部出了问题！"敏感的漆先庭首先找到刘天元，说出了自己的担心。两人一商量，决定安排公安局先行侦察，没过两天，刘天元就带来了结果。

原来，淋山河有个年轻女子柴瑞华，颇有姿色却生性风流，嫁到团风镇后竟勾搭上日军小队长吉下。当然，吉下不单单是看中她的美貌，更欣赏她巧舌如簧，极善应对，便派她到新洲日伪督察队队长詹德旺那里参加了密侦队。柴瑞华经常化装成乡间小贩提着篮子走街串巷，暗中搜集根据地情报，后又利用女色把新四军黄冈便衣队队员吴晓元拉下了水，前几次日伪之所以能准确袭击大埠街等税点，都是她从吴晓元那里套取到的消息。最近因为风声趋紧，柴瑞华一头扎进团风的日伪据点不敢露面，吴晓元也公然投敌，摇身一变成了日伪密侦队副队长，当起了可耻的叛徒。

叛徒太可恨了，漆先庭决定尽快锄掉这两个败类！

一天午后，一位身着长袍、头戴礼帽、身材魁梧的先生慢悠悠地踱到詹德旺的日伪督察队门口。只见他故意在哨兵面前绕了个圈子，又转身回头才抬抬帽檐问："我是你们詹队长的朋友，烦请通报一声。"

接话的哨兵是个毛头后生，想都没想就脱口而出："我们队长进城了。"

"那你们吴晓元副队长在不在？我有封信，请他转交詹队长。"其实，来人当然知道詹德旺进了城，不仅对詹德旺进城了如指掌，他还知道吴晓元刚刚从外面酒足饭饱回来。见来人悄悄塞过来几块银元，得了好处的哨兵拔腿就进门寻找吴晓元。事也凑巧，吴晓元此时正从院后的厕所出来，听到哨兵喊叫，一手提着裤带就大大咧咧向门口走来，到了跟前定睛一看才顿感手脚僵直，吓得裤子差点溜下来——来人正是"复兴山汉留"的龙头大爷、公安局长刘天元！

"表弟，我是六年前外出做生意的二表哥啊，你不认识了？"趁势把惊愕得立在原地动弹不得的吴晓元拉到墙根，刘天元故意大声讲，边说边掏出一个信封递到他手上。

恰在这时，路人中突然传出几声大喊："快抓刘天元啊！"还没等哨兵反应过来，刚才还慢条斯理的长袍先生已一个转身，眨眼工夫就隐入人群跑得无影无踪，只剩下吴晓元仍僵立在原地……

不出漆先庭和刘天元所料，这封信最后毫无悬念地摆到了詹德旺案头，他打开一看，竟倒吸口冷气：

晓元兄弟：

这次能截获野汝船只，柴瑞华立了大功。看得出，她要将功赎过是真心的。你打入时间不长，能得詹、吉之信任，实属不易，不愧为全华山兄弟。你要小心谨慎，不要轻易行动，以免暴露，和柴联手，主要任务是掩护她。切记，切记！

信尾没有署名，仅盖着漆先庭印章。

一枚红殷殷的小方章，直刺得詹德旺心烦意乱坐立不安。对漆先庭和刘天元这两位赫赫有名的龙头大爷，詹德旺自然耳熟能详，现在自己虽然有日本人撑腰，但要与漆刘他们公开叫板还真有些气馁，再想想吴晓元和柴瑞华也不是没有可疑之处。这种事是宁可信其有，不能信其无啊！但柴瑞华是吉下的人，他不敢怎么样，于是不问三七二十一，把怒气一股脑儿撒向了吴晓元。

经过几天吊审，吴晓元越是解释求情，詹德旺越是不信，最后吴晓元竟在一番严刑拷打之下一命呜呼。显然，这不是詹德旺想要的结果，但事已至此，也只能一口咬定吴晓元的卧底嫌疑才能开脱自己的责任，至于柴瑞华，根本顾不上那么多了。当晚，詹德旺就带着漆先庭的来信再添油加醋一报告，人证物证俱在，搞得吉下小队长深信不疑，联想到最近几次暗袭行动扑了空，还接连发生日商裕隆洋行船只被截、会计主任松井被扣事件，更是害怕上级追究下来留有口舌，干脆一不做二不休抽出军刀就将柴瑞华劈死在了睡梦中。

可吉下和詹德旺哪会想到，他们一怒之下杀死这两个人，正中了漆先庭和刘天元的离间计！不费一枪一弹就达到了目的，又快又安全还内耗了对手。锄奸工作本就是这样，有勇更要有谋！只有信念坚定、阅历丰富、头脑灵活、善于随机应变的干部们，才能胜此重任。

解放战争期间，漆先庭因身体原因继续留在大崎山坚持斗争，新中国成立后任湖北省农协副主席，1953 年退休后主动申请回黄冈颐养天年，直至 1976 年 9 月病逝。刘天元则于 1946 年春化装北上，1947 年秋随刘邓大军南下担任新洲县长，第二年 4 月 11 日在出席县委会议途中不幸遭国民党军包围被捕，不久英勇就义。

说到这里，还有一个人不得不提，他就是漆先庭的妻弟林道生。在大崎山一带，林道生与漆先庭、刘天元一样颇具传奇色彩，他 11 岁时当儿童团长，大一点跟在便衣队后面跑交通、送情报、锄汉奸，后来因为读过八年私塾也算个文化人报名参加了红二十八军，抗战开始后随队整编为新四军四支队开赴皖中，历任十四团特派员、江北指挥部军法处科员、二师锄奸科副科长、四旅锄奸科长和津浦路东公安局长等，是华中少有的几位一直在军地从事锄奸保卫工作的干部。

第十章　据点游击战

1941年底,汪精卫任"清乡"委员会主任,选择新四军力量比较薄弱的苏常太一带首先动手。按他最初的设想,江南"清乡"只是试点,成功了就可以在华中根据地全面推开。

三分军事,七分政治,这是"清乡"不同于其他侵略手段的特殊形式。当然,这个办法十年前也曾被蒋介石用来对付过苏区的军民,最后以失败告终;汪精卫的江南"清乡"意外得手,新四军六师参谋长兼十六旅旅长廖海涛、旅政委罗忠毅先后牺牲,六师部队被迫分散转移。这样,野心极速膨胀的汪精卫才敢把目光移向江北,他准备如法炮制,在南通以东的苏中四分区也大干一场。

于是,围绕日伪据点开展锄奸行动,就成为1943年前后苏中反"清乡"的一种重要斗争形式。

短枪队

说起1943年前后苏中反"清乡"斗争中的锄奸工作,不得不提到一个人:赵一德。

赵一德原名焦应元,江苏扬州人,20世纪30年代起就在上海从事地下工作,1939年底因身份暴露经组织安排转赴皖南参加新四军,先后任一支队和江南指挥部军法处科员,黄桥战役后调任新成立的通泰行委保安科长,刘少奇视察苏中期间担任过专职警卫干部。1941年2月,赵一德跟随陈伟达来到如东掘港组建苏中四分区保安处，处长陈伟达、副处长殷德林、情报科长刘志远、社会科长赵一德，下设一个保安中队，负责保卫分区机关，队长沈德宏，政治指导员陈原白。

这一年，赵一德才23岁。初来南通，这里的斗争环境十分复杂。据赵一德回忆：

> 我从军队转到地方，没工作经验，就边干边学。当时主要的敌人是日军南浦旅团，还有伪军和杂牌部队。政情就更复杂了，有敌特、封建帮会、股匪等。当时领导上重点抓如下几件工作：首先是加强谍报工作。南通县的石老头、袁明、张成思、程俊贤等联络员、政治交通员在保安处，后来又派马世和打进南通城搞到日伪军政特等方面情报……其次是做帮会争取工作。那时我重点做青红帮、宗教道义会、佛教居士等帮派势力的争取工作……陈伟达亦亲自与几个大流氓接触，当时我们积极与敌伪争取这些势力是比较成功的。第三是抓纯洁组织的工作。那时武装部队和地方政府人员成分较复杂，所以对干部的政治审查亦较注意，但一经查清没有问题，就完全信任使用。第四是深入到群众中去做发动工作。建立群众性的锄保组织，广泛进行抗日反奸保密等教育。1941年底，太平洋战争爆发后，上海有些工厂被迫关闭，我奉地委钟民之命设法派人到上海动员了一批工人来参加革命，办了一期职工训练班……结束后，多数工人同志留下来组建一支政治保卫队。

为工作需要，组织上决定每人化名。说起赵一德化名，还有一段笑话。那是已调任海启县委社会部长兼东南行署公安局长后的1943年初，苏中军区保安处长周林、四分区地委书记姬鹏飞和保安处长陈伟达就组建东南政治保卫队进行工作部署。见面会上，陈伟达给每名同志都准备了化名，挨个叫过来，当点到坐在同一条板凳上的焦应元和李文运时，陈伟达只是笼统地说："你以后的名字就是刘志远了。"还没等焦应元反应过来，一旁的李文运已应声答"到"，这样刘志远这个名字就归了李文运，焦应元则化名为赵一德，当时连他自己也没想到，这三个字竟一直伴随了他几十年。

从1941年下半年起，特别是太平洋战争爆发后，日军调整侵华策略，准备腾出手来分兵东南亚。在华中，日伪联合炮制"清乡"运动。按照日伪方案，"清乡"共分四步：军事"清乡"，修筑大量碉堡炮楼、封锁沟、封锁墙、竹木篱笆，拉设铁丝网、电网，分割和封锁根据地后实施"扫荡"；政治"清乡"，实行编组保甲、连坐联保，组建警察保安武装，推行自首和策动告密方法，强化法西斯统治；经济"清乡"，实施严格的物资统制和封锁禁运政策，持续经济封锁；思想"清乡"，设立专门机构，控制学校，出版报刊，组织"青少年团"，开展反共教育。

长期以来，人们对华北和晋陕一带的"扫荡"和反"扫荡"比较熟悉，这方面的文字资料和文艺影视作品也很多，而对"清乡"和反"清乡"了解很少。实际上，"清乡"要比"扫荡"残酷得多，不仅时间跨度长、日伪投入兵力多，而且全程重视、组织严密、环环相扣。1941年5月，"清乡"委员会在南京成立，汪精卫任委员长，陈公博、周佛海任副委员长，李士群任秘书长。许多经历过反"清乡"斗争的新四军老战士都感觉，反"清乡"比反"扫荡"困难得多，也苦得多，有的人甚至觉得是"度秒如年"。特别是刚开始，由于对"清乡"的残酷性和长期性认识不足，加之双方实力悬殊，苏南根据地在斗争中接连失利，1941年11月底六师参谋长兼十六旅旅长罗忠毅、旅政委廖海涛在塘马血战中壮烈牺牲。原福州军区副政委王直曾亲历此次战斗，他说：

> 在王家庄血战中，两颗流弹击中了罗旅长的头部，罗旅长壮烈殉国。在一百多米外的廖政委悲愤交加，他大声疾呼："同志们，为罗旅长报仇！坚决消灭敌人！"激战中，廖海涛政委身负重伤，子弹

打穿了他的腹部，肠子流出体外，虽经过抢救包扎，鲜血仍在不断涌出……他不顾伤痛，把王兰弟营长和我叫到身边，吩咐由王营长统一指挥战斗，设法杀出一条血路突围出去，并再三交代不用战士来照顾他。不久卫生员报告，廖政委因失血过多壮烈牺牲了。

一场战斗中，两位部队的高级主官先后牺牲，在我军战史上极为罕见，在苏南的抗日战场上仅此一例。至今，在溧阳市档案馆里还存有一张由当年日本随军记者拍摄的照片，照片下方为日文图说：在金坛南部战役中，怀着武将之情，安葬了新四军罗忠毅、廖海涛，并立了墓碑，其后还留有时间：昭和十六年十一月二十八日，即1941年11月28日，正是塘马血战结束没几天。

在苏南取得初步成效后，从1942年下半年始，日伪又将"清乡"重心转移到苏中根据地，尤以南通东南的苏中四分区为实验区，调集了曾在太湖地区搞过"清乡"的小林师团和伪二十二、三十二、三十四师，以及唐家闸伪工人总队改编的3个警察大队等16000余人，其中常驻的日伪军政宪特警人员就达6000人以上，如臭名昭著的张北生、姜颂平和丁维凡等，四处造谣蛊惑、策反拉拢、刺探情报。

在苏中区党委领导下，根据地军民采取了一系列应变措施和准备：动员全体军民在边缘地带到中心地区的所有路口布下民兵哨位和游击小组，形成分散的阻击战线；数十万群众投入到改造地形运动中，拆桥、破路、筑暗坝……增加日伪下乡行动的难度；建立"乙种组织"，普遍成立群众性锄奸小组，由尚未公开身份的党员以普通百姓面目领导群众斗争。

其实，早在1942年12月22日，苏中区党委书记粟裕就在南通十总店主持召开了四分区党政军负责人扩大会议，明确提出坚持原地斗争的策略方针和战术原则，研究部署反"清乡"具体任务。不久，四地委发出《关于动员反"清剿"、反"清乡"的报告提纲》，要求广泛开展群众性的游击战……逐步消耗日伪有生力量，组织短枪队，深入据点，捕杀汉奸，

苏中四分区短枪队在战斗间隙合影。

处处打击日伪。为落实上级指示,锄奸系统首先紧急行动起来,苏中区保安处长周林参照华北武工队做法,以保安处人员为骨干,同时抽调除四分区外的三个分区力量统一组建短枪大队,倪南山、梁易安分任大队长和政委。很快,各分区和县的短枪队也先后成立。

为什么叫短枪队呢?原来,为方便队员们近距离锄奸行动,一般人手一把手枪或驳壳枪,群众叫惯了就以武器命名,规范称谓是政治保卫队,主要任务是配合主力部队开展敌后锄奸反特活动,同时担负对日伪的政治攻势,收集情报,开展分化、瓦解和策反工作。当时,仅在四分区就活跃着多支短枪队,有杨勇伟领导的南通县政治保卫队、赵一德领导的东南行动大队、刘忠和蒋德龙领导的如皋短枪队等。1943年初,周林率领短枪大队也来到了这里,支援四分区反"清乡"。

成立之初,短枪队不仅人少,装备还很差。赵一德的东南短枪队,由从东南警卫团抽调的九名干部组成,只有五支短枪、几颗手榴弹,从一个班发展到一个排,最多时才有一个连。杨勇伟曾回忆南通县短枪队成立时的情况：

> 一天（1943年2月下旬），县警卫团政治主任韩念龙同志把我找去，先详细谈了目前的形势，然后对我说："根据上级党委的指示，县团主力要撤到'清乡'圈外去，另外组建一支短枪队，留下坚持原地斗争。县委决定，把这个任务交给你。"……我接受任务后，组织上很快从县公安局调来了三名政保队员……还从区队和地方干部、民兵中挑选了部分骨干，一共二十来人，都是政治可靠、英勇善战的优秀战士。接着，我们抢在敌人全面开始"清乡"之前，熟悉了全县重要集镇的地形，掌握了多种短武器的使用方法，并进行了应付紧急情况、化装侦察、翻墙过河等方面的训练。

正如杨伟勇队长提到，由于任务特殊，短枪队的训练科目也有别于其他主力部队，除了要求队员们能熟练使用拆卸和组装驳壳左轮等各种短枪并百发百中外，人人还要学习易容化装，假扮起商人、阔佬、乞丐甚至日伪军官来都要惟妙惟肖。这还不算，还要懂得行话黑语方言，以及翻墙、撬门、扭锁等多项生存技巧。

4月1日，南通日伪发起实验区"清乡"。也就在同一天，四分区宣布抗日戒严，颁布《反"清乡"期内紧急治罪条例》，号召群众对汉奸、特务"人人可杀"，并授予区级以上政府和民众团体以执行之权。在民兵和群众配合下，赵一德带领短枪队员们采取"扎粽子""包馄饨""背娘舅""老鹰捉鸡""赶鸡入窝"等盯梢诱捕办法，使汉奸特务陷入我军民布下的天罗地网。对捕获的奸特，有的当场处死，有的游乡示众，有的公审后处决。据记载，仅在1943年4、5两个月内，四分区就捕杀汉奸、特务274人，其中伪区职以上人员20多人。

在启西的三丫镇，行动大队镇压了一个接受日伪任命刚刚半天的办事处主任孙祖贤，打响了锄奸斗争第一枪。这一消息迅即传遍东南地区，各地群众性锄奸活动随之风起云涌,以实际行动响应苏中区党委"每乡每月消灭一个汉奸"号召:有的民兵化装成独轮车夫守候在据点附近公路口,诱敌乘车下乡,巧妙实施抓捕;有的民兵化装成日伪"清乡"队,到据点外围查户口,神不知鬼不觉搜捕汉奸。

军民协力威力大。在南通县余西、金沙等区,除紧靠据点的村外,没有人敢为日伪做事;海门茅镇特工站科长,自知罪孽深重,竟一连三个月都不敢出门;伪政工团员纷纷请长假、开小差,十几个伪区(乡)长躲到县城迟迟不敢就任,声称"出了城到处有新四军",惊呼"短枪队是神兵天将",并联名要求驻城办公。区乡长驻县城,还哪来的公务可办?

"望江楼"

今天的启东、海门一带,抗战时期属苏中四分区的东南地区,反"清乡"期间曾出现过一个号称"望江楼"的组织,这就是赵一德领导的短枪队的秘密代号。

1927年出生于江苏启东的林志高,14岁时家乡来了新四军,他瞒着父亲偷偷入了伍。因为年龄小,开始只能当勤务兵,领导看他头脑灵活、干事勤快,又是当地人熟悉地形,不久就推荐他来到赵一德手下,成为一名短枪队员。赵一德知人善任,把他分配到离家不远的渔港吕四,与地方民兵一起开展拔据点、锄汉奸的游击战。

"那时候,八路军叫武工队,我们新四军称短枪队,杀敌锄奸,我们都是李向阳。"林志高曾回忆说:

> 那时候敌人经常出来"扫荡",老百姓没有安稳日子过。为了打击敌人,短枪队经常三四人一组,带上几个民兵钻进据点杀鬼子、缴武器。汉奸陈炳昌做了不少坏事,民兵们几次想除掉他,但苦于没机会。1942年底的一天,我们获悉陈炳昌夫妇在吕四镇范龙街上的一

家店里吸鸦片。那天夜里,我们四个短枪队员从吕四镇北面蹚过一条河,神不知鬼不觉地来到这家店,并装作客人喊老板开门,仍在睡梦中的陈炳昌就让我们给抓住了。

干起锄奸工作,短枪队有时为了完成任务可以说是十八般武器齐上阵。

吕四镇一个伪区长不仅为日本人做事,还欺压百姓,他身边有一个班的士兵保护,住的屋子四周有高围墙,围墙内还筑有碉堡。这个伪区长公然说:"别人怕新四军,我就不怕。"1943年夏天,我们决定除掉他。凌晨2点左右,在碉堡下的围墙上挖了个洞,进去后又在伪区长住的屋后墙壁上挖了个洞。我们正好从伪区长的床底下钻出来,还在打着呼噜的伪区长,被我们一斧头把脑袋砍了下来。

1943年冬天,林志高单独外出搜集情报时不慎暴露身份,不久就被调离了短枪队,结束了两年多的短枪队锄奸生涯。

海东区的曹家镇,是"清乡"后日伪新设的一个据点。土匪出身的徐宝明接受日伪委任的四乡联合办事处主任。徐甘心附逆,为虎作伥,对抗日干部又打又拉,先是看准乐丰乡副乡长施锦丰等接连送礼、捎信,进行策反活动。此计未成,徐又带人下乡捕捉干部亲属,以此作为人质胁迫就范。

与海东区长梅永熙商量后,赵一德决定实施锄奸行动。这是赵一德领导的短枪队首次开展据点锄奸,打好这一仗对东南地区锄奸反特影响重大。当然,这次行动的难度也不小,办事处与日伪据点仅一街之隔,遇有风吹草动施救起来比较容易;徐宝明这个人向来谨慎,尤其是最近自感风头紧,警惕性特别高,基本上不外出也不与外人接触。

深居简出是汉奸特务之流常用的自保伎俩,也是我方开展锄奸面临的

赵一德（后排右一）在启东县委工作时与战友合影。

最大难题。赵一德决定巧施反间计，派施锦丰打入办事处伺机锄奸。

这天曹家镇逢集，施锦丰因犯错误被撤职开除的消息在赶集的群众中不胫而走。果然没两天，施锦丰就垂头丧气地出现在村子里，父母羞得要与他分家，老婆气得带着小孩回了娘家。很快这一消息传到了徐宝明耳里，他信以为真，不过自己不敢来，就三天两头派手下上门劝说，许诺丰厚条件邀请施锦丰进据点干伪乡长。

为演好这出戏，施锦丰刚开始故意吊徐宝明的胃口，以家人不同意、害怕短枪队等为由推托了几次，后来才"情面难却"半推半就答应出任伪职。

徐宝明有个恶习，就是嗜赌如命，几天不玩就手心发痒，但他不敢在伪办事处里赌，一来怕被日军发现，二来也怕锄奸，所以喜欢选在熟人家，地点也经常变换。但再狡猾的狐狸也斗不过聪明的猎手。施锦丰"投敌"后没几天，赵一德和他的短枪队就等来了机会。

第十章 据点游击战

这一夜，曹家镇上的立丰木行内热闹非凡，镇上十几名有头有脸的老板悉数到场。大厅里摆了四桌牌局，隔壁的小书房里还有一桌，安排徐宝明和施锦丰等四人，他们玩的是通州纸牌"搭子和"，每局只有三人参赌，一人轮流休息。

午夜刚过，恰轮着施锦丰当"闲家"，他伸了伸懒腰，说了声"出去撒泡尿"，便走出了书房，没有引起任何人注意。这时，大厅里的赌客们也是赌兴正浓，异腔怪调的牌儿经哼得厅堂里嗡嗡直响，隔了几道墙都能听得一清二楚。与几个熟人匆匆打过招呼，施锦丰径自穿过大厅，越过厅前的小天井，又摸黑走过了一条走廊，经过七重门，才跑到街上，望望路拐角的日军据点大门紧闭，见里面寂静无声就轻轻咳嗽了两声，很快夜幕中也传来两声轻咳。知道与短枪队接上了头，施锦丰不慌不忙返身进屋，并把一重重门虚掩。回到书房时，上一局已结束，大家正闲坐着等施锦丰来开始新一局。正在兴头上的徐宝明显然已等不及，瞪眼责怪说："一泡尿好长，一去就是半天！"

利用掩门的瞬间，施锦丰镇定地撒了个谎："小天井里撒尿怕臭，到外面去了，偏偏走道上没有灯，瞎摸了一阵子。"

说者无意，听者有心。施锦丰的这句谎话正戳中徐宝明的担忧，他选择立丰木行聚赌，正是因为这里门多院深，可以掩人耳目，退一步讲就是遇到紧急情况也有时间从容脱身。所以听说施锦丰舍近求远到屋外小便，自然十分警惕，忍不住连声追问："你进进出出的，有没有关上门？"

施锦丰知道言多必失，忙答："门都关了，半夜三更的，有这么一屋子的人，对面还有皇军部队，啥人还敢来老虎头上拍苍蝇！"

正说着，在其他人催促下，徐宝明手里已抓起一把好牌，也就不再理会，又聚精会神赌起来。还没等这把牌玩结束，倾耳细听的施锦丰就感觉到客厅里传来几声轻轻地吆喝，原本嘈杂的人群也一下子随之骚动起来，就在这时小书房的门"呀"一声被推开了。

"谁是徐宝明？"

"嗯，有啥事？"徐宝明完全沉浸在牌中，就连回答短枪队员问话时头也没有抬一下眼。

"梅区长请你去一趟！"

海东区区长梅永熙，当时兼任东南警卫团副参谋长。对徐宝明的卖国求荣行径，梅永熙曾多次托人带话予以劝诫，还以拜访为名面对面做过工作，彼此并不陌生。所以当徐宝明一听到"梅区长"三个字，就如被电击一般猛抬起头，可还没容他弄明白情况，两名英武结实的小伙子就已逼近身旁，两支黑洞洞的枪口早对准了他后背和脑袋。

惊恐万状的徐宝明稍一定神，就准备起身向门外冲，一名队员不由分说上前抓住他的衣领，吓得他顿时瘫软在地，嘴里狂喊"救命"。眼见抓活的不行，施志冲、屈云周等几名民兵不由分说抽出匕首对着徐宝明咽喉就是一阵猛刺……

半小时后，当日军小队长带人匆匆赶到立丰木行时，十几名队员和施锦丰早已安然撤离了。

反保甲

到了1943年6月，苏中区党委从反"清乡"斗争全盘考虑，先后从其他区县短枪队抽调3个排加强东南地区。为快速投入工作，赵一德就把这些队员们打乱混编，以老带新，由熟悉情况的当地人搭配外地人，又把短枪队升格为行动大队，下设4个分队10多个小组：一分队由王尚文任队长，黄信兴任支部书记，率21人去海西和通东；二分队由李岱松任队长，董若凡任指导员，李桐生任支部书记，共20余人去海中；三分队由沈德宏任队长，罗卓任指导员，应鉴康任支部书记，也是20余人去启东启西沿江一带；还有20余人编为直属分队，沈志刚任队长，陈根生为指导员。

成功锄杀徐宝明后，行动大队积累了一定经验，地点上由开始时在农村、公路上随机诱捕杀敌转为深入家中、办公场所的据点锄奸，时间上也由夜间行动变为白天袭击，目标性更强，震慑的效果也更明显。

此时，日伪已由军事"清乡"转入第二阶段政治"清乡"，在村镇全面推行保甲制度，实现伪化阴谋。针对这一变化，苏中区党委、地委和县委领导先后给赵一德来信指示：锄奸方面仍应以区以上积极破坏的日伪特工、保甲指导员等为主要对象，加强反保甲斗争。赵一德召集各分队领导人开会，调整工作重心，决定从北新镇到久隆，经三阳、麒麟等集镇直到三厂，沿着百余里长的公路线，一路向西打过去。

北新镇是东南地区通往上海的物资集散地之一，商业兴旺，市场繁荣，素有"金北新"之称。"清乡"开始，日伪在此设立了伪启东县第三区公署。一时间，伪警察、特工队、政工队等纷纷进了镇，顷刻把这里搞得乌烟瘴气，民众怨声载道。在这里，中共地下党组织开了一家小店，由梁尚人主持，名义上经商，暗里开展对敌斗争，还秘密组织了青年队，宣传抗战必胜，发动商户和农民拖捐抗税。

夏初的一个夜里，赵一德约来梁尚人，传达上级反保甲指示和行动大队的锄奸计划。梁尚人听后十分兴奋："好，就在北新镇上先给敌人当头一棒。"

三天后，在一个阴雨蒙蒙的早晨，伪保甲指导员杨志清像往常一样，正集中保甲训练班、自卫队等在东市梢广场举行升旗仪式，并点名和操练。但这一天与往常也不一样，前来看热闹的人似乎特别多，其实基本上都是青年队组织来的队员和群众。对这一变化，杨志清还以为是显威的时候来了，不禁沾沾自喜好一阵。就在他腆着大肚子爬上广场中央土墩子刚要发出升旗号令时，混在人群中的行动大队队员蔡帮相、林德元迅速拔枪射击，只听两声暴脆过后，枪响人倒，脑浆更是迸洒一地，场面顿时大乱。由于事发突然，在场的伪军尚未回过神来，围观的群众已簇拥着锄奸队员离开了现场。

击毙杨志清，只是赵一德带领短枪队西进锄奸计划的第一步，但却产生了极大震慑作用，引得北新伪军惊惶万分。梁尚人立即指挥青年队抓住战机向伪军开展政治攻势，先是利用伪警察与"政工队"矛盾，鼓动伪警察运用武力把"政工队"逼离了北新镇，进而开展对伪警察的统战教育，竟争取了一个班的人员弃暗投明。这班人离开据点时，不仅拖走了武器弹药，还劈死了伪警察署长马志超。伪区长庄健一下子失去了左膀右臂，更怕落得个同样下场，没过几天就找了个借口悄悄开了小差，至此刚建立不久的北新镇伪政府迅速作鸟兽散。

铁要趁热打，锄奸也讲究乘胜追击。正当日伪惶惶不安之际，赵一德又将目标锁定久隆据点伪保甲指导员范国法，此人狡兔三窟，白天在镇商会办公，晚上则躲到瑞龄堂药店住宿，极具隐蔽性。8月初的一个晚上，李进初、倪兆康等四名行动队员悄悄进了久隆镇。路过商会时，透过门缝只见里面灯光耀眼，厅里站满了老百姓，范国法正对着群众吹胡子瞪眼，隐约听到什么"刁民……通共、户口"等等。为防止误伤群众，李进初等人顺着原路又退了回来。

次日天刚蒙蒙亮，休息一晚精神抖擞的行动队员重返久隆镇，料定范国法此时应在床上，遂径直来到瑞龄堂。药店的小伙计正在开排门，见来了四个陌生人，连声问："可是配药？""找你们老板有事！"李进初含糊其词地边说边进。这回也真该范国法受死，李进初几个人竟在后堂与他撞了个满怀，随着三声清脆的枪响，直接将其击翻在地……

这次锄奸，行动队员还从范国法住处缴获一只公文包，从中翻出邻镇三阳据点郁姓翻译向日军密报的两份公文，一份计划近期在三阳镇捕杀一批抗日群众，以镇压反保甲行动；另一份说三阳镇小学校长是中共地下党员，正对其秘密监视以扩大线索，妄图彻底破坏当地党组织。

就在大家欣喜若狂还有意外收获之时，下午却从久隆镇上传来消息，范国法虽中三枪，头部重伤，但人未死。有人提出除恶务尽，主张再进久隆镇不得手不甘休。赵一德分析感到，范国法刚遭打击，久隆镇日伪如惊弓之鸟必戒备更严，对行动不利；范国法虽侥幸未死，但这次行动足使他失魂丧胆，起到了震慑效果，可以观观后效，而三阳据点的郁姓翻译，看来并非一般技术性翻译，已经沦为名副其实的汉奸，必须立即锄杀才能避免群众和三阳镇小学校长受害。统一思想后，赵一德当即决定继续挥戈西下，派出蔡帮相、周荫森等三人直扑三阳镇。

三阳镇，东西一条街，二三里地长，中间被一条大河斩为两段，河上一座木桥又把东西街连为一体。紧邻桥西矗立着一座几丈高的碉堡，日伪的一个小队盘踞其间，日夜监视来往行人，碉堡往北四百米便是伪区公所。原来就在不久前，郁翻译奉命到久隆镇联络"清乡"事宜，几人聚在范国法住处喝酒，临走时竟落下了公文包。回到三阳没两天，就传来范国法遭短枪队锄杀的消息，吓得郁翻译一阵惊愕之余更是胆战心惊，索性躲进了伪区公所，整日大门不出二门不迈。

由于伪区公所紧邻日伪据点，里外戒备森严，蔡帮相等人侦察了几次都扑了空，一时间无从下手。怎么办？为防止群众受害和保护地下党组织，赵一德与分队领导商量后决定启用内线引蛇出洞。

自从据点锄奸轰轰烈烈开展以来，一些伪职人员在中共强大的政治感召下，特别是看到一些汉奸的可耻下场，自知兔子的尾巴长不了，纷纷通过家属或关系人递信递话要求自首以求宽大处理。三阳镇的伪乡长曹某就是其中之一，但根据工作需要，赵一德还是要求他不急于辞职，仍以伪乡长身份暗中支援锄奸斗争。

这日一早，大桥东侧的鱼市开始熙攘起来，经过装扮的蔡帮相、周荫森两人手挽竹篮绕着市场漫步打转，桥西头一家铁铺面前，队员小沈也在优哉游哉地挑拣铁器。虽是一东一西，相隔不到一里地，但三人的目光都死死盯紧伪区公所的大门，好像生怕飞掉一只苍蝇。

近在咫尺的日伪碉堡上的哨兵哪里知道，一张锄奸的大网已经撒开，就待提线了。

也是好事多磨。就在三人望眼欲穿的当儿，伪区公所门口先后走出两个人，看那身影不是别人，正是曹乡长和郁翻译！原来，自以为躲进伪区公所就可以高枕无忧的郁翻译,这几天还真是度日如年,日伪不时催命下乡不说,就是自己的大烟瘾也实在煎熬不住。所以,当曹乡长以上街抽大烟为名邀郁翻译时,他也就顾不上太多,直等到太阳爬上了树头才将信将疑出了门。

小沈离得近瞧得真,首先举起右手搔头皮,桥东的蔡帮相、周荫森两人会意,转身向桥西会合。本来,按照计划是要等曹、郁两人走到大路再下手,这次是要活捉郁翻译带回部队公开审判,谁知拐过碉堡向西刚走了十多米,可能自知情况不妙郁翻译突然提出要返回,曹乡长左哄右骗都拉不住。说时迟那时快,三人相视一点头,蔡帮相从竹篮里拔枪就打,果断将郁翻译击毙于街心。这里离日伪的碉堡还不到百米,但由于事发突然,等瞭望的伪军回过神来,蔡帮相三人已向西奔出了近一里地,明知超出了射击范围,碉堡里的哨兵还是对空放了好几枪,假装还击了事。

可曹乡长的戏还没演完,眼看着短枪队员们跑得无影无踪,才连蹦带跳向日军小队长报告:"新四军的许多,翻译死了死了。"小队长连问:"哪里新四军的有?"曹乡长朝碉堡方向指了指。眼皮底下打死伪职人员,气得日军小队长暴跳如雷,立即带人全副武装赶到街心,只见大白天各户商家正乒乒乓乓地上排门关店门,随手抓住一个商店伙计又问:"新四军的哪里?"不知这伙计是吓蒙了,还是故意为之,不由分说伸手向东一指。不明就里的小队长扭头向东,又是打枪又是哇哇叫,一直追了五里地竟连一个人影也没发现,只得不了了之。

后来,赵一德又指挥队员们在麒麟镇据点大闹伪保甲训练班,当着全班人员的面成功击毙伪保甲指导员陈宗周。犹如一阵从东向西刮来的旋风,赵一德带领行动大队连续展开的据点锄奸行动搞得东南地区日伪军心动荡,惶惶不可终日,暗中向新四军部队和根据地政府自首、托病辞职以及无故开小差的越来越多,不久就在伪军和伪职人员中流传这样一首打油诗:"'清乡'无把握,生死不可卜;大家捞一票,赶快出苏北。"

第十章 据点游击战

政治攻势

　　军事突击和政治分化历来是战争的两手，锄奸斗争也一样。对汉奸特务特别是极个别怙恶不悛分子，一开始就要重拳打击严惩不贷；形成强势威慑后，对少数思想动摇或受裹胁的人也应给其出路，允许回心向善，以便分化瓦解。据不完全统计，1943年4、5月间仅东南地区就一举锄掉汉奸特务七十余人。赵一德知道，连续几个月的据点锄奸已初显成效，下一步就要调整斗争策略，到了开展政治攻势、争取政治瓦解的时候了。不曾想，很快就从三厂镇传来了好消息。

　　三厂是日军在海启的重点控制区，也是其自诩为新四军和中共地下党组织插翅难飞、铁桶难进的"清乡"模范区。当然，自吹归自吹，在三厂一带行动大队的队员们照样来无影去无踪。

　　这年初秋的一个午后，天气仍然闷热。在镇外一处河滩上，伪保甲指导员钱亚俊正隔河与两个日军悠然垂钓。由于全神贯注盯着河面鱼浮，三人对河堤上走来的几个陌生小伙子浑然不觉。

　　看那长相，这几个小伙子普遍个头不高，一色一米七上下，衣着朴素，短衫对襟，显得机敏敦实。他们不是别人，正是赵一德手下的锄奸尖兵黄士奇、徐元通、潘兆法和尤志祯。

　　他们与钱亚俊并未谋面，前后一打量，见这里离日伪炮楼还远，周围除了河对岸那两个鬼子再无其他人员，四人眼神一对决定来个瓮中捉鳖。班长黄士奇经验丰富，当先一步来到钱亚俊背后河堤上，边整整上衣摇摇扇子边搭讪道："哎呀，好热的天！"河沿边的钱亚俊竟似木头人，头也不抬动也不动。黄士奇暗自盘算：你好休闲，这样也好，你钓鱼，我钓你。随即信步走到河滩，往钱亚俊背后一蹲，轻轻拍拍肩膀悄声问钓到鱼了吗？钱亚俊这才似乎拉回神来扭头瞟了一眼，可能是不认识不愿意搭理，也可能见对方一个人并没引起警惕，只是淡淡地附和了一声。

　　是太过自信，还是麻痹大意？黄士奇干了快两年锄奸工作，还没见到过像钱亚俊这样麻木不仁而又无动于衷的伪职人员，遂转身与堤上队友一递眼色，顺势从腰间拔出了短枪，不偏不倚抵住钱亚俊后背的心脏处，随即低喝一声："识相的跟我走，否则麒麟陈宗周就是你的下场！"

发音急促，口气却硬。别小看这短短十来个字，要素齐全，内容丰富，效果明显，特别是听到"麒麟陈宗周"，钱亚俊这才如梦初醒，吓得脸色铁青浑身颤抖，就在他缓缓起立时身边竟神不知鬼不觉多了三个小伙子，除了向前跳河哪还有退路？不禁心中暗暗叫苦：日军虽近在对岸，可隔着十余米宽的深河恐怕也是爱莫能助，自己跳河又不会凫水，不被击毙也会淹亡。事已至此，也只能乖乖束手就擒，被黄士奇反拗着臂膀，一路像老朋友一样带离了三厂。

识时务者为俊杰，这是汪伪特工教育群众、利诱中共地下党员的常用说辞，没有想到用在这些汉奸们身上更是灵验。没等派人审问，钱亚俊就主动找来纸笔，要求交代罪行。看来态度不错，赵一德等一合计决定给予宽大处理，当然这既是贯彻打击首恶者、争取悔悟者政策，也是想用好钱亚俊向其他伪军、伪职人员作现身说法，毕竟身边人身边事才最有说服力。

反"清乡"的政治攻势首先在赵一德的行动大队打响了第一枪，随后在中共苏中区党委统一部署下，东南地区各镇村的街头巷尾一夜之间出现了"参加'清乡'就是自杀！""不做日伪替死鬼！""'清乡'人员应立即悔过自新，反正抗日！"等标语，大批宣传品也神不知鬼不觉飞进了日伪据点。

因为整饬治安不力，这天下午，久隆镇伪警察署长林文谦被日军小队长叫过去一顿臭骂，当晚连家也不敢回躲进碉堡里，吓得一夜也没敢合眼，第二天清晨才小心翼翼回到警察署，不料刚进门第一眼就见到墙上贴满了劝降标语，推门来到办公室桌上还有一封手写的劝降信：

我是伪海门县第三区公所保甲指导员，在三厂被捕时，心里恐慌万状。但到此后，事实不然，未被打骂过。新四军长官及至士兵都谆谆劝导我，为我指出弃暗投明的前途……我内心很羞愧。他们真正在救国救民，而我们却帮鬼子和汪逆进行破坏，屠杀同胞，把人民推入水深火热的地狱。回想对比起来，怎不痛悔前非。

朋友们：我曾与你们一样投入罪恶深渊，现在我庆幸自己获得了新生，特奉劝朋友们莫再徘徊歧途赶快醒悟，逃出虎口，反正自新。只要肯悔悟，抗日民主政府不咎既往；若再执迷不悟，只能落得一个身败名裂、遗臭万年的下场。

回头是岸，为了前途，望自珍重。

钱亚俊启

读到一半，林文谦就已感到浑身酥软无力。三个多月来的"清乡"越"清"越糟糕，7月1日由日伪苦心构筑横跨两百余里的竹篱笆被分区军民一夜之间化为灰烬；身边的伪军伪职人员被抓被杀的消息更是不绝于耳，不久前镇上保甲指导员范国法在住处被行动大队枪击重伤，现在就连三厂这块自诩为"模范"的地方也是岌岌可危，真不知道这样的厄运哪天会落到自己头上。当然，令林文谦胆战心惊的还不只是当伪军干汉奸的下场，他惊恐于行动大队的无孔不入。在日伪眼皮子底下反"清乡"标语贴得满大街都是，诱降信送到了自己这个警察署长的案头……

几天后，林文谦的侄子带人"清乡"，半路上被行动大队逮了个正着。这小子是个"软骨头""墙头草"，别看他跟在日军后面耀武扬威，但面对行动大队则是另一副模样，点头哈腰，满口应承一定痛改前非，还答应带话给叔叔林文谦。前有书面劝降，现在又来了口头警告，逼得林文谦都快喘不过气来，权衡再三他下定决心托人给赵一德捎去话，愿意投诚归顺但须面谈条件。

双方的谈判地点就选择在大丰公商行的一个仓库，时间应林文谦要求约在了晚间10点半。这里位置偏僻，临近午夜周围更是一片寂静。沈志刚、李进初、蔡帮相等六名队员依约莫到仓库时，只见院内外警卫森严，两名伪警把守大门，三个伪警在院内来回走动，就连临时会客室里也站了一个全副武装的伪警。看来林文谦有备而来，还布置严密，班长沈志刚见机行事，也把队员们四下分开，自己随赵一德不慌不忙地走进了会客室。

等候多时的林文谦早已坐立不安，内心复杂，表面上还要装着笑脸相迎。说是谈判，可自己手里哪还有什么筹码，赵一德答应下来，其实只不过是给自己一个台阶而已。沈志刚看在眼里，在阐明政策和民族气节教育后从容说道："我们欢迎一切失足者回头自新，一是公开与敌人决裂，二是允许秘密办理自新手续，但是都要放下屠刀，彻底认罪，真诚悔改，以实际行动拥护抗日。"

一听说可以秘密办理自新手续，林文谦的脸上终于露出了笑容，话也多起来："凭心而言，'清乡'至今，一事无成，日伪天天损兵折将，新四军势力越来越大，民心向背，我非不见，亦非不知，因而天天担心自身落个什么结局。钱亚俊找到了生路，给了我一线希望。今天你们又亲自前来对我开导，不畏险阻，苦口婆心，人非草木，我岂能无动于衷，当愿弃暗投明，暗中为百姓做些有益之事，贵军有所交代，我当尽力为之。"

室外的几名伪警察听说林文谦当场就立下了自首书，也纷纷表示："只要新四军肯接受，我们愿意拖枪投诚，也愿暗中出力效劳。"

不动一刀一枪，行动大队就成功控制了伪久隆警署，使之成为插入日伪"清乡"心脏的一把尖刀。林文谦也说到做到，后来多次暗中送来情报，配合行动大队营救人员，兑现了自己自新承诺。到这年10月初，日伪在南通地区率先展开的所谓实验"清乡"基本流产，不得不转为"延期清乡"，第二年又改为"高度清乡"。称谓可以随意改变，可变得越多越能说明工作成效之差。后来，日伪虽也调整策略，使出政治怀柔等新花招，但要想重现两年前苏南的"战绩"只能痴人说梦，最终难逃失败的厄运。赵一德曾回忆：

在反"清乡"斗争开始后的半年来，我行动队坚持执行了党的关于坚决打击敌人首恶分子，积极争取一切愿意悔悟者的政策，有力地震撼了敌人，挽救了大批迷途知返者。在东南地区，明里和暗里，先后解除了 559 名伪人员的武装。

1943 年 6 至 10 月间，在东南地区的中心地带，以敌人重点推行伪化的地区为我们的行动重点，发挥了我行动队锄奸的优势，连续出击，狠狠打击了一批积极从事伪化工作的特工、保甲人员，瓦解了一部分敌伪组织。

反"清乡"锄奸斗争的 4 个多月中，我行动队配合东南各级武装和群众，先后进袭据点 71 次，捕获和杀伤日伪共 125 人，加上各区乡群众性锄奸，共捕杀敌人 680 余人，给了敌人沉重打击，完成了苏中军区四分区党委、县委交给我们的配合东南地区群众性锄奸斗争的任务。

第十一章　华中失足者

华中的整风运动虽然来得晚了一些,但其组织严密和认真程度一点都不比延安差。新四军军部和各师均成立了整风学习检查委员会,除军部由华中局组织部长曾山任主任外,各师主任一律由政治委员兼任。1943年4月、7月,华中局、军分会连续发出《反对主观主义、宗派主义及讨论中央决定的通知》和《关于各单位整风的决定》等,新四军代军长陈毅更是带头,先后受邀到特务团、军部医院作整风报告。

严格按照中央计划执行下去,整风运动也能达到统一思想、纯洁党内的任务。只是随着运动出现偏差,到了中后期审干扩大化,尤其是康生提出了"抢救失足者",似乎就使这场严肃的党内政治生活变了味。

整风必然审干,审干必然锄奸。于是乎,不可避免地出现了相互猜疑,检举,报复,逼供信,假枪毙……

整风运动的牵头单位也由开始的各级组织部门,到了组织、锄奸合力干,最后不少单位的锄奸部门竟然当起了主角,唱起了"独角戏"。

整风、审干和抢救

1942年2月起,中共全党开展整风运动。按照初步的计划设想,运动分为学习文件提高认识、联系实际检查思想和组织鉴定作出结论等阶段,并没有甄别审干,更没有后来的"抢救失足者"。

学习的文件重点是毛泽东《整顿党的作风》和《反对党八股》两篇报

告，全党同志身同体受，纷纷发言表示坚决改正。但在检查思想开展批评与自我批评时各单位逐渐暴露出个人思想不纯、组织不纯等问题，再结合党员从抗战爆发时的四五万人迅速增长到1938年底的50万，整整扩大到10倍，基数之大、速度之快，超出预料。由此，中央判断：在征收新党员的工作中是有严重的错误与缺点存在的，党内混入了异己分子、投机分子以及敌探奸细。①

对这些人怎么办？中央向全党连发指示：《关于审查干部的指示》《关于反奸细的指示》《关于大后方党肃清内奸的决定》，要求把整风运动的工作重心指向审查干部。

1942年11月初，毛泽东在陕甘宁边区高级干部会上宣布，整风不仅要弄清无产阶级与非无产阶级思想，而且要弄清革命与反革命。

当时社会上，应该说有非无产阶级思想的大有人在，除了中共党员，包括普通群众在内都可以算作有非无产阶级思想。显然，有非无产思想并不代表反革命，但一旦认定反革命，那就自然有非无产阶级思想，这些人不仅是党的对立面，也是人民的对立面，就如中共中央判断所说，就是混入党内的异己分子、投机分子以及敌探奸细了。

在中共党内，历来都是组织部门主管干部，所以要在干部中开展整风，这项工作一开始就由中央组织部牵头、社会部等配合，八路军、新四军和各级根据地政府依此类推。

说起中央社会部，就不得不提到部长康生。作为防止敌特渗透破坏和巩固党的一个重要职能部门，1939年2月18日中央书记处作出《关于成立社会部的决定》，指出："目前日寇汉奸及顽固分子，用一切方法派遣奸细企图混入我们内部，进行阴谋破坏。为了保障党的组织的巩固，中央决定在党的高级组织内，成立社会部。各中央局、省委、区党委应下最大的决心，选择政治上最坚定、能力上最适宜的干部建立社会部。"随后，康

---

① 参见《建党以来重要文献选编（1921—1949）》第16册，中央文献出版社2011年版，第579页。

生出任首任中央社会部长。从履历上看，康生是党内的"老资格"，有对付内奸、特务的工作经历。早在1931年中央特科领导人顾顺章叛变后，周恩来为把危害降到最低，立即对特科主要领导人作了大幅调整，陈云、康生和潘汉年被先后调进特科参与领导工作。一年不到，陈云调赣南苏区后，康生接棒。杨尚昆在回忆录中说："那时，毛主席很称赞他，大家也觉得他不错，认为他很有本事。"①

主管全党反特、审干工作的康生，查出过一些国民党和日本特务，但也有过火和扩大化问题。他在审干过程中在延安先后炮制出"王实味案""五人反党集团案""张克勤案""红旗党案"……

在康生领导下，许多部门和单位的领导开始急躁起来，审查干部的范围越放越宽，方法手段越来越简单，政治空气越来越紧张，斗争的火力也越来越猛烈，逼供信代替了调查研究，口供代替了证据，一批又一批"特务""内奸"被查出，陆续隔离关押。据一些老同志回忆，当年延安不少早已废弃的窑洞被重新简单收拾后都当起了临时看守场所，一时间人满为患、人人自危。

一人供听，二人供信，三人供定。对此，坐镇指挥的毛泽东不是没有警觉。1943年4月28日，在中央政治局部署反奸斗争时毛泽东明确要求实行首长负责、亲自动手、肃清内奸、教育干部、重证据不轻信口供、审讯时不得动刑的举措。7月1日，毛泽东写信给康生，着其在《防奸经验》杂志第六期刊登"防奸工作的两条路线"：正确路线是："首长负责，自己动手，领导骨干与广大群众相结合，一般号召与个别指导相结合，调查研究，分清是非轻重，争取失足者，培养干部，教育群众"；错误路线是："逼，供，信"。我们应该执行正确路线，反对错误路线。②

但康生不仅没听没登毛泽东的指示，7月15日还在中直机关会上作《抢救失足者》报告，将已经步入歧途的审干扩大到抢救失足者。

---

① 《杨尚昆回忆录》，中央文献出版社2007年版，第207页。
② 《毛泽东文集》第3卷，人民出版社1996年版，第35页。

为什么起名"抢救失足者"？原来，康生引用了当时报纸上的一句常见语。国民党特务秘密杀害中共党员后，没有正当理由，就随便找个托词登报：经查，该人无意失足落水而死。

报告会上，口才极好的康生打了一个形象比喻：一个小孩子失足河中，如果是平时还可以从容地去救，如果是涨大水就要抢救！

随着运动深入，抢救阶段的"逼供信"更是愈演愈烈，工作方法也由连续几天几夜不让喝水、不让闭眼休息、不让坐凳子的"疲劳刑讯法"，发展到了压扛子、拔火棍、站冰地、泼冷水等肉刑折磨，甚至有的地方还使用"假枪毙"等恐怖手法。

许多人前一天还在"抢救"别人，第二天自己也成了"被抢救"者。

延安的情况这么严重，形势不容乐观，其他单位能好到哪去？由于康生不断给各战略区传递不正确信息，不少大单位领导备受指责和压力。据时在晋绥分局工作的张稼夫回忆：

> 康生不断给分局打电报，送抢救简报，今天说延安的谁谁谁坦白交代了，是个什么什么特务，供出了晋绥边区某个单位的某某人也是个什么特务。过了两天，又送来简报，简报上说，谁谁谁说假的，不是特务，本人推翻了；谁谁谁又坦白，又供出你们那里的某某人是特务……经常通报抓特务的比例，有的单位抓出的特务竟占全部人员的百分之二十、三十。

人虽已离开新四军，但仍心系华中的刘少奇，此时已兼任中央反内奸斗争委员会主任，1943年3月20日，他专门给华中局发出《关于警惕国民党特务政策问题》的电报指示：

> 最近延安在整风及全面清查干部思想历史的过程中，发现大批国民党特务与日本特务……今天国民党向我们斗争的主要方式是特务

斗争。

> 如果我们不能现在学会反对国民党特务及日本特务的全部艺术，我们一定失败无疑。我们要把反特务斗争看成和军事、政治、经济斗争一样的重要。

其实早在一年前，按照中央统一部署，华中局和新四军就举行干部动员大会，组织整风学习。1942年6月4日，新四军直属队整风学习检查总委员会成立，在陈毅代军长领导下，由曾山、赖传珠、彭康、邓逸凡、薛暮桥、宋裕和、刘毓标、崔义田、张闯初为委员，曾山为主任，彭康为整风文件研究总指导员。随后，各师组成整风学习检查委员会，粟裕、谭震林、黄克诚、邓子恢、李先念、曾希圣等分任主任，负责组织和指导整风学习。1943年6月起，转入审干和"抢救失足者"阶段后，新四军和华中根据地同样发生了扩大化错误，尤其是军部的"黄花塘风波"，影响极坏。

被抢救的锄奸部长

经常"抢救"别人的三师锄奸部长扬帆，一夜之间竟稀里糊涂地成了新四军第一个在延安都挂上号的"被抢救者"！

1943年11月27日，正在盐阜根据地的扬帆突然接到师长兼政委黄克诚的命令，要他连夜带一个连的兵力解送100万法币赴军部。扬帆与黄克诚从1941年起就有接触，从军部调入三师工作以来特别是在上半年反"扫荡"中，两人更是朝夕相处并肩作战，无话不说相知很深。扬帆回忆：

> 当时他也只四十岁左右，但同志们背后都喜欢称他为"黄老头子"。这并无贬义，而是因为他在部队中既是首长，在年龄上也是长者。尤其是他为人正直、诚恳厚道、平易近人、艰苦朴素、爱护战士和干部，又能以身作则，威信很高，可谓德高望重，这就成为受人尊

敬的习惯称呼了。

所以，对黄克诚突然交代的这项任务，扬帆心中虽存疑惑，因为解送军饷经费这样的事情理应归供应部门负责，即使武装押运，也轮不到他这个锄奸部长亲自上阵，但既然黄克诚交代，没有讲原因背景，他当然不方便打听，而宁愿理解成组织重托，二话不讲就带副部长周斌，在卫生部长吴之理陪同下匆匆上了路。当他们一路风餐露宿，12 月 2 日兴冲冲赶到几百里外的黄花塘时，却被华中局书记、新四军代政委饶漱石当场宣布逮捕。据《黄克诚自述》记载：

> 我开完会回到师部不久，接到华中局电报，让立即将第三师政治部锄奸部扬帆逮捕，押送华中局，并说明是延安有人供出扬是特务，需要逮捕审查。我因情况未经证实，觉得不便贸然执行逮捕，就告诉扬帆说华中局让他去开会，并派部队护送他前往。扬帆一到华中局驻地，就被关押起来。

那么，饶漱石凭什么逮捕扬帆呢？原来，在延安"抢救失足者"运动中，康生等人关押审查了一位自称是扬帆学生的戏剧工作者凌子风，凌在被逼成"CC派特务"后交代出 20 世纪 30 年代初在南京戏剧学校学习期间曾受老师扬帆介绍参加过地下"救国会"组织。康生从 1933 年起担任中共驻共产国际代表团的领导工作，到 1937 年才回国，他对这段历史哪知虚实？没有做任何调查研究就主观臆断"救国会"是国民党特务的外围组织，还介绍自己学生参加，那扬帆自然就脱不了特务嫌疑。

仅仅是有特务嫌疑，康生就下令逮捕千里之外的一个师锄奸部长，背后是否还有不为人知的深层原因？毕竟社会部与锄奸部虽分属不同部门，但职能相近，况且社会部对锄奸部也常有指导之责，从这个角度看，抓了同一系统的人，康生对扬帆还真没有包庇徇私之嫌。直到"四人帮"倒台

后,扬帆回忆:

> 我以前还总以为这件事主要是康生的无知所造成的偶然失误,但是经过"文化大革命"对康生(还有和他狼狈为奸的江青)的本质的揭露,不得不使我联想到我的这次被捕的原因,很有可能还有更复杂的因素在里面。

"更复杂的因素"是什么,在这里扬帆没有说明,但在另外一次谈话里曾讲,经从多人处了解到当年康生在得知他有特务嫌疑时意外获知,这个扬帆正是几年前向毛泽东揭发江青的人,这才一不做二不休电令华中局将其逮捕。而正是这封所谓的揭发电报,成为扬帆此次落难的罪魁祸首。

那是1939年5月,扬帆刚到新四军任文化队指导员不久,一次在与项英闲谈时聊及了江青在上海期间一些不光彩的往事。说者无心,听者有意,这些情况引起了项英的高度重视,因为当时已到延安的江青正准备与毛泽东结婚。党性原则极强的项英当即让扬帆将此情况整理成书面材料,经其签署"此人不宜与主席结婚"的意见后发往了延安。不料,这份电报第一时间落到了康生手里,扬帆由此成为江青等人怀恨泄愤的对象,这也为他虽有赫赫战功但新中国成立后不久即遭牢狱之灾埋下了祸根。

既然是中央社会部长康生的命令,新四军代政委饶漱石也感到马虎不得,决定亲自出马。为给扬帆一个下马威,一行人刚踏进黄花塘饶漱石就宣布了逮捕命令,当场"缴枪"接受政治审查,当晚扬帆就被秘密关押于军部周边农家的一个破烂小屋中,安排战士日夜看管,严禁与一切外来人员往来,开始时还戴上了手铐脚镣。

接下来就看怎么审查了。军部成立了以饶漱石为组长、城工部长刘长胜和情报部长潘汉年参加的三人小组,轮流与扬帆谈话,可效果并不明显。有一次,饶漱石召集华中局和新四军领导曾山、彭康、张云逸等人参加劝说会,大家劝扬帆坦白争取宽大处理,只有张云逸的讲话比较客观:

"你是特务赖不过,不是特务不可乱说。"

为及早取得突破,饶漱石甚至派人伪装成国民党特务与扬帆同关一室,后来又派人以延安的中央专员身份见面提审扬帆,企图套取口供、收集证据,均未奏效。这样的侦察计谋都一无所获,足以说明扬帆清白,但完不成康生交代的任务,饶漱石当然脸面无光,也心有不甘,竟板起面孔喝问:"你在军部工作期间与陈毅走得那么近,你在我与军长之间挑拨离间了什么?快把事实交代出来。"

因为陈毅与扬帆都喜欢下棋,闲来无事时经常一起对弈,所以在盐城工作时陈毅对扬帆高看一眼也是有的,但绝没有不正常交往。对代军长与代政委之间的矛盾扬帆虽不知情,却也有所耳闻,可现在饶漱石把责任往自己身上推,扬帆自然激愤难忍:"你如果把我当作党员干部的话,就不应该提出这样的问题;你如果把我当敌人,我是不会回答你的。"饶漱石也知道纠缠这个问题是跑偏了审查方向,而且自己提这个问题的本意只是以为扬帆理亏会心存忌惮,哪知搬起石头砸了自己的脚,最后不得不显出一副宽容的神态说:"你的案子是中央交办的,是延安打电报来要我们审查你的。"

从事情报工作多年的三人审查小组成员潘汉年知道,康生通报的所谓反动组织"救国会"其实是南京的中共地下党暗中领导的一个群众性抗日团体,与国民党"CC 派"毫不相干。扬帆介绍学生参加,不仅不能表明他是投敌叛变,反而更能证明他的爱国和进步,关押审查他自然是个彻头彻尾的冤案。现在,潘汉年虽无力改变扬帆处境,但一直从旁暗助,尽力提供生活便利,有几次还互赠题诗在精神上给予支援和鼓励。

接触时间长了,饶漱石也看得出扬帆这个人性格耿直,可谓吃软不怕硬,决心改变审查策略。到了隆冬,黄花塘一带时常天寒地冻,有很长一段时间滴水成冰,饶漱石就派胡立教、潘汉年等老熟人以探望慰问名义来做劝导说服工作,又主动改善扬帆生活条件,允许他睡高铺、吃小厨,平时还保障热水、茶叶和香烟。除失去了行动自由,扬帆此时的生活待遇竟比工作时还要好上很多。

心高气傲却又内心苦楚的扬帆不为所动，严守自定的四条原则：一不乱供，二不逃跑，三不自杀，四不向看守人员表态。得了空闲，他就教看守战士识字，甚至还把过年时饶漱石特批给他的一笔用作改善伙食的钱分给战士买了酒喝。扬帆对看守战士的帮助和照顾得到了回报，一次黄花塘地区突降暴雨，关押他的土坯房既漏雨又裂缝，时刻有倾覆的危险，可调整住房的申请上报后并未获得批准，正是一名看守班长顶着压力就近挪了一间房，当晚原住房就塌了，扬帆幸免于难。

随着"抢救失足者"运动在全党全军越来越不得人心，中共中央下发指示要求各地着手纠正冤假错案。很快，那名延安学生的交代材料被推翻。皮之不存，毛将焉附！消息传到黄花塘，扬帆也得清白。饶漱石倒也有知错就改的风范，进屋就握住扬帆的手尴尬地说："我没有话讲了，我没有话讲了。一句话，组织上错了，你没有错。如果那时你乱讲的话，倒会惹出麻烦来……"

经过十个月的艰苦斗争，1944年9月扬帆重获自由，经过短暂休养，这年冬就任新成立的军部敌工部长。

"托派"疑雾

从中共建党以来，到底"托派"是什么样的组织，又有哪些具体主张和实质危害？应该说许多人并不了解。许世友在延安挨批时，竟然也被说成是"典型的托洛茨基"！实际上，正如许世友自己所说："老子说了几句话就成了托洛茨基，啥球托洛茨基，老子不懂，尽放狗屁。"就连许世友这样的高中级干部都直言不明白不理解，可以想象在乡镇或连队的基层组织和基层党员中"托派"更容易被符号化妖魔化，往往以讹传讹，人们都是谈"托"色变。

江北指挥部军法处长梁国斌在《关于目前锄奸保卫工作的策略问题》

中谈了他对"托派"的看法:"'托派'因没有自己的武装政权,又无群众基础,不能单独一面来反蒋反共,故一方面神气活现,以共产党'左'派自称,但另一方面又不敢暴露真面目。显然,无论对于国民党,还是共产党,这样都是不受欢迎和不被允许的。"

从1942年开始在中共全党展开的整风运动,一项重要任务就是统一思想,以凝聚人心争取抗战的最后胜利。所以,在"抢救运动"大行其道的背景下,有些性格耿直的领导干部因言获罪。1942年5月25日,八路军副参谋长左权在山西省辽县十字岭战斗中壮烈牺牲,年仅37岁。鲜为人知的是,他牺牲前还一直在写信请求中央取消他在红军时期因"托派"嫌疑而受到的留党察看处分。

当然,这还不是最可怕的,可怕的是反"托派"常常被别有用心之人借用来作为内部斗争的托词和手段。在整风运动前后,反"托派"在个别地区死灰复燃,很快又与"抢救失足者"相互牵涉,成为"托派"疑雾。

客观地讲,锄奸保卫部门作为纯洁部队、巩固防线的"刀把子",在党和军队的历次运动中发挥了重要作用,特别是在这次整风运动后期的拨乱反正工作中,锄奸部门坚持原则,严守法纪,重证据、听民意,挽救了一批革命同志。

1940年11月发生在华中根据地淮海区的"托派"案就很典型。受山东湖西肃反扩大化影响,华中不少根据地把"肃托"与反内奸锄汉奸相提并论,片面夸大所谓托派力量。1940年夏,苏皖地(县)委书记联席会议明确提出要"开展热烈的、广泛的反汪派、反'托匪'工作"。少数青年人仅仅因为爱提意见、表达不满就被扣上了"托派"帽子,有的被暗中"挂号"考察,有的被"礼送"出革命队伍,严重的还酿成了冤假错案。

最早,山东八路军陇海南进支队宣传科干事沈其琛被作为"托派"嫌犯隔离审查,后被逼供出了负责淮海与山东党联系的交通站长陆裕民。陆当年才18岁,经不住刑讯就交代出工作上联系较多的苏北抗日同盟会会长宋振鼎、秘书长谢冰岩分别为苏北"托派"组织的书记和宣传部长,进一步突审又供出邳睢大队教导员石林、支队女机要员徐静等。

淮海区迅速将这些人悉数逮捕,不到两个月因该案遭审查关押的对象已近 20 人。除陆裕民一人承认外,其余均予否认。当时连有罪的口供都没找到,更谈不上什么物证,可又不可能轻易放人,致使全案审查进退维谷,一直拖过了新军部在盐城重建。

有一次,三师师长兼政委黄克诚经过淮海区检查部队。十几年前在江西中央苏区工作时,黄克诚就对肃反扩大化有过亲身的沉痛教训和体会,前两年率领八路军第五纵队南下时又听说发生了湖西"肃托"事件,没有一个不是假案错案,没有一个人不受冤枉,导致他对这类案件异常敏感,不信其有多信其无。带着一种沉甸甸的责任,他找来淮海区党委书记金明,建议区里立即将全案移送军锄奸部复审。

从 1941 年 6 月起,锄奸部先后派出多人到淮海,多次与涉案人员逐一谈话,还实地走访熟悉情况的同志,很快就掌握了翔实反证。原来,宋振鼎和谢冰岩都是 1930 年前后参加中共的老党员,被国民党关押多年,国共二次合作后才释放回到苏北老家,一面联络与党失联的吴觉、夏如爱、赵心权、孙若溪等成立苏北抗日同盟会,组织群众开展抗日活动;一面派陈树等先后去武汉八路军办事处和邻近的山东,与党组织取得联系,在中共苏鲁豫皖省委支持下逐步在淮海地区建立起自己的武装,不久迎接黄克诚率领的八路军纵队南下,为开辟和巩固苏北根据地作出了很大贡献。

显然,在没有过硬证据的情况下就认定这样的同志是"托派",不仅是草率的,从常理上看也说不通。整风运动前后,华中局和军部两次重议该案,领导要求锄奸部先提出意见,参加复查的同志一致认为这是一起冤案,遂向刘少奇和华中局组织部长曾山作了汇报,得到认可后迅速组织平反,恢复了宋振鼎和谢冰岩等人的名誉和职务。由于这些同志连续几年蒙冤受屈,有的受到严刑伤害,有的已经妻离子散,所以在释放时思想感情难以接受,新四军政委刘少奇就带着扬帆等锄奸部干部亲自到场,逐一做他们的思想工作，用了四个多小时才使大家情绪转变。曾山要求华中局组织部征求每个人意见，研究分配他们的工作去向。后来，宋振鼎去了三师任参谋处二科科长，谢冰岩去了新华社华中分社，石林去了阜宁县工作，倪梅村去了华中党校工作。

处理好这起冤案，锄奸部乘机举一反三，及时发现和制止了当时发生在淮南、淮北等地多起"肃托"错案，为 20 多名所谓"托派"分子恢复名誉，特别是对广西学生军部分同志"托派"嫌疑的平反，影响最大。这又是一起什么样的冤案呢？据曾参加广西学生军的新四军老同志区济文、王彦回忆："1937 年 10 月，抗日战争爆发后不久，国民党桂系当局组织广西学生开赴五路军防地第五战区前线，进行抗日宣传和战地服务。"

从西南边陲的广西到中原大地的鄂豫皖，途经长沙、武汉、信阳，一行人只靠一双腿跋山涉水，其中的艰辛可想而知。这群年轻人虽衣着寒酸但精神饱满，怀揣梦想，斗志昂扬，呼朋引伴，共赴国难，这对所经之地的群众来说，本身就是一种宣传和服务。不图名不求利，还要经历生死考验，在当年通往延安、皖南和盐城的沿途，这样的场面是再平常不过的。

到达大别山区还不满两年，1940 年 3 月，由于国民党掀起反共高潮，中共鄂豫皖省委指示广西学生军中的党员带领部分进步青年，分两路撤退到新四军淮南、淮北根据地，参加新四军部队和地方工作。途中，在广西就已入党的韦廷安被指定为临时党支部书记。

可万万没有想到，次年的 7 月上旬，四师锄奸部突然以"托派"名义对已任十一旅三十一团副教导员的韦廷安等 11 人关押审查。8 月 17 日，四师又连续两天在师部驻地洪泽湖畔的半城镇召开机关、部队反托斗争大会，组织干部群众进行揭批。随着案情不断扩大，由四师牵连到二、三、五、七师和军部、根据地工作的广西学生军中原支部成员及其他党员、进步青年共 50 余人，是党员的一律停职和开除党籍，是群众青年的一律不准吸收入党。

这样的处分，无论是对一名军人，还是根据地政府的工作人员，都相当于宣布了死刑,甚至比死刑带来的折磨还要残酷。然而被关押审查的这 50 余人思想竟出奇的一致,全部忍辱负重,没有一人因为受到冤屈而离队,一方面以模范行动来表明自己的清白与无辜;另一方面抱着一线希望,通过多种途径积极申诉,请求复查。

虽然组织部门和锄奸部门都觉得案情经不住推敲,但想平反也并不容易。从作出初步复查结论,这起冤案拖了一年多才迎来转机。1942 年 11 月中共华中局在阜宁停翅港召开新军部成立以来的第一次锄奸保卫工作会议,会上认定"此案靠不住"。有了华中局和军部意见,会后涉案的大多数人被先后释放,并分配了工作,只有韦廷安一个人因曾任支书且在审查期间有"逃跑"嫌疑而被继续关押。不幸的是,这年底日伪对淮北根据地开展 33 天大"扫荡",部队频繁转移,在这个过程中,韦廷安在淮宝县仁和集被错误处决,临刑时仍高呼"共产党万岁!"死后人们从他身上发现了一封写给中央的申诉信,体现了他对党的忠诚。这成为一桩历史冤案。

对其他蒙冤者来说,尽管被解除关押并分配工作,但一直没有正式结论,不少人的进步和发展实际上仍受到严格限制。1943 年四师师长彭雪枫、政委邓子恢分别找谢胜坤谈话,调他任组织部长,负责案件复查。整风期间,经中共华中局和淮北、淮南区三级党委批准,确认该案有错,决定给予全案平反,涉案人员是党员的一律恢复党籍。然而唯独对韦廷安一人避而不谈。

那么,这起冤案的始作俑者是什么人、又出于什么样的目的呢?区济文、王彦回忆:"原抗大四分校特派员赵大万提升为四师锄奸部侦察科副科长后,出于不可告人的目的,凭空捏造事实,欺骗党组织。赵大万诬陷广西学生军中共支部是托派组织,这个组织的成员伪装进步积极工作以骗取信任,企图长期埋伏,伺机破坏共产党。"

具体什么目的,亲历者没有说清楚,1981 年 12 月 19 日第二十一集团军党委《关于为韦廷安同志彻底平反昭雪恢复党籍、追认为革命烈士的决定》和 1984 年 10 月 19 日解放军总政治部《关于为 1941 年新四军四师等部队和淮北、淮南根据地所谓托派案件彻底平反的决定》中,也以"1941年夏,新四军四师部队和当地锄奸部门曾以所谓托派问题,对上述一些同志进行关押审查"一语带过。赵大万为什么偏偏针对广西学生军和韦廷安?在区济文、王彦讲述中提到的一个细节值得关注:"1940年初韦廷安等从大别山撤到淮北根据地,在四师驻地安徽省涡阳县新兴集短暂休整后,绝大多数的学生军党员和进步群众被安排在抗大四分校学习,1940年9月毕业时,才被分配到不同的工作岗位。"

此时,赵大万恰在该校任特派员。从履历上看,此前的赵、韦二人并无工作交集,甚至可能都不认识,一年后却随着赵调到师锄奸部工作而发生了指向性非常明确的"托派"冤案。到底是什么原因导致了冤案的发生,因为目前没有找到相关史料,也就无从得知。

古人讲,害人者终究害己,赵大万也不例外。整风后期,随着对有关冤案组织复查复审,也许是慑于形势,赵大万于1943年五六月间暗地里携带妻子拖枪逃离了部队,企图投奔国民党顽固派。这个情报被四师泗五灵凤敌工站干部王若心第一时间侦悉,并迅速上报师部开展应变之策。说起这次经历,颇具传奇色彩,据《活跃在日伪据点的泗五灵凤敌工站》记述:

> 王若心是一个老敌军工作人员,曾在新四军第四师十一旅敌工科工作。1942年调到泗五灵凤敌工站后,经常在五河、蚌埠、临淮关等敌人据点和淮河两岸的农村进行活动。1943年五六月间,王若心了解到五河城里伪警局的一个姓胡的科长,有个女儿在解放区工作。一天晚上,他悄悄潜入五河县城,在饭馆里摆了一桌酒饭,先把这位科长的老婆请到饭馆。胡科长老婆到饭馆后问王从哪里来,王说:"你老人家还不认识,二女儿叫我来看看伯母伯父。"这位科长夫人一听说是二女儿让来的,认为一定是女婿上门了。她仔细打量了王若心一眼,看看这个仪表堂堂的青年,身材魁梧结实,心中非常高兴,随即

回家把丈夫叫出来和王若心见面。因为这个饭馆和警察局仅一墙之隔,胡科长便小声问王说:"孩子,你在那边干什么?""我是四师的联络参谋。"胡科长稍停,便说:"我做坏事十多年了,你和女儿在那边干什么我不管,也许看不到她了。"胡接着又问:"你这次进五河城想干什么?""主要是看看你们,顺便了解一下日本人的动态。"王若心平静地回答。"赵大万夫妻两个都过来了,你知道吗?他们还带来几支短枪!"胡科长谨慎地问道。赵大万原是新四军第四师的锄奸科长,虽然他曾经参加过二万五千里长征,但是由于经不起艰苦斗争的考验投敌了。赵长期在四师工作掌握不少内部情况,他的突然叛变可能对革命事业造成很大的损害。因此,王若心故作镇静地说:"我们做好了准备,这件事不要再向外人说。"王若心很快地辞别了这位胡科长,回到了敌工站把赵大万叛变投敌的情报送给上级,从而避免了一场叛变投敌可能造成的危害。

1945年8月抗战胜利后,见势不妙的赵大万又乔装打扮企图混入鄂豫皖的五师部队,后被查出枪决。

赵阜:我所亲历的"抢救运动"

1928年出生的赵阜,12岁时就随长兄参加了新四军,成为江北指挥部新七团的一名红小鬼。由于年龄小,不方便参加主力部队行动,第二年赵阜被编入临时成立的少年工作团,主要任务是到部队慰问演出和向老百姓做抗战宣传。

1944年春夏之际,在粉碎了日伪一系列"扫荡""清乡"之后,华中革命形势得以缓和,淮南根据地的整风被重新提上日程。5月,已调入宣教团工作的赵阜根据安排参加了津浦路东行政公署干部整风队。扎扎实实三个月的整风审干,从最初心情愉悦学习文件,到中间整风整人审干审讯,再到结束时相泯一笑会餐庆贺,就如坐了一趟过山车,心里经历了太多的起起落落,以至于他60年后回忆起来仍然心潮澎湃、感触良深:

> 开始时,大家学习整风文件,检查思想,都很踊跃积极,心情也很舒畅。可是,渐渐地,我们觉得不对劲儿了:整风变成了整人,审干变成了审讯。随之而来的"抢救运动",名义上是要把混入到党内的国民党特务、日本间谍、汪精卫走狗清查出来,把失足者抢救过来,实际上打击范围几乎扩大到所有从敌占区来根据地自愿参加新四军的同志。整风学习班变成了当地干部整外地干部的"整人"班,采取手段也从秘密审讯发展到"诱供"欺诈,我们参加学习班的同志都成了审查对象。

第一次审查赵阜的是一名当地干部,三十来岁,说一口方言,大字不识一个,闹出不少笑话。

"你是不是从敌占区过来的?"

"是。"

"你是怎么过来的?"

"坐火车。"

"火车是谁家的?"

"铁路公司的。"

"铁路公司归谁管?"

"谁知道。"

"你坐敌人的火车,你不是特务能让你坐吗?"

就算没见过世面、毫无生活阅历的孩童,也不会用这样的逻辑得出如此荒唐的结论。很快,第一个审讯干部败下阵来,连十几岁的红小鬼都唬不住,这让负责审查的干部们多少感到难堪。不久,整风学习班的班主任决定亲自找赵阜谈话。

"赵阜,今天组织上找你,要跟你谈一个严肃的问题,你要老老实实交代，否则没有好下场！"

"让我交代什么？"

"你自己还不知道吗？"

"我什么也不知道。"

"你哥哥是'托派'，你知道吗？"

"不知道。"

"你哥哥也在这个学习班里，你和你哥哥同时参加的'托派'，你哥哥已经交代了。"

"他交代是他交代的，我没什么可说的。"

赵阜心里虽一愣，嘴上仍不示弱。

这次谈话后不久赵阜的日子没那么好过了，他被关进了禁闭室。禁闭室里空间狭小，阴暗潮湿，常年难见阳光，最主要的是管理严格，赵阜回忆：

> 同时被关的有一大批人，一般都是七八个人被关在一间屋里，像监管犯人一样，谁也不准和谁说话，互相监督，不许搞串连，各人写各人的交代材料，就连上茅房也得报告，不经允许谁也不准擅自行动。

一次偶然的机会，赵阜在茅房里遇到了三哥赵振民，瞅准左右无人的机会赶紧诘问他为什么要承认自己参加了"托派"。不料，哥哥一听也急了："哪里，他们说你交代参加了'托派'，逼我也承认呢！"真相大白，原来是审查人员在诱供指供！

> 从这以后，我心里更有底了，任你拍桌子敲板凳轮流审问，我就是咬紧牙关什么也不交代……这样的审查整整进行了三个月。其间，有一些同志受不了这种冤屈，偷偷逃走了。之前，有一名区党委的宣

传部长带着他的老婆，借巡查工作为名，越过封锁线逃到敌占区了。可我想，我不能跑，跑了人家更要说我有问题了。我还是要相信党组织，总会给我一个正确的结论。

三个月后整风学习班结束，出乎赵阜意料的是，还组织了一次集体会餐。几位领导也一改往日生硬刻板的面孔，逐一把大家都表扬了一番：经得起这么严峻的考验，都是好同志啊！

前后的反差也太强烈了，赵阜忍不住提问："你们整我们，掌握材料吗？"

领导这才说了实话："哪有材料，就靠'诈'哟。"

赵阜心底不由得感叹："险些把我们都'诈'死！"

抗战胜利后的第二年，组织上决定由赵阜带领17名同志赴东北航校学习空军。能成为一名翱翔蓝天的空中骄子，是这群青年人的共同愿望，可当他们一行人千辛万苦辗转来到哈尔滨时，没想到内战爆发航校停办了，只好就地分配工作。1946年11月，赵阜调任黑龙江贸易总局龙南分局当起了副局长。20岁小伙子，又经过血与火考验，报效国家正当时。新中国成立后因为个人爱好，赵阜从经济系统转入新闻战线，成长为一名报人、新闻学家，担任过《沈阳日报》《辽宁日报》两家报纸总编辑，1994年在沈阳离休。

不辞而别的宣传部长

来过扬州的人都知道，东圈门街是一片青砖黛瓦、气势恢宏的宽大宅地，现在成为与东关老街齐名的古城景点。这里的20号，就是俗称"祁氏山林"的故址。在前一节中赵阜提及的被整跑的"区党委宣传部长"，就生于斯长于斯，一直生活到了12岁才因抗战爆发举家南迁。

这名宣传部长就是淮南区党委委员祁式潜，出走时的身份是东南县委书记兼东南支队政委。职务不低，身份敏感，翻开祁式潜的档案，履历更耀眼，至少有两点值得一述：一是他身世显赫，曾祖祁隽藻是清四朝文臣、三代帝师，学识渊博，为官清廉，富有正义感和责任感；祖父祁世长历任清翰林院编修、工部尚书，兼管顺天府府尹事务；父亲祁友蒙历任清南河同知、湖北知府，1931年去世后才致家道中落。二是他娶妻居瀛棣，是国民党元老、司法院长居正的六女婿。

祁式潜是一个有理想有抱负有志向有追求的时代青年，在金陵大学读书期间就成为中共地下党组织选定的积极分子，1937年9月加入中共后先后在长江局和根据地政府工作。1939年初在安徽省金寨县白水河新四军兵站与同为中共党员的居瀛棣结婚，一时间被传为国共合作的佳话。婚后不久，祁式潜就跟随郭述申和方毅等领导转战皖东地区，从此开始了在淮南的战斗生涯。

受日伪"清乡"影响，从1941年起大部分华中的根据地和新四军部队进入了最艰苦的岁月，经济、政治和文化封锁给广大军民带来了巨大困难。为响应中共中央与华中局精兵简政一元化号召，时任淮南区党委委员、宣传部长的祁式潜主动申请到仪征一带的东南县委工作，加强基层领导力量。

出人意料的是，1943年7月祁式潜在毫无征兆的情况下突然南渡长江不辞而别，在华中局和根据地再一次引起震动。据东南大队司令员、曾任仪征县民主政府司法科长的魏然在其自传《风雨航程》中回忆：

> 一九四三年七月，我和王义勋同志率部队向仪征活动，保卫群众秋收。祁式潜对我们说，他要到东庙区去找张劲夫同志研究总结夏收、布置秋收工作。这时区党委宣传部长张劲夫（原二师政治部副主任）在东庙区七贤乡蹲点。我和王义勋就带队出发了。祁是书记，要管地方工作，研究总结夏收，布置秋收，是理所当然的。

在仪征活动了半个月，魏然带部队返回后方的六合冶山一带休整，这才想起未归的祁式潜，于是四处打听均无下落，县委机关的同志说离开后就未回来，张劲夫说这十多天来压根就没见过到他，问来问去最终还是从东南办事处副主任郭石那里打听到了确切行踪：祁政委带着区党委赋予联系汪精卫海军的特殊任务渡江去江南了。

敏感的魏然顿感问题严重，立即向地委书记赵启民报告，从赵处验证了区党委并没有布置祁式潜这项任务。很快，临江的胥浦区委书记李锐派交通员送来消息说，祁从沙窝子过江，临别时特别交代他们要对县委保密，称这是区党委交代的特殊任务，而祁的警卫员现仍在江边村庄等待……

> 我立即叫他的警卫员回来，检查他留下的皮包，包里留有两封信，一封是给我和王义勋（我们俩是县委成员），一封给地委书记赵启民。大意是因居瀛棣在上海被捕，他急于去沪营救，来不及打招呼就走了。此一去虽难再回，但决不会作对革命不利的事，利用便利条件，还要为革命作有益的工作。

显然，祁式潜出走并不是如他所说去执行区党委交代的特殊任务，真正原因是什么？据魏然分析："可能是因区党委要调他到华中党校整风学习，他知道延安整风有过左错误，搞逼供信，他的社会关系复杂，考虑整风审干过不了关。当时，又有情报说日寇两个旅团要'扫荡'东南，可能是他感到形势严峻，干脆一走了之。他是文人，对武装斗争是胆小的。"

作为区党委委员、宣传部长、县委书记的祁式潜不辞而别的消息，在淮南区党委甚至华中局和根据地干部群众中就如重磅炸弹般迅速传开，这对全体军民的震动和影响可想而知。

为防止因祁式潜出走引发连锁反应，区党委再派组织部长陈光到东南县委临时负责，张劲夫亦常住东南蹲点。与此同时，依托区党校开展的审干就更严格更紧张了,可越是怕错就越是出错,不久淮南根据地接连发生天高、东南"三青团"两大错案,先后抓了一批人,虽然很快都得到平反,但还是造成了不小伤害。

祁式潜以后的经历证实了他在临别信中所作"无害革命,还要为党继续工作"的承诺。离开根据地后,祁式潜夫妇辗转来到了重庆,1945年8月起在周恩来介绍下加入吴克坚情报小组,第二年由渝抵沪,利用自己国民党中央银行专员和居正女婿的公开身份从事情报和策反工作。上海解放后,祁式潜担任过军委上海联络局专员兼秘书处处长,几年后又调入中国科学院近代史研究所等单位工作。

审干还是要重证据

华中整风开始时丧失警惕,到了审干特别是"抢救"运动阶段,当一些潜伏特务被揭发出来或自首后,有些领导人开始草木皆兵怀疑一切,一度犯了扩大化的错误。但在盐阜区三师,由于师长兼政委黄克诚坚持重证据不轻信口供,防止了乱捕错杀。

有一次,黄克诚参加华中局会议,恰好与七师政委曾希圣同住一间房。两人是老相识,都是湖南人,又是林伯渠、毛泽东主持的国民党中央政治讲习班的同学,后受党指派曾一起在唐生智的第八军做政治工作。1928年黄克诚组织永兴年关暴动失利,辗转到上海,幸得曾希圣帮助才与中共中央接上头,从那以后黄克诚逢人便讲曾希圣救了他一命,是他的大恩人。

正是为共同理想忘我工作中结下的深厚友谊和感情,每次见面两人都是无话不谈,可是这一次,黄克诚发现曾希圣常常闷闷不乐,很少与人讲话。这哪是曾希圣的性格,黄克诚估计他心里有事,就像老朋友聊天一样主动询问起来。一开始,曾希圣讳莫如深,并不肯多说,经再三追问才说出他的妻子余叔刚被人检举是特务。黄克诚知道,这肯定与正在组织的审

黄克诚　　　　　　　曾希圣

干"抢救"有关，但作为一个师、一个战略区党委的主要负责同志，身边藏着个特务老婆，说出去谁会相信？就反问曾希圣："先不管别人怎么说，你自己相信不相信？"

曾希圣黯然神伤又无可奈何地回答："人证、供词都有，不相信有什么办法？"

很长时间的沉默过后，黄克诚才问："是什么人供出来的？"

"二师政治部的一名女干部。"曾希圣如实相告。

原来，这名女干部与曾希圣妻子余叔上海读书时在同一个班。审干"抢救"中，就数二师部队抓的人最多。这名女干部被抓后，不仅承认自己是特务，为了争取立功，还供出了余叔等其他同学。供词通报到其他部队和地方政府，纷纷开始抓人关人。

俗话说，解铃还须系铃人。散会后，黄克诚专程绕道二师找这名女干部谈话。黄克诚是个直性子，开门见山就要求她把参加特务组织的经过详细讲一遍。这名女干部没有迟疑，滔滔不绝讲了一通，时间、地点和接头对象要素齐全。

"搞过哪些具体破坏活动？"这名女干部又照例一、二、三、四熟练地讲了一大套。可越是对答如流没有破绽，假话的嫌疑越大。黄克诚继续问："你讲的这些是不是真话？"

"首长，保证千真万确。"女干部点头如小鸡吃米。

显然，直来直去地对答式问话肯定问不出真相，黄克诚决定先做她的思想工作，打消她心底顾虑，就以自己入党 19 年的经历开导她要讲真话，不能有半点虚假。否则，既对革命事业不利，又害了自己和同志，"就是有压力也不能说假话"。听着听着，这名女干部突然放声大哭起来，接下来说的话完全推翻了之前供述，最后坦言自己和同学的特务嫌疑全部子虚乌有，都是在审查过程中被逼供出来的。

"那你为什么讲那些假话？"

"刚刚搞'抢救'时，我讲的是真话，可他们不相信。开一次会，又开一次会，我被整得没法，只好瞎说一气。我瞎说了他们就不整我了。我越是瞎编，越是受表扬……"

谈话结束后，黄克诚把情况专门向二师政委谭震林进行了通报："谭老板，这种'抢救'办法真是害死人啊！连曾希圣的老婆也给'抢救'了。"

"真是这样子吗？"谭震林也很吃惊。

黄克诚又问："你们那里一共'抢救'出了多少特务？"

"一个团大概有百十人的样子。"

"哎呀，这怎么得了哇！一个团要有那么多的特务，你们离敌人那么近，你们又把他们抓起来了，那部队还不乱了套，人还不跑了？"

"一个也没有跑。"

"老兄，我们那么整人家，人家一个也没有跑，哪有这样的特务！赶快给人家平反吧！"黄克诚有些激动了，谭震林想想也确实是这么回事。

从二师回到三师后，黄克诚亲自参加了七旅的整风审干试点。当他发现有的部队已经开始抓人关押时，立即指令放人。不久，他又获知盐阜地委党校第二期整风学习班仍在搞"抢救"，已经逮捕了几十名干部，赶紧要求地委书记向明前往制止。在一次会议上，他几次谈到在中央苏区肃清

第十一章 华中失足者

"AB团"中亲身经历的惨痛教训,重申中共中央关于"严禁逼供信""重证据,不轻信口供""一个不杀,大部不捉"等政策规定,要求区委社会部和师锄奸部迅速部署对被"抢救"干部甄别平反,避免了多起冤假错案。

在淮南根据地老干部中至今还流传着刘顺元刀下留人的故事。整风运动到了后期,中共淮南区党委副书记刘顺元分工审干,他每天都能收到检举信和由集训班转过来的揭发线索,一个月下来有关材料竟堆积如山。其中有一份反映的是仪征新篁区委书记兼区长杜李的情况,称他党性不强,重用与当地日伪军有关系的干部,自己也认个别伪军为干亲,还挪用本该上缴的公款购买机枪。

既有政治纪律问题,也有经济问题,所以在区党委开会讨论时,多数人认为通敌证据确凿,主张对杜李逮捕处决。刘顺元则比较慎重,有自己的看法:"杜李认干亲是为了搞情报,这是工作需要,也经过了组织批准,说他通敌站不住脚。"但毕竟势单力薄,会后还是有人要秘密处死杜李,而且法场都选好了,还准备了一口薄棺材。

等话传到刘顺元这里,形势已经迫在眉睫了。二师师长罗炳辉在军地干部中威望高,刘顺元觉得只要说服他就有希望。尽管没有绝对把握,救人心切的刘顺元还是匆忙赶到师部见到了罗炳辉。出乎意料,刚介绍完简要情况罗炳辉就点头表示同意刘顺元的看法。原来在来新四军前,罗炳辉曾任过一阶段中共中央驻武汉办事处统战组长,工作需要经常接触社会上的三教九流,深知在国统区工作离不开与日伪顽打交道拉关系,否则根本无法立足。

有了罗炳辉帮助,刘顺元很快说服其他领导,统一了党委思想,从而避免了杜李被错杀。后来,在中共淮南区党委的一次干部会上,刘顺元忍不住有感而发:"淮南区党内怎么可能有这么多特务呢?如果这样,根据地建设怎么可能有这么大成就呢?搞那么多特务,不是自己打自己的嘴巴,搞自我否定吗?"并公开宣布,"不管是揭发,还是审查,一定要重证据,没有证据的一个不抓不杀,统统保留党籍,照常工作。"

"抢救"出了真特务

擦拭历史的尘埃,对发生在七十多年前华中的这场审干"抢救"运动,今天的我们应该如何认识和评价?存在着明显的盲目性扩大化,伤害了不少好人,造成了一批冤假错案,这是客观事实;但是,通过专案审查和群众斗争,也确实挖出了一批潜伏敌特,清除了安全隐患,纯洁了干部队伍。这是新四军锄奸部长汤光恢的总结。

1991年2月,曹晋杰为盐城新四军纪念馆征集文物史料,曾专赴南昌拜访汤光恢。访谈过程中,汤光恢就向他表达了不同意全盘否定整风审干的看法,曹晋杰在《新四军在抗日根据地的肃反锄奸斗争》一文中转述:

> 汤老说,如今的某些研究中共党史、军史的学者,一谈起1942年开始的整风运动后期,搞了肃反、锄奸斗争,就讲扩大化,伤害了多少多少好人,这是很片面的。历史事实是,通过专案审查和群众斗争,确实挖出了一批潜伏在新四军和抗日民主政权内部的敌特、汉奸,最大限度地清除了隐患,是取得了很大成绩的。

为了证明自己的观点,汤光恢列举了四个方面的实例:

> 一是伪装进步,骗取信任,钻进来的特务、汉奸,陆续被揭露出来。沦陷区和国统区的日伪特务机关和国民党特务机关,多次派遣男女青年特工,伪装进步,混入进步青年中,利用我扩军招干的机会,通过中共地下党的关系,先后投奔新四军和抗日民主政权,并长期潜伏下来,伺机从事反革命破坏活动。如淮南行署民政科长王建中,曾在日本特务机关南京21号受训,他伪装进步,经淮南一开明士绅推荐,进入淮南行政学院学习,毕业后分配至淮南行署民政科工作。淮南文协两位同志携巨款秘密去南京采购军用物资,王建中同行,一到

南京即被日军逮捕，日特审讯时，文协同志只承认自己是做生意的，王建中出面自称是日特进行劝降，文协同志经不起威逼利诱，被收买成了日特，后重返淮南长期潜伏待命。

大地主出身的钱维人，北洋工学院毕业，参加过学生抗日爱国运动。1934年在天津被日军逮捕，并加入日特，奉命在天津法租界开志恒书店，出售进步书刊作掩护，后潜入抗日根据地，日军还假意前去搜查书店，扬言要逮捕他，就这样他混入我抗日民主政府交通部门工作，把我军的供给来源、兵工厂所在地、党的秘密交通路线等重要机密，先后向日特告密。这都是这次斗争中揭发出来的。

二是施用美人计，勾引腐蚀我军政干部，被先后清查出来。抗战时期，我军政干部的恋爱婚姻受到严格限制，男的需二十八岁、满五年军龄、团职干部才允许结婚，敌人即钻这个空子，派出年轻貌美的女特务甚至重金收买妓女，潜入抗日根据地勾引我军政人员。

新四军政治部无线电台大队政治指导员郭力军，被日本女特务混进来当报务员的吴静华所勾引，打报告要和她结婚。当组织上要他对吴静华作政治审查时，他说："吴静华是个有觉醒的知识青年，政治上百分之百纯洁，我可以一个共产党员的全部政治生命向党提出保证。"组织上另派人审查吴静华，他对吴静华说："当心些，找你谈话的是锄奸部长"，鼓励吴静华"这里问题弄不清，可以到华中局上诉"。当吴静华被隔离审查后，郭力军还要求与吴静华见面，为吴静华"喊冤"，由此可见，他陷得多深。为此，军政治部党务委员会决定给郭力军开除党籍一年的处分，一年后视郭力军认识错误和改正错误的实际表现，再考虑是否恢复其党籍。

日本女特务田进，年轻貌美，伪装进步，被新四军第一师第二旅扩军时吸收进来。她在旅部机关工作期间，以谈恋爱和发生肉体关系俘虏了接近她的人，曾有人发现她偷窥军事电报，未引起重视。王集成担任旅政委后，还让她担任机要秘书，保管和抄写旅部的机密文件和电报,她趁机将五六份绝密电报私自带出去交给了安徽立煌县的特务机关。此事被揭发后,王集成因丧失警惕,用人不当而被撤职。

三是地方实力派,表面赞成新四军抗日,暗中勾结日伪顽加害新四军,假面具显出了真容。淮南地区有个士绅,表面上拥护新四军抗日,暗中与国民党反共顽固派勾结。国民党特务组织"抗日反共护党救国会"重金收买的妓女"小桃花",就是通过这个士绅在新四军第二师第六旅第十七团驻地附近安顿下来,利用送吃食、洗衣被机会与第十七团粮食股长郭祥兆接近。两人相识后,又由这个士绅作婚姻介绍人,郭祥兆先还拒绝,但经不住这个士绅的劝说,称"小桃花"读过书,婚后可以做民运工作,帮助征集粮食,郭祥兆终于答应了。这个士绅又在空庙里布置了新房。俩人结婚的当夜,"小桃花"则说:早年丧父,又无兄弟姐妹,母亲一人在家守着几十亩地,要郭祥兆和她一起回家照料家务,郭祥兆同意了。第二天一早,郭祥兆即将自卫用的手枪交与"小桃花",两人一起出走,刚走出抗日民主根据地,即被敌人捉去。"小桃花"拿着手枪去特务机关领赏金去了,他则被迫参加四个月特务训练,又重返新四军第二师第六旅第十七团潜伏下来。

新四军第四师在淮北,曾被泗县伪自卫团团长苗秀峰的进步假象所迷惑,派人去和他联系,争取他参加抗日。苗秀峰心中暗喜,将计就计将日伪发给他的自卫团团长委任状和日本太阳旗交给新四军,表示和新四军一起抗日。他多次反映日伪军内部的勾心斗角,说某某人可争取,某某人准备投诚,让新四军派人去接洽,实际是撒网,引新四军上钩。彭雪枫师长警惕性很高,通过内线了解,根本不是这回事,这才未上当。这些也是在这次斗争中揭发出来的。

四是我军政人员被俘后,叛变投敌又被放回做内奸,得到了彻底清理。新四军第一师第三旅第九团的机要员龚某,在一次战斗中被日军俘获,经不住敌人酷刑当夜即叛变了,敌人随即将他放走,他自称

四师锄奸部长方中铎（前排右一）与彭雪枫（前排左二）等合影。

躲在百姓家中养伤，而后归队，成了一名潜伏的日特。日伪军采用即俘即放的办法，使我方不知其被俘经过，所以较容易潜伏下来。

显然，通过审干和检举揭发，一个个潜伏下来的特务内奸被挖出来，深刻教育了新四军全体指战员和民主政府工作人员，原来不信自己身边有暗藏敌特内奸的信了，原先认为"真刀真枪的敌人大部队也不怕，还怕个把小毛贼钻进来吗"，经过活生生的事实教育，看到"明枪好躲，暗箭难防""堡垒最容易从内部攻破"的严重危险，麻痹轻敌思想得到克服。从此以后，在扩军招干中严把政治审查关，绝不让未经严格政治审查的人进入涉及核心机密的要害部门，日伪顽再搞"打进来，拉出去"的伎俩就很难得逞了。

第十二章 "进步青年建国团"案平反始末

皖南事变后,华中的国共关系彻底决裂,锄奸部门对国民党的人称为特务,而把依附于日伪的人称为汉奸,虽然对其处置的政策略有不同,但一律纳入工作对象,都是防范和打击的重中之重。

现在,几名涉世未深的中学生中居然传出发现了国民党特务组织和潜伏特务,那还了得?根据地锄奸部门当然要严格讯问,一查到底。

一支钢笔引发的错案

报告:敌特组织名称叫"进步青年建国团",在女生班内以胡坚为首的五人小组。

报告:该组织在淮北中学其他各班都有网络,包括陈絮寻等六名领导人名单。

报告:为保留特务证据,能否书信往来?

……

1943年下半年开始,"抢救"运动在华中军地各系统各部门如火如荼开展起来。此时,机关部队仍叫"抢救",到了区乡和学校等基层就改了个朗朗上口、直接明了的名称"坦白运动"。千万别以为这样的改动没有意义或者只是文字变化,其中蕴含和传递着更新理念更高标准。"抢救"体现组织关怀和关爱,不抛弃不嫌弃,即使做了特务也希望回头是岸,再给你一次机会将功赎罪;"坦白"则更鼓励主动报告、提倡自我救赎,不但本人要与特务等反动分子划清界限，还应该积极检举揭发他人戴罪立功。

"抢救"不好，伤及领导；"坦白"不对，祸及一片。

创办于1941年的淮北中学，是中共淮北区党委和行署直接领导的一所干部学校，学生大部分来自根据地的小学毕业生和失学青年，部分是需要补习文化的基层干部和小学老师，还有一部分来自游击区、敌占区和国统区的爱国青年。学生来源的多样性决定了这里反特斗争的复杂性，尤其是到了"坦白"阶段。

人非圣贤，孰能无过？一些人思想上工作上的缺点错误，或者以前未交代清楚的历史问题，这时都被轻率地怀疑成"政治问题"，甚至"反革命问题"。

1943年9月16日，在淮北家境稍好的都会炕上糖月饼，黑芝麻馅一口咬下来唇齿留香、酥入心田。然而，此刻的淮北中学17岁女学生孙敏却享受不到这份欢愉。虽出身富裕中农，但因为父母反对她继续上学，孙敏完小毕业后就滞留在家。不久因与邻村一男孩谈恋爱闹起了别扭要分手，搞得两家大人快要反目成仇，孙敏去年底一气之下偷跑到淮中做起了一名中学生。人是自由了，却就此断了经济来源，新学期开学才半个月，她从四处借来的35元边币就已花销大半。

就连最起码的温饱马上都要成问题，生性好强的孙敏这时偏偏又看中了商店里的一支钢笔。没钱，怎么办？扛不住诱惑的孙敏想到了偷。

这时听说女同学蔡钧收到了家里一笔汇款，孙敏一不做二不休就把黑手伸向了她。孙敏的"聪明"之处或者说比一般小偷更理智的是，她野心并不大，仅从蔡钧的汇款里偷走50元，除留下10元自用外，40元当天就买了钢笔。

虽说动机值得同情，但毕竟属偷窃行为，令人不齿。手莫伸，伸手必被捉。三天后听说蔡钧将丢钱的事已报告了学校领导，孙敏不等事情败露，就主动找到教导员周甦承认了错误。

可有些事情的发展往往超出常理，而时势在此过程中常常起着意想不到的作用。"聪明"过头的孙敏为掩饰错误，在向周甦承认时竟张口就撒了个谎，说自己的偷盗行为并非出于自愿，而是受了一个叫胡坚的女生指使。周甦对胡坚并不陌生，她在淮北中学第一次反特运动中就因言论消极被怀疑成"三青团"分子，最后苦于没有找到证据，才没有正面接触，一年来一直列为学校怀疑的重点对象，而被校领导选中负责暗中监控胡坚的学生正是孙敏。

命运有时候真弄人，同样是思想落后行为散漫，同样在反特斗争中，胡坚被划成隐藏敌特严加防范，而孙敏却作为"内线"加以培养使用。

当晚，孙敏再次找到周甦秘密报告：胡坚邀其加入组织，具体名称不详。紧绷着的反特神经让周甦听了这个消息后既紧张又兴奋，她连夜向副校长张宇瑞汇报。两人商量对送上门来的"工作"坚决不放过，立即批准孙敏打入该组织实施秘密侦察。孙敏还真没让他们"失望"，没过两天就把组织名称、领导人名单和参与其中的淮中师生骨干等情况摸了个清楚。尤其是通信的建议被周甦批准后，9月27日孙敏试着给胡坚发出第一封信：

> 我刚到这里来，对于工作方法方式以及一切都目空，莫名其妙，也不知怎样才能去胜利完成工作。我很着急，至今我的工作还是一点成绩没有，也没有什么汇报来交给你，希你以后多多在工作与指示一切，如何去进行，多贡献些最适当最完善的工作方式方法，我才能去努力的进行，如不能得面谈望多用笔写，切切为盼……

语言稍显啰唆，但态度还是非常诚恳。

9月29日，学生孙启梓、李彬在学校收发室无意中捡到了这封信。面对区公安局办案人员调查，两人均称信纸背面写有"转陈絮雄阅"五个红字，左上角还有涂掉的人名"刘斌"两字。同时，李彬还提到，他亲眼见胡坚刚刚离开收发室。言下之意，到收发室偷偷放信的最大嫌疑人是胡坚。10月初，孙敏终于等来了"回信"：

你的报告已收到，这几天工作情形如何，我们联系不大方便，希经常汇报，特别是要抓紧秘密宣传。

经女生班班委张克英核对笔迹，确认信为胡坚所写。自此，如一幕谍战剧那样，人物出场，故事展开，情节递进，冲突升级，惊险不断。

报告：胡坚布置我偷你枕头下的《组织工作文选》。

报告：胡坚布置我偷陈秉惠老师的箱子。

报告：在我按要求向胡坚探问张克英丢失包袱事时，她嘴露诡异秘而不答，肯定是知情者。

报告：胡坚已发觉我泄露的偷枪秘密，威胁我要么害死你，要么自杀以表心迹。

……

从个别人思想落后发牢骚讲怪话到暗中抱团成立反动组织，从偷盗财物搞破坏发展到预谋策划暗杀活动，"进步青年建国团"的特务行为恶性膨胀，淮北中学的反特氛围骤然紧张。

口供，还是口供

前后经历一个多月，掌握了这么多活动内幕，人证物证俱在，收网的时刻到了。经张宇瑞和周甦两人提议，淮北中学决定停课停学，举行第二次反特大会，一开就是七天。

11月4日：孙敏作为破案"功臣"，首先登台揭发胡坚指使她偷钱偷物，以及参加"进步青年建国团"情况，并供出该组织负责人和参加者共计11人。紧接着各班学生先后发言，宣读检举材料。下午，胡坚、刘斌先后认供。晚上，相关人员被集中看管，由其他学生分头谈话劝说"坦白"。

11月5日：胡坚手拿点名册交代嫌疑名单20余人，其他学生又揭发数人,刘斌将此42人逐一"编班、分配职务"。下午"监团长"陈絮寻认供,傍晚"团长"靳如茂母亲来校遭扣。

11月6日:斗争升级,刘斌供出教员胡锡山、张绍云,靳如茂供出地方负责人许乃春等三人。当晚,许等被捕,靳母认供带毒来校参与暗杀活动。

11月7日:斗争进一步升级,检举对象扩展到校领导,其中事务主任黄汉平刑讯后认供。

11月8日:女教员陈秉惠被公开检举,靳如茂母亲交代带毒的详细经过。

11月9日:答辩,巩固口供。

11月10日:总结,做实口供。

同在一个校园内,淮中有师生参加"进步青年建国团"组织可以理解,怎么半路杀出了个"程咬金"?靳如茂母亲因何来校,为何被扣,承认带毒又是怎么回事?这还要从靳如茂被怀疑遭日伪逮捕说起。

原来,去年春节放假期间,靳如茂随母亲到归仁集的舅舅家拜年,其大舅是"白皮红心"的保长,为抗日武装做过不少好事,早被日伪特务盯上。大年初三拂晓时当地反动维持会突然上门抓人,靳如茂和家人翻墙逃脱,这一走就是一个多月,直到开学才归队。消息传回学校,在审查中靳如茂对这段时间的活动提供不了证明人,当然排除不了遭日伪逮捕逆派回校的嫌疑,现在被人揭发出担任"进步青年建国团"的团长,其特务身份就更有板有眼了。

特务的母亲当然也是特务。靳如茂母亲到学校时,因为靳如茂已被单独关押,母子未能相见,于是被临时安排在学校伙房休息,晚饭后又安排女生皇甫仰秀、王竹村前去盘问。说来事也凑巧,谈话过程中靳母提出到后院解手得到准许,但因视线模糊,皇甫两人隔门隐约听到有倒水和瓶子相碰的声音,当时并未介意。可是第二天一早事情却发生戏剧性变化,炊事员陆一明因事去后院,回来就向校领导报告,称发现昨晚靳母蹲过的地上有一块湿印子，土层发黑，判定为毒药所致。于是，靳母来校送毒的消息在全校不胫而走，越传越真。

毒药的出现，犹如一截强有力的弹簧，把案件一下子推向高潮，牵动起淮中所有人的神经，使大家确信就在身边、就在朝夕相处的师生中间，真真切切存在着一个潜伏的特务组织"进步青年建国团"，这不仅危害革命，更直接危及每个人的性命！

此时的淮中师生反特热情异常高涨。经施刑，一天后靳母供认，毒药是应儿子要求、由归仁集苏良才交她带来，到了学校才发现看不上儿子又被盘问，自己担心投毒计划败露这才利用到食堂后院小便之机销毁证据。

供词传到靳如茂那里，一点不讲肯定过不了关，只能像故事接龙一样继续供出惊人投毒计划：在当地特务指令下，"进步青年建国团"已分工五人，准备同时向学校师生食堂投毒。另外，他们还了解到，其他反动组织也计划近日向当地多个区乡政府机关和群众饮用水源中下毒，以制造连锁轰动效应……

关于投毒犯罪，淮北中学初步掌握的证据如下：

一、靳母慌忙跑向后院内蹲下，有人即听到倒药水和砸瓶子的声音。

二、事后有人在后院捡到瓶子的玻璃碎片。

三、据校医说：瓶子既粗又高，大约可贮50CC的容量。

四、靳母蹲下地方的土变黑色，干后又变为灰白色。

五、胡锡山供认毒药是霍乱菌。

六、因为靳如茂被捕后投敌，为保子平安靳母对特务投毒计划当然言听计从。

在"进步青年建国团"案中，经过七天的斗争大会，张宇瑞副校长已基本确信这是一起真实的反革命团伙案件，但他同时也意识到一个致命问题，那就是全案审到现在，除了两封遗失的往来信件和几片玻璃碎片外，掌握的证据全部来自口供，口供容易前后矛盾、相互矛盾，还会说变就变。在整理上报案情的前一天，张宇瑞召集参与办案的有关人员在老师张允中屋内交换意见，对口供逐份梳理，有矛盾的按照统一口径组织修改。会上，难掩心中兴奋的张宇瑞公开宣称：空前未有的成绩，全国难有的成绩。

大案告破，淮北中学全体师生群情激昂，第二天教导处就发动学生下乡宣传。11月14日，校总支召开全体党员大会，总结经验教训，拿出处理意见：

> 老师胡锡山、张绍云和陈秉惠作为"进步青年建国团"负责人，因态度不端正，一直未认供，移送淮北行署公安局拘押审查，其他人员集中居住、继续对供。

短短两个月，"进步青年建国团"案共牵连淮北中学师生44人、地方48人。

真假内线

案件由边区公安局上报中共淮北区党委和行署，淮中领导并未受到一句赞扬，区党委甚至指出了案中诸多疑点，要求拿出证据。这无异于兴头之上被泼了一身冷水，本应清醒过来的淮中领导竟然一下子接受不了，有人不以为然，有人还相当抵触，所以一面对复查人员设置障碍、封锁消息，一面将涉案人员口供重新整理，弥合矛盾。边区公安局接手此案后，竟也沿袭群众办案做法，继续诱逼涉案人员，采取口供印证口供，通过口供再抓人捕人，不仅没有使案件处理柳暗花明，还有进一步恶化趋势，涉案师生很快增加到了56人，占全校总人数的四分之一。

不久，以边区公安局名义上报的案件材料，还是被以证据不足退了回来，同时要求所有办案人员暂停工作，妥善对待涉案人员。明眼人都能看得出，这样的结论比上一次还要糟糕，甚至可以理解为不排除冤假错案的可能。想想要把那些自己审了几十天的"特务"们无罪释放，淮中师生们有些不能接受这个现实。

边区领导的审慎态度事出有因。1943年底,中共中央已发现各地"抢救"运动的扩大化问题,开始着手纠偏。12月22日,书记处召开工作会议,在肯定反特斗争成绩同时,严肃指出了存在问题,要求开展甄别工作。12月27日,毛泽东还致电华中局和新四军,重申反特斗争必须坚持"少捉少杀"及"少捉不杀"方针。这促使淮北边区下决心清查淮北中学"进步青年建国团"案件,区党委书记邓子恢在整风轮训班上提出:"抢救失足者大搞逼供信过激斗争的错误,中央及时发现并作了纠正,这是很适时很重要的,我们要用这个经验教训,发现问题,纠正问题,坚持正确的搞好整风运动。"

1944年初,四师师长彭雪枫被邀请主持对淮北中学"进步青年建国团"案件的清查工作。彭雪枫投身革命二十来年,历任新四军游击支队、六支队司令员兼政委,军政兼通、军政兼优,被毛泽东、朱德誉为"共产党人的好榜样"。接手后,他用四天时间细致阅读了全部口供材料,在看守点与涉案的几名老师逐一谈话,还带人到淮北中学做调查,开座谈会听取师生家属意见,得出的初步结论是:真正打进来的敌人只能是个别的,少数的,不可能是大批的。

这句话的潜台词,就是淮北中学和边区公安局犯了扩大化的错误,也就从根本上否定了全案的真实性关联性。为防止先入为主影响其他人判断,1944年3月在给区党委的报告中,彭雪枫提出该案四大疑点:(1)陈秉惠没有口供,没有铁证,淮中送来证物不能成立,估计陈与淮中案件关系不大,甚至并无关系。(2)在审问过程中,发现淮中严重的逼供信,在这种情况下获得的口供,往往大部分是不可靠的。(3)串供。(4)口供中有不合情理的"事实"。最后,彭雪枫郑重建议区党委组织全面复审。

此时,军锄奸部副部长梁国斌随邓子恢来到淮北根据地,在完成另一起泗阳反特案件复审后,又接受委托马不停蹄参与到此案的全面复审中。

不愧为锄奸保卫战线的一名老侦探,梁国斌听完案情介绍、读了彭雪枫的报告后就已成竹在胸。他分析感到，案中人物加起来有近百人，看似头绪多关系复杂，但核心的就开始时那两个：孙敏，作为"内线"，是绝大部分情报的参与人和提供者；胡坚，作为"进步青年建国团"骨干成员，当然知晓这个组织的来龙去脉。所以，无论最后定案还是撤案，这两个人都是必须清查复审的关键人物。比较而言，胡坚一直处于被动怀疑地位，首先突破的可能性大一些。

思路定下来，梁国斌决定先从胡坚入手。3月10日他先后两次找胡坚谈话，还未政策攻心，胡坚就痛哭不已，强烈要求重新调查，洗刷自己的冤屈，这大大出乎梁国斌意料，也更加坚定了他对案情性质的判断。不料3月27日，日军飞机轰炸边区行署所在地大王庄，关押在边区公安局的胡坚不幸罹难，复查人员从她身上发现多份写有"冤枉"字样的纸条。

原计划的两人，现在就剩下孙敏一个，不仅信息源少了，而且还丧失了印证可能，无疑大大增加了案件复查难度。如何审查孙敏，实现以点带面突破全案，成了关键。很快，梁国斌列出孙敏偷钱、1943年9月29日信件、靳如茂母亲带毒等疑点，要求复查人员围绕口供和物证逐一核查。

回过头来，梁国斌决定追根溯源，先弄清楚孙敏是如何成为淮中反特"内线"的。梁国斌感到，这既是案情复查的需要，也是判断孙敏口供可信度的重要参考，在大多数人心目中总以为"内线"一定是经过考验的忠诚可靠之人，他们报告的情报自然也是千真万确，但万事皆有例外，孙敏是不是个例外呢？

去年下半年第一次反特大会结束后，淮中领导就有意物色培养一名反特"内线"，有人提出了两条标准：政治上必须纯洁可靠，是新党员或党员发展对象；表面上又要表现得散漫落后些，这样才易于接近并打入特务组织。按照这样的标准挑来挑去，刚入学不久的孙敏幸运中选。原来，孙敏因为爱说大话、爱慕虚荣，与周围同学关系一般，唯独与胡坚交好，当时胡坚已被内定为特务嫌疑对象。学校领导误以为胡坚在拉拢孙敏，就派人找孙敏谈话，布置她跟踪监视任务。作为对她本人的奖励，也是满足"内线"的另一个条件，不久发展孙敏入了党。接下来孙敏就按照布置要求，把胡坚讲过的一些牢骚话当成思想反动的证据汇报给周甦，周即指示她有机会打入特务组织。

显然，问题的根子就出在了选人用人不慎上。应该说，孙敏这个人在品质上并没么好，特别是"内线"的两条标准，严格来讲哪一条她都不具备，开始时不是党员也不是党员发展对象，散漫落后不是表象，而是实际情况。如此一来，出差错很正常，不出纰漏倒属意外了。了解这些情况后，梁国斌找孙敏谈话，经耐心开导，饱受折磨的孙敏终于承认，偷钱事发后，自己害怕被学校开除才嫁祸于胡坚。据孙敏交代：

> 我始初只想害胡坚一人，哪知愈演愈凶，一直牵连到这么多的人。所谓特务组织"进步青年建国团"纯属杜撰，我以前听人说过"青年救国会"和"三青团"等国民党组织，就联想出了这个名称，至于参加人员及活动情况都是我编出来的。

那么，作为重要物证的9月29日前后的两封书信呢？经查均属孙敏伪造，特别是10月初的所谓胡坚回信，系孙敏利用空白纸由胡坚签名后自己移花接木杜撰出来，正是这封以假乱真的"指示信"，被作为关键物证，骗过了众多师生。孙敏说：

> 因为我要想胡坚回信是无法得到的，只好自己假造。有一天上新文字课时，我问胡坚的名字，用新文字是怎样拼成的，她就在我本子上用新文字拼出来，我就把这张纸裁成信纸一样，把胡坚签的新文字名字留在下面，我又装胡坚的字迹写了几句，就造成一封胡坚给我的指示信，预备与胡坚对证。假使胡坚不承认，就把这信拿出来，特别是胡坚写的新文字名字，会使大家更相信，会后我把这

条子丢了。

随后，靳如茂母亲来校送毒的事也得到澄清。为弄清原委，梁国斌特意派锄奸干事靳奇到归仁集找到相关人员核实，重点查清靳如茂是否被捕。梁国斌的考虑是，靳如茂如果确未被捕，不仅能排除其通敌嫌疑，其母依敌指示带毒入校的推测也就无从谈起。

在九旅锄奸科耿科长协助下，靳奇一一找到相关当事人。靳如茂的二舅苏中元证实，当天日伪进村搜捕时，靳如茂即翻墙跳到邻居朱凤标家院子躲藏，一去未回。邻居朱凤标谈到，当天家里正办丧事，进出人比较杂，靳如茂进屋后不知从哪找到了一顶吹鼓手的孝帽戴在头上，一直藏在乐队里参加送葬队伍才混到了村外，骗过检查后一路跑到邻村的谢新庄姨奶奶家里。靳奇来到谢新庄虽没遇上靳如茂的姨奶奶家人，但其他村民一致证实，靳如茂是正月初来，二月初才走，其间一直因为识字帮人算账，从未听闻遭日伪俘虏更不可能主动投敌。

提供证词的几人中，除苏中元系靳如茂二舅，有一定亲戚关系，其余均无利害关系，串供或作伪证的可能性不大。这几人所述基本可以佐证靳如茂在两个月失踪期间的活动情况，应该说可信度大。但靳奇并没有满足于仅仅调查靳如茂，他还找到了靳母供称中提及给其毒药的村民苏良才，群众均反映此人忠厚老实，安分守己，不可能是特务。

从靳奇带回来的调查情况看，梁国斌还注意到一个细节，那就是靳如茂的大舅在新年里被日伪维持会杀害，对靳氏母子来说与日伪应该有杀兄之恨、杀舅之仇，怎么可能甘愿附敌，这在人伦常理上似乎都很难说通。一没感情动机，二没毒药来源，三没有力物证，梁国斌认定，靳氏母子投毒的证据不足。

信件、毒物等关键物证逐一排除，口供又自相矛盾漏洞百出。随着复查深入，多名涉案人员向梁国斌喊冤，称自己的口供全系诱逼供而成。如女教师陈秉惠被指为"进步青年建国团"总负责人就是这样得来的：7月初陈秉惠才从南京中央大学来校工作,因为来自日战区,校领导便认为她有特务嫌疑。在审问靳如茂时,要他交代寒假被捕和预谋投毒经过,刚开始靳予以否认,审讯人员就用绳子反绑双手把他吊到了梁上,打耳光,抽鞋底,还没日没夜不给饭吃水喝,就连吊人的绳子都断了三回。靳如茂小小年纪哪坚持得住,干脆按照编好的案情一一交代承认。

原本靳如茂交代好自己的事也就完了,哪料审讯人员多问了一句:总负责人是谁?

被打怕了,哪还敢说不知道,只好胡诌道:胡锡山、张绍云。

是个女的。这回审讯人员态度温和了些,还主动提示他。

女同学?靳如茂小心地试探。

不是!

不是女同学,那就是女老师了。全校只有周甦和陈秉惠两名女老师,周甦一直参与领导反特大会,显然不可能,只剩下陈秉惠了。靳如茂又试探着问:有两个小辫子?

对啦!审讯人员立即应答。

……

幸得梁国斌这样实事求是的锄奸保卫干部,经过复审终使案情水落石出真相大白。6月1日,淮北行署刘瑞龙主任向区党委作报告,明确指出"进步青年建国团"案全属虚构假造。这年的《拂晓》杂志第十三期刊发梁国斌撰写的《审查淮中案件的经过》:

只认为有了内线和内线的报告,而不问内线是怎样来的,及内线的品格如何,只听人家说有特务活动的

梁国斌就淮中案件给区党委的报告。

证据，而不问这个证据的来源，只听人家说口供如何巧合一致，而坚信不疑，不去研究口供到底是怎样来的……用肉刑吊打所得出来的一大堆口供，不加以考虑，只要人家汇报材料，不问其材料的真实性如何……不管他是否冤屈，就认为是特务。

这段话不仅是从淮中案件中得出的深刻教训和启示，显然，梁国斌通过参与一些冤假错案的清查复审，已站在锄奸侦察更高点上思索如何在群众反特斗争中把握政策、运用谋略和甄别证据等专业问题了，从中也折射出一名奋战多年的锄奸保卫战线领导对个别办案人员草菅人命的深深担忧。

刀下留人

1943年秋冬，在淮北根据地还发生了彭雪枫刀下留人的故事。当时，日伪正集中兵力组织军事进攻，四师和根据地动员部署针锋相对的反"扫荡"斗争，部队集结待命，机关和学校准备转移。边区公安局在安排善后事宜时才忽然想起来，号称淮中"进步青年建国团"总负责人的陈秉惠还关在院子里。

这就难处理了，放了吧，没有领导点头，案件也没定性；留下来吧，又是转移途中的累赘。于是有人提出来，干脆拉出去枪毙一了百了，还选定了时间和埋尸地点。

也该陈秉惠命大，这消息不知怎么传到了四师师长彭雪枫耳中，本就对案件心存疑虑的他立即派骑兵团当天赶到边区公安局，果断制止了这一草率行动，还把陈秉惠带回了部队。虽说部队与根据地在指挥权上分辖两个系统，一般情况下各管一条线，但一来当时领导人在党政军兼职是常事，二来确实情况紧急，彭雪枫在军民中也有很高威望，所以也就顾不上那么多了。

刚从鬼门关转回来的陈秉惠哪了解这些,见到彭雪枫就拍着桌子责问:"共产党为什么干出这样的错事来?"

"共产党和国民党不同,如果确实搞错了,我们一定会纠正。"彭雪枫毫不动气但表情严肃。

"照我看,这是两天就可以弄清楚的事情,为什么拖了这么长时间还不解决?"

"许多问题还要调查核实,很费时间,你看,我们现在不是在处理嘛!"彭雪枫也是好性子,还是温和地解释。

尽管做了不少说服工作,但要想在短短的一次谈话中就让陈秉惠彻底消除怨气似乎也不现实。所以,当陈秉惠提出要给她母亲写信和需要一条被子保暖时,彭雪枫满足了她的要求。此外,彭雪枫还主动安排陈秉惠与丈夫见面,缓解她与组织的对立情绪。

直到这时,彭雪枫才得知,指认陈秉惠特务的除了一份检举材料外,拿得出手的证据就是她随身佩戴的一枚 C 字形鸡心别针。

这又是怎么回事呢?按照淮北中学和边区公安局办案人员说法,这枚别针因与国民党特务组织"CC"字母同样,由此他们怀疑陈秉惠是国民党特务。对此,陈秉惠也曾辩解,这是她在上海读书时一位同学所送,因其陈姓首拼字母是"C",所以在购买时特意选择了这一款型。但学校领导并不认可这种解释,边区公安局派人来复查时还建议把陈秉惠转押到了公安局,特别是最后认定她为"进步青年建国团"总负责人时就不敢释放了。面对反"扫荡",边区公安局宁可将她枪毙也不予释放,足可见当时确信她就是特务了。

刀下留人,现在甄别处理的难题摆到了彭雪枫的案头。在外人看来复杂难办的事,哪知彭雪枫想了个简单办法就解决了。他叫人从四师宣传队请来陈如东,也是从上海来的一位女同志,并不告诉她原委就拿着鸡心别针问她认不认识。不料陈如东看后竟哈哈大笑,说这个东西在上海的百货商店到处可见,谨慎的彭雪枫接着又问了多名在上海工作生活过的同志,大家异口同声。事实证明，陈秉惠不是特务，更不是什么特务组织的总负责人。

后来，受中共淮北区党委委托，彭雪枫短暂负责过该案的清查工作，在一次区党委会上他坚决主张这是一起人为制造的冤假错案，对所有涉案人员应予彻底平反。果然，梁国斌经过复审，也提出了相同意见。

在邓子恢主持下，1944年7月17日中共淮北区党委就该案的善后问题拿出处理意见，《淮北区党委关于淮北中学第二次反特案件的错误及善后处理办法的决定》宣布全部被牵连的人与本案无关，学生恢复学籍，教职员工恢复工作；决定撤销张宇瑞副校长职务，党内最后严重警告；周甦等行政撤职，党内分别给予严重警告、警告和记大过等处分；鉴于复查期间孙敏如实交代，给予延长党员考察期半年……

消息传来，淮北的干部群众拍手称快，彭雪枫和梁国斌等查案救人的故事，一时间在根据地传为美谈。

第十三章　纵横虎穴

不入虎穴，焉得虎子！

开展锄奸保卫工作，守株待兔是一种思路和办法，但更多情况下还是要深入虎穴，变被动为主动，毕竟天上掉不下来馅饼。

只有主动，才能掌握实情；

只有主动，才能寻找目标；

只有主动，才能撕开缺口；

只有主动，才有遏战止战。

捉放娲尚郎樱

"古川老婆明天一早乘汽车从应城去汉口。"

1942年初冬的一个午后，打入湖北应城县日军谍报队的内线姚国卿匆匆来到接头地点。当晚，这封绝密情报就由应城县委紧急转送到公安局副局长杨森堂手上，县委决定由杨森堂率领公安队连夜赶往汉宜公路设伏，活捉古川老婆。

古川是谁？驻应城日军宪兵队长，手下有百余名宪兵和汉奸特务组成的谍报队，经常袭扰豫鄂边区，破坏新四军五师的地方武装，捕捉区乡干部，烧杀奸掠，无恶不作。

湖北的应城，地处武汉西北前哨，上接郧襄，下连江汉，战略地位十分重要，尤其是蕴藏丰富的纤维石膏和岩盐资源，素有"膏都盐海"美誉。

所以，1938年10月日军侵占应城后长期派重兵把守，第四师团司令部就设于此，还在汉宜公路两侧、矿区周围和大小集镇设置据点四十余处，使应城成为日伪在鄂豫边区严密封锁的地区之一。

杨森堂心里明白，公安队员与普通群众一样对古川等小鬼子恨之入骨，这次抓不住古川本人，要是能活捉他老婆同样可以给个下马威。叫上通讯员，杨森堂晚饭都没来得及吃就赶到了公安队驻地召集干部骨干开会，连夜研究战斗方案，最后选定在汉宜公路的汪家岗至石家桥段设卡拦截。因为此地距应城、长江埠各二十来里，路两旁密布大小土丘，组成了一个长约两百米的壕子，是打伏击的理想地段。

听说要活捉老对手古川的老婆，队员们纷纷摩拳擦掌，兴奋得午夜了也没一丝睡意。挨到三更鸡鸣，三十多名公安队员饱食轻装，杨森堂走在队伍最前面，从陈家湾出来拂晓时就抵达了预设地域，迅速占领有利地形，分兵设卡埋伏起来。

根据计划，排长王金标假扮早起的砍柴农民在伏击圈外守候，随时观察传递路上的敌情。可一直等到日上三竿，杨森堂他们才听到从应城方向隐约传来汽车马达声，不久满载日军的军用卡车就鱼贯进入公安队的伏击圈。当第七辆卡车经过时，只见王金标迅速摘掉头上草帽，在胸前连连扇风，这是提前约定的暗号，告诉杨森堂和队员们古川老婆坐在这辆车上。

得到信号的公安队员们在杨森堂指挥下，枪炮齐鸣一阵猛打，六名特等射手瞄准第七辆卡车司机左右开弓，很快卡车就似醉汉般摇摇晃晃扭了几米一头歪在了公路旁。精通武术的队员朱刚早已箭步跃出壕子，在起伏地形和战友火力掩护下飞奔上去拉开驾驶室车门，如老鹰叼小鸡般拎起一个身穿和服的女人扛上肩就往回跑……其他车上的日军哪还敢朝朱刚射击，原本还在"叽里呱啦"乱叫的指挥官也似泄了气的皮球，举着战刀竟愣在了车头。杨森堂眼见朱刚得手，便果断带领队员们且战且退，很快就撤出了战斗。

这还了得，光天化日之下军车被堵，还劫走了护送的重要对象。车上

第十三章 纵横虎穴

日军仗着人多势众，跟在公安队屁股后面发了疯似的追出近十里路，也未伤及一人，只得垂头丧气返回县城。

这次伏击公安队圆满完成任务，受到县委嘉奖。可谁也不相信眼前这个人是古川老婆，只见她二十来岁，细皮白肉，文静秀气，一身日本上层社会的妇女服饰，腰系一条丝绸红带，腰背后有一个金线刺绣花包，这与满脸络腮胡的古川一点都不般配。难怪不少公安队员戏骂，真是一枝鲜花插在了牛粪上！

偏僻的农村忽然来了一位年轻貌美的日本女子，消息一传开，好奇的十里八乡群众都赶来围观品评，公安队员们拦都拦不住。为避免走漏风声，经验丰富的杨森堂请示县委后连夜转移住地，临走时还给她换上了新四军女战士服装，果然一路上免去了许多麻烦。

有趣的是就在转移时，还发生了一段小插曲。当这个日本女孩看到队员们收拾行装准备出发时，却死活不愿上路了，一把反抱着门闩连声喊叫队员们听不懂的日语："俄马恩果一达依。"什么意思，没有翻译，谁也听不明白。只是从她惊恐的面色、忧伤的神情上似乎可以判断她一定是担心着什么，后来杨森堂才知道她这是在反复说自己患有妇科病、下体疼痛，实际上是害怕新四军也像日军糟蹋中国妇女那样侮辱她。

由于语言不通，杨森堂与公安队无法进一步开展工作，所以一起生活了好几天还摸不透这名女子的具体情况。倒是她亲眼看到穿军装的与未穿军装的都态度和蔼、相互尊重，尤其对她生活优待，每顿饭其他人吃白菜萝卜，她的碗里却有蛋有汤，逐渐受到感染而慢慢消除了敌视戒心，变得开朗起来，开始有说有笑，还利用下地劳动间隙教队员们唱起了日本民歌《摇篮曲》。

不久，边区派来了日语翻译森田博美，才弄清了她的真实身份。原来她根本不是什么古川老婆，这只是古川为了掩人耳目、防止护送途中发生意外而放出的烟幕弹，内线姚国卿信以为真才送出了这则有真有假的情报。她的真名叫娲尚郎樱，是日军第四师团司令官北野宪三中将的亲姨侄女，真实身份是日本军部赴华战地新闻采访团的一名记者，一个月前随团到宜昌前线采访，结束后转道应城拜访其姨父，住了几天后正准备经武汉回国。这次，北野交给古川的任务就是把她安全护送到武汉，不想刚出应城就中了公安队埋伏。

巧合的是，森田博美与娲尚郎樱还是在东京读书时的同班同学。抗战后期，部分被俘日军在教育感召下自发成立在华日人反战同盟，总部设在延安，在新四军以各师为单位成立支部，主要负责对日宣传工作，森田博美就是反战同盟第五支部的副支部长。搞清娲尚郎樱的真实身份后，中共应城县委领导预计日伪近期必会加紧"扫荡"营救，于是决定仍由公安队手枪班长江培涛等人将娲尚郎樱转移到应城、汉川交界湖区的芦苇深处隐藏起来。

果不出所料，北野对自己的亲姨侄女被新四军劫走暴跳如雷，把古川叫来当众狠掴了几个耳光还不解气，严令他不惜一切代价必须尽快找回，否则军法处置。古川当然拎得清轻重，知道这次是闯下了大祸，急得就像热锅上的蚂蚁，当天就纠集一千多名日伪和汉奸特务，采取拉网战术兵分多路下乡"扫荡"，还在交通要道贴出悬赏通告，结果都是竹篮打水一场空。

眼看时限快到，气急败坏的古川一计不成又生一计，经北野批准执笔给公安队写信，声称"如不立刻放回，皇军将杀个鸡犬不留"。信转到公安局，杨森堂认为古川虽狂妄却心虚，意在投石问路，尚不知娲尚郎樱身处何地，遂决定不予理睬。果然第二封信中，古川不得不收敛嚣张气焰，换了口气说："望贵部查询帮办，如释放我旅华日侨，皇军将以重金酬谢……"读完信，杨森堂感到虽较于第一封信古川态度有所变化，但其玩弄伎俩还是昭然若揭，于是决定仍不理睬。事不过三，这下古川彻底沉不住气了，要知道此时北野的催问电话一天比一天多，宽限的时日更是日益临近，万般无奈之下只好硬着头皮放低身段以乞和的口吻写出了第三封信。信中，开出了三项条件供公安队选择：

"一、赠送日本最新出品的精良手枪十打；

"二、在应城县境划分势力范围，互不侵犯；

"三、互换俘虏，若贵方同意，可开列名单，照单放人。"

中共应城县委经过讨论，认为已实现教训古川等日伪军嚣张气焰的目的，决定以杨森堂名义复信，戳穿娲尚郎樱是旅日华侨谎言，同时痛斥日伪在华滔天罪行并提出严正警告基础上，指出"如有谈判诚意，应以全部释放我方被俘人员为先决条件"。

这一"军"将得古川七窍生烟。明知放虎归山，恼羞成怒的古川攥紧拳头不知往哪里打，最后不得不答应杨森堂提出的条件，下令释放了关押在应城、云梦等地的抗战干部赵理等数十人，作为新四军释放娲尚郎樱的交换条件。

走进日军据点的女公安局长

资福寺，现名资市镇，位于湖北省荆州市江陵县境内，处在荆沙三角地带。1943年前后一度为日伪控制的据点，当时只是一个仅有二百余名居民的小集镇。有谁能够想到，就在这个不起眼的小镇上，抗战期间曾发生过一名才貌双全的新四军女公安局长计走据点、第二天又全身而退的传奇故事，直到今天还为一些中日抗战史研究者所津津乐道。

这究竟是怎样的故事呢？日本作家森金千秋1983年出版的采访侵华老兵实录《常德作战》这样记载：

> 1943年前后驻防资福寺据点的部队为日军步兵一〇四联队第三中队千田熏少尉率领的三十余名警备队。这里是国民党第六战区几次发动对日反攻的起点之一，附近有大约两个师的国民党部队、新四军五师游击队和地方武装等。因此，这个据点曾经几次失守。

李先念（右）和战友在一起。

江陵县志资料《江陵民主革命斗争纪略（抗战篇）》印证了以上说法。1943年2月，日军进攻江陵县等地的国民党军，国民党江陵县政府仓皇撤走。4月，新四军五师师长李先念派十五旅四十五团挺进江陵县一带沦陷区，开辟了敌后根据地。不久，江陵县抗日政府组织地方武装第一次拔掉了日伪资福寺乡公所，缴获一批枪支弹药。很快，驻襄樊的日军发起报复性"扫荡"，再度占领资福寺等地……经过双方拉锯式争夺，这年秋资福寺暂时被日军占领，经不住新四军小股武装在据点四周骚扰袭击，也限于兵力，驻守日军千田队长平时只能蜗守炮楼，即便白天也不敢擅自外出。

有个历史背景有必要交代清楚。太平洋战争爆发后，日军的兵力构成发生了一定变化。侵华之初参战日军多为现役官兵，长期接受军事训练，作战能力较强，但到了1943年其补充兵员多来源于普通市民和失地农民，明显缺乏作战经验，而且对军国主义的狂热也大不如前，在这些人中普遍存在反战、厌战和苦闷情绪。仅华中，就相继发生了多起日军士兵集体逃跑或投降事件，这是新四军和根据地政府加强瓦解敌军工作的结果，当然也与日军兵力结构的这一变化紧密相关。

驻守资福寺据点的日军小队长千田熏，作战还算尽职，不过到了中后期也对战局和前途感到茫然，驻防郝穴期间就曾拜当地中学校长金达樽为师学习汉语。金达樽是郝穴一带有名的学者，为反日明志不愿住城镇而避居荒寺。千田主动要学汉语，他就教背贺知章的一些诗句，对其思想转变产生了积极作用。

第十三章 纵横虎穴

一个云淡风轻的初秋午后，资福寺据点内的三十多个日军显得百无聊赖，抱团抽烟的、埋头写信的，千田也站在炮楼顶层远眺镇上的街道发呆。这时，据点外的汉奸急匆匆跑来密报，称街上发现一名陌生女子，没有通行证，还逢人就打听日军警备队情况和据点位置，行迹相当可疑。这个汉奸用不容置辩的口吻断定，肯定是个情报人员，但他分不清来自国民党还是共产党。

事发突然，千田立即决定将人抓回来细细审问。就在上等兵船头正治等人准备行动之际，镇上担任联络员的郭家顺一路小跑来向千田报告，说有一个长相不普通的女人请求拜访队长。郭家顺与前面那个汉奸所指是不是同一个女人不得而知，但在一个两百多人的小镇上，同时出现两个陌生女人，似乎概率也不大。《常德作战》写道：

> 资福寺据点的日军由于不能外出，戏称自己的炮楼为"青春监狱"，这些20—30岁的日军士兵谈论最多的就是异性。由于周围中国的年轻女子都远远避开炮楼，这里根本见不到女人。所以听说这件事，士兵们都很好奇，他们议论纷纷，觉得这个女人可能就是情报中说没有通行证的那个。

在接受森金千秋采访时，千田如实讲述了当时的心理变化。《常德作战》这样记述：

> 千田询问郭家顺后就预感到来者肯定不是一般女人，不但是美人，而且似乎是个"高贵的妇人"。但随后千田又冒出了一句让人略有费解的话："不过，从她要见日本警备队长这件事来看，恐怕也不可能是什么漂亮的女性。"

可见，千田很期望与这个女人见一面，但又似有顾虑。书中这样总结:"年轻的千田少尉心中有了从未有过的骚动。"最后,他吩咐郭家顺:"那就请她来见吧。"郭家顺当时有点发愣,因为他看到千田的脸上出现了颇为愉快的表情,赶紧答应一声就下炮楼去了。

就在船头等士兵好奇地谈论的时候,炮楼下面的哨兵忽然跑上来报告:"有个女的来了,很漂亮啊。"对这一面,虽然过去了三十多年,千田仍记忆犹新,他向森金千秋这样描述:

> 郭家顺介绍来的客人,就等在哨所的外面,二十二三岁的样子,年龄比想象中的年轻,容貌让人难以置信的清秀。她身穿三分袖的中国服,两边开气的裙装,在大陆的蓝天下,映衬着黄土大地,给人只有一种单纯的美丽的感觉。一般中国人的服装都是黑色、白色、蓝色,但这个姑娘穿的是粉色底、带花纹的外衣,那种摩登的感觉和典雅气质,只有都会的上流女性才会有吧。

就在刚才等候的片刻,千田还曾和其他士兵一起猜测来者是不是卖身的妓女,见面后不得不暗中自惭形秽,所以在相互交谈时特别小心翼翼而彬彬有礼,生怕露出镶在前齿上的金牙。郭家顺把女子带到面前,千田问道:"看来您不像此地的人啊,是哪里的人呢?找我有事吗?请通报一下姓名。"

这名女子镇定自若地告诉千田,她叫祝玲瑛,今年23岁,务农人家出身,住在郝穴东边的熊家河,因为丈夫去世来这里投亲未果,所以才来请求给予协助。

也许早被祝玲瑛的气质折服,接着千田虽然也问了一些问题,但明显心不在焉,他叫士兵倒来果汁饮料,客气地说:"您走了很远的路,辛苦了,在这里吃顿便饭吧。在队里吃晚饭可好?"

谁也没有想到,首先乱了阵脚的竟是千田!

"多谢,那就给您添麻烦了。"祝玲瑛喝完饮料,大方地同意了。

第十三章 纵横虎穴

按照惯例，队里负责反谍的军曹仲须和翻译田中也要找祝玲瑛谈话，表面上是问她家庭和亲戚情况，实际上是想通过旁敲侧击弄清她的真实身份，特别是否为谍报人员。不料面对两人轮番盘问，祝玲瑛冷静对答，举止自然，没露出任何破绽。最终，仲须和田中一致认定她不是间谍，而是"中国一个很有名望的家庭的成员，需要以礼相待"。

其他士兵更是感叹她的美丽，但也不乏把话题扯到间谍和密探上。有的士兵提出，这样的女性不可能以务农为生，这肯定是谎言，但立刻有人反驳说务农并不表示就是农民，她极有可能出身于某个大地主家庭，受过良好的教育。尽管这些议论和意见都反馈给了千田，显然不能排除她的间谍嫌疑，但当场就动手扣押又觉不妥。据千田回忆，他当时认为祝玲瑛十有八九是国民党或新四军派来的谍报人员，因为她的这身服装出现得太不自然了，而且还四处打听日本警备队情况，可转念一想，又觉得："在这样的从天而降的美人面前，我觉得做这些事都有些不适当，要不，放长线钓大鱼？不过，心中最关心的，是不能就让她这样走了。"

犹豫不决的千田最终想出了一个自认为两全齐美的办法：在晚饭结束后留宿祝玲瑛。他的算盘是，如果祝玲瑛真是情报人员，当然不敢在日营过夜，哪怕口头应承了也会寻机脱身。这时，安排在外监视的士兵就有足够理由实施抓捕。如果她敢在这里留宿，那就证明不是情报人员，这也是自己希望的。

结果，这天最忙碌的是据点的炊事兵。《常德作战》描述，当时日军炊事班使出了浑身解数，不光烤肉、煎鸡蛋、烧鱼和莲藕制成的天妇罗，甚至还给主宾和陪客的郭家顺各上了一瓶啤酒。这样的饭菜对驻扎在城市的日军看来再平常不过，但对前线据点的日军来说是难得的美味，是迎接贵宾才会有的招待。祝玲瑛与千田对坐而饮，仪态大方，谈吐风趣，这一席吃得宾主尽欢。千田告诉《常德作战》作者："这不是和艺妓或者粗俗的女人同席，这是和真正高贵的女性一起吃饭啊，就算是师团长，也不容易有这样相谈的机会吧。"

临别时，千田略带不自然地邀请祝玲瑛当晚在郭家顺家留宿："让您在这里逗留的时间太长了。今晚就请在郭先生夫妇家过夜吧，明天要回去的话，我去送行。"

出乎所有人意料，祝玲瑛再一次表示了同意。

出乎千田的意料，一夜平静无事。

负责监视的哨兵第二天一早就来向千田作了报告，有约在先的他只得赶往郭家送别。《常德作战》记叙了两人最后一次会面的场景：

> 第二天，千田少尉来到郭家顺家中时，祝玲瑛已经起床了，千田形容她精神饱满，"丽若朝霞"。"昨天多谢了。"祝说。"没什么，昨夜睡得好吗？"千田问。"很好，在这里睡得很好。"黑若深潭的双眼，证明她没有说谎，但是千田少尉暗中叹了口气。他心中想道："原来你是新四军的人啊。"

简单的一问一答两句话，千田凭什么断定祝玲瑛就是新四军的人呢？原来，千田曾经参加过日军的反谍训练，不像普通士兵那样好欺骗。他是根据早上祝玲瑛的神情和状态推理出来：事实表明昨晚她确实睡得很好，而在当时的中国人中，能在新环境中仍然保证睡眠的人并不多见，这说明她已经习惯于经常改变住所。普通百姓极少外出旅行，国民党部队除了定期移防外一般也有固定住处，在这附近只有新四军的官兵才会频繁行军转移，才养成了居无定所的生活习惯。《常德作战》接着写道：

> 当时新四军虽未进攻资福寺据点，对日军阵地的构造和人员进行情报侦察，以便日后进攻却是可以想象的事。

为了获取重要情报，祝玲瑛不惜以生命为代价独身潜入敌穴侦察，这样的勇气和智慧实在令人钦佩。显然，此时的千田虽已猜准祝玲瑛的真实身份却并不当场点破，据他回忆是"因为他觉得用逮捕这样一个令他心折的女性来换取功绩，是卑劣的行为"。对于放祝玲瑛离开的理由，他自欺欺人地表示，她并没有对警备队或者对军队的作战产生任何危害。所以，只是在早饭快要结束时才意味深长地说："祝女士，祝你前途平安，运气好。"

"谢谢。"祝玲瑛也报之莞尔一笑。

饭后，祝玲瑛飘然而去，送行的郭夫人转达了她"对宽厚的千田先生的感谢"。这令千田顿感欣慰，因为他觉得祝玲瑛也是明白人，知道自己已经识破了她的真实身份。

值得一提的是，在战后一次老兵聚会上，船头正治听完千田讲述他为什么要释放祝玲瑛后，还问了一个好奇的问题："这样美丽的女人，你当时没有碰过她吗？"

"我只有在和她告别时握了一下手，她的神采让人神伤，不能直视。"

"那么，你对这次握手一定印象很深啦，当时是怎样的感受？一定很有女性的魅力吧。"

千田摇了摇头，苦笑道："我对那次握手记忆深刻，因为我能感觉到，她是经常握枪的人……"

《常德作战》最后记载，根据后来日军密侦的情报，这个祝玲瑛，正是李先念少将麾下所属政治局的女局长。

那么，祝玲瑛是真有其人，还是临时化名？如果有，她的真实身份又是什么呢？新中国成立后几十年来一直未见资料提及，直到2010年初，旅日学者萨苏在采访日军老兵船头正治时，才无意间聊起了这件事。临别，船头向萨苏赠送了《常德作战》等几本旧书，书中"资福寺警备队"一节完整再现了当年千田小队长在日军据点接待"新四军美女特工"的诸多细节。这引起了萨苏的兴趣，不久即通过网络上传了一则《求助——寻人启事：新四军美女特工祝玲瑛》的帖文。

循着这些线索，在国内党史专家和爱好者的共同努力下，很快证实这名优秀的新四军女侦察员就是被称作"楚天奇女、抗日女杰"的舒赛。舒赛，1917年出生，湖北江陵人，原姓祝，曾用名祝振容、祝成龙，1938年入党，参加过五师组织的锄奸干部短训班，1941年起任京（山）安（陆）县委社会部秘书，后从云梦县公安局副局长调任新成立的江陵县委社会部长兼抗日政府公安局长，人称祝局长。

祝局长，是鄂豫边区的第一位女公安局长！

当然，认定舒赛就是祝玲瑛还有直接的党史资料佐证。据江陵县志《日军侵占荆沙前后的江陵党组织》《江陵民主革命斗争纪略（抗战篇）》及江陵革命历史回忆录《荆楚烽烟》等记载，特别是《名人传记》1994年第10期发表《革命女杰舒赛（下）》，记载了1943年底舒赛"乔装日酋，直入资福寺敌据点，集合守敌'训话'，一举将两个班的敌军全部缴械"的情况。当时，日军因兵力不足，资福寺据点已交由伪军驻守，舒赛之所以能轻易得手，唯一的可能是她熟悉据点地形和内部情况。

也许有人要问，舒赛仅凭长相出众、气质优雅的外表，就冒险独闯日营，胜算几何？稍有不慎，岂不是羊入虎口？据舒赛的弟弟、著名作曲家舒铁民回忆，化名祝玲瑛的舒赛绝非以美貌作赌注，也不仅仅是千田所言"勇气和智慧"，当年"还有客观的政治环境可以保证她此行能够全身而退"，这是《常德作战》等资料作者所不知情的。

1943年4月，新四军五师十五旅四十五团开辟襄南根据地后，处于东西受敌的不利境地。为分化瓦解西线伪军，襄南工委书记刘真邀请时任江陵县行政委员会副主席的舒赛父亲祝甘亭出面，到沙市做伪保安司令曾尚武的统战工作。祝、曾两人都是当地参加过武昌起义和攻克荆州城的辛亥革命老人，颇有旧交。经双方多次密商，曾答应保持中立，并接受江陵县公安局秘书周方琳化名高仰山驻其部作为联络员。不久经曾尚武说服，驻守岑河口的伪军大队长、其外甥杨少卿也同意与民主政府约法三章，暗中保护新四军和抗日群众。此后，江陵县公安局派手枪队潜入资福寺据点所在地的岑河口一带，先后击毙叛徒简化轩、活捉汉奸简学美，杨少卿为了应付日军，都是命令部队朝天放枪。在这种政治背景下，舒赛独闯资福寺刺探敌情，即使出现意外，有外面这些统战关系，至少人身安全还是能够得到保障。

卧底聚安公馆

1944年深秋的一天，正准备参加整风学习班的四师十一旅锄奸科干事石华山突然接到命令，师长张爱萍要找他谈话。

从1942年下半年起，原任三师供给部特派员的石华山受组织派遣转任盐阜区羊寨合作社副主任，以经商活动为掩护建立工作关系借机搜集情报，以应对日伪对苏北根据地的大"扫荡"。其间，曾在盐阜地委敌工部长高原带领下见过三师副师长兼八旅旅长张爱萍，潜伏中又多次向张爱萍当面汇报响水口、灌云和新浦一线敌情，两人自然很熟。

"有件工作需要你去做。"张爱萍谈话一向喜欢开门见山，直奔主题。"伪淮北治安军司令马含章与你有亲戚关系，他因与副司令闹矛盾，已辞去司令职务，如不另外就职，将无收入养家；如继续任职，将来日军败退，不论国民党或共产党占领淮北，都将对他以汉奸论处。在这种情况下，具备争取他以担任伪职作掩护为我工作的条件。听说日军驻蚌埠的情报机构聚安公馆近期会邀请马含章筹建一个情报组，由马任顾问兼组长，成员由其聘任，你利用这个机会打进去。"张爱萍一口气交代了任务，还把马含章的个人情况介绍得很具体。

对马含章这个人，石华山也有所了解。1940年前后四师开辟淮北根据地时，马含章就是当地土顽头子之一，部队被打散后仍不知悔改，只身逃入敌占区依附日伪谋得一份差事。现在抗战形势向好，善于见风使舵的他自然想给自己留条后路，加上亲戚的面子，接纳石华山参加聚安公馆工作应该不成问题。

经过简单准备后，石华山与马含章的胞弟马馨如第二天就踏上了西去蚌埠的征途。不出张爱萍所料，工作进展顺利，马含章不仅完全同意接受新四军任务,还满口答应接纳石华山和四师另一名干部黄明善参加他的情报组。

为便于开展工作,石华山化名张治成,对外身份是马的表弟;黄明善化名李保全,掩护身份是马的旧时卫兵。两人经马含章协调,顺利拿到了聚安公馆发的情报员身份证,这样外出执行任务就方便多了。不仅如此,两人还成功争取到同为情报组成员的张荣生,张曾是新四军十一旅一名支部书记,不久前因故脱党外逃,现在只得答应石华山将功补过。

看似组织严密的日伪驻蚌埠特务机构聚安公馆,四师就这样神不知鬼不觉,既拉出了情报组长,还巧妙地打入了两名情报员。这样打起仗来,四师焉有不胜的道理?

日伪还蒙在鼓里。聚安公馆负责人中村煞有介事地来到马含章家,召集石华山等情报员秘密开会,宣布他们情报组的两项任务:一是负责调查了解津浦线南京至徐州段的新四军驻军番号、兵力、兵种、守备状况以及各个时期的动态情况;二是负责调查了解国民党军队的兵力、番号、动向以及临泉指挥所等方面的情况。当时,聚安公馆内设有多个情报组,组长由日伪委任,组员由组长聘用,各组之间互不隶属,就是组长之间也不发生工作关系,都直接对中村负责。

很快,中村就给马含章情报组布置了第一个任务,要求他们查清国民党军李仙洲部由皖入鲁经由商丘、徐州之间过陇海线的具体时间和路线。刚开始,石华山等人对此并没多想,以为就是一项单纯的情报任务,一打听才得知背后竟暗藏玄机。石华山在《我的情报生涯》中回忆:

> 经马含章从他的朋友处得知,在聚安公馆内有一个组是国民党特务控制的。李仙洲入鲁的消息传说已久,这一次关于李仙洲入鲁的消息也是这个组报告的。既然布置我们这个组查报,除了用我们查证的结果来印证一下这个情报的真伪外,也可能对我们这个组的工作进行考验。

石华山他们仔细分析，这一情况至少透露出两个重要信息：第一，中村表面上看是要查清具体时间和路线，实际上是对李仙洲是否入鲁情报本身的真伪高度存疑，进一步讲也就是对这个组的忠诚度产生了怀疑；第二，国民党的这个组平时业绩并不差，中村尚且怀疑，谁能保证他对马含章这个组有多少信任？

打入日伪已经很难，打入日伪的情报部门工作更是难上加难！

受领任务后，石华山和黄明善伪称去徐州、商丘方向实地调查，实际上拐道向东回四师向师部领导作了报告。师部经电询津浦路西部队得知，在这个时间内只有国民党驻陇海路北的蒋嘉宾部一个团在商丘和砀山之间过路南移。师部决定将此情况由石华山如实通报中村，一方面表示确实做了调查，有了结果，证实李仙洲部入鲁的情报不准确，另一方面用这一结果反证国民党的这个组提供情报并不属实，以此降低中村对他们的信任。

有一天，石华山在蚌埠火车站无意发现一列到站的火车上下来一个日本女人，眨眼工夫就被站台上恭候的几个伪军政人员接上汽车，匆匆消失在热闹的人流中。多年情报工作的直觉告诉石华山，此人行踪诡秘，肯定又在准备搞什么阴谋。

回到住处，石华山立即找来黄明善商量对策，很快在伪铁路局工作的马含章妻弟杨永龄等人协助下，打听到这个女人正是赫赫有名的日军女间谍中岛芳子，此次受南京侵华日军总部派遣到蚌埠专门进行"打通淮河"航运活动。日方企图以允许医药及医疗器械由敌占区向根据地出口为条件，换取由蚌埠到洪泽湖直至淮河东段日伪货船的通航安全。此外这次来淮北，中岛芳子还计划去黄花塘新四军军部进行间谍活动，石华山均及时向师部作了报告。

1945年春，石华山从几个方面的消息源获悉，驻山东的伪第三方面军吴化文部将南移蚌埠，安徽伪省长林柏生正组织接待安置工作。

一个方面军的调动，是一个重要的战略情报！石华山和黄明善借故火速返回师部报告，恰好四师通过其他渠道也获知了这一情报。但南下的路线说法不一，外界流传有三种，其中一条是由徐州以东、运河站以西一带南下经过淮北根据地至蚌埠，这就意味着极有可能要和四师部队遭遇，不排除发生正面冲突的可能。所以，吴化文部究竟走哪一条路必须提前掌握，以便通知部队做好应变之策。

两人一返回蚌埠，就以保障吴化文部南下行军安全为名，要对蚌徐沿线及徐州一带新四军情况进行现地侦察。计划上报聚安公馆后，中村很快批准，还拨给他们一笔专项经费，当面表扬马含章情报组"大大的忠心"。

有了中村支持，马含章他们可以"光明正大"放手工作了，但要暗度陈仓，从以前没有任何合作关系的吴化文部获得部队南下路线如此绝密的情报，难度可想而知。然而，有时事情发展完全出人意料，看似复杂的事情等到解决时却简单至极，是巧合，还是天意？就在刚入徐州住宿的第一晚，细心的石华山和黄明善就在旅客登记簿上发现了吴化文部的一名谍报队长，向旅馆老板一打听，此人操豫东口音，与黄明善还是河南老乡。

接下来的工作，就是怎么引他开口了。两人一合计，决定先到房间拜访，以老乡名义拉近感情距离；主动亮出聚安公馆情报员身份，打消对方戒备与怀疑，再提出此行目的是为搜集徐州周边新四军情报，以保证贵军过境安全。谍报队长一听乐了，既有老乡，还是同行，神情和态度立马亲近起来。不等石华山使眼色，黄明善又提出："今天老乡做东，请兄弟出去喝两杯。"谍报队长倒也爽快，满口答应下来。

酒足饭饱之后，再回到旅馆房间三人已是称兄道弟，无话不谈。经不住黄明善吹捧诱导，口舌早已不听使唤的谍报队长把这次部队南下的路线谈得非常具体，甚至连行军时师与师、团与团之间的距离，以及到达安徽后方面军驻蚌埠市区、所属三个军驻蚌埠以南和以西等也都和盘托出……

真是踏破铁鞋无觅处，得来全不费功夫！

作为一个特务机构，聚安公馆的主业是搜集情报，其实拉拢新四军、国民党人员也是一项重要工作内容。但令石华山万万没想到的是，有一回自己竟成了国民党特务策反的对象。原来1945年三四月的一天，石华山在马含章家巧遇到访的六表兄,两人相约到淮河船上小酌。闲聊中,石华山得知这位表兄是在临泉指挥所公干,最近清闲就顺淮河乘船来蚌埠散散心。

临泉的国民党指挥所成立时间虽短,但影响很大,前身为鲁苏豫皖边区战地党政分会,主任由第一战区副司令长官汤恩伯兼任,下设干训团、特训班、工作总队和临训班,后演变成国民党培训军政特务人员的专门机构。再联想到这次偷偷摸摸安排在城外的船上见面,石华山对他此行的目的也就猜出了一大半。

> 从亲情关系到各自在国共这个方面的经历,他说我一定是共产党派来的,我坚决否认。反而说他一定是国民党派来的,他也坚决否认。我说我有日本特务机关的"派司",如需要帮忙,我可以帮忙。他不否认他的国民党员身份,但否认他是受命来蚌埠。他对我以情相劝,谈到舅母及他家人很挂念我,希望我能早日脱离共产党。否则,国民党反攻,日本人和共产党都将被扫到东海里去喂鱼。我说历史会证明,看将来谁会被扫到东海里去。他离开蚌埠时,仍邀我去话别,我没去。他托张荣生转给我一封短信,仍以感情劝我"言而无信,可乎?姑父母后,唯弟一人,吾家自母亲以下无人不以弟为会也?弟所处终非佳境,希早日脱离……",仍念念不忘要对我策反。

隐蔽战线的斗争,除了直面金钱、名誉、地位和美色的诱惑考验外,那些打着亲情、友情和爱情幌子的拉拢策反,往往真假难辨、对错难分。身处其中的战士,一旦丧失坚强党性、笃定信念,还真容易滑入陷阱变节变质。幸好,历史最能证明一切。五年后,当石华山的这个表兄随国民党败退台湾相隔两地时,才在通信中多次流露出人生的遗憾,他曾给石华山写过一段极为伤感的话:

关山万里，难以聚叙，恨憾何如？

年迈体残，老死他乡，来生再见。

天降大祸，自古如斯，江山依旧。

人事全非，生民孑遗，可叹可悲。

计杀胡人杰

"胡团长死了，胡团长被人杀死在床上了。"随着一个伪军惊慌失措地大叫，消息迅速在六指店一带传播开来，群众听了无不拍手称快，黄陂抗日政府公安局副局长兼陂四区区长黄建民则会心一笑，倒是驻县城的日军煞有介事地搜捕两天也没查出嫌疑人最终不了了之，只剩下那一个个汉奸们兔死狐悲偷偷地抹了几把眼泪。

其实，从黄陂往北不远便是新四军五师前身鄂豫边挺进纵队开辟的大悟山根据地。1939年11月"竹沟惨案"发生后，纵队开始筹建锄奸工作，成立了李林中任科长的锄奸科，到1940年科改部后根据地锄奸机构已比较完善，部下设了秘书、教育、审讯、侦察和执行五科，还有一支十多人的手枪队。据秘书兼教育科长徐明（李国友）回忆："组织锄奸干部培训班，先后办了三期，参加培训的人员是经过挑选合格的，不少是参加过红军的人员，三期共有七十多人。这批人员除少数留锄奸科工作外，大部分派往主力团任锄奸股长或特派员。"

黄建民是根据地锄奸保卫的"老把式"，头脑活，点子多，经验丰富。那么，这个胡团长是谁？他犯下了什么罪孽？又被谁所杀呢？这还要从抗战期间黄陂的特殊区位说起。

位于武汉北郊、鄂豫边根据地南缘的黄陂，离大悟山只有百公里，是驻湖北日伪向新四军五师渗透与争夺的重点方向，当地的日伪顽势力十分猖獗。甘当日军走狗的胡人杰混上伪县警防团团长兼县保安大队副大队长后，双手染红同胞鲜血，气焰愈加嚣张，在十里八乡民愤极大。

第十三章　纵横虎穴

对这样无恶不作的汉奸，黄建民带领公安局手枪队曾多次开展据点锄奸，均未成功。侥幸逃脱的胡人杰不但不知收敛，还放出话来要誓死效忠日军，与新四军对抗到底。黄建民决心尽快锄杀这不可一世的胡人杰。

1944年秋，黄建民获得情报，为配合驻县日军阻击游击队，胡人杰近期将来黄麻公路以南的六指店一带活动。很快，当地游击队报告，胡人杰一到六指店就带领日军杀害多名抗日志士，群众对其恨之入骨。敌情就是命令。黄建民立即带领手枪队潜入六指店寻机锄奸，但每次胡人杰都防范严密，一时竟无从下手。

经请示，黄建民决定调整锄奸方案。正好过了几天，当胡人杰听说黄建民知难而退，已带着手枪队撤回了根据地，紧绷的神经慢慢松懈下来，被人追杀的滋味不好受啊！

第二天，好似打了"胜仗"的胡人杰心情大好，正在团部住所的后花园里边悠闲品茶，边引逗鸟儿，好不得意。就在这时，虚掩着的朱漆木门"吱"的一声打开道缝儿，伪保长黄金陔满脸堆笑着在外探头探脑，身后还跟着一个十七八岁的青年人。

黄保长一面指指跟在身后的青年人，一面迅速脱下礼帽恭恭敬敬地报告："团座，您要的勤务兵来了。"

胡人杰转头瞟了一眼，人长得倒眉清目秀，中等身材，浑身透着机灵劲儿。

"叫什么名字啊？"

"戴长乐。"

黄保长尽量挑好话说，别看他脸上始终挂着笑，其实心里烦着呢。给胡人杰挑勤务兵还真不是什么好差事，算上戴长乐，短短的几天里他已经带来过四个青年人，可胡人杰不是嫌年龄大，就是说人太老实，全部退了回去。这次他从进门就在心里嘀咕：如果这个还不满意，真不知道再要到哪里找。当然，胡人杰给日军办事，后台硬，他得罪不起，只要胡人杰一天不满意，就意味着他工作一天没结束。今天也许是过于紧张和担忧，他并没有察觉到胡人杰现在的心情其实与前几天被追杀时的胆战心惊有着天壤之别。

这时，胡人杰正在盘算着晚上去哪找花酒寻乐子，哪有兴趣听黄保长在那唠叨不休，微微一点头就算同意了。

事实上也正如黄保长所说，戴长乐这小子既勤快又机灵，干起勤务活来很卖力，每天清洁抹扫、提水倒茶、洗衣铺被、听差跑路忙得井井有条，不过几天就把胡人杰的生活习性摸得一清二楚。只要胡人杰噘噘嘴、抬抬手，戴长乐就能领会个八九不离十。两人相处可谓到了"心心相印"的程度，但是几年汉奸的职业特性还是让胡人杰对身边每一个人包括勤务兵戴长乐在内充满警觉。

时间一晃就过了两个月。一天傍晚，戴长乐像往常一样拎桶到屋后的河塘边漂洗衣物，忽然瞧见对面山湾处出现一伙陌生人躲躲藏藏，行踪诡异，似来偷袭，他赶紧跑回报告："团长，北面冒出一群人，好像是这个。"边说边伸出四个手指头，意思是指新四军。胡人杰一听心中窃喜：立功的机会来了，立即紧急集合队伍追出去，望远镜里果然出现一伙人形迹可疑，当即指挥伪警包抄堵击，双方还发生了零星交火，最后虽未能擒获一人，但从短促的枪声上胡人杰还是可以辨清这伙人就是黄建民的手枪队。

好险！要不是戴长乐发现及时，吃败仗不说，自己还可能丢了身家性命。收队回营，胡人杰顾不上吃饭就向日军报功，乘机还把戴长乐也夸奖了一番，从此对他也就放下心来，口口声声称"小戴"。

又过了半个月，恰逢六指店维持会朱会长的大儿子结婚，胡人杰作为镇上的头面人物自然应邀出席，酒足饭饱之后又是抽鸦片又是打麻将，混了整个通宵天麻麻亮时才在伪警护送下疲惫不堪地回到团部。扶到内屋，戴长乐又是端洗脸水，又是倒洗脚水，这一次胡人杰边洗边吩咐："小戴，我要休息，任何人来了都不准打搅。"声声应承的戴长乐赶忙整理床铺，直伺候胡人杰睡下，才轻手轻脚退出房门，到门口故意大声地向哨兵传达任何人都不准打搅胡团长睡觉的指令。

第十三章 纵横虎穴

这小戴果然灵光,听到他向哨兵交代,胡人杰这才安心地睡去,不出一袋烟工夫如雷的鼾声就传遍了整个院屋。隔壁戴长乐可没有心思休息,耳中听得真切,几次按捺住冲动,只挨到每天固定的早餐时间才快步走进耳门的厨房,端着一杯热牛奶送回卧室,压低嗓门喊了几声"团长、团长"也不见动静,轻推了几下还无反应,这才从后腰拔出尖刀狠狠地刺向胡人杰咽喉……

原来,这个戴长乐哪是什么勤务兵,他的真实身份是县公安局手枪队的一名队员,以勤务兵为掩护打进伪警防团的任务,正是寻机锄杀胡人杰。正所谓魔高一尺道高一丈,再狡猾的狐狸也难逃猎手的追捕,几次正面交手,都被胡人杰侥幸逃脱,逼得黄建民不得不改变了策略。当然,半个月前,戴长乐意外发现手枪队准备偷袭的"敌情"那一次,也是黄建民有意安排,目的就是使他尽快取得胡人杰的信任。

刺死胡人杰后,机灵的戴长乐不慌不忙掩门而出,还不忘扭头叫了一声:"团长慢用早餐。"说完,又顺手提上洗衣桶,在哨兵眼皮底下神态自若地走出院门,沐着晨雾很快消失在了木兰山方向。至于后事如何?魏益想在《孤胆锄奸》中写道:"这天中午,县城的日军打电话找胡人杰,伪军才发现胡人杰已经死在床上。当他们在六指店戒严搜捕'小戴'时,戴长乐已抵达木兰山抗日根据地,正向区长黄建民汇报事情的经过哩!"

第十四章　汤团木马计

锄奸保卫干部开展隐蔽斗争，看似身处幕后，所做的都是一对一的攻防战，最多也就是几胜一的微型阻击战，在常人眼中，哪来统兵打仗时"运筹帷幄之中，决胜千里之外"的将才、帅才？

其实，无论是执行一次任务、组织一次战斗，还是指挥一场战役，蕴含其中的计谋策略都是相近甚至相同的。将才、帅才的成长轨迹无不说明，他们也正是从出色完成一次任务、组织一次战斗开始，经过不断积累和磨砺而成。

在战场上，对锄奸保卫干部而言，也许缺的不是才能，而是缺展示和证明才能的机会。

一份尘封的历史档案

走进南通市档案馆，在卷帙浩繁的革命历史档案中有一卷特殊的卷宗，标题为《中共苏中四地委城工部关于配合反"清乡"斗争汤景延团伪装投敌及暴动的始末》，它完整地记述了抗战期间发生在苏中四地委的汤团木马计全过程，其第一节这样概述：

> 汤团自从1943年4月15号穿起伪服，到1943年9月29号出来，前后共计167天，以634个人员和枪械钻到敌人心脏里去做了一趟冒险的活动。它的历程也正标志着第一期"清乡"的开始和第一期反

第十四章　汤团木马计

"清乡"的初期胜利。

这卷在战争年代用铁笔钢板一笔一画刻写、再用简陋的油印机一张一页印刷出来的油印文件，洋洋洒洒数万言，具体地介绍了这次汤景延行动的背景、经过和意义。时任新四军一师师长兼政委、苏中区党委书记的粟裕在回忆录中专门提及：

> ……在多种形式的斗争中，我还要讲一讲汤景延、顾复生、沈仲彝同志和他们领导的通海自卫团、崇明警卫团（后两团合并，称通海自卫团）所作的斗争。通海自卫团是通海地区的地方部队，当时还是灰色面貌。团长汤景延，中共特别党员。副团长沈仲彝，中共党员。一九四三年初，华中局、新四军军部鉴于苏南反"清乡"的严重形势和苏中四分区反"清乡"斗争在即，决定利用汤景延同志的特定社会关系，打入伪军内部，进驻通如海启的"清乡"重点区，以配合反"清乡"斗争。为加强领导，又派中共党员顾复生同志任该团政委（未公开）。汤景延、顾复生、沈仲彝同志接受党的任务后，领导全团在极其复杂、艰险的环境中，英勇机智，进行着一场特殊的战斗。他们控制沿江港口，确保我苏中与江南的交通联系；购买、运输军需物资；掩护我党政军干部过往；搜集日伪重要情报；秘密处决日伪特务。他们对配合反"清乡"斗争起到了积极的作用。[①]

由粟裕亲自决策，新四军整整一个团634人打入伪军内部，在虎穴中与敌巧妙周旋，富贵不淫，威武不屈，上演了我军历史上最大的一次"木马计"。经历167天后，又在一夜之间从200里战线上破腹而出，胜利归来，谱写了抗战史上极富传奇色彩的光辉篇章。

[①]《粟裕战争回忆录》，解放军出版社1988年版，第285—286页。

而真正引起笔者兴趣和关注的是，在搜集保卫工作史料过程中意外得知，淹没在历史硝烟背后、直到一个甲子才在一些老同志回忆录中提及，这次行动的幕后英雄、担负前期策划和全程指挥联络的正是苏中四地委社会部长兼保安处长陈伟达。锄奸干部竟也从幕后暗战走到了斗争前线，直接参与了对重大军事行动的领导。钟民、洪泽在《江海流长 战友情深》中回忆：

> 这一方案的具体组织实施，许多实际工作都由伟达同志承担，诸如怎么打进去？进去以后怎么行动？部队驻地如何安排？怎么及时、有效地与之联系？根据地军民怎么假戏真演地对"汤团"进行"声讨"？等等。经伟达同志深思熟虑后，一切都安排得非常周到细密……1943年9月29日，在反日伪"清乡"取得重大胜利的形势下，"汤团"遵照党的指示，在南通县的金沙、石港、刘桥和三余等十几个据点同时举行暴动，伟达同志和南通县长兼警卫团长梁灵光同志率部接应，"汤团"胜利地回到了根据地，反"清乡"斗争取得了决定性胜利。

震惊根据地的整团"叛逃事件"

苏南"清乡"，特别是塘马血战的意外得手，大大膨胀了日伪"清乡"野心。1942年底，汪精卫以"清乡"委员会委员长名义发布"1943年上半年'清乡'工作训令"，确定将"清乡"范围从苏南扩展到苏北南通附近，以坚壁清野方式彻底"扫荡"。

日军第六十师团师团长小林信男宣称："一年不成功则三年，一个师团不够还可以增兵。""清乡"委员会秘书长李士群也在信中夸口说："牺牲"十万人要"清乡"，即使"牺牲"百万人也要"清乡"。而当时坚持在南通周边地区的抗日武装，无论是人数上还是武器装备上都相对处于劣势。苏中区党委书记、军区司令员粟裕后来在1944年5月也说："一开始，整个

第十四章 汤团木马计

的反'清乡'是无把握的,只有江南不能坚持的经验。"

汤景延领导的通海自卫团活动范围恰恰位于这一地区,归苏中四地委领导。这一区域战略位置相当重要,南濒长江,东接海门、启东,西与日伪在苏北的统治中心南通城相距很近,是南通城通向海启方向的必经走廊。新四军东进通如海启地区以后,虽几经开辟,但这一区域仍属于抗日武装力量相对薄弱、不能完全控制的"同情区"。

得知日伪即将对通海开展"清乡"计划后,难题就摆到了中共四地委书记吉洛(姬鹏飞)的案头:如何安排汤团的去留?吉洛征求保安处长陈伟达等人意见:就地斗争,力量悬殊无异于以卵击石;随主力部队外撤,给养、活动地域等一系列问题很难解决;就地分散隐蔽,部队又极有可能就此瓦解。颇具地下斗争经验的陈伟达首先提出让汤团整团打入伪军!

让一个团打入伪军,这个大胆而又冒险的设想一经提出,就如一石激起千层浪,赞同者寥寥。客观地讲,这样的设想虽能保存实力,但操作起来困难重重,最重要的因素取决于两点:官兵愿不愿意去?日伪会不会识破?与其说是权宜之策,不如说是一次军事冒险甚至军事赌博。成功了皆大欢喜,失败了可是人头落地、血流成河!谁都承担不起这样的责任!当然,陈伟达提出这样的设想也并非一时心血来潮,他是经过深思熟虑的。

第一,从汤团本身看。汤团的前身是通海自卫团和崇明警卫团,是两支地方抗日武装,与新四军正规部队相比,它的面貌比较"灰色",不怎么容易引起日伪的注意。日伪对待这类地方杂牌部队,一贯采取有异于新四军正规部队的消灭策略,往往采取收买、拉拢的方法。

第二,这支部队的主要领导人汤景延,有着与众不同的经历。他在大革命时期参加过国民党,抗战军兴又投奔到国民党鲁苏皖游击总指挥部李明扬麾下,后来才自己组建抗日武装。丰富的阅历,使他熟谙国民党官场和旧军队中的生活方法和管理方式,并与伪军中的一些中上层官佐有过接触和交际,这样即使遇到紧急情况,也有化险为夷的可能。

第三,汤团中有较强的党组织力量。当时的一份调查报告统计显示,汤团打入伪军时有中共党员 37 人，基层的领导骨干绝大部分是党员。副团长沈鼎立在回忆录《特殊的战斗》中说，由于党员与组织之间采取的是单线联系，许多党员的身份没有公开，因此党员的实际数量远远超出调查报告中披露的 37 人。这个说法应当可信，如团长汤景延，当时就没有公开自己的特别党员身份。后来的斗争事实也证明，这批党员是汤团行动的中流砥柱。

第四，汪伪在南通主要有两股势力，一股是以苏北"清乡"公署主任张北生为首的新派汉奸势力，不但控制了伪国民党的党务办事处及政治工作团，还控制了参加"清乡"的一些地方保安团队；另一股势力是以特工总部苏北实验区南通区区长姜颂平为首的特工势力。姜颂平是汪伪政府特务头子李士群的嫡系亲信，凭借其后台硬以及遍布各县的特工站，气势咄咄逼人。张北生与姜颂平虽然在效忠日伪方面有其一致性，但又都想利用"清乡"来扩充自己的实力，在争夺南通地区统治权方面互不相让，这就给汤团提供了一个利用矛盾策略性地开展斗争的机会。

另外还有一个情况不得不予以考虑，就是通海地区的特殊地理环境和它在反"清乡"斗争中所处的战略地位。对于苏中根据地来说，一旦失去南通、如皋三角地带，那么通过海路与上海、山东等地的交通联络将陷于停顿，跨江向苏中根据地输送军需和民用物资的难度将增大，人员往来也将受到严重影响。因此，有效控制这一地区至关重要，而当时条件下要实现这一战略目标，非汤团莫属。

可就是有一百个必要和重要的理由，万一出现闪失，想想事关几百号人的生死，那几日中共苏中四地委书记吉洛的心头还是犹如压了万钧的石头。

中国人办事一贯讲究万事俱备，还要抬头看看东风。没料到恰在这时，东风倒是先来了。1943 年 2 月中旬的一天，汤景延家来了一位不速之客陆某，称奉姜颂平之命来邀他一起发洋财。意思再明显不过，就是拉拢汤景延转投伪军。陆某与汤景延曾在李明扬手下共过事，私交不错，所以说起话来开门见山，少了转弯抹角。这也在汤景延意料之中，去年底社会上就传闻这次姜颂平被从苏南派回家乡搞"清乡"，他自知强龙难压地头蛇，与张北生面上讲合作，暗地里更多勾心斗角，所以派人在当地各种政治势力中四处活动。汤团在海启一带实力虽不是最强，但要人有人，要枪有枪，要地盘有地盘，姜颂平对他们自然要高看一眼，时不时还想乘机拉拢他们站到自己一边。

初来乍到的姜颂平哪会想到，汤景延的真实身份是中共秘密党员，汤团其实是新四军掌握的一支革命武装。等陆某前脚刚走，汤景延就出门向陈伟达报告了姜颂平来拉拢策反他的情报。汤景延为什么这么信任陈伟达？抛开陈伟达是他去年秘密入党的介绍人不说，陈伟达时任四地委社会部长兼保安处长，主管根据地的锄奸保卫工作，遇到这样的事不向他汇报找谁去！

而姜颂平的意图，正与陈伟达的设想不谋而合。天底下还真有打瞌睡送枕头的美事！但汤景延的真实态度如何，此时陈伟达心里也没底，于是不动声色地征求他的意见，没想到汤景延斩钉截铁回答：为党工作赴汤蹈火，绝不计较个人声誉。有了这句话，陈伟达倍增了说服吉洛的信心。

为慎重起见，四地委在上报反"清乡"应变计划时还是把陈伟达的这一设想作为备选方案，最后请苏中区党委定夺。素用奇兵的粟裕看到这个计划也顿感眼前一亮，立即电请华中局并得到批准。倒是代军长陈毅还不忘加上一句：此事关系重大，不得泄密，特别提醒要注意保密。苏中区党委委员、苏中军区政治部主任钟期光受粟裕指派，连夜赶到四地委，带上陈伟达亲赴通海，向汤景延秘密布置。

很快，苏中区党委派来了富有政治工作经验、1924年就入党的老党员顾复生，任汤团政委，公开身份是汤公馆的账房先生；在团部秘密成立中共总支委员会，作为领导的组织，与地下党员采取单线联系；携带秘密电台，以保持随时通信联络……

一切准备稳妥，3月底汤景延应约赴南通城密会姜颂平，谈妥参加"和运"的条件：保持原有建制、原来防区。酒宴上，急于扩充实力的姜颂平对这两个无关痛痒的条件满口答应，并拍着胸脯保证给汤团苏北"清乡"公署外勤警卫团的部队番号。

随着双方约定的时间越来越近，部队一举一动都牵动着苏中区党委的心。4月14日下午，粟裕利用检查工作的机会赴通海约见汤景延等团里主要干部，临别时把熟悉情况的陈伟达专门留下来，要求他与汤景延、顾复生细密商量布置一切。

毕竟一着不慎，就有全团覆没的危险！

唯有见枪见血，才能取信于日伪，也才能保证汤团更加安全，陈伟达决定来个苦肉计。4月16日一早，位于通海桃源、震蒙两乡交界处的汤团驻地忽然响起了密集枪声，很快惊动了四乡。睡梦中的村民以为是日伪袭击汤团，无不为之担忧，等到家家户户开门下地干活，这个消息就口口相传炸开了锅，胆大的群众到汤团一看，以往热闹的兵营早已人去屋空，有个打死的战士尸体还没来得及拖走！

其实，枪声是真的，尸体也是真的，激战却是假的，这是汤景延为蒙蔽日伪精心设计的一场骗局，处决的这名战士真实身份是死有余辜的一名在押叛徒。

为把假戏演得更加逼真，在陈伟达等人策划下，苏中四分区当天就张贴"讨逆"布告，号召军民奋起打击"叛变投敌"的汤部，不明就里的根据地群众纷纷义愤填膺，声讨的浪潮一波高过一波。

惊心动魄167天

汤团的到来，令南通城内的日伪如获至宝，特别是姜颂平，立即派人借机大肆宣扬。第二天，欣喜若狂的日军师团长小林信男就带张北生、姜颂平等日伪头面人物在南通最豪华的饭店为汤景延专门举办"归顺"宴席，当场委任汤景延为苏北"清乡"公署外勤警卫团上校团长。落款为苏北"清乡"地区政治工作团、时间为1943年4月24日的内部呈文详细记述了日伪迎接汤团的仪程：

> ……谨将欢迎前新四军通海区人民自卫团奉编为特工总部江苏实验区苏北分区外勤警卫团汤团长率部来海参加清乡工作经过情形胪陈于左。
>
> 一、发动各团体赴车站欢迎——查汤团参加新四军在通海一带游击抗战为时已久，现率部来归诚非易事，而海启匪军为数颇夥，数年以来幡然觉悟效忠和运有如汤团者实所仅见。职团为尊重其团体人格及感召其对和运之信心计，乃函知各机关团体在职团领导之下于四月二十日汤团开抵海门时赴车站竭诚欢迎，并张贴标语，高呼口号。
>
> 二、对该团士兵训话——汤团长抵达海门后，即来职团参观，对全体同志谈话，说明投诚意义……该团全体士兵闻听之余，咸有悔恨归来太迟之慨。
>
> ——该团士兵衣服褴褛，生活艰苦，鹄面鸠形，状甚堪怜。职团为维系人心，激发其天良，而使对和运更有深切之信念起见，特犒赏一千元，以资慰劳。其数虽微，而所生之效力则颇宏大。
>
> ……
>
> 四、发动举行欢迎大会——汤团率部来归，少数尚未明了真相，以致观感分歧。职团有鉴于斯，遂于该团到达之第二日（二十三日）召集各机关、各学校及人民团体举行欢迎大会，届时参与者达五千余人。

虽有热烈欢迎，虽有金钱犒赏，虽有日伪特工关于汤团激烈枪战见了血的秘密报告，姜颂平也兑现承诺给了汤团编制番号，表面看来日伪似乎信以为真，实际上背后仍是相互生嫌。得到消息的汪精卫马上密令姜颂平严密监视，以防有诈；张北生心生奸计，把汤团团部安排到了茅家镇，隔壁是日军宪兵队，对门是海门特工站。

汤景延当然明白日伪用心，表面上却不动声色。平日外出见客衣装笔挺，皮鞋锃亮，头发油光；学着伪军官长们的派头，在茅家镇与南通城里

南通日伪为汤景延团加入召开大会。

的住处门口挂起了"汤公馆"牌子,外有警卫,内有佣仆;经常邀请伪军头目或开赌局,或设饭局,对日伪"朋友"的约会更是有请必到,且总是携礼上门,赢得众口交誉,都说"汤团长这个人够义气"。手下的营连军官也都受命如此,很快就与伪军打成一片。

于是,一些看似机密的"清乡"计划、兵力部署、部队调动等情报便在谈笑中和酒桌上拿到,汤景延再通过电台传回陈伟达案头。这样虽远在圈外,苏中区委和地委的领导对通海一带"清乡"敌情也能了如指掌。

随着局面的进一步打开,汤景延与顾复生商量最多的问题是为根据地反"清乡"创造条件。当然,提供情报是一方面,但如果过于频繁,稍有疏漏就可能引起日伪怀疑,事关几百人的身家性命啊。

有没有更好的办法呢?汤景延想到了经商。当时,不少伪军打着补充部队给养的幌子在外做生意中饱私囊,只要有好处,日伪高层往往也是睁只眼闭只眼，有时还提供信息甚至进行直接庇护。

向姜颂平一报告，这个大发国难财的特工头子满口答应，决定由汤景延出面，合伙成立协记公行，不久还在附近的青龙、宋季、牛洪等港口设立分行，做起了紧俏的南北货生意。有日伪做后台，这样的买卖自然只赚不亏。就在汪伪特工们大把大把数着钞票心里乐开花时，汤景延也没闲着，他与顾复生正一船船清点着运往根据地的急需军用物资。这张日伪自诩插翅难飞、扼守长江入海口咽喉与苏北往来的交通网，就这样被汤景延神不知鬼不觉撕开个大口子。

无论是带部队交际搞情报，还是做生意赚钱拉关系，汤景延与顾复生都有分工，根据个人性格在工作上形成了极好互补。汤景延身为一团之长，以军务为主，在协记公行经营上则更多依赖文质彬彬的顾复生。自派到汤团担任政委以来，他已化名胡曰夫，戴上眼镜摇身一变成了后房的管账先生，别看他整日坐在账房里足不出户似乎十分清闲，其实许多人员的往来、物资的进出和情报的传递都是在他周密安排下悄无声息完成的。

俗话说，吃人嘴软，拿人手短。数钱数到手发软的姜颂平感到不能亏待了汤景延，于是找机会在他的顶头上司李士群那里好好美言了一番。5月中旬的一天，汤景延接到了去苏州面晋李士群的电报。原来，李士群利用特工系统是他亲信这层特殊关系，也参加了对汤团的拉拢，毕竟汤团有近七百人，还扼守海陆要道，在通海一带是不可小觑的力量，关键还能带来滚滚财源。

苏州之行的效果立竿见影，完全出乎所有人甚至汤景延自己的意料，当他再次回到南通时，已由一名上校团长擢升为少将旅长。类似的虚职虚衔在伪军甚至国民党内都是普遍现象，出钱买官，拿到手的往往只是一张纸的任命，上面除了印章是真的，其他职权、待遇均难兑现，所以上校到少将、团长变旅长，不一样的只是称谓叫法，带多少兵、管多少人统统照旧。虽说如此，几个平时关系"密切"的日伪军官还是纷纷前来道喜：汤旅长不仅赚钱有一套，升官的本事也不小。为把戏做足，汤景延那几天大张旗鼓，又是摆酒宴又是发红包，声称上门都是客！

有财大家发，有官都沾光，才是潜伏者生存的"王道"。

6月底，四分区司令员陶勇根据汤团提供的情报率一个营在民兵和群众配合下发动大规模破击战，一夜之间就将日伪苦心经营的近三百里竹篱笆一把大火烧了个精光，大挫日伪士气。四分区《江海报》整版报道这次战斗后，远在延安的中共中央机关报《解放日报》也在头版作了报道，大大鼓舞和激励了根据地军民的斗志。

就在汤景延如鱼得水之际，一双贪婪的眼睛也在注视着他，这个人就是张北生。

本来就对汤景延倒向姜颂平心存嫉妒，张北生乘机向日军小林师团长挑拨汤景延就是引起军事"清乡"失利的内鬼。其实，张北生的本意是想打姜颂平拉汤景延，但汤景延不愿卷入纷争，对张北生的谗言更是装着不理不睬，也不向姜颂平争取解释。不久，老奸巨猾的张北生在小林支持下，突然宣布取消汤团的原有番号，归建苏北"清乡"公署保安司令部教导第二大队，降了格，还有被吞并的危险。

屋漏偏逢连夜雨。汤团内部这时也出了点情况，团参谋长苏农经不起考验，在与伪军头目的吃吃喝喝中丧失立场，虽经政委顾复生再三规劝批评，仍然我行我素，还口口声声称："几百人的性命，不就在我一句话？"顾复生痛心疾首，为了全团安全，断然秘密处决了这个败类。

尽管堵上了这个泄密告密的漏洞，但团里一下子少了一名领导，虽经解释还是引起了日伪警觉。几人一商量，决定由顾复生以进货名义去一趟地委，听听陈伟达等领导的意见。

接连的变故也给汤景延强烈预感，与日伪的斗争才真正开始，更严峻的考验随时可能接踵而至。不料，顾复生前脚刚走，汤团就接到了张北生要派人来验枪的命令。

验枪常常是个幌子，稍有不慎就可能有缴械的危险。不久前，具有革命倾向的启东群众武装陆舟舫部就是中了张北生验枪的圈套而被缴械。警惕的汤景延自然明白这个道理，马上命人偷偷藏起了一批重武器，保证即便枪支被缴也能在关键时刻掌握到这部分武器。在接待验枪伪军时，又进行打点，才算有惊无险地过了关。

一计不成又生一计。几天后张北生拉虎皮做大旗，说动日军命令汤部集中开赴南通城进行轮流整训。原建制原防地是汤团"归顺"日伪的谈判条件，但张北生说得很清楚，这只是暂时的调整部署，不仅汤团，其他的伪军部队均须如此。

明知山有虎，也只能偏向虎山行了。

部队带到南通城，一头扎进了段家坝女子师范学校，四周不是日军，就是张北生的伪军，竟形成了包围之势，试了几次都无法与外界取得联系。

汤景延知道，这次矛盾更直接，形势更紧迫，处境也更危险了。

果然，当天就接到张北生的三条训令：官兵分训，徒手受训，教官由"清乡"公署委派。这是赤裸裸的分化瓦解，汤景延派参谋据理力争并私下打点，才争取到允许派人参加教官组工作协调、团部文书看管武器不参加训练等两项让步。看似没多大突破，实际上这两项举措至少可以保证有突发情况时能第一时间知道并采取保底应对措施。

张北生对汤团的刻意刁难，一旁的姜颂平看不下去了。虽说在南通比双方实力，他要略逊一筹，但有李士群这个大靠山，他并不把张北生放在眼里。在他煽动下，7月底李士群在苏州再次召见汤景延，这次加官晋爵更加慷慨，竟给了汤景延一个伪中央调查部少将专员的头衔。

此时的汤团，就如抓在张、姜手中的绳头，一个在拉一个在攥，一个在挺一个在贬。有了姜颂平力挺，虽说张北生一时也不敢把汤团怎么样，但夹在两人中间，那样的滋味真不好受。

8月底整训结束时，张北生出尔反尔，拒绝派汤团重回原驻防地茅家镇，改移金沙一带，还只准带两个排为团部直属队，其余人员混编为五个连全部分散到方圆二百余里的十多个集镇，且与当地伪军、特工站混住，还美其名曰"联防"。

不久,一个偶然事件的发生再次把汤团推上了风口浪尖。9月9日下午,李士群暴毙苏州寓所。消息传来,姜颂平顿失依靠,在南通的威风一下子收敛了不少。受此影响,汤团的处境更加不妙,张北生必然乘势实施更大阴谋。

到了最危险的时刻,得到消息的陈伟达立即向地委和区委报告。百忙之中的粟裕一直挂念汤团安危,专门找来陶勇商量,没想到两人想法完全相同,现在汤团驻地分散,指挥管理诸多不便;反"清乡"全面破击,已胜利在望,没必要再让汤团留在日伪,毕竟多等一天多增一份变数和风险!陶勇不失风趣地说:"是把汤团拉回来的时候了,给小鬼子苏北'清乡'做个失败的小结。"粟裕果断地说:"但不应悄悄回来,而应破腹而出,出其不意端掉几个据点,震惊日伪高层,长我新四军威风!"

破腹而归

苏中区党委命令:"鉴于收集敌人情报、配合反'清乡'的任务已基本完成,为防止部队被敌人吞掉,可以在适当的时候从敌人肚里破腹而出,回归新四军。团党委必须切实掌握部队,了解官兵的思想状态。"

接到命令这一天,汤团的许多党员热泪盈眶,其中有苦更有喜。特别是汤景延与顾复生作为汤团主要领导人,背骂名、顶压力、冒生死,每日游走于随时会导致牺牲的日伪之间,现在终于等到了命令,他们认为,要像粟裕所说出其不意端掉日伪几个据点,"破腹"而出,才算真正画上圆满的句号。

当晚,团部领导干部召开紧急会议,秘密展开回撤部署,分工联络员就近传达,确定行动计划。就在汤团紧锣密鼓准备之时,这月中旬张北生抽调部分伪军配合南通、如皋日军向西执行"清乡"任务,通海地区日伪力量一下子空虚了许多。

第十四章　汤团木马计

四地委审时度势，认为汤团"回娘家"的时机已经成熟。陈伟达再次临危受命，9月25日晨秘密进入汤团，与汤景延、顾复生等商议方案，并代表地委下达了9月29日晚11时集中"破腹"的作战命令。按照地委计划，南通警卫团奉令开赴根据地边缘，接应汤团归来。

应该说准备到现在，保证全团官兵安全返回似无问题，但要实现粟裕提出的"端据点、惊高层"尚无完全把握。其实，就像半年前汤团"投敌"震惊根据地军民一样，现在634名官兵从日伪肚内历经167天后又毫发无损"回娘家"，这本身就够轰动效应。顾复生足智多谋，眉头一皱就计上心来，如此这般一说，陈伟达和汤景延等均拍手称快。

第二天，顾复生亲自指挥，派人分发请柬、采买食材、布置婚房。日伪哪会想到，忙碌喜庆的背后竟暗藏杀机。原来就在前几天，干部周显才的未婚妻来团部探望，不少伪军过来讨喝喜酒。顾复生将计就计，以举办婚宴为由，既能名正言顺地把周围集镇的日伪军头目请来聚而歼之，又可以借机集中部队统一行动。时间被安排在9月30日，因为苏北人结婚有暖房的习俗，通常在正日的前一天晚上要大摆宴席招待宾朋，这时动手必然杀个措手不及。

好一个鸿门宴！

金沙镇伪特工站长翟光耀接到请柬后不知有诈，特地来了一趟团部，看到周显才还双手打拱笑嘻嘻地说："恭喜老弟贺喜老弟，9月29日晚一定来吃喜酒。"

请君入瓮，张网以待。果然，9月29日太阳还未落山，受邀前来喝暖房酒的日伪头头们就三三两两迫不及待到了团部。在顾复生安排下，此时的团部已是张灯结彩，人来人往，一派喜庆景象。很快，酒过三巡，菜过五味，完全丧失警惕的翟光耀等日伪头头还没来得及反应就被突然冲进来的一队战士不由分说当场击毙，顿时血溅四壁，外面的群众听起来还以为是放响了喜庆的鞭炮。

与此同时，"破腹"战斗全线打响。汤团官兵以突袭手段，一举摧毁了多个日伪碉堡、特工站、警察署和伪区公所，然后迅速集结到指定地点，在南通警卫团分头接应下迅速穿过封锁线进入根据地，干部战士情不自禁边行军边欢呼"回家了！"

带着大批缴获胜利归来，四地委和军分区为汤团召开祝捷大会，粟裕专门赶来参加。会上陶勇诙谐地说："当初汤团打入敌营，有人担心肉包子打狗有去无回，可是你们看，狗不但没有吃到，反而被痛打了一顿，汤团不是凯旋了吗？"粟裕也大加赞扬："汤团行动好比渔人撒网一样，把网撒下去，等鱼进网后，果断地把网拉上来。全团同志忠心耿耿，机智勇敢，能应万变，敢去敢回，艺高胆大，真是好样的！"在前述四地委报告中这样评价这次特殊任务：

> 汤团自一九四三年四月十五号（实为十六号凌晨——引者注）穿起伪装，到一九四三年九月二十九号出来，前后共计一百六十七天，以六百三十四个人员和枪械钻到敌人心脏里去，做了一趟冒险的活动。
>
> 这种斗争方式，已超过一般敌伪工作范围以外，它是以革命的武装为活动的基础的，用伪装的反戈投敌去取得敌伪的信任，用反革命的面目，参加"清乡"的姿态，配合反"清乡"斗争，这样就使得这次斗争，带有浓厚的间谍斗争性质，但它又是与一般间谍斗争不同的，它是以武装为其活动的资本，环绕着武装问题，造成了事情的全部发展过程。而汤团内部的干部和战士，因为政治觉悟的高低不等，参加这次斗争，也有自觉与落后的分别，再加上斗争的对手是奸刁狡猾的敌人，这样，就造成了这次斗争全部过程中的困难、复杂和危险。

尽管粟裕、陶勇等根据地领导在讲话中给予充分肯定，内部报告也是高度赞扬，但翻开1943年9月29日出版的苏中区党委机关报《滨海报》，在角落才有以下寥寥数语："自敌汪六个月'清乡'失败，伪军汤景延率全团反正返我军。"

这短短的 20 多字的简讯,浓缩了一支特殊部队 634 名官兵忍辱负重的 167 个日日夜夜!

而其中个别词义的偏颇甚至不实,不知是有意为之,还是另有考虑?但不管怎么说,汤团"破腹"显然取得了预期的政治效果与军事效果。南通市档案馆收藏的南通特别区公署《汤景延部哗变卷》,收集、整理文件均为 1943 年 10 月初敌伪各据点汇报的紧急军情,这些军情都汇聚为一个焦点——汤景延部暴动。这里不妨摘录几份以为证:

——窃以驻防本区教导大队第三、四中队突于本月二十九日下午八时许,全部叛变携械他去。查驻防石港镇之第三中队临走时将本区警察署枪械缴去一部分,并带走警士十余名(详情另由张署长呈报)。驻防季家庄、骑岸镇之第三中队临走时将本所派驻该处办理保甲兼办征收田赋之职员陈汝泉、区警张怡文及沙坝乡乡长何子屏捆扎带走,并缴去盒枪一支(451571 号)、步枪一支(075864 号)、子弹三十颗。该处所收赋款以及各项物件亦已损失无存……

——窃职署于九月三十日上午一时许在附近东北方面发现匪军向我攻击,情势紧张。未几,邻近驻防教导大队全部向我署联络,特工组行动大队

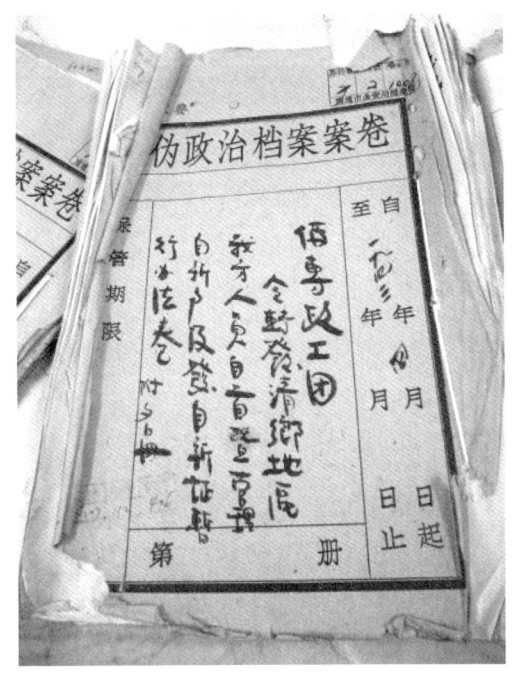

记录有汤景延与伪军函笺往来的伪政治档案

亦出动与职署密切警戒。讵料该教导大队突然叛变开枪，向我全体官警暨特工组行动大队射击，并强缴枪械，援助敌匪猛攻，职当即寻地势卧倒，一面开枪混战。结果因寡不敌众，我方巡官孙寿山、张良栋中弹殒命。职与署员姚禹九蛇形于河边草丛中得免于难。至三时许，匪等呼啸而去。又查特工组长翟光耀同时中弹殒命，并将该组及行动大队掳去（不详其数）。

——窃于九月二十九日夜十时许，闻附近人声犬吠，职即率领长警布伏防御。旋即四起，尤以第六区署更烈。约一时许，教导队忽然哗变，由六署后河沿蛇蜒活动向我方猛击。职即指挥长警迎头还击，历时三十分，敌遂不支溃退。俄闻敌方集合口号，忽又见东北方面约半里突见火光熊熊，后经探悉，敌将大小木桥各一座焚毁。职等措力严守至天明，别无动静。检查长警，一无损伤。时役查计耗六五弹四十发、七九弹一五发，惟实力消耗至为缺乏……

儿子眼中的父亲

就在笔者整理汤团资料过程中，有幸拜读了 2012 年 4 月由江苏省档案局袁光、南通市档案局曹晓红和《扬子晚报》记者陈婧关于对汤景延儿子汤新驹的采访文章，汤老以一个儿子和亲历者的视角回忆这次特殊战斗的全过程，也许可以帮助我们从另一个侧面走近汤景延，走进"汤团木马计"这一历史事件。

采访当年已 73 岁的汤老回忆起父亲，记忆已相当模糊。他 3 岁时被日伪扣为人质，被迫和潜伏的父亲居住在通海兵营，最后又在父亲率部暴动前夜被安全送出。但仅仅六年以后，父亲便永远地离他而去。他对父亲的了解，主要来源于父亲的战友，由于时间久远，许多已不甚清晰。汤新驹这样描述父亲"投敌"前的情形：

第十四章 汤团木马计

敌人"清乡"机构一个接一个地建立。当时的通海位居要地，得失关乎根据地安全。苏中军区党委考虑到父亲是中共特别党员，抗战初期参加过国民党地方部队，加之父亲与伪方一些上层人物有些旧交，各方都能搭上话。就这样，父亲成了钻到敌人肚子里的不二人选。

"父亲其实是个文化人。他在上海东华体育专科学校读过书，是个有谋划的人。"汤新驹说。他口中的父亲谋略，在"汤团行动"的起始就展现了出来。1943年3月，汤景延最先把橄榄枝抛给了汪伪特工总部南通分区区长姜颂平。姜颂平好像凭空来了一笔横财，非常高兴。他要求汤团在4月10日"动作"。然而这个时间对于新四军反"清乡"的时机来说太早，汤景延要求推至4月13日。

4月13日到了，汤景延依然无"动作"。姜颂平在一次宴会上借酒大怒："你有没有决心？没有决心，我就放你回去，看我们硬碰硬地来干！"面对当众斥责，汤景延不但没惊慌，反倒抓住机会痛陈给养、士兵动员等苦衷，最后竟把在场的日伪头子说得点头称是："不能操之过急，要须从长计议。"

汤景延的谋略，还体现在他率部"投敌"前对队伍进行了改造。据有关档案记载，在行动前汤团内只有党员32人，在苏中军区党委紧急协调下，才秘密调进30余名党员，使党员占全团人数达到了十分之一。一切准备妥当，汤景延才率部携带两部秘密电台，开始上演精彩的"木马计"。

行动时间最后定在了4月15日，但直到14日下午才进行紧急动员，起初规定支书以上干部可以明白事情真相。但当要求大家改穿伪军的黄衣服时，不少干部士兵竟哭了，"参加部队为的是抗战，想不到现在竟要穿黄衣服当汉奸了！"无奈之下，汤团决定凡是政治上有保证的党员均可告知真相。等到官兵思想基本平复下来，行动也已刻不容缓。作为"投敌"的投名状，15日凌晨和夜里汤团分别布置了两场"假仗"，这是他们打入敌腹的通行证。

为麻痹日伪,"投敌"后的汤景延吃喝赌全来,3岁儿子汤新驹也成了人质。但这并没能让日伪完全放松警惕,据文件记载,就连姜颂平也曾指示特工站第一件事就是想办法侦察汤团"归顺"的真相。

对于汤景延个人,特务一方面暗中仔细盘查他所有的履历,另一方面试图安插海门县一名国民党委员的女婿陆某到汤景延身边工作。陆某极其殷勤地讨好汤公馆每一个人,甚至还主动提出到汤团做义务看护,后被拒绝。张北生也要求汤景延和副团长沈鼎立把家眷随带军营,名为便于照顾,实质上是想监控和扣为人质。当时3岁的汤新驹还依稀记得随父亲到部队的情景:"我从小一直跟着父亲,他到哪儿打仗,我们就到哪儿。这次敌人就要求我父亲带家眷。为了让敌人放心,父亲就顺着敌人,把一家接到了军营。"

进了南通城,汤新驹模糊地记得,当时总有日伪军到他家里,有时还逗他玩玩。任务完成差不多了,中共苏中区党委指示汤团9月29日晚11时前撤回根据地。汤新驹虽然没有见证暴动的过程,却是最后撤离敌腹的家属。他根据自己的模糊印象和父亲当年战友的讲述描绘了当晚的情形:"周显才带着一个警卫班用一个小推车推着零碎的家具,护送我们出去。我们从海门到通州金沙镇,然后苏中军区那边派人过来接到苏中军区。"

汤新驹说汤团撤离通海,敌伪是知道的,但他们并没有起疑。回到根据地后,汤新驹与父亲还是聚少离多。1945年日寇投降前夕,在苏中军区政治部工作的汤景延奉命参加对伪军的策反。为争取率部驻在江南某地的一位旧友,汤景延果断派出自己的大儿子汤新民只身渡江,带着亲笔信劝说这位老朋友迷途知返。未料,这个顽固的伪军头目竟将汤新民抛入滔滔长江,小小年纪的汤新民壮烈殉国。

1945年9月21日,驻如皋的日伪投降,县城解放,汤景延受命担任如皋城防司令。解放战争时,汤景延接任华中军区海防纵队司令员、苏浙边区游击纵队政委等职,继续战斗在南通一带。直到1948年2月9日,汤景延与游击纵队司令员丁锡山一起远赴浙东山区执行任务，准备集结原新四军北撤时留下来的游击队员以配合解放军正面战场开展对敌斗争。没想到，这次汤新驹与父亲的匆匆相见竟成了永别。几天后当丁、汤率部65人乘帆船从大丰斗龙港出发在上海奉贤登陆时，遭数倍于己的国民党正规军2个旅和周边6个县的地方反动武装围堵。经过五昼夜殊死战斗，部队突围成功，于2月18日上午在向青浦淀山湖进军，然途中又陷重围，丁锡山等人光荣牺牲，汤景延等40余人受伤被俘，三个月后的5月14日慷慨就义。

如今，在上海烈士陵园馆藏的一份1948年5月15日出版的国民党《新闻报》上一则题为《匪江南纵队副司令汤景延昨枪决》的消息，定格了传奇团长汤景延的最后时刻：

> 该匪昨日下午三时半，由警备区看守所提出时，态度仍极傲慢，身穿被俘时之青蓝色便服及布鞋，承审军法官询其有何遗言？仅称家在解放区内，在沪并无亲友，并拒绝注射麻醉针剂，亦不索烈性酒食，上车时高呼口号，面部毫无恐惧之色。奉令执行之士兵第一枪击中汤匪颈脖，但仍直立未倒，旋即以枪杆击倒，加补两枪，一中头部、一中背胸，乃告毙命……

青山有幸埋忠骨，壮士英名耀千古。

新中国成立后，汤新驹随母亲一直定居南通，1962年考入徐州师范学院中文系，毕业后回南通任教直至退休。

第十五章　敌后便衣队

抗战时期，淮北平原上还曾出现过一支专门的锄奸武装——公安便衣队。他们平时执行任务的对象绝大多数都是县乡村镇的特务汉奸和恶霸土匪。公安便衣队在抗日战争中与武工队同样英勇、传奇，他们积小胜为大胜，全力保证部队行动和根据地的安全。

从便衣队到便衣大队

淮北根据地位于豫皖苏鲁四省交界，处在徐州、蚌埠、淮阴三大军事重镇之间。早在 1940 年 5 月，中原局书记刘少奇初入华中就指挥新四军第四、第五支队开辟了这块根据地，但面积并不大，更没有互连成片。1941 年 6 月，十旅在旅长刘震、政委康志强率领下从豫皖苏到达洪泽湖东岸，配合九旅歼灭了湖匪高铸九、陈佩华部，不料这既捅了日伪的"马蜂窝"，因为驻淮阴日军司令官藤田原计划就是利用高、陈部来排挤新四军；又打碎了韩德勤的如意算盘，因为就在前不久他已责令国民党八十九军政治部主任李云需派特工蔡彦庭潜到了洪泽湖……

原来，国共和日伪三方都看中了洪泽湖这块风水宝地。先下手为强，四师既然抢得了先机，当然不会相让。司令员彭雪枫、政委邓子恢一个动作接着一个动作，指示筹建骑兵团解决平原作战时部队的快速机动问题，成立洪泽湖大队加强原地斗争，还选调了 25 名干部骨干充实地方武装力量。

第十五章 敌后便衣队

老红军陈世锦就是随这批干部被分配到了新成立的淮泗抗日政府,先任独立大队连长,不久又转调保安分处。保安分处主任王华,陕北人,跟随四师到达淮北,转地方工作时间也不长。别看他人高马大,嗓门调高,工作起来却十分细心,并且思维敏捷,思路清晰。十旅打下洪泽湖后就奉命东进投入新的战斗,组织根据地军民防特务、锄汉奸的担子就落在了王华肩上。

自感肩弱担子重,王华琢磨着组建一支公安武装,专门对付日伪和国民党顽固派的窃密策反和恐怖活动。当时,淮北的一些抗日游击队因为身着便衣、腰挎短枪、来去神秘,群众习惯地称他们为便衣队,所以当王华向县委建议成立公安武装时,领导竟未加思索定了"便衣队"这个名。

虽然两人相处时间还不到十天,但王华对陈世锦的印象非常深刻,这主要源于陈世锦报到时的一身装束。淮泗政府的机关部门大多在与洪泽湖相连的成子湖一带办公,保安分处驻曹咀子,干部和群众没有明显着装的区别。所以,当身着半旧军装、腿打齐膝绑带、脚穿草鞋的陈世锦找到王华时,特别是他举止端正、言语简捷,让王华顿感眼前一亮,望着这位部队来的年轻"老"红军喜上眉梢,心里也就有了底:便衣队长的人选非他莫属了。

成立之初的这支公安便衣队,虽说人少武器差,只有八个人、八支驳壳枪,但组织健全,王华专门调汤英任指导员、王玉明为副队长,在领导重视和关心下,这支队伍不久就发展到近三十人枪。

人枪具备、队伍齐整,队长陈世锦准备踢好前三脚。他首先瞄上了泗阳城边的李口。8月初,国民党顽固分子王光夏和日伪在李口共同策划了"刀会暴动",捕杀革命干部群众,根据地一名乡长和民兵连长投敌叛变。这些叛徒晚上龟缩到县城,白天利用情况熟悉带领日伪下乡指认抓人,危害极大。

两害不除,群众生活不宁!

经走访群众便衣队得知,最近两人被委以伪保安大队中队长后很少出城，经常在县城东关骡马街一带巡查。于是陈世锦决定，主动出击，出其不意，就在叛徒们自以为安全的县城实施锄奸行动。经侦察地形，又请了县独立大队两名战士配合，陈世锦带领八名队员分成三个小组化装入城，有惊无险，最终完成了任务，还顺带抓回了四名伪军俘虏。当天，便衣队打进骡马街的消息就在当地群众中不胫而走，据点内日军更是惊恐不安，多次发生把伪军当成便衣队员打死打伤的"误会"事件。

这年9月，彭雪枫司令员、邓子恢政委率四师机关进驻洪泽湖畔半城镇。9月15日，淮北苏皖边区行政公署也在孙园正式成立，刘瑞龙就任公署主任兼保安处主任。在刘瑞龙建议下，9月20日至23日保安处牵头召开由各县参加的根据地锄奸保卫工作会议。会上，各县保安分处负责人汇报了隐蔽敌情：

国民党八十九军高级特工周庆升进入洪泽湖进行策反活动，被我抓获；

国民党李品仙部组织暗杀团，由李绍英带领潜入根据地进行秘密暗杀活动；

国民党睢宁县长刘天展派遣便衣"铁血团"二十余人，混入邳睢铜地委和办事处所在地煽动群众闹事，蛊惑人心；

一些地主恶霸和反动会道门头子策划暴动；

日伪派出"大褂队""蒲种队"等便衣组织搜集情报、捕杀干部；

……

敌情就是命令。刘瑞龙边听边记，眉头锁得越来越紧，心情焦虑也陷入了沉思。转机出现在第三天下午，王华汇报完淮泗地区隐蔽敌情后，简要提及了由陈世锦领导的公安便衣队勇闯泗阳城关，在日伪眼皮底下成功锄杀两名叛徒的经过。

虽寥寥数语，却让刘瑞龙眼前一亮，这是个好办法！当晚，散会后又请王华特意留了下来，两人促膝谈心，刘瑞龙虚心请教，搞得王华颇为不好意思。第二天，刘瑞龙就向边区党委写出了报告。彭雪枫听后来了兴趣：为了应对艰苦困难的局面，坚持根据地光靠主力部队不行，建设地方武装问题也要提到重要地位。邓子恢政委当即表态：在全边区各县组建公安便衣队。

得到了党委领导首肯，刘瑞龙责成保安处于11月1日下发紧急通知，要求淮北根据地各区县仿效淮泗做法，立即筹建公安便衣队，通知对公安便衣队的编制人数、装备、服装等作出具体要求，并明确：关于干部和队员，从部队班排长、侦察、警卫、锄奸和通讯人员中挑选。要人给人，而且还要最好的，仅从队员构成和来源上就可看出，边区党委对便衣队寄予厚望！

组建好区县公安便衣队，边区保安处也着手成立公安便衣大队。刘瑞龙提出以红军干部为骨干，任命老红军、保安处副科长张宗华为大队长，老红军、师特务营教导员干思贤为大队政委。邓子恢政委听说后，二话没说就将他从军政治部带来的警卫排十余人补充给了大队，加上师直和部队抽调的骨干组成五个分队，一面进行军政训练，一面外出执行锄奸任务。

这支特殊的公安武装接受四师锄奸部和淮北保安处（后改为苏皖边区公安局）双重领导，干部则由四师任命、调配和管理。活跃于淮北平原的便衣队官兵，由于熟悉地形民情，开展起锄奸执法、侦察情报任务如鱼得水，在淮北革命斗争史上留下了浓重一笔。1945年9月淮北苏皖边区政府公安局在《淮北抗战期间锄奸工作总结》中记载：

> 边区的便衣队，在三十三天反"扫荡"前后，在环境极端恶劣的情况下，配合地方坚持了泗灵睢三个区并开辟了一个区的工作，粉碎了敌人对我区全面伪化的企图，镇压了重要特务杨文章、许绍周。在坚持大李集反伪化的斗争中，起了组织群众、推动群众反伪斗争的骨干作用。邳睢铜便衣队，曾俘获顽电台和电台工作人员；淮泗、泗五灵凤、淮宝便衣队，曾以巧妙的行动，偷袭并拔除了敌伪据点，如沙集子、甸子、尤庙等，并深入敌伪据点，逮捕和镇压了最坏的汉奸、

特务，截获了不少有价值的军用物资。总之，便衣队在坚持边沿区、开辟新地区、反伪化斗争中起到了很大作用。

《中国人民解放军军史简编》中记载：

> 我淮海、淮北地区，敌在1942年进一步加强对我的蚕食。我两地军民在当地党组织的统一领导下，于同年夏掀起反蚕食、反伪化斗争的高潮……淮北区军民攻克敌据点26处，并以便衣队深入泗县、灵璧、睢宁、宿县等县敌占区，恢复与开辟了3个区、70多个乡的游击区，从而基本上制止了敌之蚕食、伪化活动，稳定了边沿区的形势。

《淮北抗日根据地公安史长编》（江苏省公安厅、徐州市公安局党史办著）在"便衣队"一节记载：

> 便衣队的作用，最初是侦察敌情、镇压暴动、逮捕案犯。如淮泗县保安分处初建阶段，斗争形势十分险恶。地主暴动，内奸破坏层出不穷，没有一支专业性的锄奸武装，公安保卫工作就难以开展。以后随着根据地的逐步发展和巩固，便衣队的主要作用是打击敌伪蚕食活动，坚持边沿区斗争，开辟新游击区，解决一些野战部队管不着的小股伪军和日特、国特操纵的武装，以及执行某种特务任务。

说到淮北公安便衣大队，有一个人不得不提，这就是龙潜。1943年10月，30岁的龙潜从华东党校结业后接任淮北苏皖边区公安局长，重新回到锄奸保卫战线工作。这时，因根据地扩大，边区工作繁忙，刘瑞龙不再直管公安便衣大队，这一重任自然落到了龙潜肩上。他这一管就是三年多，指导公安便衣大队和各区县公安便衣队多次完成锄奸反特、情报侦察和执行秘密任务，对两级公安便衣队建设倾注心血，怀有特殊的感情。据当年的老队员关克涛、李家瑞回忆：

> 1983年，龙潜从济南军区副政委的领导岗位上退下来后，专门从南京打电话要求他们去淮北看望曾经的队员战友，每当谈起淮北便衣大队，他总是十分激动，一直深切怀念在淮北便衣大队出生入死战斗过的干部和队员。

正是在龙潜的提议和推动下，才有了一部反映便衣队员英勇事迹的回忆著作《敌后便衣队》，2012年同名电视连续剧在央视一套热播，淮北便衣队锄奸保卫的故事随之家喻户晓。

锄奸是个脑力活

1942年春节期间，淮北根据地军民还沉浸在一片节日欢庆之中，行署主任刘瑞龙就向张宗华和干思贤交代任务：蚌埠附近的三铺镇有个特务范世璜，为虎作伥，破坏革命，危害极大，边区政府决定将其逮捕审查。

范世璜原任国民党凤阳县党部书记，进入蚌埠活动时被汪伪特务机关捕获收买，释放后经常在三铺一带搜集新四军和根据地的军政情报，散布反动谣言，还煽动当地帮会挑头闹事，可谓罪大恶极。张、干二人一合计，考虑到当地的泗五灵凤县便衣队成立时间不长，还缺乏密捕经验，范世璜在三铺又是一头面人物，仓促行动容易发生不测带来被动，为确保万无一失，决定由张宗华亲自出马一线组织。

13岁就参军的大队长张宗华既是红军干部，又是长征干部，一次在甘肃与国民党骑兵部队白刃时舍身跳崖，大难不死后又跟随张爱萍南下，辗转来到了淮北。这次刘瑞龙用人不疑，就是看中了他有勇有谋，是一名难得的锄奸干部。

一早从半城镇北菜园出发，步行了百余里，天傍黑时张宗华才赶到泗五灵凤县公安局（今安徽五河县一带），张文炳局长听明来意后一边介绍三铺隐蔽敌情，一边叫来侦察股长潘毅，要他通知县公安便衣队准备执行锄奸任务。

县公安便衣队指导员陈绍刚听说张宗华来了，料定必有重要任务，向队员们一传达，大家摩拳擦掌跃跃欲试，兴奋了一个晚上。按照行动计划，张宗华带领潘毅、陈绍刚和一个班队员连夜向三铺进发，准备乘夜逮捕范世璜。不料因当地一个关系人外出，潘毅在三铺没有找到向导，一时不知如何下手。挨到天亮，张宗华等人在镇外偶遇一位早起拾粪的老人，闲聊中才得知去年8月三铺的帮会里来了位讲凤阳口音的武术教练，平时也不见他打拳练武，却喜欢笼络周围村镇的地痞流氓，还偷偷组织一些不三不四的人开会……

在淮北平原上常见一种群众自卫组织，虽带有封建色彩，但其成立初衷是抗日保家，会员一般不脱离生产，农闲时切磋武艺，一些进步会员也会自发宣传抗战。但因为缺乏纪律约束，在人员成分上也鱼龙混杂，所以常常被当地日伪和国民党顽固派影响操控，成为反革命的"急先锋"和藏污纳垢的"庇护所"。

凭经验和直觉，张宗华判断这个所谓的武术教练很可能就是范世璜，不仅口音对得上，平时活动也很可疑。等摸清住址、进出路线等情况后，天已大亮。张宗华考虑到情况已变化，再带部队集中行动容易引起群众误会，不利于安全脱身不说，还会造成不良影响，当即决定陈绍刚带便衣队员原地待命。"我与潘股长利用范世璜表面支持抗日的名义邀请他到根据地开会走一趟，料他不便拒绝。"张宗华一边分配任务，一边提出抓捕方案。

安排妥当，张宗华和潘毅不慌不忙走向范世璜住处。陈绍刚不放心两位领导，在交代一名班长带好队伍后也急匆匆地赶了上来，前后保持好距离，进可接应，退可应急。毫无防备的范世璜当时尚在床上做白日梦，一下子被堵在院内，成了瓮中之鳖，虽有偷溜之心却一直无计可施，只得束手就擒，乖乖地被带回到半城。边区政府根据宽大政策，允许他交代问题、悔过自新。范世璜表面伪装老实，底下寻机逃跑。他利用看管干部李衡系同乡关系套近乎，又抓住李衡曾被捕自首的把柄相威胁，最后裹胁逃回到三铺。泗五灵凤便衣队奉命追捕，但此时的范世璜已如惊弓之鸟，三次从便衣队的眼皮底下闻风逃脱，后来干脆举家外迁不知所踪。当然，这是后话了。

泗五灵凤便衣队经过这次实战锻炼，队员们锄奸工作的劲头更足，经验也更丰富。不久，张文炳局长从抗大四分校调来毕业生苏会、高得良分任正副队长。25岁的苏会18岁就参加了革命，张震在河南竹沟、六支队和四师工作期间，一直用他担任警卫员，深得信任。而高得良早在1938年脱离国民党地方部队，后在四师政治部当警卫员，对锄奸保卫也十分熟悉。两人到便衣队工作充实了领导力量，多次带领队员神出鬼没端炮楼、锄汉奸，搅得日伪闻风丧胆，在泗县、五河、灵璧和凤阳一带的名头越来越响。

1943年秋，泗五灵凤地区发生多年不遇的蝗灾，农作物大量减产，日伪频繁向根据地边沿地区"扫荡"，疯狂掠夺群众粮食，四师和淮北根据地抗日政府开展针锋相对斗争，把保卫秋收、打击日伪抢粮、禁止粮食走私作为各部队的重要任务。便衣队也配合地方民兵，每天派出队员侦察情报，参与捕获零星催粮派款的日伪人员，检查没收走私粮食，而像样的锄奸工作松懈下来，憋得大家手直痒痒。

眼看到了中秋节，这晚队长苏会和指导员陈绍刚正商量工作，不料司务长樊青云一脸委屈地跑进来告状。原来，他刚挨四班长乔广明一顿批，队员们都想过节吃月饼，但因为伙食标准太低满足不了，就被大家取笑为"混账司务长"，樊心里憋屈不服气。

这原本是伙食问题，陈绍刚本想做做大家思想工作也就过去了，不料一旁的通讯员时耀才随口说："每年中秋节前各村伪保长和地主都要进城送礼,半路劫下来不就有了。"果然,向当地的队员一打听,这里有送中秋节礼的习俗。迫于日伪淫威,这几年过年过节前各村都要进城"进贡",为相互区别就在礼品内附帖写明送礼人的姓名和品名。

苏会眼前一亮:"那就规定凡是给日伪送礼的一律定为走私,予以没收。"

陈绍刚也很兴奋:"这样既能解了大家的馋,还能引蛇出洞,把日伪调出城外。"

还正如他俩预料,在路口设卡没两天就查获一大批"走私"的猪肉、白酒和月饼等。而得到消息的日伪听说美酒佳肴被劫了,不知是计,第二天就气急败坏调集部队出城抢"粮",之后,便依"计"多次中便衣队埋伏。

一举两得,大快人心!

就在泗五灵凤便衣队驰骋淮北、屡建新功之际,谁也不曾想这支专门锄奸的队伍里竟出了一个叛徒——副队长高得良投敌叛变。

高得良在受到上级批评教育后,突然私自离队。得悉情况后,苏会和陈绍刚更愿意相信他是家有急事来不及打招呼。为了印证自己的判断,苏会和陈绍刚当晚就派人去邻区濠城寻找一个女烟贩,结果也是不知所踪。预感已很强烈,但仍存一丝侥幸,毕竟没有真凭实据。第二天傍晚,一个消息传回彻底打灭了他们的幻想:高得良已出现在蚌埠城北的固镇伪保安大队,身旁似跟着那个女烟贩。

高得良真的成了一个可耻叛徒!

原来,高得良有抽烟习好,半年前部队在濠城一带活动时因为买烟结识了这个女烟贩。两人很快发展到关系暧昧,群众意见颇大。情况反映到便衣队后,苏会和陈绍刚考虑到大家平时关系不错,自己批评可能会不利团结,于是就请县领导出面教育,本意只是提醒劝诫,哪知高得良离开县委后思想绕不过弯,竟一不做二不休跑到濠城带上女烟贩,在伪保长怂恿恐吓下投降了日伪。其实,乱拉男女关系属违反军纪,顶多受到组织处理,但卖身求荣的性质就变了,成了敌我矛盾,这可是人人不齿的投敌叛变,罪不容赦啊。

锄奸的队伍里出了汉奸,锄奸的干部成了叛徒,如何向组织、领导和群众交代?泗五灵凤便衣队一时士气低落,苏会和陈绍刚更是自责。他们哪里知道,这是固镇伪保安大队长丁寿堂一手设下的圈套。丁寿堂是濠城一带臭名远扬的大地主,任过伪职,彭雪枫率四师部队来淮北时经敌工站长郑淮舟争取,转向革命也做了一些有益工作。这人鬼得很,是个墙头草,新四军主力部队东进不久又倒向日伪,被抗日政府打击后外逃固镇,但仍在濠城一带设暗探,经常暗中遥控,这次就是他安排伪保长利用叔侄女关系教唆这个女烟贩以恋爱名义拉拢高得良,并时时提供"优渥"饮食,一步步把他拉下水……

这时的丁寿堂诡计得逞,手下多了个了解根据地内情的高得良,自以为掌握了与便衣队抗衡的利器,气焰日渐嚣张。他的算盘是,只要能制服这个令日伪头痛胆寒的便衣队,还怕不受倚重、不升官发财?

怎么反击?县委有自己的考虑:不仅要严惩高得良,还要痛打丁寿堂,让他在日伪面前夸下的海口彻底破灭。具体如何组织和指挥,委托张文炳全权负责。张文炳文化不高,但爱读书勤思考却出了名,对三十六计等熟稔于胸,号称泗五灵凤的"小诸葛"。因为丁寿堂对便衣队内部情况很清楚,要想硬碰硬取胜并不容易,必须示假隐真才能打他个措手不及,所以张文炳决定来个瞒天过海出奇制胜。

很快,张文炳从区独立团借来几门掷弹筒、一个司号员,还给便衣队员们每人发了一套整齐的新军装,同时命令苏会、陈绍刚带便衣队主动出击,故意移驻固镇一带活动。耳目众多的丁寿堂很快得到密报,心里很是得意:真是送上门来的立功机会啊!他纠集保安大队百余名伪军气势汹汹蜂拥而至,把便衣队团团包围在石家湖边的一个小村庄。

第一个出马劝降的是叛徒高得良。他仗着对便衣队情况熟悉,更要在新主子面前好好表现一下自己,找个墙头一倚就不问三七二十一开始喊话，把便衣队干部的名字通通叫了个遍，忽悠队员们像他一样到日伪这边吃香喝辣升官发财。也是太麻痹大意和轻敌，高得良刚才倚到墙头后只是防止便衣队打冷枪，哪知正是喊叫声暴露了他的位置，回应他的是一排接着一排的炮弹，其中有一枚竟似长了眼睛似的落在他身后炸开，顿时炸得他血肉模糊。这完全出乎丁寿堂的预料，密报上可没有小炮啊，就是高得良也从未向他提及便衣队还有这么厉害的重武器。更令他措手不及的事还在后头，就在炮弹响声犹在耳侧，随着一阵洪亮的冲锋号响起，身穿军装的新四军战士如猛虎下山般从村庄跃出，很快就把丁寿堂的保安大队冲了个稀巴烂。眨眼之间反胜为败，丁寿堂的本能反应是中了新四军主力部队埋伏，哪还有心恋战，赶紧收拢人员抱头鼠窜。

半小时前还在做着黄粱美梦的丁寿堂，现在俨然成了条丧家之犬，他暗自庆幸脑袋还没搬家。狼狈逃回固镇，丢盔弃甲不说，还少了十几人，该如何向日军解释让他惴惴不安。丁寿堂自己当然不会揽祸上身，得让高得良背这个黑锅。为什么阵前大喊大叫？为什么从未提及便衣队还有司号和掷弹筒？哪一条都值得怀疑。更令他生疑的是，第二天一早又接到密报称，刚才有一个陌生人到岗哨偷偷给高得良送来一条香烟和营养品，还留话让他好好养伤……

这一招成了高得良的致命一击。恼羞成怒的丁寿堂把他作为便衣队卧底添油加醋向日军报告。当晚，高得良就被稀里糊涂绑送日军宪兵队，拷打审讯一关就是几个月，被炮弹炸伤的小腿也因得不到治疗落下终身残疾。而引诱他的那个女烟贩，在高得良落难后的第二天就不知所踪。因为一直查无实据，高得良在水牢里关押了一年多才被放出来。后来，根据地领导考虑他再未对革命造成什么危害，经张文炳批准也就取消了锄奸计划，留他一条小命在固镇街头苟延残喘，成为警示人们的一个生动反面教材。

第十五章 敌后便衣队

守护泗宿道

"夜走泗宿道,晨过旧黄河。古邳解鞍马,煮酒醉颜酡。"

这是1943年11月代军长陈毅从黄花塘去延安途经淮北邳睢铜地区时写下的著名诗篇。从1942年下半年起,邳睢铜便衣队就浴血奋战在这条从淮北到鲁南的交通线上,出入日伪据点,惩治汉奸密探。

高作,作为交通线上的一个重要集镇,日伪在此不仅建有炮楼据点,还成立了情报站,强化秘密渗透。情报站站长王继尧,只有二十来岁,别看他年纪轻轻,两年前在小学教书时就曾以老师身份为掩护刺探搜集根据地情报,受到邳睢铜保安分处逮捕审查,处理期间一再表示悔改乞求原谅,陈元良主任这才在召开群众大会公开揭露后将其宽大释放。

回家后的王继尧并没有痛改前非,不久在其父亲、情报站老站长王时中的蛊惑下重操旧业,还干起了伪乡队长。王时中不仅不感到羞耻,反认为后继有人,自己也乐得清闲,干脆一不做二不休说服日伪同意他退居二线,让儿子王继尧子承父业当上了高作情报站长,变本加厉危害乡里。

交通线安全受到威胁,陈元良要求邳睢铜便衣队长吴忠清尽快逮捕王继尧,为民除害。

1922年出生的吴忠清这年20岁刚出头,年轻人血气方刚,敢打敢拼,除此之外,吴忠清还表现出少有的老成,他接受任务后没有当即出发,而是着手了解据点兵力情况,还带领便衣队员化装侦察。情报站与伪大队不同,平时没有街面巡逻、关卡放哨等维护治安任务,王继尧搜集情报的手段也与众不同,主要靠收买的各村伪保长以及流氓、无赖等上门提供,并不需要他自己抛头露面在外面跑。一番了解下来,吴忠清决定夜晚上门抓捕,王继尧住处距炮楼不远,位于偏僻的背道,进出外人不多,便于隐蔽和守株待兔。

这天,吴忠清带着三名队员走了四十多里路,晚饭前后才摸到王继尧的四合院外,不远处的炮楼上灯火通明,探照灯不时扫过,就连晃动的哨兵都看得一清二楚，但王家大院内一片漆黑，连一个鬼影都没有。先前的情报分明说王继尧在高作，晚上不回家就只有一个可能，肯定是在外面喝酒鬼混。重返一次不容易，与其无功而返，不如利用等待时间做足准备。吴忠清立即带两名队员翻墙入院隐身在屋后，另一名队员则爬上屋顶揭开一扇瓦片，以做观察和射击之用。

功夫不负有心人。直到后半夜，王继尧才打着手电筒醉醺醺一摇三晃地回来。就在门开的一瞬，吴忠清一个箭步冲上去将其掀翻在地，另外两名队员迅速捆绑塞嘴，眨眼工夫就将一个大活人硬是摁进了麻袋扛上了肩头，悄无声息地消失在茫茫夜色中。第二天，消息就传遍了邳睢铜，群众无不拍手称快，而王时中却是兔死狐悲，更害怕同样的噩运落到自己身上，惶惶不可终日，从此东躲西藏……

1943 年中秋节后的一天，吴忠清接到邳睢铜抗日政府公安局命令，要求便衣队配合敌工站执行一项特殊任务。原来，不久前淮北苏皖边区公安局工作中发现国民党顽固派在双沟镇设立反共电台，除用来搜集根据地情报外，还与驻徐州的日伪情报机关建立联络交换情报。其中一份称：

> 据江苏宿迁来人报告，韩主席（韩德勤）领导下的宿迁县政府，在县长时亚武亲自带领下，于今夏从宿迁到洋河之运河渡口，生俘共党重要人物刘少奇，并当即将其活埋。共党寻机报复，共军韦国清部于中秋节夜间，奔袭我住在宿迁县刘土楼子之县政府，县政府和县常备大队被包围，损失惨重。时亚武县长下落不明……

中共华中局书记、新四军政委刘少奇 1942 年 3 月就已调离根据地赴延安工作，此情报当然不准。但边区公安局还是循线查明，时亚武将泗宿敌工部长刘逸奇逮捕并杀害确有其事。因此，四师和行署电令邳睢铜不惜一切代价端掉电台。在敌工部派人协助下，吴忠清第二天就带人进入双沟侦察。

第十五章 敌后便衣队

与其他据点情况类似,日军因兵力不足平时在双沟只派一个伪保安团守卫,团长叫高厚斋。之前敌工站已通过其在根据地工作的侄女高云飞关系争取到高厚斋,通过高又争取到了伪镇长范某。所以,吴忠清通过高、范两人很快查明电台的具体位置在镇外的小营庄。到这里一看,果然戒备森严:北驻国民党顽固派段海洲三十三师一个营,南驻唐广金部千余人,内有圩墙铁网,外有壕沟吊桥。

显然,强攻必遭顽抗,引来段、唐两部增援;只能利用高厚斋与电台台长雷书坤的私交关系来智取,胜算把握才大。主意已定,10月25日一早,吴忠清就带领三十余名便衣队员在县独立大队配合下,徒步行军四十里,当晚赶到了小营庄外。

本该防守严密的圩口不知是疏忽大意还是惯例如此,此时竟大门洞开、吊桥平坦,完全出乎所有人的意料。机不可失,时不再来。见此情形军事教员姚伯林首先带领突击组冲了进去,占领圩内有利地势;班长肖耿堂和阻击组战士迅速包围营房,控制电台人员;吴忠清则以帮助高厚斋送信的名义骗开房门,正在床上闭目养神的雷书坤想起之前曾托高厚斋介绍小老婆事,现在接到回音正满心欢喜起床接信,不料睁眼一看就被十多只黑洞洞的枪口死死堵在了床头,只得乖乖束手就擒。

这次行动异常顺利,来前想定的困难情况和应对办法一个也没派上用场。破坏电台系统,带回部件密码,整个过程未伤一名队员,竟犹如天助。任务完成后,就在吴忠清带领队员押解雷书坤匆忙走出圩外路口,清点人数时才发现少了阻击组的几名队员,一拍脑袋竟是忘记了通知肖耿堂。而此时肖耿堂正高度戒备看守着机房人员,未曾分神关注到外面的情况,所以直到返回的队员再来通知才赶忙带人撤离。

在离开二十多分钟后,吴忠清他们才听到圩内响起了密集枪声,这看似报警,实际上是伪军们的惯用伎俩,为推卸责任故意对天放枪。

不久,四师和边区行署联合下发通令,对参加这次任务的邳睢铜便衣队给予集体嘉奖。

大李集的红色布告

"天黄地黄日月黄,我村保长通风忙。行路君子捎个信,龙兵下凡来算账。"

1943年下半年的一天,淮北便衣大队派出一个小组来到睢宁农村侦察,返回途中在一棵树下休息时队员邱江平看到树上贴了一张黄表纸,边念边与大家开玩笑:"这又不知是哪家出了夜哭郎,行路君子念一念,就会好了。"

睢宁一带有个风俗,幼儿若夜间经常哭闹,父母就会在晚饭前后到村外路侧烧纸求神,末了用黄表纸书写"天黄地黄日月黄,我家有个夜哭郎。行路君子念一念,一觉睡到大天亮"贴树上,传说念的人越多就越灵验。其实,在兵荒马乱的年代,家家户户都有养狗护院的习惯,夜深人静时室外一点动静都会引来狗吠不止,当然会吓得婴幼儿惊恐难安了。

本是随口念念,邱江平读出的竟是"伪保长通风报信",再翻过来一看背面还留有村名。看来这是一条非常重要的锄奸线索,队员们宁信其有,摸黑拐进村里找群众一探究竟,果然这个村的伪保长曾经去附近的大李集据点送过几回情报,但性质都不算恶劣,对照边区行署7月7日颁布的《惩治叛国罪犯(汉奸)暂行条例》罪不该死,经便衣队员当面训诫责其写出保证书后也就算自新处理了。

半年来,先由群众检举揭发,再由便衣大队调查核实,最后依据《暂行条例》作出区别处理,狠狠打击了顽固汉奸,也争取了多名"两面派""三面派"的伪保长、帮会和伪军头目。

到了1943年底,边区党委和四师政治部联合下发通知,号召部队和各县便衣队利用春节对日伪集中开展一次政治攻势,通过伪军家属和"两面派"保长散发宣传品,开展瓦解工作。春节刚过,位于大李集的日伪据点突然宣布戒严,一时间鸡飞狗跳。原来伪区长朱慕臣节后一上班,就在办公桌上发现一份署名"淮北便衣大队"的传单,内容就是《惩治叛国罪犯（汉奸）暂行条例》。

红色传单送到了伪区长办公室，令日伪大惊失色，对便衣队更是恨之入骨。朱慕臣深信是便衣队员潜入了据点，为此还把站岗放哨的伪军集合起来一顿臭骂，他哪里会想到，其实这正是与他私交不错的一个安青帮头目利用送假情报的机会偷偷把传单留在了办公室。

驻大李集外围卓圩子的国民党江苏省保安第三团团长王云文，原是睢南灵北的土匪、安青帮头目，当地出了名的土顽分子，笼络七八百个徒子徒孙投靠韩德勤，用送礼手段要了个编制，自封为团长；大李集来了日军后，又暗中勾结日伪危害革命。一次，王云文利用便衣大队主力外出之机突袭驻地，遭留守队员猛烈抵抗后撤退，半路上逮捕送信的队员朱俊，后将其残忍折磨致死。这更加激起了便衣队员愤慨，一致要求严惩王云文，为队友报仇。

圩子是淮北平原常见的民居格局，四周护堤，堤内生产生活，形如城墙，打起仗来易守难攻。卓圩子情况更加特殊，这里是当地二十多个地主的聚居地，经多年经营，沟宽水深。所以，王云文当团长后就看上这块风水宝地，地主们也乐得有兵庇护，双方一拍即合。保安团进驻后又进行工事加固，特别是在四个圩角建起五层高的炮楼，方便眺望预警。

经过一番乔装侦察，大队领导感到白天小股人员出入圩子易被察觉，而大规模攻城又明显超出能力范围，只有引蛇出洞才是上策。一日拂晓，政委刘吉庭带队员埋伏在圩南，派小队长张春阳潜到圩门外。张春阳眼看圩内的部队在出操、训话，终于等来一名军官模样的人，一枪撂倒后就按计划边打边退。不料，狡猾的王云文虽集合起队伍，但只追到圩外没多远又缩了回去，显然他也是心有所忌。

引而不出，只能变换思路。这时有群众反映，王云文的亲信、中队长王二八是圩外人，家里上有老下有小，相互之间常有书信往来。刘吉庭决定以此突破，先礼后兵，争取不成再进行惩办。文化教员过小秋代表便衣大队草拟了一封信：

今由你父亲送上边区政府《惩治汉奸暂行条例》一份,请过目。

你家中老小都希望你早日回头,争取宽大处理。如果投诚,本大队将根据边区政府宽大政策办理,如若执迷不悟,将严惩不贷。

特此函警告。

淮北便衣大队
1944 年 11 月 4 日

此信很快由王二八的父亲转送到王二八手上,几天后请伪保长再去送信,隔几天由亲戚又送过一封,但不出刘吉庭所料每次都是石沉大海。这几天,王二八表面上心平气静,内心却如热锅上的蚂蚁,思想斗争异常激烈,左右不是,进退两难,但最终并未对便衣大队的警告作出回应。可天下没有不透风的墙,王云文通过耳目得知王二八情况后内心也很矛盾,既要防备王二八变心后不利自己,又要加紧控制不让他乘机逃离部队,思来想去把王二八调到了一个地主开办的粮行做事,每天只负责运送收购的粮食。

粮行位于圩外的集市,逢集时人来人往,这就给便衣大队锄奸行动提供了便利条件。相似的环境,相似的条件,相似的阵法,张春阳轻车熟路化装成卖粮群众,在石传广、杜建等队友配合下将王二八一枪毙命在粮行门外,临走时还不忘掏出一张布告压在尸体上:

查王二八,为勾结日伪、残害抗日军民的王云文部中队长,罪恶累累。我曾一而再再而三地向其发出警告,促其悔悟,然而王二八死心塌地甘心为日伪卖命,连续残杀我抗日军民。根据边区政府《惩治汉奸暂行条例》第二条之规定,王二八已构成汉奸罪。判处极刑,立即执行。

特此布告。

淮北苏皖边区泗灵睢县人民政府县长　苌宗商
一九四四年十二月一日

王云文看后气得咬牙切齿也无计可施，群众纷纷议论：便衣队三次写信警告，一再规劝争取，仍执迷不悟，死了活该！就连王二八的家人也说：劝他他不听，知道早晚跑不掉，早死早干净！

有了王二八这个活生生的反面典型，以后便衣大队再送出警告信，很快就有了回音，甚至个别人还主动托家人联系自新。通过这些工作关系，便衣大队不时送出真假情报，搞得王云文云里雾里，一时不敢轻举妄动。到了这年隆冬，刘吉庭等大队领导感到再次引蛇出洞的时机已经成熟，于是巧施计谋送出假情报。王云文经过反复验证信以为真，在一个飞雪之夜带领保安团倾巢而出围向大李集，哪料从卓圩子到大李集十多公里的半路上就落入便衣大队埋伏，死伤和开小差者大半，王云文只带了几十人侥幸逃脱，至此龟缩进卓圩子一蹶不振。

短短一百来字的《惩治叛国罪犯（汉奸）暂行条例》颁布施行，犹如一颗威力无比的炮弹射向日伪，一时间在淮北根据地炸开了锅，引得多少汉奸特务胆寒心怯，这在当年是完全没有预料到的。

三进徐州接高树勋夫人

1945年8月日军被迫宣布无条件投降后，国民党顽固派在美英怂恿下耍起了"假和平，真内战"的计谋，调兵遣将抢占战略要地，妄图侵吞抗战果实，国内形势急转直下。

此时，淮北便衣大队已奉命转战徐州市郊。10月30日中午，张宗华大队长和刘吉庭政委被四师敌工部长吴宪请到了邓庄。张、刘两人知道，同时找他们说明任务非同寻常。果然，一进门吴部长就表情严肃地传达师长张爱萍、政委邓子恢命令，要求便衣大队立即选派得力骨干秘密潜入徐州城联络和接应高树勋夫人回根据地，特别强调不惜一切代价保证完成任务，同时转达了四师锄奸部长兼边区公安局长龙潜的具体要求。

事后两人才得知，就在这一天下午，远在华北太行山区邯郸城的国民党十一战区副司令长官高树勋在李达、任靖秋和王定南等中共地下党员策动下已率新八军起义。高树勋担心妻儿安全，向晋冀鲁豫军区司令员刘伯承、政委邓小平提出的唯一条件就是从徐州城接出其夫人刘秀珍等家眷，免遭蒋介石迫害。所以，延安直接电示四师，务必赶在国民党之前完成任务。

能够执行中共中央直接赋予的任务，便衣大队感到既光荣又艰巨。时间紧不说，想在偌大的徐州城找个人，岂不是大海捞针？而吴部长提供的唯一线索就是高夫人曾住老铜山县政府的郝鹏举公馆，具体哪一幢楼，有多少人，愿不愿意离开，以及蒋介石是否已经得到消息采取行动等一概不知。

回来的路上，张宗华和刘吉庭围绕对象人选研究来研究去，终没挑出一个适合的干部。思想红没问题，处事稳头脑活也还好找，但要熟悉徐州风土人情就非当地人莫属了。大队开会时，一中队指导员过晓秋提到一名队员李家瑞，徐州市南的符篱集人，入伍前曾随父兄多次出入市区，了解日伪兵营位置和市内交通情况，队友们平时都戏称他"徐州通"；兄长李家祥，1938年参加新四军游击支队，从路西打到路东，先后任四师锄奸部干事、边区公安局秘书，其他几个哥哥也都在新四军部队，所以这样的同志政历清楚、忠实可靠，也熟悉徐州城的情况。

"唯一不足的是只有19岁，但他处事老练……"过晓秋还准备一口气介绍下去。很明显，他是多么急切地期望领导能把这次任务交给自己的中队！烽火年代，新四军指战员不论困难、不讲条件，有任务就上、有红旗就扛，是传统，更显出担当。

经再三考虑，政委刘吉庭拍板，就由李家瑞去。多年后，李家瑞还记得当晚受领任务时的情形，他在《三进徐州，接高树勋将军夫人脱险》中写道：

> 十月三十一日，我们大队晚饭后行军二十华里，到达离徐州约三十华里的王山村，住下后我就睡下。正在睡得香甜的时候，小队长

刘春涛同志把我叫醒，说大队长叫我。我迅速爬起赶紧去大队部，大队长、政委都在。

第二天凌晨4点左右起床，室外还是漆黑一片。淮北的初冬虽没有滴水成冰，但西北风呼啸而过刮得正紧，其他战友还在睡梦中，李家瑞已经洗漱完毕，一身大褂、灰裤和礼帽装束，俨然走南闯北的客商。就在昨天，大家还对以什么身份入城提出不同意见，有人主张以舅甥等亲戚关系直接见高夫人，有人感到第一次这样过于鲁莽，如果高夫人不愿相认反添麻烦，不如以商人装束，既可应付沿路哨卡检查，也易于与高夫人交流，打消戒备心理，尽快赢得信任。

由于一人行路快，装扮真切也没遇到盘问，所以李家瑞8点钟就进了城。到天桥市场下，李家瑞叫了辆黄包车，直奔老铜山县政府的郝公馆。到了一看既喜又惊，喜的是门口果然挂着"第十一战区官佐宿舍"字牌，这说明高夫人住处找对了；惊的是牌子旁就是一个岗楼，有多名荷枪实弹哨兵把守，要想进门并不容易。

可能是多付车钱的缘故，车夫对李家瑞满脸堆笑又是感谢又是鞠躬。所以转身进门时，他故意扶了扶礼帽，头不转脚不停径直走了进去，一旁的哨兵以为来了阔少公子，不明就里哪敢多问。

不得不佩服，年纪轻轻的李家瑞遇事果然老练！

万事开头难，刚解决了一个，紧接着又是一个。宿舍区面积很大，门里一条主干道，路两旁一溜的红瓦平房，远处尽头是一片园林，哪间才是高夫人的住处？停步观察害怕哨兵警觉，一路上没遇到行人也没法打听，李家瑞只得硬着头皮朝园林方向走，心里慌得直打鼓。真是"山重水复疑无路，柳暗花明又一村"，就在他快走到园林时发现路侧的一片丛林中隐现着四幢别墅，凭直觉判断这里就是了。凑巧的是，李家瑞拐进靠路的一幢院内迎面遇到了一位四十来岁、身穿黑绸子旗袍的妇女，一打听正是高夫人。

李家瑞是直性子，简单自我介绍后直奔主题，递上了敌工部长吴宪的亲笔信，提出自己的此行任务。但高夫人与李家瑞初次见面，虽有信为证，还是将信将疑。

只见高夫人看信时，两眉时皱时张，看完信两眼愣愣地注视着房门，从表情上判断她还不知道高树勋起义，李家瑞不失时机插话："我来的时候我们领导一再交代说，高将军起义，高夫人可能还不知道，为了安全，请高夫人一面立即搬到一个秘密的地方去住，一面迅速打听高将军的消息，我们保持联系。"

高夫人有意问一问情况，便叫副官端上点心，两人边吃边聊。

"你是哪一部分的？"

"四师。"

"四师？杜师长认识吗？"

就在两个月前的 9 月 20 日，国民党十八师师长杜新民率四千余官兵在河南永城起义，10 月初开赴津浦路东整训，被授予"人民解放军独立第二军"番号，四师领导都写了贺信，《拂晓报》报道后便衣大队作过专门传达，李家瑞当然知道。

"你们师长是谁？"高夫人追问。

"张爱萍。"

"爱萍！"高夫人深有感触地脱口而出。

李家瑞立即回答："是的，怎么高夫人熟悉？"

"啊，我们是同学。"高夫人的神态似乎轻松了些。

"他现在什么地方？"

"在前方指挥打仗，固定地点不好说。如果高夫人有事或捎信，我们会很快办到。"

高夫人笑着说："好吧！请你回去把我的意思给你们领导报告一下。"看来，她对李家瑞的身份已经没有怀疑了。

"好的。"高夫人虽没说明什么意思，但李家瑞能够明显感到她的态度正在转变,所以临行前还不忘提醒:"请高夫人慎重考虑,关键时刻要当机立断。时间不留情,千万要提高警惕。明天再见。"

步履轻快地走出郝公馆,李家瑞才感到时间过得飞快,不知不觉已到了午后,冬日暖阳照耀在身上,顿感心里也是暖洋洋的。

其实,这一天便衣大队的每名队员都没闲着。就在李家瑞凌晨前脚走后,张宗华又派小队长张文斌骑自行车随往徐州,边侦察沿途情况边暗中提供帮助,直等到李家瑞安全进入郝公馆,张文斌才放心返回;指导员过晓秋找出早些年搜集的郝鹏举颁布的布告和收缴的信件,研究里面的图章要文书仿刻,以备急需时派人化装成伪军官持信到汽车队调车……

有了第一天经历,二进徐州李家瑞就轻松多了,他熟门熟路来到高夫人住处,门口哨兵不仅没有阻拦,还敬了个军礼。令他十分意外的是,高家会客室里多了位身穿黑色呢子中山装、胡须半白的五十来岁的老先生,看高夫人并不避讳,李家瑞心里也就有了数。

"他叫阎会轩,从小与高先生同学,后来一起入伍,高先生不在,家中的一切事情都由他来照管。记得吗?和日本鬼子在台儿庄会战时,就是他指挥西北军的部队,那时他是军长。"走进会客室的路上,高夫人介绍。

这位老先生一见面就以洪亮的嗓音、浓厚的军人风度招呼李家瑞坐下,还没等高夫人介绍李家瑞,就开门见山叫他谈谈撤往根据地的具体计划。这完全出乎意料,看来,一天不到高夫人就已经拿定了主意,幸好队领导早有交代,李家瑞把两条路线简要复述一遍,老先生和高夫人听后都没提什么意见,这事就算定下来了。事后,李家瑞才从跟随高夫人十来年的尹副官处得知,今天一早他们接到高树勋在邯郸起义的确切信息,高夫人这才在阎会轩说服下定了决心。

接到高夫人同意撤离的消息,想想明天就能完成中共中央交代的任务,大家异常兴奋,凌晨3点钟左右全队就起了床,生火开饭,队领导分头带领部队向徐州进发,一切都按计划有条不紊地向前推进。队员们三三两两一个组,化装成卖香烟、糖果的小贩散布到车队经过的道口、哨卡……李家瑞则带上向导王广深三进徐州城，直接奔往高夫人住处，直等看到别墅院外一溜停着的两辆福特牌黑色小轿车，两人一路上悬着的心才算放了下来。

行李早已准备妥当，上车即行，两辆小轿车风驰电掣般驶出徐州城，按照既定路线进入根据地，一路警卫接待，衣食无忧，安全更有保证。在洪泽湖畔的四师驻地半城，一行人还受到师长张爱萍、政委邓子恢的热烈欢迎和盛情款待。当晚延安新华社向全国播发高树勋起义通电，同时也传来了个不幸消息：就在高夫人一行撤离徐州不久，蒋介石派出的中央宪兵四团空降徐州直奔郝公馆扑了个空，无奈之下竟抓走了高夫人的家嫂。新中国成立后，在高树勋身边工作多年的王定南回忆：

> 几天以后，我和高树勋又得到刘、邓首长指挥部传来喜讯，新四军张爱萍师长派侦察员已把高夫人刘秀珍和我爱人唐宏强从徐州接到了解放区。高树勋听了感激地说：共产党办事，真是言必行，行必果，实在了不起呀！他表示决心永远跟着共产党走！

第十六章　潜伏者

无论是打与拉，还是剑与盾，锄奸保卫部门的职责说到底还是要保卫自身的安全。亮"剑"的前提，是做到自己的"盾"已经铜墙铁壁、坚不可摧。

当然，是防守还是反击，什么时间举盾，什么时间出剑，起决定因素的是整体实力，但其中肯定也有计谋策略的拿捏与运用。1940年9月18日，延安号召全党开展敌后大城市工作，决定成立中共中央敌后工作委员会，任命周恩来为主任、康生为副主任；不久主管全党锄奸反特斗争的社会部又发出《关于开展敌后情报工作的指示》，提出要把开展敌后大城市的工作当作目前锄奸保卫工作的头等任务。

不经意间，新四军和华中根据地锄奸保卫工作迎来了由守转攻的时机，一个个红色特工好似风筝，线在这头，身子却无畏地扑向了风雨。

对于民族抗战，他们无疑是有功之臣，全身写满功勋。

对于个人，他们不惜以自己的名节和生命为代价，游走在现实与理想之间，辗转于真实与虚幻当中。

中将潜伏者

1941年初夏的一天上午，天空悠悠飘着几朵白云，一早下地劳作的农民正肩扛锄头三三两两往家赶，在南京通往南通的公路上飞驰着一辆黑色轿车，端坐其间的正是汪伪政府参赞武官严甸南。

别看这个严甸南军衔仅至少将，在伪军中也就相当于一个师长、旅长的级别，但他跟随汪精卫多年，是汪的铁杆心腹，经常受命执行秘密任务。他此行的目的就是代表汪精卫到南通考察施亚夫的伪七师，因为就在半个月前南通城的一幢米黄色小楼大门上悬挂起"七师司令部"的招牌，南通城一夜之间也贴满了署名为"绥靖军第七师师长施亚夫"的布告。就在伪军的眼皮底下，无端冒出了支部队，你说奇怪不奇怪？

1940年春汪伪政府成立后，东拼西凑拉起了一支名为"和平反共建国军"的武装部队，虽然对外宣称有72个师，却并无七师这个编制，消息传到汪精卫耳中他是既惊又喜，惊的是谁胆大包天欺上瞒下，在他眼皮子底下打着绥靖军的名号招摇过市；喜的是此时正愁缺枪少人无法向日军讨价还价，现在一下了冒出了一个师，岂不是天助？

汪精卫立即找来心腹严甸南，交代他不动声色跑一趟南通以探虚实："你前去悄悄地侦察一下，万不可声张。如果情况属实，就委任他当个中将师长；如果仅是一群乌合之众，纯属虚张声势，也不必打草惊蛇，待回来以后再作商量……"

自诩聪明一世的汪精卫哪里知道，这只是中共地下党员施亚夫巧设的一个圈套。1915年出生的施亚夫是地地道道的南通人，14岁入团，16岁入党，1929年参加红十四军，后转至地方开展秘密工作，不幸被捕后关到南京老虎桥监狱。民国时期，老虎桥是国民党关押中共地下党员等政治犯的重点监狱，陈独秀、刘少奇前妻何宝珍等均曾在此被关押。幸运的是，1937年秋日军飞机轰炸南京时，施亚夫乘着监舍遭到破坏，混乱中逃回了南通，重又拉起队伍组织群众性抗战活动。

此时，日伪在大江南北推行"清乡"运动，苏中根据地压力越来越大。考虑到施亚夫有掩护面目、平时交际广泛又熟悉南通当地情况，一师领导决定派其打入日伪获取情报。胆大心细的施亚夫不想独来独往，提出带上部队骗个伪军番号，以伪七师名义集体潜伏，可以做更多工作。得到批准后，施亚夫说干就干，一方面以现在的百余人为基础，张贴布告宣布成立伪司令部，在群众和日伪中造势形成影响；另一方面找来赋闲在家的国民政府原苏四区游击指挥部教导大队大队长钱锋，许以重酬，利用他与伪苏皖边区绥靖军总司令杨仲华的师生关系在日伪高层活动。

姜太公钓鱼，愿者上钩。果然，汪精卫的密使上门了。

早有准备的施亚夫在"七师司令部"盛情接待了严甸南，按照事先编好的套路，又临阵发挥真真假假汇报了一通。晚上，酒足饭饱的严甸南忽然提出点验部队，施亚夫就以最近城外的新四军闹得凶、出城路上安全没保证为由搪塞，拗不过第二天带他就近看了一个团，回来路上果然看到几个新四军模样的人朝车队放枪，吓得严甸南绝口不提去部队了，只在住处装模作样翻翻花名册了事。老谋深算的严甸南当然了解主子汪精卫急于扩军的算盘，也乐得轻松自在，整日由施亚夫副官陪同，不是游狼山下馆子，就是打麻将逛妓院，临走时还得了一笔可观的打点费，心满意足回南京复命去了。

一周不到，施亚夫就接到了速赴南京进晋授衔的通知。汪精卫在南京宁海路5号的家中亲自接见，严甸南双手送上"七师师长"的委任状、中将军服和领章。听说不费吹灰之力就招降了一个整编师，晚上晴气庆胤等日伪要人在新街口福昌饭店设宴款待，大家频频向施亚夫敬酒。回到南通后，施亚夫名正言顺地打起"七师"番号，并利用汪伪下拨的军费，在如东掘港一带如滚雪球般很快建成了两个旅近十个团的部队，其中施亚夫直接掌握一、二、三、四团和一个特务团、补充团，人数超过五千人。

对这样一支军事力量，就连驻南通的日军都要高看一眼，每次召开作战会议都要通知施亚夫参加，这样获取情报就变得更加便捷。但由于施亚夫身边无可靠助手，一开始传递情报时还闹出了个笑话。

这年7月的一天，日军在一次作战会议上透露，近期将出动10个联队、配属伪军1万多人从东台、兴化、射阳一线，与西北方向日伪协同向盐城合围，开展新一轮大"扫荡"，企图趁新军部立足未稳给新四军一个下马威。施亚夫当然知道这份情报的重要程度，当天没过夜就派人送到城外的刘桥情报站,再由地下交通员转报上级。最终,虽然"扫荡"计划被粉碎,但施亚夫得知四分区司令员陶勇等领导并没有收到这份情报。

问题出在哪里?没想到调查的结果令人啼笑皆非。原来,为了提高情报传递的安全性、隐蔽性,施亚夫与情报站的同志约定一律不用文字书写,而是采用香烟和火柴表示兵力:半盒火柴代表一个小队,一盒火柴代表一个大队,而一包香烟就代表一个联队。当晚,施亚夫依约送出了十包香烟,岂料在传送过程中有个情报员以为是敌占区送来的慰问品,自作主张分给大家抽了,差点儿酿成了大祸。

这样的低级错误不能犯,更犯不得。陶勇听说后,直接从新四军如东独立团抽调两名党员分配到施亚夫身边工作,丁迁当副官,李玉清当副团长,三人配合起来传递情报就方便安全多了。

1942年11月,日伪即将开展苏中"清乡"的情报传到根据地,为组织军民反"清乡",中共苏中区党委在滨海小镇南坎召开秘密会议,研究应对策略。谭震林代表华中局和军部到会指导,粟裕、管文蔚、叶飞等苏中区和各地委、分区、部队旅以上负责同志参加。

一向安宁平静的如东南坎镇突然热闹起来。按理说这样高级别的会议,安全警卫工作应该十分严密,不料会议还没开到结束,驻南通日军最高司令长官小林信男就得到了密报,要命的是情报上还准确标明了各位领导人返程的时间、所乘交通工具和详细线路。

作战会议上,固执而自负的小林以避免打草惊蛇为由,否决了直接出兵南坎的方案,转而布置日军四个大队、伪军两个师分兵设伏,采取守株待兔的办法沿路追杀,分而歼之。其实,自恃高明的小林犯了一个极其低级的错误。正如汪伪高层所有决策要听命日军顾问一样,各地伪军的军事行动也必须遵照日军调遣安排,所以听到这样的计划,施亚夫等人当然不会有意见,这正给他留出了报信的时间。同时,施亚夫也断定,新四军部队或者苏中区党委肯定出了内奸,否则日军很难拿到如此精准的情报。

也许是自感势在必得,也许是为加油打气,会议结束的当晚,小林难掩内心的激动破例设宴招待参加会议的日伪军官，席间还逐一敬酒："今天有点大喜过望，新四军领导人将被一网打尽，来，我们先举杯预祝胜利。"

施亚夫灵机一动，何不旁敲侧击看能不能摸到泄密的线索？于是若无其事地端起酒杯走到小林身边，故意说："小林将军，依敝人之见，这杯庆功酒喝得有些早啊。"

"什么意思？你是怀疑我的指挥能力？"小林有些不高兴。

见小林脸色阴沉，知道自己的激将法已经生效，施亚夫不紧不慢地说："不，将军的指挥能力毋庸置疑，我们坚信有您的英明指挥消灭新四军只是个时间问题。我是怀疑情报的可靠性。"见小林似乎若有所思，施亚夫稍一停顿，指着一旁作战地图上的南坎继续说："将军请看，南坎地处海滨，东、北两面背海，南面又是一马平川的海滩，一旦被包围将三面受敌、插翅难飞，新四军领导怎么可能连这点军事常识都没有，选择在这里开会呢？"

略一沉思，小林觉得此言确实，可嘴上还是不认输："是的，你的分析有道理，但情报来源百分之百可靠，是我们打入新四军报务员发来的密电，不可能有假。"

见达到了目的，施亚夫不再坚持，连说几句无关痛痒的恭维话，小林也就托托眼镜悻悻地走开了。

回到师部，施亚夫立即安排丁迁送出情报，在提醒苏中区领导尽快转移的同时，重点汇报了报务员中出了奸细。陶勇收到情报后立即派人通知各位领导调整时间路线，为防止日伪用测向器跟踪，还命令所有电台暂停发报，使大家躲过了这一劫。不料因有急事，苏中行署主任管文蔚已提前从水路返回，这可急坏了会议人员，船在海上又不用电台，如何通知？陶勇只得派人马不停蹄赶到弶港码头接应，发现日伪已有埋伏，又指示海防团立即出海迎接，四天后双方才碰上了头，这才改道小洋口码头安全上岸。苏中区保安处长周林和军区锄奸部的同志根据施亚夫提供的泄密线索，半个月后在报务队挖出了那个特务。

眼见煮熟的鸭子飞了，原本踌躇满志的小林一下子傻了眼，之前夸下的海口不仅让他在日伪官兵面前出了丑，还被上级一顿臭骂。不久，驻南通日军宣布裁撤伪第五、六、七三个师，组建伪三十四师，施亚夫也由师长降为三十四师参谋长兼一三五团团长。同时，开展整顿伪军排以上军官，发现嫌疑即予秘密清除。小林借口驻吕四的陆舟舫部有人暗通新四军，纵容张北生以点验为名枪杀八名军官，陆舟舫侥幸逃脱，后经陈伟达、吴福海等人争取入新四军海防纵队任职。

1943年底的一天，小林不知从哪里打听到施亚夫曾在红十四军任过营长，平时来往人员的身份也比较复杂，虽没有直接的通共证据，但难以排除嫌疑。一下子，施亚夫的处境变得凶险起来。按照中共苏中区党委原来的计划，作为中将师长的施亚夫打入日伪后是要长期潜伏，等到抗战胜利再转入国民党军，是要成为战略内应担当大任的，哪料身份提前暴露……

接到报告后，一师副师长叶飞、三行署主任朱克靖在如西的顾家庄紧急约见施亚夫，商量起义事宜。经紧锣密鼓准备，1944年1月5日凌晨，施亚夫突然宣布率部返回根据地，这是自去年9月底汤景延团"破腹而归"后整团建制集体起义的第二起，在南通日伪军中引起强烈震撼。

新中国成立后叶飞回忆说，在施亚夫影响下，仅当年一二月间，反正的南通伪军就达两千人以上。就同一条消息，当年的法国广播电台连续播报了两三天，称赞施亚夫起义很好地配合了世界反法西斯同盟的第二战场，并说日伪从内部开始了动摇。其实，他们哪里知道，施亚夫从接受番号到最后反正归队的整个潜伏过程，都是新四军和根据地政府有计划的组织行为。

寺街"余则成"

寺街，位于南通市邮政大楼东侧，全长六百余米，宽约三米，原名天宁寺街，因街内有天宁寺而得名。

出生于1916年的陈自求，早年求学于与寺街一墙之隔的南通中学，在这里他接受革命思想，参加学生运动和抗日救亡活动。1942 年，27 岁的陈自求经苏中四分区保安处长陈伟达介绍，成为中共一名正式党员。陈自求从参加革命伊始就战斗在隐蔽战线上，陈伟达既是他的入党介绍人，也是他的革命引路人。1942 年 6 月下旬，受陈伟达派遣，陈自求到国民党江苏省政府驻地淮安车桥搜集情报，首次出征就不辱使命，不但拿到了国民党江苏省政府和国民党"中统"组织在根据地的潜伏情况，而且搞到中统的密码、电台呼号等重要情报，支持了根据地的反顽斗争。

有了这次传奇经历，1942 年底陈自求又奉命打入汪伪江苏省苏北实验区。当时，出生于海门四甲镇的姜颂平正在筹建南通汪特机构，因离开家乡日久，情况不太熟悉，派宗子敬先期来到南通打前站。宗子敬与陈自求曾是同事，一到南通就找到陈自求邀其参加。得到陈伟达批准后，陈自求也就半推半应承下来，还接受了组训股长的委任。

1943 年 2 月，日伪苏北"清乡"委员会在南通成立。张北生任南通地区"清乡"主任兼保安司令，公署设于南通市环城南路城南别业旧址；姜颂平则被任命为伪特工总部江苏实验区南通分区区长，区部设于姚港路口的天主教堂朱公馆。

说来也巧，在江苏抗战史上臭名昭著的这两个汉奸颇为类似：都是南通人氏；这次来南通前都参加了苏南"清乡"，张北生任过太湖东南地区"清乡"督察专员公署督察专员兼保安司令，姜颂平则任上海 76 号特工总部南京区镇江站副站长；都是因为在苏南"清乡"中卖力和工作出色，才得到北调机会委以重任，一方面表示嘉许，另一方面也因为他们是南通人，熟悉当地情况。不得不提的是，张北生和姜颂平两人早年都与国共有过很深渊源，张曾任国民党中央党部干事、嘉定和南通县长，而姜早在大革命时期就参加了共产党，红十四军失败后被捕，不久叛变革命加入中统，南京沦陷后潜伏当起了特务。是同乡，也是多年同事，现在又一起调回南通，为邀宠日伪，两人私下积怨颇深。

为针锋相对开展反"清乡"斗争，中共苏中区党委迅速成立隐蔽战线乙种组织，把活跃在南通城内的潜伏人员分为四条线，其中一条就是由保安处长陈伟达领导的地下党员和特别党员，以各种社会职业为掩护，除获取日伪情报外，还在日伪内部制造矛盾，牵制有生力量，应付恶劣环境。所以一到职，陈自求就决定巧施离间，扩大张北生"清乡"公署和姜颂平朱公馆之间的矛盾。

鹬蚌相争，渔翁得利。隐蔽战线的斗争策略，多着呢！

伪警察分局局长许俊、侦缉队长王敬益投靠日本宪兵队后，危害乡里，无恶不作，特别是对进步人士，只要稍有嫌疑，不是抓去坐牢，就是押送宪兵队杀害，群众恨之入骨。陈自求看在眼里，急在心头，可又没有借口，一时无计可施。日伪"清乡"开始后，许、王二人削尖脑袋托人走姜颂平的门路，不久又拜倒在张北生门下，妄图左右逢源。与此同时，发生了几起"清乡"公署故意刁难和排挤朱公馆的摩擦纠纷，致使张、姜矛盾逐渐加剧。

逮着这个机会，陈自求就以许、王二人不把朱公馆放在眼里为由，时不时向姜颂平诉苦。对张北生，姜颂平虽不愿意发生正面冲突，但他也不是"软柿子"，决心拿办许、王二人，杀鸡儆猴，也出出心中的恶气。很快，陈自求按照姜颂平要求，带人收集到许、王厚厚一沓敲诈勒索、草菅人命的证据，经李士群转报汪精卫批准，决定执行死刑。

消息传来，生米已经煮成熟饭，张北生只能忍气吞声，打掉了牙往肚里咽，他再与姜颂平"窝里斗"，也不至于为手下的两个小啰啰撕破脸皮。关押期间，许、王家属四处活动，不仅利用日本宪兵队和"清乡"公署对姜颂平施压，还花钱贿请朱公馆情报股长从中疏通。面对种种干扰，陈自求担心夜长梦多发生变故，就暗中游说姜颂平："这两人能量不可小觑，擒虎容易放虎难，如若不当机立断后患无穷。"权衡利弊后姜颂平终于下定决心，顶着压力将两人就地枪毙了。

1943年3月的一天，姜颂平神秘地告诉陈自求："新四军汤景延的一个团马上要过来，等他来时，我在有斐馆请他吃饭，你也去。"陈自求一听暗暗吃惊。他虽对汤景延这个人了解不多，知道平时他的面貌相对"灰色"，驻地通海属于这次"清乡"的实验区，压力和考验肯定不小，但整团哗变影响太大。陈自求连夜给陈伟达送出密报，不料时隔不久，六百多人的汤团还是过来了，陈自求哪知是计，一直懊悔自责是自己情报送晚了。

汤景延诈降后，被调归张北生的"清乡"公署建制。姜颂平空欢喜了一场，碍于命令一时也无计可施，倒是汤景延还知恩图报，平时一副"身在曹营心在汉"的样子，有事没事来找他，透露张北生如何克扣军饷等。一旁的陈自求看出门道，也帮着敲边鼓，几次撺掇姜颂平向日本宪兵队派驻朱公馆的联络员古泽喜太郎反映。9月底，汤景延一夜之间"破腹而归"，震惊南通的日伪高层，小林信男把张北生叫去当面怒斥，张北生辩解是姜颂平拉来的，姜颂平则理直气壮说是张北生克扣军饷所致，两人互相推诿，一时闹得不可开交，此时两人几乎水火不相容。

为了捣毁日伪"清乡"情报网，胆大心细的陈自求也曾想方设法搞到了汪特的潜伏名单。姜颂平来南通后在各行各业里暗中发展了一批潜特，名单平时保管很严，从来秘不示人，陈自求就利用两人闲聊的机会记下他不经意间提及的人名，转交根据地保安处——核实，王卓云就是这样被发现的。王原是阚家庵一带的无赖恶霸，利用自家豆腐店和邻居茶馆、大烟馆拉帮结派，收罗陈子欣、赵秀之等党羽胡作非为。由于阚家庵是拉锯区，这伙人明里伪装开明，口头抗日，骗取新四军的信任，暗中又与日伪勾结，在群众中大肆鼓吹"清乡"威力蛊惑人心，还为朱公馆搜集根据地情报。陈伟达派人核实后，很快将其逮捕处决。

1943年3月底，就在日伪"清乡"开始的前一天晚上，根据陈自求提供的情报，通西短枪队一举破获多个特务组织，六名组长无一漏网。有一段时间，陈自求看到刘桥区段桥乡伪乡长顾尚义经常骑自行车来找姜颂平，对外称是师范学校同学叙旧，实际上却行踪可疑。警惕的陈自求将此情况反馈到保安处，陈伟达发现此人经常来往根据地，再一调查果然在搜集情报，转手出卖给朱公馆换取信息费，是名副其实的暗探，随即布置城闸区派人将其诱捕处决。

这年夏，就在陈自求潜伏工作做得风生水起之时，一天，国民党江苏省中统陈叔平派人潜入南通，策反他参加中统。关于当时的情景，多年后陈自求回忆：

> 陈叔平和汪特的勾结，1943年5月就已经开始了。那时我已打入了朱公馆，有一天突然来了一个素不相识的人找到我家，他自称姓王名道，并开门见山地说："我是陈叔平先生派来送信给宗子敬先生和阁下的。"我当时觉得既突然，又很怀疑，莫非是姜颂平和日军对我有怀疑，故意派人来试探的。当时我略作沉思，王道也单刀直入，把陈叔平亲笔写的信拿给我看，信封上是写的宗子敬和我两人收，内容很简单，大意是说，他在江南生意很发达，希望我们参加，合股经营等语。这是一种隐语，是可以理解的。王道好像怕我怀疑，正欲加以说明，恰巧宗子敬也来了。王道又把来意说明，他说："陈叔平现在是中统京沪区督察专员办公处主任，设在江南××地，要我来问候你们，希望今后多联系。"谈话中又问了一些新四军的活动情报，宗子敬和我都把南通目前"清乡"情况告诉了他，并敷衍地谈了一些新四军反"清乡"的情况，王道就回江南去了。我当时怀疑姜颂平，怕他派人来试探，虽然一般说来，姜颂平和我是比较密切的。

过了几天，恰巧四分区政治交通员石流进城，陈自求如实作了汇报，得到批准后将计就计打入中统，不久被委任为中统南通区室副主任，获取情报的路子更宽了。不料9月初，李士群被日军毒杀，汪伪76号特工总部撤销，新成立伪政治保卫局，失了靠山的姜颂平被调往南京任局长，南通支局经李纲短暂代理后改由丁维藩接任，由于陈自求和丁维藩早就熟悉，故可继续留在朱公馆任股长。此时陈自求的身份最外层是日伪特务机关股长，中间一层是国民党中统情报员，内核才是保安处打入的潜伏者，集三料间谍于一身，时刻与魔共舞。

1943年底，随着四个阶段"清乡"均告失败，恼羞成怒的小林信男把怀疑的目光转向伪军内部，下令对张北生的"清乡"公署和丁维藩的朱公馆进行清洗。1944年6月，陈自求及其妻弟、地下党员袁明同时被捕关在日本宪兵队，有着多年斗争经验的他面对严刑逼供，按照陈伟达交代始终只承认是国民党中统情报员。由于他严守纪律，文件指示随看随销，没有留下任何蛛丝马迹，日军将他家翻了个底朝天也没能查出任何"通匪"的证据，关了大半年，到1945年初也就释放了。

走出日本宪兵队，无异于虎口逃生，多少使周围人甚至亲朋好友都以为，陈自求就是中统的情报员。这时，他又接到陈伟达"能留则留"的指示，继续以"灰色"身份做掩护在中统工作，日军投降后接任国民政府南通县五区区长。五区所辖十一圩港是国民党军由上海和苏南进犯苏中根据地的必经港口，解放战争开始后几乎每天都有蒋军从十一圩港过境，区公所不仅要无偿供应粮草，还要封房住营买肉慰劳。利用"办军差"的机会，陈自求及时了解部队番号、兵力、装备和行军动向，直到1949年2月南通城解放才回到军管会公安局，不久又被派往上海成功劝降中统骨干姜颂平、蔡麟卿等国民党特务，这两人在上海市公安局副局长扬帆逆用下，提供了大量潜伏上海的中统和军统情报。

孤胆女特工

"她很漂亮，脸白白净净的，还有点红润润的，穿着黑边紫红色衣服，袖口绲边，下身穿裙子。她喜欢唱歌，会弹洋琴，是女中音……"

71年后的2013年，当95岁高龄的陆志英老人回忆起第一次与上线领导接头时的情形，仍然心潮澎湃、记忆犹新。老人口中的这位上线领导名叫马世和，出生于南通西大街，抗战爆发后携笔从戎参加革命活动，1939

年春加入中共地下党,先后担任掘港区委书记、如皋县委组织部长。

1941年10月,苏中四地委为贯彻执行中共中央关于开展敌后城市工作的意见,决定派人进入南通城,负责敌占区建党工作,配合根据地开展武装斗争。马世和主动报名参加,她当年的恋人洪泽在1959年6月的一封信中如是描述:"她入城时的任务是'敌占区党建',一切做长期打算,初期先求隐蔽下来。"

洪泽时任苏中四地委宣传部长,是他首先提名马世和担任南通城地下党特派员,把自己的恋人派往环境复杂、斗争尖锐的敌占区工作,这是一般人难以做到的。这年的11月6日,年仅19岁的马世和离别恋人,只身入城,成为中共在南通地下工作的总负责人。

虽然马世和之前没有从事过秘密工作,但进城后的她似乎无师自通,首先化名马淑华,还一改在根据地养成的生活习惯、服饰打扮和举止动作。为站稳脚跟,她先在一个姓陈的医生家里当教师,用交朋友的办法接触街坊邻居。1942年春,又通过亲戚关系打入日本人开办的江北中央病院,任护士班国文教师。

江北中央病院是1938年10月日军在原南通学院医科附属医院基础上开设的医院及护士、助产养成所,院长、部门负责人和大部分医护人员都是日本人,为数不多的护士班学员则来自刚初中毕业的中国学生。正因为如此,对峙和紧张的气氛一开始就弥漫在医院的每一个角落,这些最大年龄不过十七八岁的中国孩子们多么希望能够遇到"自己人"。1959年8月,当年的护士班学员唐明晴深情回忆起第一次见到马世和的情景:

> 这位老师一出现,就给了我们深刻的印象。她年轻、朴素而又热情,穿一件深灰色土布的棉袍子,脸圆圆的,头发剪得短短的,眼睛大大的,很有神气。她来了不久,就在课上很生动地给我们讲了鲁迅的作品。她简直像一个出色的演员,高度地集中了同学们的注意力。她还教我们唱歌,她有一副嘹亮的歌喉。直到现在,我还记得她在教

《开山歌》时,那"哼哟!哼哟!……"的歌声,是多么热情而有力。在课余的时候,她也常同我们在一起,并且秘密地把一些进步的小说介绍给比较懂事的同学看。很快地,不少同学被她吸引住了。她成了我们精神世界的核心。不久,她就离开了医院。她只来了几个星期,我们却再也忘不了她。

从沉闷压抑到欢声笑语,护士班不时传出"开辟人间不平地,只要有志终能成"的歌声,马世和就像一个出色的演员,生动地讲解鲁迅作品,教唱救亡歌曲,这也正是暗埋"进步种子"的用心之处,包括唐明晴在内的不少护士,日后都成为她的有力助手。为避免身份暴露,仅仅几个星期后,马世和借故离开了医院。

也就在这个时期,陆志英因为工作关系认识了马世和。"我是她的下线,她领导了我一年多,总共见面六次。虽然她年龄比我们小,但很成熟。"陆志英说,两人的上下线关系从1942年吃春鱼的时候开始,当时马世和20岁,她24岁。陆志英那时住在市郊唐闸镇,每次都是星期天花一上午的时间步行到市区马世和家。"她家住城西西大街19号,旁边有家五洋商店,每次都要在规定的时间敲暗号。要敲九下,多一下少一下都不行。"

陆志英从马世和手上接受的第一个任务,是发动工人罢工。她当时在塘闸镇一家日本人开办的纺织厂做财务职员,中国工人吃饭不允许进食堂,吃的还是老鼠爬过的米。马世和利用晚上下班时间来到工宿,组织工人罢工。陆志英作为直接负责人一共发动了三次罢工,要求增加工资改善条件,参加罢工的人数也一次比一次多,"最后,同意我们到食堂吃饭,可以用开水淘米,罢工算成功了"。几个月后陆志英发展了厂里两名积极分子,带到马世和家举行入党宣誓。

马世和要求陆志英每月汇报一次工作,但社交甚广的马世和家里时常迎来送往,陆志英也因此两次留宿马世和家,等到深夜才能谈工作。"有一次来了几个已经断了关系的地下工作者,她让我躲起来,把我藏在门板后面;还有一次来了几个日伪分子,为了保护我便把我藏在厨房的草垛里。"陆志英说,马世和从来不准她拍照,单照、合影都不允许,每次她都从后门走,马世和也从来不送人。

以独到的敏锐目光观察人,以特有的人格魅力感染人,在马世和领导下南通城内中共地下党组织力量迅速增强。1942年底因日伪开展"清乡",南通城内斗争形势急转直下,马世和不得不转移到市郊小海镇的一个朋友家里,以小学代课教师的身份做掩护,并把这个朋友的家作为交通站,与根据地和城区地下党联系。

1943年4月,马世和通过熟人介绍打入朱公馆,重新回到了城区。虽与陈白求同在一个屋檐下,但限于特殊纪律,两人从不发生直接联系,平时也只是做一些画表格、搞统计的工作。不久,马世和被调入朱公馆下属的城区特工组,继续做内勤工作。当年,朱公馆的基层情报组织和一般特务机关一样,分秘密和公开两种,前者利用在根据地和新四军中暗设的坐探搜集情报,叫作"内线";后者则活跃于敌占区的大街小巷,开展侦察、监视、逮捕和破坏等任务,叫作"外勤"。除了城区组外,朱公馆在南通还设有港闸组、通东组、金沙组和张芝山组,情报员一般也由各组组长发展,经费主要依靠搞贸易做生意,有时也到社会上敲竹杠。

马世和所在的城区组设在大保家巷,组长姚一鹏,是姜颂平从苏南"清乡"时带来的特务老手,曾多次试探马世和的政治态度。有一次,姚一鹏突然通知马世和去日本宪兵队,并不交代任何事由,等马世和来到宪兵队,迎面碰上一名刚从地牢里提出来的根据地被捕人员,幸亏马世和神情坦然不动声色,才机智地应付了过去。

又有一次,姚一鹏派马世和去城东接待一名妇女,却只字不提这人的身份。见面后,马世和判断此人来自根据地,偷偷叫她迅速离开。哪知谈话还未结束,姚一鹏就赶到现场借故支走了她,事后还责问她为什么要那人离开。马世和不慌不忙地反问:"你为什么不告诉我她的身份?我正在试探了解她，谈话还没有完，你就赶来要我走，谁知她是怎样对你讲的？"狡黠的特务头子反被马世和问得无言以对。

就是在这样恶劣的环境中，马世和还不忘自己的身份，经常向四地委送出情报。不久，马世和又被调往海门的四甲组工作。朱公馆为防止内部潜入中共地下特工，经常调动情报员工作单位。四甲是姜颂平的老家，特工组长自然是他的亲信，平时对马世和等人管理严格，一时很难接触到有价值的情报。

马世和决心另辟蹊径，有意识地与组长太太交"朋友"，经常教她识字绣花，帮她做家务，渐渐取得了组长信任，最后顺利拿到资料柜钥匙，从而有机会看到不少核心机密。这年初冬的一天，马世和无意中发现一份潜伏在通东地区的八名日伪特务名单，迅速报告根据地。四分区司令员陶勇立即批示："速速查核办理。"陈伟达带领保安处的同志经过侦察查实，不久就将这八人一网打尽。多年后陶勇谈起马世和还十分感慨："马世和同志在虎穴里孤军作战，起了拿枪的军人不能起到的重大作用，她是一位了不起的女英雄！"

马世和的潜伏工作一直坚持到了1944年4月朱公馆二次改组特工站宣布解散，因为她没有参加汪伪特务组织被作为一般雇员就地裁减，回到南通城后继续领导地下工作。由于积劳成疾，7月底马世和肺病加重，吐血病倒。这时，日伪也已侦知马世和的真实身份，在她住进江北中央病院不久，就布下重重包围，企图用马世和当诱饵，放长线钓大鱼。马世和当年的同事卫域在1959年一份报告中这样描述当时的危急：

> 伪"清乡"公署的两个特务公然日夜守在医院里，并命医院护士刘湘协助此事和侦察。刘湘表面答应下来，中午一下班就赶到江北病院护士宿舍，告诉她的好友唐明晴等三人，而她们都是马世和护士班的学生。不久后的一天清晨，唐明晴在外科诊疗室看到一个瘦长个子马脸的日本宪兵，在同副院长栗本谈话，"栗本君，那个女的……

马……"这时栗本突然问唐明晴:"唐!那个马淑华,好来希格!"一切都表明,马世和已处在万分危险之中。刘湘和唐明晴悉数告知马世和与地下党组织。

几天后,正是在护士班学生和中共地下党员的协助下,马世和经过乔装打扮利用看守特务外出洗澡的时机,大摇大摆走出了医院大门。回到根据地的马世和重归恋人怀抱,但病情却不断恶化,1946年底转入上海治疗,不幸于1947年6月7日病逝于中山医院,年仅25岁。

1979年,著名作家吴强发表长篇小说《堡垒》,书中以马世和为女主人公原型,再现了当年这名孤胆女特工只身潜入魔窟与日伪斗智斗勇的传奇经历。今天,在南通市档案馆,也有两本装订成册的《南通市报》,其中四篇1959年的报道是迄今尚存的最早有关马世和的报道,记述者都是马世和当年最亲密的战友和姐妹。

田胡子的"女秘书"

田胡子原名田岫山,河北文安人。此人生性残暴,无恶不作,因嘴角蓄有一小撮八字须,人送外号"田胡子"。抗战前,田胡子只是国民党独立四十五旅七三五团的一名连长,淞沪会战失利后,逃窜至台州天台一带,收罗起一群散兵游勇又被委以国民党第三十师八十八团团长。1942年10月,田胡子经不住诱惑,在宁波投降日军,第二年5月经新四军浙东纵队工作,又在余姚周巷宣布反正,气得日军咬牙切齿全城通缉,还悬赏百万伪币拿其人头。

狡猾多变的田胡子对日伪这样,对有恩于他的新四军浙东纵队也是如此。1943年5月反正后,田部遭到日伪围歼,深明大义的浙东纵队两个团在何克希司令员指挥下主动出击,掩护其安全撤至上虞下管、丁宅街一线。刚开始,田胡子感念新四军,不久两部签订了"互不侵犯、团结抗日"协议,还主动邀请黄源、俞菊生等中共党员到其部队协助开展政治工作。可好景不长,在国民党第三十二集团军司令李默庵游说下,田胡子出尔反尔,又接受三战区改编成"挺进第四纵队",背信弃义多次偷袭浙东纵队四明山根据地,破坏联合抗日局面,群众对其恨之入骨。

表面上看,行伍出身的田胡子冲冲杀杀粗犷强横,其实这个人心细如发,精于算计。在上虞逐渐站稳脚跟羽翼渐丰后,田胡子盘踞城内同时,不忘选择到城南山区的许岙修筑起二十余座大小不一的碉堡,对外吹嘘为"浙东马其诺防线",并以乳名"锦锋"为其中最大最坚固的一座命名。此后,许岙山区的这些碉堡就被田胡子作为后院和老巢,平常派重兵驻守,安排家小生活起居,自己则时在城内的兵营,时回乡下的碉堡,行踪一直飘忽不定。日伪一时也拿他没什么好办法,何克希虽曾两次单刀赴会,与其促膝谈心竭力争取,但均以失败告终。

做不成朋友,还时不时袭扰根据地,那就是与新四军为敌了。只是此时浙东纵队确定的主要作战对手并不是田胡子,而是威胁更大的日伪,所以对田部采取了防而不击策略,转而改成隐蔽进攻。中共浙东区党委书记谭启龙把任务交给了锄奸科长、敌工委副书记丁公量。显然,要想打入这样的部队急不得,必须把准时机和人选,否则难保不出问题。

就在丁公量为完成任务绞尽脑汁时,潜伏在汪伪上虞县政府的中共地下党员何畏(又名杜其昌)送来情报,说他近日在街上偶遇学友胡师柳,两人谈及近期公务繁忙,胡委托他代为物色一名助手当记者。对胡师柳,丁公量并不陌生,就是一无聊文人,追随田胡子多年,现在是其亲信骨干,平时主要负责在田部迎来送往和出谋划策,类似旧时衙门的师爷或幕僚,同时兼任《锦锋报》社长。要说田岫山这个人不仅性格善变,还有多重人格,暴戾起来杀人不眨眼,连自己的家人都用皮鞭抽;温和下来喜欢附庸风雅,除了亲自命名28座碉堡外,还在田部办了张小报,美其名曰政治宣传。

干了多年锄奸保卫工作的丁公量知道这是个好机会,报社不像司令部那样带部队管打仗，不易引起关注，但编辑记者又能接触到方方面面情况，是一个理想的潜伏之地，可派谁去呢？七十多年后丁公量回忆：

> 1943年下半年的一天，一名穿着讲究、打扮入时的女同志来找我，自称张菊兰，熟悉宁波、绍兴一带情况，刚由苏北派来浙东工作。给她分配什么合适的工作呢？我看着组织介绍信一时犯难。哪料张菊兰也是直爽性格，没谈几句话就说要重回上海，反而搞得我有点尴尬。没过多久，我去敌工委的朱人俊书记那里谈工作，谈着谈着就说到张菊兰。"你不是找不到人去田岫山报社吗？我看张菊兰可以，她曾在上海干过地下工作。"我一听是啊，怎么把这事忘了，赶忙派人去追，直追到渡口才见到正在等船的张菊兰。回来我跟她谈任务，开始还担心她有情绪或者不愿意，哪想到一口就应承了下来。

革命年代，没有人会对组织分配的工作挑三拣四，哪怕心里一千个不愿意，哪怕明知直面死亡考验，也会毫不犹豫接受。事后丁公量了解到，1917年出生的张菊兰是浙江兰溪人，在上海学习期间就思想进步，到苏北参加新四军后更是表现积极，第二年入党，又到华中局党校学习，毕业后先分配到上海，时间不长转来浙东。因与纵队组织科长徐放在苏北时相熟，才推荐给丁公量分配工作。她政治可靠，又熟悉当地情况，特别是善于交际，做隐蔽工作比较适合。

这样由何畏引荐，张菊兰顺利打入田部，开始主要负责《锦锋报》的新闻采写和文字编辑。由于工作细致踏实，能说会道还能喝酒，很快打开工作局面，不仅深得胡师柳信任，田岫山听说是通过汪伪上虞县政府推荐过来的也渐渐打消怀疑委以重任，除日常编报外，有一段时间还成了其私人秘书，可以接触到一些往来公文和军事情报。有了这一特殊身份，张菊兰不仅可以自由出入田部的营房碉堡，还很快与田的几位姨太太打得火热。几十年后，著名翻译家、浙江省文联名誉主席黄源撰文谈道：

第十六章 潜伏者

1943年，我以新四军浙东游击纵队司令部代表的身份，在田岫山（外号田胡子）那里工作时，碰到一位女人，名叫张菊兰，她以锦锋报社记者的名义，经常出入于田胡子的司令部，我有时是在田胡子的内室里碰到她。她衣饰时新，举止大方，擅长交际，不像从我军根据地来的人物。我以前常去锦锋报社，却没有见到过她。当时，我和另外几个同志，是以新四军公开名义在那里工作的。我看她的行动，不仅是记者而已。但我遵守党内的原则，没有经过组织介绍，没有和她发生横的关系。我看她年轻漂亮，又很能干，而田胡子又是个色鬼，我暗中真为她担心，不过我从她充满自信的神采中，相信她能有办法应付这种困境。后来因为田胡子参加顽方反对我军的战争，我和我一起公开去的同志先后撤离田部。回来后，我和何克希司令员谈起张菊兰，何司令说：你是公开去田部，带回情报，是田胡子亲自交给你的。张菊兰是敌工部门派去的，她是以记者采访为名，取得情报，秘密送回来。你回来后，她们留在那里，常有极有价值的情报送回来……

1945年2月，桀骜不驯的田胡子见钱眼开，指挥部队一次打死多名日军，驻宁波的日伪一气之下出动三个团围困上虞城。虽有前车之覆，但浙东纵队仍未放弃对田部的争取，何克希亲率部队驰援，将日伪全线击溃，也付出了纵队锄奸科长邱子华等三人牺牲、七人受伤的惨重代价。得到的回报是，3月11日，何克希与田部在余姚谢公岭再次签订《联合抗日宣言》。还没和平共处两个月，田胡子5月下旬竟然故伎重演，再次公开投降日伪，被编为中央税警团"第三特遣队"。

是可忍，孰不可忍。5月底，浙东纵队决定发起讨田战役。据锄奸干部、时任浙东纵队政治部主任张文碧回忆："经领导反复研究，决定以一部兵力攻打上虞城，而以主力攻打田胡子的老巢许岙。"

正如浙东纵队预料，上虞城好取，许岙碉堡难下。于是，张菊兰借口印刷报纸出了差错，多次以采访名义进入现地观察了解，终于绘制送出了许岙一带地形线路、碉堡分布、工事设施和兵力武器等详细情报。就是有了这张地图，纵队官兵还是经过14个昼夜围攻才将28座碉堡逐一拔除。6月21日，纵队完全占领许岙，号称固若金汤的"浙东马其诺防线"被顺利攻克。

当天，围困在上虞城的田胡子听说老巢被端、家人被俘，原本还打算作困兽斗，但不久国民党军的增援也被打退，知道大势已去的田胡子慌乱中只带少数随从趁夜向西南山区逃窜。当然，跑得了初一躲不过十五，几天后当田胡子带着残兵败将在嵊县开元镇化装休整时，再遭浙东纵队围歼了大部，从此一蹶不振，田胡子也隐名埋姓，东躲西藏。新中国成立后，罪恶累累的田胡子被逮捕枪毙于余姚梁弄。

就在浙东纵队打下锦锋碉接管俘虏过程中，还有一段关于张菊兰的插曲不得不提。

6月19日夜，困守锦锋碉十多天的田家老父在张菊兰思想瓦解下，为保命决定投降。第二天凌晨，一行人垂头丧气从碉堡内鱼贯走出来，为首的还举着白旗，张菊兰故意走到队伍最后，刚出碉堡就叼起支香烟，表现得十分傲慢，走过新四军战士身旁时故意娇声嗲气讲："路介难走，我要坐轿子！"

当了俘虏还要坐轿子？引得这名战士当场训斥："死到临头还摆官太太的架子，坐轿子，想得倒美！走，快点走！"

听战士这么一吼，张菊兰反问："刚才你们宣传，不是要优待俘虏吗？"

其他战士也一路奚落："死不要脸的小老婆，臭婊子，你还想优待？走，快走，不走有你的好戏看。"一边走，一边推着她，有一名战士实在气愤不过还上去踢了一脚……

其实，这些战士哪里知道，面前这位烫着卷发、身穿丹士林旗袍的时尚女士，正是冒着生命危险深入虎穴的亲密战友，刚才她这么傲气地讲话，完全是为了不引起其他俘虏怀疑。归队后的张菊兰一直在浙东游击纵队工作，后北撤山东参加了解放战争，新中国成立后转业去沈阳任市二轻局副局长，带领科研团队研制出驰名中外的"红梅"牌味精和高压锅。

这就是隐蔽战线的斗争，这就是隐蔽战线的战士！

他们的英名和功勋永在。

第十七章　代号"400"

与华中的其他根据地相比，浙东是建成最晚的一块，正式创立已经到了 1943 年的春夏之交，但其区位优势十分明显，特别是随着世界反法西斯同盟成立、美军参战、东南亚战场开辟，江浙沿海一度被选为美军外援中国的最佳登陆点，战略作用越发不可小觑。

作为浙东纵队的主要作战对手，宁波日军似乎也看明白了这一点，在机关和基层部队中普遍设立反特小组，宪兵队除特高课、思想课对付国共情报人员窃密破坏外，还有警务课，专司内部防控之职，以应变发生投敌叛逃事件。

如何在两军对垒中抢得先机赢得主动？有一段时间，不仅中共浙东区党委书记谭启龙在日夜思谋，锄奸部门的领导也在积极布局：打进去，打进去，拉不出来就打进去。

可即使"打进去"，也必须讲究个天时、地利、人和。否则，任务失败不说，是要有人流血牺牲的。现在，对于浙东纵队锄奸科长丁公量来说，心中有想法，手上有办法，就只差一个时机了，或者说连日伪也能够接受的理由。

宁波城的红特工

宁波城里的"400 反间谍小组"，在一年零三个月的时间里，利用密探的掩护身份，获取情报、营救同志、策反日伪……这是浙东纵队锄奸科长、敌工委副书记丁公量指挥开展隐蔽斗争的又一杰作。要说到"400"，就不能不提到"401"和周迪道。

何司令、谭政委：

  我现在被软禁，敌人暗中监视我的行动。他们想争取我投降。我认为可以仿效孙悟空化成小虫子钻进铁扇公主肚子里的办法，乘机打入敌内部，不知组织上认为可以否？如认为不妥，我即与敌一拼。

周迪道
1944 年 3 月

  周迪道怎么会要给浙东纵队司令员何克希、政委谭启龙写这么一封信？这还要从他的一次意外被捕说起。1944 年初为打好第二次反顽战役，何克希要求周迪道想尽一切办法，在最短时间里筹足 800 万元巨款以作军用。周迪道二话没说，当天就带人下乡找关系人筹款。在陆埠镇商会会长包金山家，周迪道偶遇伪郭姆乡乡长李增贵，此人是个"墙头草"，不久前曾因拒向新四军缴纳税款被扣押训斥，一直对周迪道怀恨在心。眼瞅着等来了报仇机会，李增贵离开包家后就直奔日伪据点告密，未及脱身的周迪道就此被捕，不久转押至宁波的日本宪兵队。

  按理说，有资格关进日本宪兵队的都是些中共的地下党领导或新四军部队连以上干部，日军把周迪道转押宪兵队，他们知道周迪道的真实身份吗？说起周迪道，在四明山一带算是名人。他是 1927 年入党的老党员，抗战爆发后曾以周洪法的原名在老家诸暨枫桥组织抗日自卫队，后在宁绍特委书记杨思一领导下担任新嵊中心县委组织部长，1941 年 8 月进入浙东游击纵队前身淞沪五支队四大队，浙东行署在四明山成立后又转任南山财经委主任，年纪轻轻就担负起一个地区的税收、财经和统战重任，为前线部队的抗战提供源源不断的经费支撑。正是由于筹款筹粮需要，这一两年来署名周迪道的布告在四明山区大小乡镇张贴得到处都是，日伪哪能不知道他在根据地的职务和身份?

当然,狱中的周迪道向纵队领导写信提出这样的想法,倒不是他一时心血来潮或贪生怕死。到了1944年上半年,受世界反法西斯形势影响,中国战场上的国共和日伪对隐蔽战线斗争的策略都作了调整,表现在对待被捕人员的态度上,新四军提出在不出卖党的机密、不损害党的利益前提下,可以承认党员身份,以击破"自首"政策;而日伪也一改以往镇压政策,更多采取拉拢怀柔为其所用。所以,中共浙东区党委经研究,认为可以同意周迪道的建议,趁机打入日伪潜伏工作,并决定由丁公量代表何克希回信,提出纪律要求。

周迪道

> 迪道同志:
>
> 你主动向党汇报被捕情况,请示对今后工作的设想,很好。组织上相信你,同意你的意见。我们没有必要去作可以避免的无谓牺牲。希望你尽心尽力,多动脑筋,埋伏在敌人的心脏,完成革命的反间谍的伟大任务。但在作出重大决定前,要向组织上请示报告。
>
> 何静

自1941年4月20日侵占宁波以来,日军扩充宪兵队权力,大搞特务统治。队长先后为仓木胜、大场敬次,内设三个课,警务课负责日伪内部动态掌控,课长岩本一郎;特高课主要对付国民党,包括防范沦陷区的军统中统,课长木场重雄;思想课则着重搜捕、策反中共党员和新四军官兵，课长铃木政一。思想课里还有宪佐或翻译，宁波当地人称之"四大金刚"，底下才是由中国人充任的所谓"八大密探"，实际上就是些为虎作伥的汉奸头子，每个密探再网罗一批联络员，自成一家，各为其主。周迪道诈降后，先被留在思想课，成为一名联络员。

不久，在周迪道营救下又有四名根据地被捕同志出狱，征得本人同意后均留了下来，在周迪道领导下从事潜伏工作。当然，铃木课长还真没有失言，把周迪道也列入"八大密探"之一，因其化名朱人达，所以对外号称"宪兵队密探朱家"，与根据地联系时代号"401"。

"401"小组成立后，在周迪道巧妙周旋下，很快实现了"迷惑敌人、站稳脚跟、广交朋友、积蓄力量"的目标。随着抗战形势发展，半年后周迪道他们迎来了新的任务。这年金秋的一天，在四明山北麓梁弄镇的一幢二层小楼里，谭启龙正在为案头一份华中局转发毛泽东的电报紧锁双眉：

> 美军准备在中国登陆，要求和我军配合作战……美军在中国登陆时间，据有些美国人估计已不在很远。因此，请你们认真布置吴淞、宁波、杭州、南京间，特别是吴淞至宁波沿海及沪杭甬铁路沿线地区的工作，广泛地发展游击战争及准备大城市的武装起义。

作为中共创建和领导的19块根据地之一，浙东紧靠上海、杭州，北依钱塘江，与杭州湾相连，东临东海和太平洋，西控浙赣铁路，南接浙南山区，战略地位十分重要。三年前，还不满30岁的谭启龙临危受命，开辟了以四明山为中心的浙东根据地。在新四军里，一直有"大小谭政委"之说，"大谭"指谭震林，"小谭"就是谭启龙，足可见其不仅党性强威望高，在指挥打仗排兵布阵上也有一手。这次贯彻落实中央电报精神，谭启龙除了政治、军事上的部署以外，还对日占区宁波市内的秘密工作进行了多次研究。

为了加强对"401"小组领导，谭启龙想到了一位女干部：乐群。虽

乐群

说才20岁出头，但乐群的兵龄已有七年。在皖南那段不到三年的短暂岁月里，乐群先后在军部战地服务团、教导总队工作，与军法处长李一氓爱人王仪一起，分任女生队正副指导员。由于生性活泼多才多艺，乐群与军组织部长李子芳还有一段凄美的战地恋歌；由于出生于上海，皖南事变前奉命入沪建立秘密联络点，接待转移过多位北上的战友；又由于祖籍舟山镇海，1943年春从苏北分配来浙东，受谭启龙直接领导，完成过护送张爱萍爱人李又兰去淮北、在宁波建立秘密交通站等多项特殊任务。

半年多来，担任"401"小组政治交通员的是张炎，只是负责传递消息。"原先我们派了一个交通员与他们联系，他政治水平和文化水平已不能适应新的斗争形势，现在决定派你去领导他们。"一见面，谭启龙在简单介绍"401"小组情况后，开门见山交代乐群的新任务，"具体任务由丁公量向你布置"。

乐群是个工作狂，接受任务后马不停蹄来找丁公量。在皖南工作期间，丁公量与乐群同在教导总队工作，那时两人就认识。因为同是浙东人的缘故，去年初被先后调来浙东工作，只是丁公量为工作需要，已化名粟后，所以乐群在他领导下干了一年多的秘密工作，竟一直没有对上号。

虽有上下级关系，但年龄相仿，又是同乡老熟人，说起话来自然就无拘无束多了。丁公量除了交代"401"要改称"400"外，还明确乐群三项任务：一是担任政治交通员，上情下达，下情上传，代表组织进行单线联系，传达指示，递送情报；二是负责考察各人的工作和生活情况，特别

周斯明　　　　　王福林　　　　　徐笑奇

是掌握真实思想；三是在遇有紧急情况来不及请示汇报时，有权临机处断。"不妨说周迪道是组长，你就是区党委派去的政委。"丁公量明确她当"400"小组的政委，完全出乎她的意料，这个担子可不轻啊！

至此，新的"400"小组正式成立：

乐群，代号400；

周迪道，化名朱人达，公开身份是宁波日宪兵司令部"八大密探"之一，代号401；

周斯明，化名周列平，联络员，代号402；

冯禾青，化名马鹤九，联络员，代号403；

王福林，化名王福舟，联络员，代号404；

徐笑奇，又名莫奇，化名徐国芬，掩护身份为周迪道之妻，代号406。

不久，周迪道又成功营救出浙东区党委《新浙东报》发行站的两名女同志张黎和陈婕。经乐群请示丁公量，两人分别化名李明辉和王秀凤，代号407、408，参加"400"小组工作，利用关系打入伪宁波政治保卫局，重点做伪军的情报搜集工作。

一箭三雕

作为潜伏者或者说密探，无论哪一种身份的职责要求都是拿到对方高质量情报。

矛盾，矛盾，说的就是这个道理。

虽说"密探朱家"的真实身份是中共党员，当然会为党尽心服务，但身在敌营如果一点没有作为，特别是拿不到日伪期待的浙东纵队和根据地的情报，显然也不利于隐蔽潜伏。如何实现斗争利益的最大化？周迪道在思考，乐群在思考，丁公量也在思考。

有一天，顶头上司思想课长铃木突然通知周迪道，叫他带上周斯明、冯禾青和王福林一起赶到位于开明街的日本宪兵队办公室开会，语气紧促，没有商量的余地，除了一句"要事相商"没有透露更多细节。以往交代任务，铃木都是只叫周迪道一人，这次却要他带上联络员同去，会不会有什么阴谋？当时乐群已去根据地汇报工作，来不及请示。作为组长，周迪道有义务保护同志避免不必要的牺牲，接到这样违反常规的通知，他不得不多打几个问号。

对于潜伏者来说，生死悬于一线的考验实在太多太多！

四人一走进办公室，就见铃木明显在生闷气，周迪道主动上前打招呼也是面无表情、冷若冰霜，只是指指对面的凳子，示意他们坐下。可等了一袋烟的工夫，铃木还是三缄其口，似乎故意要把他们晾在一旁，用心理战术使他们屈服就范。虽说室内的气氛紧张得快要爆炸，但周迪道还是保持着镇定自若。此时，最好的办法也许就是装得若无其事静观其变。

"杨守标这个人，你们认识吗？"铃木冷不丁开了口。四人都丈二和尚摸不着头脑，互相瞅了瞅，应付道："知道，知道。"不料，铃木竟连骂了几句"八格呀路，死拉死拉！"

仅仅是认识而已，确实谈不上熟悉，周迪道只知道杨守标曾去日本留学，回国后在温州给日军当随军翻译，后来不知何故跑到宁波被宪兵队逮捕，与铃木见了一次面后竟被无罪释放，还推荐他到一所中学当起了日文教师。现在铃木骂得咬牙切齿，可见恨得不轻。周迪道猜测，极有可能是临行前铃木交代他什么秘密任务，而他口是心非没有完成。当然，也有可能铃木借杨守标之名指桑骂槐，暗示"密探朱家"。

铃木扫视了一圈后，盯着周迪道话锋一转："朱先生，你们的情报近来很少啊。"

周迪道心里明白，成为"皇军朋友"之后的这六七个月时间里，除了成功"说服"周斯明等人同意加入"和运"外，确实没有向铃木提供过什么情报，数量少不说，有价值的几乎没有，与其他七大密探相比可谓成绩垫底，也难怪铃木要叫他们四人一起来借题发挥敲打敲打了。如果只是把他们叫来当面训斥一番，周迪道倒觉得事情还没有坏到哪里去，至少排除了他一路上担心的身份暴露可能遭遇毒手。

既然铃木这么问了，周迪道赶忙解释，无非是用参加密探时间短门路少、根据地防范严密无从下手等客观原因来搪塞，说得连自己都感觉有些牵强附会。四个人都以为铃木会大发雷霆，哪知他竟一改刚才凶残的面目，换作推心置腹的样子："你们今后要多多搜集情报，以表示参加和运的诚意，否则，我怎么向大场大队长交代呢！"周迪道一边连连点头，一边似乎面露难色，一副欲言又止的样子，得到铃木允许后才试探性地提出宪兵队要对朱家联络员给予更多信任，"请铃木先生提供工作方便"。

其实，周迪道的这句话一语双关，既为前一阶段周斯明、周庆的事作了委婉解释，也对铃木的批评作了回应。铃木哪知是计，满口答应。

周斯明、周庆又是什么事？原来就在不久前，周斯明的朋友、供职于日伪时事公报社的报务员潘善邦通过工作关系掌握了日伪第二天下乡"扫荡"的情报。因为乐群出了市区，周迪道考虑情况紧急，派"400"小组的一名外围成员周庆连夜送回根据地。不巧，第二天凌晨匆匆返回宁波城的周庆在半路上与下乡"扫荡"的日伪队伍碰了个正着，被当作嫌疑人员押回宪兵队。由于情报及时，区委发动民兵紧急转移新粮，所以一圈"扫荡"下来，日伪颗粒无收，周庆的嫌疑更大了。就在周庆被关押期间，另一名密探落井下石，乘机捣鬼说"朱家"的联络员周斯明与周庆平时来往密切，正在为情报失误推卸责任的铃木不分青红皂白下令逮捕周斯明。狱中两人始终守口如瓶，毕竟家丑不可外扬，一个多星期后在周迪道反复说服下，铃木才同意放人。

走出铃木办公室，就似火线归来，虽是一场虚惊，但还是让周迪道警觉起来。当晚，另外三个人就早早来到位于呼童街101号的周迪道住处，以打麻将为掩护开起了"诸葛亮会"，徐笑奇则随手拿了条横凳坐到了门口，一边打毛线，一边望风警戒。

不要看周迪道平常在与日伪拉关系方面办法很多，显得游刃有余，但对能否报送真情报一直顾虑重重，起初甚至是极力反对，无论如何都不能出卖组织利益，这与汉奸叛徒有何区别？可铃木这些小鬼子刁得狠，想用假情报哄骗或者不求作为混日子，根本不可能，今天的谈话就是明显的例证。

子欲取之，必先予之。不先予之，何来取之？在民间自古就有舍不得小孩套不住狼的说法，这是辩证法。斗争的实质是利益交换，所以斗争的策略，说到底就是利益交换的策略。"目前要打翻身仗，提高数量不说，还是要搞些真情报，最好是独家的。"四人中王福林任过敌工站长，隐蔽斗争经验相对丰富，他的发言引来大家一阵沉默，最终四人统一思想：报送假的真情报和真的假情报。

所谓假的真情报，就是打个时间差，事情虽是那个事情，但晚报送几天也就失去了情报价值；而真的假情报，则要与根据地和有关部队内外配合，外人看热闹，内行看门道，只要口径一致就不会穿帮。这是曾任《新浙东报》编辑周斯明的思路，提前一两天将《新浙东报》刊登的新闻送给铃木，宪兵队的规矩是谁先报送并证实是真的就算谁的功劳。这样，等日军几天后看到《新浙东报》报道，相互一印证，想不对"朱家"刮目相看也难。

听到此，周迪道一拍大腿兴奋地跳了起来："既哄骗了敌人，又掩护了自己，还能改善大家处境，这就叫一箭三雕。"

第二天，乐群回到宁波，住在一处的王福林把昨天铃木召见和晚上大家讨论情况主动作了汇报。听后，乐群乐开了花，连称"太巧了太巧了"。原来，这次回根据地丁公量告诉她，已与新浙东报社长于岩商量好，报社在发稿前两天将相关新闻先送一份给"400"小组，由他们转报宪兵队，同时通过其他渠道再报送"梅机关"等日军情报机构，到时三方印证，更能说明"朱家"情报的可信度。

真是英雄所见略同。

不久，一则"何静带随从八人昨日渡过姚江去三北，具体去向不明"的情报就由周迪道送到了铃木的案头。何静是浙东纵队司令员何克希的化名，浙东根据地分为四明山和"三北"两块，四明山在杭甬线南，"三北"在北，是余姚、慈溪、镇海三县北部地区的统称，中间隔姚江相望。

凡是有关根据地领导人活动的情报当然非常重要，"朱家"能获取这样的机密情报看来自己前几天的敲打还是有了效果，铃木心里比较满意，但脸上还是装着不置可否，毕竟这要经过其他渠道的印证才能最后判定。果不其然，两天后截获的最新一期《新浙东报》头版标题就是"何司令员到三北检查工作"，铃木头一次对周迪道跷起了大拇指。

他哪里知道，何司令到过三北不假，可早在"400"小组送出情报的前几天就已安全返回四明山，这对日伪来说岂不就是假的真情报？没过几天，周迪道又来到开明街日军宪兵队向铃木报告：

"共匪百余匪首，齐集慈北洪魏召开浙东区党委首届军政干部会议，谭启龙报告形势任务，何静报告军事。"

事实上，这次会议几天前就已从三北悄悄转移到了四明山的袁马村。

真的假情报，假的真情报，真真假假，搞得铃木眼花缭乱。这样手法周迪道此后又使用过多次，每次铃木都能得到印证，慢慢地不仅在心里，就连脸上对"密探朱家"都变得更加生动起来。

这个时期浙东纵队对宁波日伪的隐蔽斗争，就如天空放飞的风筝，虽一头在外远离根据地，但绳头始终紧紧攥在丁公量手中，要紧可紧，要松可松，收放自如。有了根据地源源不断的真假情报支援，"400"小组经常报送所谓的独家情报，每一次铃木都如获至宝，让他在宪兵队队长大场敬次等人面前出尽彩头，可令他始终不解的是，虽然日军多次按照情报布置包围搜捕，但是每次又都无果而终，总就是慢了那么一两拍，前功尽弃，空欢喜了一场。

交朋友、敲竹杠与睡干铺

广交朋友，是丁公量对"400"小组提出的工作要求。当然，这里的"朋友"，并不仅仅是倾向革命思想进步的热血群众，也包括日伪内部的关系人员，联络员也行，翻译和密探等更好。所以与周迪道第一次见面，乐群开门见山就提出这个问题："依你看，在宪兵队中有没有我们可以策反争取的对象？"

"据我们观察，这些人平时虽分唱红黑脸，但本质上都是为虎作伥，个别人偶尔也有正义感，可如果要策反他们目前尚不现实，只有几个人被列为交朋友的对象，关键时候可以为我所用。"周迪道所说的朋友，第一个就是龚涛，曾是密探孙桂芳的徒弟和得力助手，因为年纪轻、腿脚勤、听使唤，逐渐得到铃木青睐，后来招募人员自立门户也成了"八大密探"之一。此人没有中统军统背景，也没干过新四军，政治上没有明显倾向。对龚涛，"400"小组主要是防备他不与日军跟得太紧，少干些坏事。

在关押期间，周斯明认识了两个熟人。一个叫李诚，真实身份是国民党某部大队长，被逮捕后日军怀疑他是根据地办事处主任，因为怕受皮肉之苦他也就将错就错，以中共地下党员自居，释放后成为直接听命于铃木的小密探；另一个叫李之华，原是国民党定海专署情报员，"自新"后在特高课岩永手下做事，重点对付国民党中统军统人员。此人性格豪爽，直来直去，在监牢中就与周斯明很谈得来，现在偶尔还有来往。

另外，冯禾青与"八大密探"之一的成建手下两名联络员交好，徐笑奇也利用周迪道"家属"的特殊身份与日伪军家的太太、小姐等交朋友，经常有目的地跟这些人聊天、玩耍和打麻将，有时还一起进戏院看戏联络感情，在边看边玩中掌握了不少情报，通过这些人的关系还营救过被捕同志。

周斯明和冯禾青的房东徐章翠老太太，早年随丈夫东渡日本大阪、神户等地做生意，20世纪30年代初回乡定居。日军占领宁波城后，几任宪兵队长都主动上门探望，特别是铃木，除了自称家住神户与徐老太太套近乎外还尊称她为干妈，以经济资助进行拉拢，为其儿子办理了商业登记手续。有了这个手续，虽不开店但每月照样可以凭一本"进货簿"到日军指定的批发商店领取批零差价。就这一项收入，就能使徐章翠老太太一家在物价飞涨的宁波城仍保持着较高生活水准。日军笼络人心的伎俩可见一斑，这可能也是当初铃木指定周斯明和冯禾青租住在徐家的深层考虑——用徐章翠监视两人。

当然，"400"小组同样深谙此道。识破铃木诡计后，周迪道等人的点子比他还要多。民族大义感召是一方面，周斯明和冯禾青把每月从宪兵队领来的两石大米全部交给徐老太太一家，这大大超出了应付的房租和伙食费。还有一次，徐老太太变卖两间祖房给一位朋友，碍于情面在价钱上并没有斤斤计较，不想这人却暗耍小聪明，欺负她一个老妇人不识字在卖契上做手脚，结果发现时为时已晚，急得她几次偷偷抹眼泪，又不愿告诉铃木假以援手，担心日本人介入后，对那人不利不说，自己还可能落得通敌的骂名。

知道情况后，冯禾青决定帮她一把，讨回公道。一天，冯禾青直接带着十几个人把那人堵在家门口，对方哪见过这种阵势，再听说是"密探朱家"的人更加惹不起，答应当面赔礼道歉，当晚就拿出500万伪币作为差价补偿给徐老太太。经过此事，徐章翠一家对周斯明、冯禾青千恩万谢，对他俩的秘密活动往往也是睁只眼闭只眼，有时还利用自己的特殊身份加以掩护，双方关系更加默契。所以，每次铃木来找徐章翠谈话了解两人情况，她都会帮忙说好话，有时还主动将铃木和宪兵队的事情告诉周斯明、冯禾青，从某种意义上说老太太已成了"400"小组的编外情报员。

对这些朋友，除了各人分头掌握联络外，按照信任程度和关系疏密周迪道大概分作四类：骨干、外围人员、借用力量和酒肉朋友，分别制定了交往原则和策略。

君子之交才淡如水。可"400"小组的这些朋友绝大多数称不上正人君子，而是鱼龙混杂的草莽人物，他们没有明确坚定的信仰追求，谈不上廉耻孝义，个别的甚至吃喝嫖赌样样来，过着醉生梦死的日子。与狼共舞，要想让手中的指挥棒转动起来，离不开机智胆识，当然还要有充足的物力财力作支撑。进茶馆到酒楼联络感情，买礼品送红包拉近关系，哪样缺得了钱？

刚开始，"400"小组的活动经费一直是个问题。有一次，乐群问到了，周迪道也就如实汇报："能不能请示上级拨付一些作为特殊开支？"

乐群拿不定主意，就回根据地向丁公量报告。受日伪经济封锁影响，四明山区的物产运不出来，根据地经济并不宽裕，有时部队给养都成问题，哪来的特殊经费？丁公量还有更深层的考虑，"400"小组身在敌营，在百姓心目中就是无恶不作的日伪密探，装鬼就要像鬼，而且越像越好，如果个个洁身自好，孤芳自赏，甚至烟酒不沾，那就会显得鹤立鸡群，招致日伪怀疑，最终会暴露自己。

"即使有钱也不能给，否则日伪必定怀疑钱从何而来？解决的办法，还是要靠你们自己。"确实是这个道理。还没等乐群反应过来，丁公量似乎胸有成竹接着说："日伪都通过'敲竹杠'来中饱私囊，我看周迪道他们也可以而且应该去'敲竹杠'，以此掩护自己，并用这种办法解决活动经费问题。"新四军"敲竹杠"法纪难容，而现在以日伪"密探朱家"示人的"400"小组那就另当别论了。

第十七章 代号"400"

"当然,'敲竹杠'有个政治问题。"丁公量语气严肃,"'400'小组'敲竹杠'是为了迷惑日伪,站稳脚跟,以便开展反间谍工作,所以绝不能为了搞钱发财去'敲竹杠'。'敲竹杠'的对象必须是那些为虎作伥、欺压百姓的奸商,钱数也要适当控制,否则可能激化矛盾。此外,'敲竹杠'的方式也可以多种多样,除了明火执仗地敲诈外,还可以'拼干股''融资'和'借贷',学会与其他密探一起做生意。"

经过这番点拨,原本还一筹莫展的乐群茅塞顿开。回到宁波城传达后,周迪道等人也不得不佩服丁公量,这个领导真是站得高、想得深、把关准,一个点子就让困扰"400"小组很长时间的难题迎刃而解了。

拉起日本宪兵队这张老虎皮,"密探朱家"专门找那些发国难财的奸商下手。这些人囤积居奇哄抬物价,罪行累累罄竹难书,敲起竹杠自然屡有收获。这种无本万利的买卖,几次下来就赚得盆丰钵满,其中最大的一笔竟达到了一亿元伪币。这时,周迪道遵照丁公量"'敲竹杠'的钱多了,别人会眼红"告诫,主动拿出七千万伪币分给其他"密探",给联络员和眼线又散出了两千万伪币,余下的一小部分才作为"400"小组平时应酬交际的特支费。

铃木和其他日军听说周迪道与其他伪军、密探一样也参加"敲竹杠",原来警惕的心一下子放松下来,不仅没有横加阻拦干涉,有几次还变着法子在公开场合提出了表扬;其他密探没出一点力还坐地分赃得到好处,纷纷竖起大拇指,称赞"密探朱家"讲义气够朋友,相互关系更加亲密。令周迪道没想到的是,经过此事他的个人威望和影响大大提高,慢慢成了"八大密探"之首。

不义之财,取之有道,更要用之得法!

一时间,能与"密探朱家"交上朋友不仅预示着经济上可以得到更多好处,还成为宁波城富商巨贾的一种时尚,邀请上茶馆的多了,一起到酒楼的多了,有的密探为表诚意酒足饭饱之后竟还拉上周迪道一起逛起了妓院。

老革命遇到了新问题，以前是从没有过的。去还是不去，这让周迪道等人左右为难。去吧能够融洽感情，也可以说是工作需要，但类似逛妓院这样的封建糟粕又与革命者的品德修养格格不入，也是党规军纪明令禁止；不去吧，就不可能达到丁公量提出的"装鬼像鬼"。

作为一名女性，乐群本能地同情那些误入火坑的风尘女子，痛恨那些玩弄女性的衣冠禽兽。所以，对周迪道有一次未经报告就被其他密探拉去逛妓院，虽然并未与妓女发生关系，但乐群还是难以接受。接到报告的丁公量也感到事态严重，开始的想法与乐群一样，毕竟常在河边走哪有不湿鞋！金钱女色的诱惑最容易使人信仰迷失斗志衰退。"400"小组作为浙东纵队插入宁波日伪的一把尖刀，事实已经证明他们绝不会向拿枪的鬼子屈服，但面对糖衣炮弹的侵蚀呢？

从另一角度来看，对于"敲竹杠"丁公量可以规定对象和标准，要求财物专人保管、严格收支、相互监督，而逛妓院则大不一样，通常是独来独往，能否把住底线全靠个人党性修养！

三年前，日军侵占宁波后开设"摩波所"公开贩卖毒品，开设"行乐所"专供日军发泄兽欲，伪军和密探、联络员只能在自己人开的妓院中寻花问柳，聚在一起醉生梦死常常口无遮拦海吹胡侃，"400"小组获得的一些重要情报不就是来自这样的场合吗？可一律禁止吧，又"装鬼不像鬼"，同样可能暴露身份。

权衡再三，丁公量决定还是要向中共浙东区党委书记谭启龙请示。两人一致认为，从便于工作角度适当变通，允许去，不过只能睡干铺，就是只与妓女一起喝茶打麻将等消遣行为。

对这样的决定，乐群虽然感情上一时不能接受，但这是上级意见，一回宁波城还是召集"400"小组开会作了传达，大家一致表示坚定拥护坚决服从，严格自我约束，做到出淤泥而不染。

从"敲竹杠"，到现在进妓院，"400"小组转变真大，铃木看在眼里喜在心头。

有一回，冯禾青应密探李诚之邀来到位于苍水街的一家妓院。苍水街是日占时期宁波有名的"红灯区"，妓院的数量多规模大，李诚看到这家妓院生意好，就仗着日本宪兵队势力赶走了原来老板自己独霸经营，白天干密探，晚上做老鸨，工作赚钱两不误。

两人正闲聊间，冯禾青在进出人群中发现了一个名叫许仁庚的烟厂老板，此人投靠伪军，欺压同行，引得怨声载道，前一阶段也曾被"400"小组列为"敲竹杠"对象，但一直没有得手。相请不如偶遇，冯禾青决定今天与李诚联手煞煞他的威风，就故意在李诚面前挑拨此人瞧不起日本宪兵队密探，经常背后说怪话。经不起激将，李诚不管三七二十一闯进包间，将许仁庚拖出来就是一顿暴打，害得许仁庚当面出丑，如丧家之犬般抱头鼠窜溜出了妓院。第二天，许仁庚一打听是日本宪兵队的密探所为，而且还是"朱家"与"李家"联手，早吓破了胆，只能打碎了牙往肚子里咽自认倒霉，最后还乖乖摆了一桌酒筵赔礼谢罪。从那以后，许仁庚的行为大大收敛，主动拜到"朱家"门下，成为"400"小组的外围朋友，多次帮助采买药品器械，不知不觉为根据地做了一些好事。

妓女阿玉，结识周迪道后为其凛然正义深深折服，引为"风尘知己"，经常将自己听到看到的日伪情况告诉他，也算是为抗战尽了个人的绵薄之力。

一时间，妓院变成"400"小组获取情报、开展隐蔽斗争的特殊战场。"睡干铺"也能出成绩，这是丁公量、乐群和周迪道万万没有想到的。

降伏叛徒向露云

一天，匆匆赶到宁波城的乐群带回了根据地一件令人震惊的重磅消息：浙东纵队司令部直属特务队副大队长向露云伙同医生杨明杀害大队长程松后叛逃，下落不明……谭启龙命令包括"400"小组在内的日占区中共地下组织迅速查清，果断处决。

一个小小的副大队长叛变怎么会惊动根据地党委最高首长？这事还得从向露云的特殊身份说起。向露云原名何光化，是何长工的亲侄儿。何长工1927年就随毛泽东一起上井冈山闹革命，可谓元老级人物，他的亲侄儿叛变革命，无论是投奔国民党还是日伪，对根据地的负面影响都是显而易见的。其实，作为何长工的晚辈，向露云身上没有一点革命者的吃苦精神。抗战开始后，父母双亡的他来到延安，被时任教育长的何长工安排进抗大学习，时间不长就背着叔叔偷偷逃至国统区参加了国民党军，后随三战区部队调防浙东，1943年12月任突击一营便衣队长，驻奉化雪窦山一线。不久，在浙东纵队第三支队政治争取下，率部17人起义，为粉碎国民党军围攻根据地也算立了一功。得悉其身份和特殊贡献，谭启龙和何克希专门接见，给予高度赞扬，一时间在根据地传为佳话。1944年6月17日浙东纵队党委《战斗报》还全文刊登了何长工给他的来信：

悉吾侄弃暗投明，重回党的怀抱，祝你的新生，希望你将一生贡献于党，为党的事业奋斗到底，以补我们家庭为革命尽力之不足。忆我家属，个别的为革命牺牲、壮烈殉难，虽已血染三江，漫漫洋洋，计集：宣鸣妹、淑亚妻及光球、光鑫二儿之拼死，你祖父及光明侄在狱染病而亡，光耀侄牺牲淞沪战之役，定妙侄已战死于冀南，平叮、宁志在新四军，光德、汉广被刺于宗祠里。坚定革命意志前进，以竟死难未成之功，愿与吾侄共勉。

何长工于延安

可就是这个头顶革命光环的向露云，竟在不到半年的时间里就原形毕露叛变革命，还策动医生杨明枪杀老红军大队长程松，残忍割下头颅带走血衣，卑耻行径令人发指。

军令如山。

消息传回"400"小组，周迪道深知叛徒的危害，连夜布置查找。别以为周迪道现在深得铃木信任，与其他密探关系也不错，就可以知道宪兵队里的一切，日军鬼得很，对"八大密探"一直分而治之分头控制，互相制约又相互保密，表面上看都忙忙碌碌，其实谁也不知道别人在干什么，各家密探所得情报、所捕人员都分别向日军汇报，就是在宪兵队三个课之间也是各管一摊，互不干涉。当然，这才仅仅是宪兵队，在宁波城还有日伪的"梅机关"、政治保卫局以及国民党中统军统等潜伏组织，要想普遍撒网查找一遍，不知要动用多少关系！

可有时候就是巧得很，没过几天，周迪道前脚刚进铃木办公室，就与转身准备出门的两个年轻人撞了个满怀。铃木没有准备，见周迪道进来也不避讳，装着坦然的样子起身介绍瘦高个子叫向露云、矮胖个子叫杨明，还让三人当面拉了拉手："你们以前都是新四军，以后要一起共事，可以认识一下。"

向露云从国民党军起义后不久，周迪道就被日军抓走，因此他对周迪道未知名更未谋面，至于现在周迪道的真假身份更是一无所知。所以，当着铃木的面，三人表现得一见如故，显得异常亲切。

真是"踏破铁鞋无觅处，得来全不费工夫"。

从铃木办公室出来，周迪道就迫不及待地找乐群作了汇报，与"400"小组成员密商了一个晚上，拿出几套方案，最佳的当然还是"借刀杀人"，挑拨铃木不信任，然后借日军之手锄奸。但进言几次，铃木竟不为所动。翻译程明私底下告诉周迪道，日军已派人进行过调查，已排除向露云"苦肉计"假投降的可能，最近向露云正卖力带领日伪搜捕宁波市区的一处地下党组织，现在铃木对他深信不疑。

就在一个月前，周迪道刚刚用"离间计"锄掉了庄市叛徒李平。与向露云不同的是，李平一来宪兵队，铃木就明确他到"朱家"当联络员，归周迪道指派管束，所以周迪道说什么，铃木不便调查也就信以为真，而这一次向露云直接听命于铃木，周迪道再说什么就没那么重的分量了。

显然，这次对向露云再用"离间计"已经行不通了。如果直接下手，即使冒险成功，日军追查起来势必搞得鱼死网破。丁公量也认为不妥，指示乐群转告"400"小组静待其变，择机而动。

是狗，总是要出来咬人。向露云似乎对特务那一套无师自通，没有任务时就与杨明蹲到闹市区和交通要道守株待兔，对日军可谓忠心耿耿，求功心切可见一斑。还真是功夫不负有心人，这天，两人刚到码头就撞上了头戴黑礼帽、身穿灰布衫的浙东纵队后方医院指导员竺扬，将刚下船的竺扬带回了宪兵队。

竺扬是新四军宣传部长朱镜我的学生，土地革命时期就活跃于鄞县一带，是为数不多亲历南昌起义的宁波人，曾任中共浙东临时特委委员、奉化工委书记，后因面目暴露后撤，1943年春与丁公量、乐群一样从苏中根据地调回浙东，一直从事隐蔽斗争，在部队的公开身份是后方医院指导员，实际上是中共浙东区党委城工委的特派员，也是一名锄奸干部。这次来宁波是联系开明街书店老板、地下党员吴唐华交代任务，临行前丁公量还不忘提醒他要注意提防向露云，哪曾想越怕越躲不掉，刚下船就被两人指认落入敌手。

与日伪打了这么多年交道，竺扬知道日军狡诈多端，刑讯手法不一而足，更何况叛徒向露云对他也有所了解，想矢口否认肯定过不了关，所以在铃木审问时干脆横下一条心，只承认自己是共产党员、后方医院指导员，这次进城来是为了采办药品。这样交代，似乎也合情合理。

盯着眼前这位气宇轩昂、眉宇间透出一股英气的指导员，铃木在心底虽有十万个怀疑，却苦于拿不出真凭实据。他转念一想，叫来了周迪道："朱先生，你在根据地工作过，新四军的指导员竺扬认识吗？"竺扬，怎么不认识？两人都是1927年就参加革命的老党员，一直相互仰慕，熟稔得很。早上听说向露云出卖了竺扬，"400"小组几个人还聚在一起研究营救之策，铃木现在叫他来显然还没有掌握竺扬的真实身份，如果要他介入调查，就更主动了。果然，周迪道说两人认识后，铃木乐得做顺水人情，转手交他处置。

等铃木走远后,周迪道这才轻声问起情况。竺扬从他神色和底气中能够感到还是可以信赖的同志,也就如实讲起此次潜入宁波城的真实任务。这一下子解开了几天来萦绕在周迪道心头的困惑,难怪最近铃木布置各家密探严密监视市内几家书店,说怀疑是新四军的地下联络点,还准备逮捕开明书店老板吴唐华,之所以迟迟未动手,是在等上线来接头时一网打尽,原来这个上线就是竺扬。

对竺扬来说,遭叛徒告密入狱是不幸的,但对吴唐华等人来说,似乎又是幸运的,特别是周迪道提前获知了这一消息,为他们安全撤离赢得了时间,至少可以避免上下线双双被捕的最坏结局。

当晚,吴唐华就接到了"400"小组设法送出的情报,连夜离开了宁波城。过了几天,周迪道才向铃木报告,竺扬已交代此行的真实任务是与吴唐华联系,吴唐华就是新四军的情报人员,为防不测建议迅速逮捕。

这一招够巧妙,吴唐华已安全脱险,就消除了另外几家书店的嫌疑,竺扬争取到了主动配合的好印象,而"密探朱家"也因劝降有功更加赢得铃木信任。结果可想而知,等到日伪上门,开明书店早已大门紧闭人去楼空,折腾了十几天终究竹篮子打水一场空,急于表功的向露云更是有口难辩。

听说没抓到人,周迪道假装气呼呼地向铃木诉苦,见铃木也表现得郁闷至极,乘机凑到面前附耳低言:"这事知情范围很小,竺扬一下船就被关押在宪兵队,我看八成是向露云和杨明这两个小子捣鬼,明显是在玩假投降啊。"不久,经周迪道担保,又请徐章翠老太太出面说情,铃木才勉强同意释放竺扬,作为"朱家"联络员派回四明山搜集情报,实际上回到根据地的竺扬又投入了新的战斗。

这件事过后,"400"小组每个人都心有余悸,对向露云与杨明这两个叛徒必须尽快拿出一个万全之策降伏,再不能让他们如疯狗般四处乱咬了。

一天中午,宁波老字号知味馆酒楼里陆续来了几十人,一式黑鞋敞衫、压头礼帽，腰间别把枪，走起路来横冲直撞，一看就是日本宪兵队"八大密探"在此聚会。外间散席随便坐，包间就讲究了，只摆十把凳，除了"密探朱家"的周斯明、冯禾青和王福林外，还有李诚等人，最惹眼的要数向露云和杨明。这两人才进宪兵队不久，除了在铃木眼中还有一定利用价值，其他密探哪把他们当回事。人贵有自知之明，向露云自然知道初来乍到年纪轻资历浅门路少，要想在宪兵队长久立足没有靠山不行，所以昨天一接到冯禾青邀请，求之不得，赶紧应承下来。今天一来又被安排在包间，与密探头目们平起平坐，向和杨真是受宠若惊诚惶诚恐。

平时冯禾青联络面广，朋友多，能说会道，首先起身敬酒："古有桃园三结义，今天我们十兄弟相聚，也仿照刘备、关羽和张飞义结金兰，以后互相帮衬，有难同当，有福同享。来，为了十兄弟，干一杯！"

李诚等人自不必说，平时就与"密探朱家"交好，现在有好酒好菜还不要掏腰包，当然连声喝彩。向露云两人哪见过这阵势，见大家对冯禾青都是马首是瞻，连忙点头作揖，开口闭口尊称周、冯、王为"大哥"，主动要求以后多提携照顾。

"十兄弟"不是什么组织，隐于各大密探之间方便相互联系，又打破了铃木分而治之的成例，通过不定期聚会为"400"小组搜集了大量情报，更重要的是周斯明等人借机可以名正言顺地敲打和控制向、杨两人。时间长了，向露云看到其他密探也都"三心二意"，自己又何必死心塌地？所以，对周斯明等人的话不仅没有感到忠言逆耳，反而言听计从，以后发现浙东纵队或是根据地人员往来、遇有抓捕行动，都首先向"密探朱家"报告。有了这层关系，两人对根据地的威胁破坏程度自然大大减轻了。

等到日本宣布无条件投降，就在"400"小组准备归队前夕，接到纵队政治部主任张文碧指示，要求设法将向露云两人逮捕回根据地处理。周迪道四处寻找未知下落，也许向露云也知叛变革命罪逆深重，早已乘乱逃得无影无踪，最后也就不了了之，当然这是后话了。

《新浙东报》泄密事件

1945年的春节似乎来得更晚一些,过了农历新年转眼就到了烟花三月。此时的世界反法西斯形势变得愈加明朗,同盟国大举反攻,轴心国节节败退,日军在中国和东南亚个别地区虽仍猖獗,但已难挽颓势,兔子的尾巴长久不了了。

在浙东,尽管日军严密封锁信息,严格控制部队,还是先后发生了多起厌战士兵集体出逃事件。纸哪能包住火?这些负面新闻很快就在日伪军内部传得沸沸扬扬,"400"小组敏锐地意识到了这一变化,将其作为重要的动态性情报,由王福林迅速编辑后交由乐群带回根据地。

按理说,这是"400"小组一年多来再正常不过的情报搜集、编辑和报送过程,每个环节都没有问题。可谁曾想,这则情报竟被选登上了《新浙东报》,致"400"小组陷入全军覆没的险境。

这天一大早,怒气冲冲的铃木将周迪道叫到办公室,比上次还要严肃冷酷,逼视了十几分钟一句话也不说,这至少说明在铃木看来事情十分严重,但他葫芦里究竟卖的什么药,周迪道心里还真没底,所以两人就这样僵坐着。

"王福舟(王福林的化名)大大的坏,你回去把他监视起来!"铃木的口吻不容置疑。抓捕手下的联络员,周迪道当然想问个明白。铃木似乎料到他要开口,竟抢先用手指着周迪道:"你不必问了,他跑了你负责。"周迪道只得答应回去照办。

情况危急!

离开铃木办公室,周迪道赶紧飞奔返回住处,一路上都来不及思忖王福林哪里出了差错引得铃木发这么大火。推门一看,"400"小组成员都在,正传看4月6日出版的《新浙东报》,热烈地讨论着四版上的一篇新闻:

宁波讯:美军日益迫近中国大陆和日本本土,宁波敌兵见到前途只有死亡，乃纷纷逃跑。二十一日上午十时许，驻北大路商校旧址敌警备队逃跑一个二十二岁的敌兵。据说该敌兵能说北平话。事后敌宪兵队、警备队和密探立刻四出搜查，结果没有寻到。二十二日上午又有敌兵两名逃跑，当日下午驻槐树路槐树坊敌军也逃走四名，其中三人躲在槐树路铁厂内，被搜索到捉走。另一人逃到浮石亭修船厂旁边一只破船中，天黑后他因肚饿走出来买饼，遂被伪第五区公所巡逻队捉去，敌兵流泪恳求说："不要捉我，请你借我一套中国衣服，我有父母妻子儿女，打仗不喜欢。"但他们去报告了敌人，敌队长将押去后，立即枪毙。此后，宁波街上时有敌宪兵巡车队巡逻，不准敌兵单独出门、买东西、看影戏，至少三人或整队出来，有班长带着，防止逃跑。

又讯：驻宁波敌宪兵思想课负责人铃木军曹，因鉴于时局紧张，并自知无法回国，厌战情绪使其苦闷成病。他曾向其干娘表示情愿死去。最近将其本人的大衣及西装出卖，把所得之款，寄回日本国爱知县碧海郡爱人原谷芳子处，嘱其领一他人之子，作为己子，以续后嗣。

按照隐蔽战线工作惯例，作为直接服务于领导决策的情报，决不适宜刊登在公开发行的报纸上，特别是这篇报道指名道姓，把过程写得如此详细，铃木看到后当然会大发雷霆。虽然目前还不能确定铃木就是迁怒于这篇报道，但直觉告诉周迪道应该八九不离十，因为每一期的《新浙东报》铃木都必看。

正在大家一筹莫展之际，乐群从根据地回来了，带来了丁公量的最新指示，正是关于如何应对这次泄密事件的。原来，乐群将这则情报送交丁公量后，谁知负责处理情报的一名技术书记因为不了解情报工作纪律，稍加改动后擅自投给了《新浙东报》，编辑也没有认真把关就很快见报了。丁公量读后也大吃一惊，马上协调收缴报纸，可是迟了半天，寄往敌占区

第十七章　代号"400"

的一小部分还是没来得及追回。深知后果严重的丁公量赶紧作出三条应变对策，要求乐群连夜进城向"400"小组传达，如果日军只怀疑王福林一人，则一人撤回；如果追查到整个小组，则全部撤回；如果确有把握，力争一人不撤。

接着，周迪道详细汇报了上午在铃木那的情况，王福林也回忆起了编辑情报的经过：月初的一天上午，徐笑奇告诉他，铃木昨天来找徐章翠，提出请徐老太太代其变卖西装和大衣，准备把钱寄回日本老家，两人还谈及领儿续嗣等事。听后，王福林联想到近期铃木情绪抑郁，人也消瘦，上月下旬日本警备队发生了多起逃兵事件，说明现在日军人心浮动，厌战情绪浓厚，这应该是一则重要的动态情报。

"中午，正准备动手整理时，铃木又来找徐章翠，我躲避不及只好上前问候。他与徐老太太聊了一会，踅进我房间找信纸信封说要给妻子写信，看见桌上放着笔墨索性坐了下来。我感到还是避嫌为好，就在磨好墨后找借口退出了门……晚上才编好送给了乐群同志。"王福林一口气说下来，神情就像做了错事的孩子，最后竟带着哽咽。

越是危急时刻，周迪道越显得沉着冷静。他分析，王福林虽然看到了铃木写信，但铃木知道他不懂日文，况且陪伴时间也不长，不可能了解信里具体内容；情报来源是徐笑奇，铃木怀疑她才对，现在张冠李戴怪罪到王福林身上，这说明铃木对一些细节也已记忆不清，他之所以要求把王福林监视起来，是害怕万一宪兵队大场队长读到报纸后好有个搪塞的借口，只是想找个"替罪羊"而已。

显然，这不仅仅是对王福林一人的考验，更是对"400"小组的考验，大家一致表态，不战斗到最后一刻，绝不撤退。应付铃木的办法就是，请徐老太太出面证实王福林当时并不在谈话现场，再尽快组织一批高质量的情报送给铃木争取重新赢得信任，同时设法阻止大场队长读到这期报纸。

这三个动作环环相扣，直击要害，由不得铃木不信。接着，大家又你一言我一语讨论起了具体实施步骤，一直坐到东方晨曦初露才散。按照分工，一夜未眠的乐群又拖着疲惫身体急匆匆赶回根据地向丁公量汇报，顾不上吃早饭的周迪道则赶到徐章翠家，开门见山问起那天铃木与她谈论变卖衣物时王福林在不在场。别看徐章翠七十多岁，记忆力却好，不假思索答道："只有徐国芳（徐笑奇化名）和乡下的阿比在场，王福舟（王福林化名）没有在场。"

有了这话，周迪道计上心头：何不来个李代桃僵，将嫌疑全推在阿比身上。阿比家住农村，农闲时才来市区打杂工，只要不让双方见上面，铃木哪辨真伪？倒是阿比来去没个定数，必须立即派人去车站码头蹲守，见了面劝返回去，可一连几日也未见阿比进城的身影。

几天后的一个晚上，乐群乘着夜色再次回到宁波城，转达了丁公量批准"400"小组暂不撤离的决定，接着拿出几则丁公量亲手编写的情报。第二天一早，周迪道挑了两则像往常一样送到了铃木办公室。也许这几天大场队长并未读到那期《新浙东报》，铃木悬着的心放了下来，看完情报后像往常一样伸了伸大拇指。不久，铃木和颜悦色地告诉周迪道，他们刚刚报送的关于浙东新四军与国民党军四、五纵队签订《共同抗日协定》的情报，引起日军驻宁波司令部旅团长宁野少将的高度关注，这让铃木在大场面前好好挣回了面子。

看到铃木难得喜形于色，周迪道自然也心情舒畅，一时兴起假称徐老太太带来话准备设家宴请铃木吃顿日本菜，请他务必赏光，铃木满口答应下来。其实，这是周迪道的主意，他还没来得及与徐老太太商量呢。徐章翠跟随丈夫在日本侨居三十多年，还开过"料理棚"，烧一桌地道的日本菜自然不在话下。到了约定那一天，王福林早早买来各式食材，徐老太太也乐得在铃木面前帮周迪道他们。铃木已经几年没吃过这么正宗的日式料理，一上桌就大快朵颐，几个人气氛融洽得就似一家子。有了徐章翠的亲口证词，铃木当然深信不疑，当场宣布解除对王福林的监视，喝到高兴时竟还不忘与周迪道、王福林一起碰杯："朱人达，王福舟，你们两个人，今后好好地干！"

自此，一场由《新浙东报》泄密事件引起的信任危机就这样得到了初步缓解。

谭启龙来信

盛夏的宁波城赤日炎炎，大人小孩们不约而同躲进屋檐树荫下摇着芭蕉扇苦挨酷暑，只有那些黄包车夫们为了讨口生计，还在烈日下穿梭于大街小巷。

8月12日这天晌午，"400"小组正在聚奎巷12号周迪道住处谈论形势，忽然一阵急促的电话铃声响起，周迪道一接，听筒那头的铃木急切命令他立即赶到宪兵队开会。年初，经过铃木特批，在周迪道住处安装了电话，虽说这样有什么事联系起来方便多了，但防窃听，周迪道从不与宪兵队以外的人通电话。潜伏斗争一招不慎，就可能全盘皆输，血的教训啊！

铃木这次又要耍什么花招？一路上，周迪道思忖来思忖去，终究没个头绪。推开铃木办公室一看，竟坐了一屋子的翻译密探。以前这些人见到周迪道都会敬烟寒暄，今天却一律默不作声，似怀了一肚子的心思，特别是铃木本人神色凝重，虽仍正襟危坐，但已经失去了往日的威严。俗话说不怒自威，但铃木这个人，不怒还真威不起来。周迪道定了定神，正准备从这反常变化中揣测点什么，铃木已先行起身带着他们鱼贯走进了隔壁的宪兵队会议室。

在周迪道印象中，还是第一次看到这么多日军、翻译和密探聚会，足足有二三十人，把会议室挤得满满当当，每个人依然不苟言笑，气氛沉闷到了极点。人到齐后，大队长大场敬次才步履蹒跚地走到前台，既没穿军装也未佩战刀，而是一身便服语气低沉地宣布："天皇陛下已正式下达诏书，跟中国和美国讲和。从今天起，战争结束了。"

这不啻一个晴天霹雳，大家都惊愣住了，特别是后排的这些密探翻译们，一时间竟呆若木鸡！

现场安静得掉下一根针都能听见，可周迪道的心中顿时波涛汹涌，又惊又喜，惊的是胜利来得这么突然，抗战会这么快结束，"400"小组的每个人都没有思想准备；喜的是自己与战友们非人非鬼般的潜伏生活终于可以结束了，重投根据地怀抱，那可是"400"小组每一个成员魂牵梦萦的事啊！但老练的周迪道转念又想，这会是真的吗，是不是日军为试探他们故意演的把戏？即使是真的，他们会不会狗急跳墙进行最后的疯狂破坏和杀戮呢？黎明前的黑暗是最深沉的黑暗，也是最危险的黑暗，这一点不得不防啊！

与呆坐原地的翻译密探们不同，在场的日军有的一声不吭表情痛苦，有的竟忍不住呜呜地啜泣起来。这些人平时提起武士道精神劲头十足，这时却没有一个人愿意上演切腹自杀效忠天皇的闹剧。大场扫视全场，定了定神继续讲："战争结束了，我们不久就要回国。在座的各位密探和你们的联络员，愿意回重庆军的，愿意回四明山的，都可以去；如果与双方都没有联系的，那就悉听尊便，由自己决定吧。"台下的翻译密探们谁也不敢起身表态，最后都推说回去再商量商量。

散会后，大家垂头丧气离开了会议室。就在周迪道快走到楼梯拐角时，又被铃木叫回了办公室，这次他竟破天荒用亲切友好的口吻询问起周迪道的下一步打算，最后真诚地说："等你拿定主意有什么需要，只要我能办到，一定帮助。"心急如焚的周迪道这时哪有什么兴趣与他促膝长聊，走出办公室头也不回一路奔到了住处。

就在大家翘首以盼乐群时，说曹操，曹操就到。乐群从四明山带来了谭启龙亲笔信，抬头写的虽是丁公量，但内容却是向"400"小组等潜伏人员布置任务：

一、日本已无条件投降，此间已在拟印对敌伪通牒，下午可到。希即准备人员通过所有敌伪军现有工作关系要日本军队及各机关伪军伪组织向我军投降。我们保证其安全，予以特别优待，说明共产党的

第十七章 代号"400"

宽大政策,以争取大的发展。我部队正集中,待得到军部命令后即行出发东来。通牒印好后即送来。

读完信,周迪道不得不对丁公量的料事如神肃然起敬。就在两个月前,丁公量已经布置"400"小组迅速全面地调查宁波城的敌社情况,特别是日伪军城防部署,要求写出书面材料附图上报。现在看来,这些情报对于马上开展接管工作是多么重要啊!形势已经明朗,任务已经明确,但宪兵队的大场和铃木等日军的真实想法是什么,态度怎么样,特别是临别时铃木与他的简短谈话,会是出自真心吗?这些都必须尽快搞清楚。晚上送走乐群,周迪道一夜未眠,第二天匆匆吃点早饭就大步流星去了宪兵队。

听说"密探朱家"联络员都准备去四明山,大场竟出人意料地满脸堆笑表示支持,但他似乎更加关心周迪道的个人去向,周迪道当然不能轻易露底,故弄玄虚道:"大场先生,你知道我背叛了四明山,帮你们做了不少事,如果我回去肯定没有好下场,又不能跟你们走,留在宁波等国民党

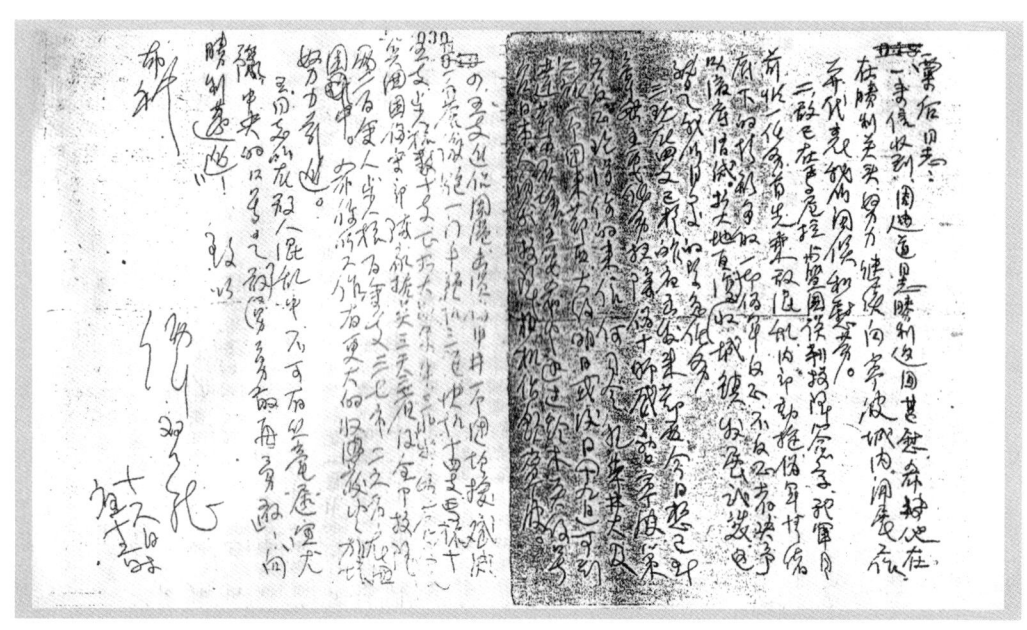

谭启龙写给丁公量(化名栗后)的亲笔信

来了也不会要，你看我该怎么办？"

"你自己有什么打算？"大场想了想才反问，这等于是把皮球又踢了回去。

"我想了很久，感到只有一条路可走，拉些人枪先上山打游击再说。"周迪道故意表现得无可奈何。显然，这是种托词，周迪道就是想临走时多带些人枪，这也是丁公量对他的要求。

大场哪知是计，沉默了一会儿表态："根据我对新四军通牒研究，他们一贯说到做到，所以你能回去还是回去好，其他密探、联络员愿意去的也可以带走，我看不会有什么危险。另外，我们还可以送上一部电台、一挺机枪、三十支步枪作为见面礼。短枪你们人人都有，可以随身带走。"

没想到大场如此大方，完全出乎周迪道的意料，听后心里有说不出的高兴。不料，就在周迪道离开宪兵队返回聚奎巷住处的路上竟险遭暗算，一颗子弹从他肩头呼啸而过，幸好躲闪及时并未受伤。原来，一听说日军宣布投降，宁波周边的国民党三战区部队旋即向市区开进，潜伏在城内的国民党特务也纷纷浮出水面，一些伪军摇身一变成了国民党先遣军，联合起来对抗新四军。刚才这一枪，就是日军宪兵队的国民党军统特务李明耀，偷偷向周迪道寻仇来了。

根据分工，"400"小组几个人一中午都在马不停蹄分头联系各人熟悉的密探、联络员和"朋友"，动员他们投奔根据地。到了8月14日傍晚，包括"八大密探"中的"七大密探"等六十余人愿意一起向浙东纵队投诚，晚上周迪道以个人名义在南华大酒楼设宴，还邀请了大场、铃木等日军参加。大场也是性情中人，得知周迪道他们准备8月16日回根据地，当场宣布16日中午将在宪兵队餐厅"大中公司"最后一次聚餐，以表心意。

不打不相识，人鬼情未了！

16日中午，一行人酒足饭饱之后，周迪道率领队伍门前集合，铃木果然依约搬出准备好的电台、机步枪等作为临行赠礼，还亲自带人护送队伍乘上汽艇直送到了姚江的青林渡口，沿途的顽伪见船悬日旗，又有宪兵把守，哪知虚实，一路畅通无阻，安全抵达。

利用下船告别的间隙，铃木四下张望，像在迎接的人群中寻找什么，直到登船的最后一刻才问周迪道："早听说粟后（丁公量化名）是新四军反间谍领导人，一直没有机会当面拜见，不知今天来了没有？"刚才，铃木将随身携带的军用皮包送给王福林以赎前嫌，现在这么说应该也是发自肺腑的真心话，周迪道也就如实相告："估计他一定很忙，今天没有来。"铃木面露失望，找来纸笔竟垫在船板上弓身写起信来：

粟科长：

你们胜利了！你们的工作胜利了！我钦佩！我想留下来。我懂得你们的政策，但我不能决定我自己。现在你们要建设你们的国家，我想回国去建设我们的国家。如果回不去的话，我还会来找你们！我想你们会留我的。

铃木政一

写好信，铃木解下随身佩带的一支崭新的四寸毛瑟小手枪和信一起交给周迪道，郑重嘱托："务请转交粟后先生。"转身上船时，竟掉下了大颗大颗的泪珠。几天后，铃木等宁波日军奉命向南京集结，他利用在余姚短暂休整期间还不忘驾驶摩托车给根据地送来了一部电台。此后一去杳无音信，直到1948年8月间，冯禾青才从一份报纸上读到大场敬次在上海被枪决，公布的主要罪状竟是私通新四军。20世纪50年代初，冯禾青又听说铃木以农民身份参加了日本农业代表团来华访问，到北京后曾提出重回宁波未获批准，只能带着深深遗憾回国了。

重回阔别了一年多的根据地，那连绵的群山、潺潺的涧水、啾啾的鸟鸣，还有袅袅的炊烟、劳作的农人，是多么的亲切可爱！前方的使命在召唤，任务在等待，容不得过多感受和体味，周迪道就率领六十多名投诚队伍跟随接应的短枪队员，大步流星朝着丁公量所住的村庄赶去……欣闻

"400"小组凯旋,还带回了其他投诚人员和电台武器,军务缠身的谭启龙不忘给丁公量来信表达慰问:

粟后同志:
　　一、来信收到。周迪道同志胜利返回,甚慰!希转他在胜利关头,努力继续向宁波城内开展工作,并代表我们问候和慰劳。
　　……

仅仅过了一个月,9月20日浙东纵队就接到了中共中央要求北撤的命令。在苏北根据地,"400"小组成员被编入华野一纵,分散到机关、部队和教导队学习,在新的工作岗位上再立功勋。

第十八章　黄花塘锄奸散记

黄花塘，当年苏北一处偏僻的小村庄，现在也不过是江苏淮安市辖下的一个集镇，是抗战胜利前新四军在华中移驻的最后一个军部所在地。

就是这个名不见经传的小村庄，从1943年1月初到1945年9月中旬，在全国抗战由相持转入反攻的关键阶段，中共华中局机关和军部领导在此运筹帷幄，先后完成整风、大生产和军政大整训，指挥部队粉碎日伪"扫荡""清乡"和国民党顽固派摩擦进攻，巩固了苏、皖、浙、鄂、豫等根据地。

这一时期，锄奸保卫工作更是有了创新和发展，群众锄奸蓬勃兴起，安全警卫半径延伸到上海，为民服务的基层派出所应运而生，就连锄奸干部去南京也是来往从容、待为上宾……

这是怎么了？莫非真是到了历史的转折关头，胜利在招手，和平要到来了？

"红黑点"运动和群众锄奸

历史中走来，从上海建党南昌建军开始，反特锄奸工作经历了一个由少数到多数、由专门机关到专群结合、由神秘到公开的发展过程。由于实行垂直领导，锄奸保卫一度存在严重孤立主义倾向，新四军组建之初同样如此。1942年2月14日至3月5日，中共华中局在苏北阜宁城西北的羊寨镇单家港初级小学召开第一次扩大会议，刘少奇作《目前形势、我党我军在华中三年工作的基本总结及今后任务》长篇报告，提出在各根据地必须切实进行九项工作，其中第八项就是"健全各根据地保安处与锄奸部门的工作和组织，加紧对敌探、奸细及破坏根据地与民主政权的特务进行秘密斗争"。同年11月，中共华中局锄奸保卫工作会议明确要求，对脱离群众的方式和作风要"有意识地加以纠正和改进"。1943年9月，新四军锄奸部在阜宁举办锄奸训练班，专题研究群众锄奸工作，号召锄奸机关"动员民众，组织民众，广泛进行群众性锄奸运动并教育指导之"。

当然，对群众锄奸，华中局和新四军领导们也有一个认识深化的过程，这其中就不能不提到1943年前后在各根据地轰轰烈烈开展起来的"红黑点"运动。群众语言"红黑点"，简洁明了，一看就懂。部队锄奸部门和政府公安局联合敌工、情报等部门依靠群众检举，对日伪政权人员、破坏革命的地痞流氓，凡做好事的记红点，做坏事的记黑点，做好事多允许将功赎罪宽大处理，做坏事多则张榜公布予以锄杀。其实，这与同一时期风靡陕北根据地的"马锡武审判法"如出一辙，都是相信群众、依靠群众、为了群众，只是陇东专员马锡武善于把审判与调解相结合主要用于解决群众中的民事纠纷，而"红黑点"运动则是大量运用于锄奸反特而已。

基于以上情况，盐阜区公安局公布《红黑点善恶记录办法》，明确凡记满30个黑点的对象坚决镇压。盐城县四区黄八庄汉奸孙少明记黑点33个、孙袁乡八保伪保长吉长有记黑点35个，被抓获后执行死刑，敦促了一批伪军政人员改恶从善。淮安县一个伪区长，怕记黑点，主动提出了辞职。新四军老战士、新中国成立后任江苏省高级人民法院院长的朱泽回忆：

> 建阳县境湖垛据点内住有两个伪乡长，一个叫骆才芝，一个叫卞昆，不听劝告，经常带日伪军下乡抢米、抓人以至杀人，作恶多端，民愤极大。建阳县敌工部干部徐华，就是被骆才芝骗去枪杀的，我敌工部长胡文辉对其恨之入骨，决意为徐华同志报仇。他和公安特派员

王彬商量联合行动，先通过据点内的关系，把骆、卞二人居住地点、生活起居等情况了解得一清二楚，后商定进出据点的行动路线和擒拿办法……不久，召开群众大会，公布骆、卞二犯罪状，执行枪决。这一来，红黑点运动开展得更加有声有色，有理有力，波澜壮阔了。

泗洪县朱湖镇，位于洪泽湖西岸，是群众锄奸开展最为活跃的地区之一。县公安局专门集中由锄奸训练班回来及朱湖区的锄奸干部十几人，开展试点实验。他们的做法很简单，主要是实行群众自愿的五家联保、开展坦白、民选产生群众锄奸组织这三条。例如，提出"三不保"：吃不透的不保、老底子不清的不保、干坏事的不保。凡是有四户村民都不愿意联保的个别家庭，说明多多少少有些问题，发现后即列为重点，教育他们改过自新，主动在群众大会上坦白悔过，结果也由群众说了算，只有绝大多数群众认同的方可通过，而对极少数不愿反省坦白的顽固分子，通过群众会议一律驱逐出根据地。

群众的眼睛是雪亮的，只要发动群众、放权群众，坏人就无处遁身，在朱湖发现的22家有问题的"不保户"，无一例外表示洗心革面重新做人。1944年3月10日出版的《拂晓》杂志第十一期介绍了朱湖开展群众锄奸的经验，参与总结的吴植椽写道：

> 例如朱湖西行政村的朱克绍，过去干土匪，通著名码子徐五，现在品行仍不好，动辄打人骂人，而且时常打人家小鸡小猪，偷人家的东西，在开五家联保会议时，他自己估计人家会不保他，因此自己主动提出来和那些人联保，第一次四家老百姓都说："俺吃不透你老底子。"第二次四家老百姓见朱克绍提出他们的名字，急忙和别人联好了，对他说："俺位已经联上了，你另提人吧。"第三次他又提出四户，主席问那四户老百姓可吃透？他们都默不作声，结果人家都联好了走了，剩下他在会场上孬的难为死了，脸通红，急得乱蹦说："今天我

这个坏人可出了名了，可成定了，这可怎么好？"本来来开会只是一家派一个代表来的，可是听说自己家人家都不保了，他家儿媳妇、闺女老小都从街里边跑到会场上来哀求。

例如朱长宪，过去干土匪，现在又经常与敌伪区人来往，私贩大烟土，同时依靠自己兄弟好几个，专门欺侮别人，占人家的便宜，老百姓平常都叫他作"门头虎"。这次大家都不保他，一家子急得流眼泪，饭都没有吃，睡了整整大半天。他兄弟都埋怨他，跟他过倒了霉，连累自己也没有人保，要和他分家，他急了，发愤说："我参加抗战，到新四军去吃大锅饭好，这样你们都是抗属了，谁还能不保你们？"所以被群众不保剩下来的人，很快都在群众中传遍了，大家以没有人保为最耻辱的事。没有人保的，过去做坏事的人，都垂头丧气，愁眉苦脸的不敢见人，甚至有一个没人保的，急的到测字先生处去问字，问问自己的凶吉。老百姓都说："到底还是大势管劲，可把这伙人给治住了。"

泗洪公安局的这一招效果明显，被中共淮北区党委推广后，各地纷纷效仿，搞得日伪顽派来的特务在根据地农村连吃喝都举步维艰，哪还想立足潜伏，更谈不上把人从内部"拉出去"了。群众锄奸也带来基层的社会治安焕然一新，村民家里来亲戚，联保的村民都会主动报告，出入的可疑人员群众主动监视，在通往敌占区的要道路口遍布了瞭望哨、盘查哨和村前哨。

用觉悟，用制度，唤醒群众，组织群众，武装群众，根据地一时间犹如铜墙铁壁，心怀鬼胎的坏人不敢兴风作浪，幻想潜伏的汉奸特务更是针插不进、水泼不进。

发动群众参加锄奸，宣传了锄奸工作，唤醒了群众的锄奸觉悟，也使锄奸干部与群众关系更加密切。1943年秋，来六办事处公安局警卫排战士陈学元押解汉奸张诚转交路东竹镇派出所。途中，张诚挣脱绑绳伺机逃跑，陈学元边追边喊，正在地里干活的 17 岁群众王秀英闻讯悄悄迂回包抄，假伏在路前沟旁，待张诚靠近后冷不防冲上去一扁担将其撂倒。张诚被送到竹镇后不久就判处了死刑。

还有一些群众，在危难时刻挺身保护锄奸干部。1945 年 1 月，南京城北的冶山县公安局长曹俊吾到八百街执行任务，住在当地群众吴在金的家庭旅馆，不料当天日伪忽然宣布戒严搜查，吴在金二话没说冒着生命危险，把曹俊吾带在身上的手枪机智地藏在了炉膛草灰中，使他躲过一劫。

军部的潜伏哨

皖南事变后，日伪作战重点和国民党顽固派反共摩擦重点由华北转向华中，新四军和华中根据地反"清乡"反摩擦的任务明显加重。1942 年 10 月底，在上海的潘汉年派人送回密报，日伪有计划在苏南第一期实验"清乡"后，组织南通、徐州部队南北夹攻，再次"扫荡"盐阜地区的华中局机关和新四军军部。受形势所迫，军部转移的事被重新提上议事日程。

其实，早在半年多前的 3 月 18 日，华中局书记、新四军政委刘少奇调回延安参与筹备党的七大，临走前两天还不忘找陈毅和饶漱石商量军部转移的问题。他提出，东是黄海，北上山东，往南又是日伪和国民党顽固派势力较强地区，向西则好，就在淮南和淮北根据地之间选择一个落脚点。刘少奇走后，正赶上部队作战频繁，这事一时也就搁置了下来。

关于新军部的选址，前一阶段参谋长赖传珠结合到部队巡视，考察了三个地方：金湖县的官塘、盱眙县的黄花塘和来安县的马家岗。"比较来看，官塘三面环湖，遇有危急情况不利于集中转移；马家岗群众基础虽好，但紧靠南京。"赖传珠手里拿着小木棍在地图上移动，"如西移黄花塘，向东与一师的苏中根据地、三师的盐阜根据地相连，向北与四师的淮北根据地相连，向西与七师的皖江根据地相连，紧邻二师有他们做警卫，安全应该没多大问题。"

饶漱石表示赞同："目前来看，黄花塘是最理想的地方，最大的好处是与各师来往方便，有什么情况开个会，部队领导只需一两天时间就可赶到。"

综合衡量区位、交通、安全和群众基础等因素，陈毅最后拍板定在了黄花塘。1943年1月10日午后，历经半个月艰难跋涉，华中局机关和新四军军部从阜宁停翅港移驻盱眙黄花塘。

对机关和军部的同志们来说，这是一个陌生的所在。到了才知道，以前黄花塘并不叫黄花塘，而叫黄昏塘。新四军江北指挥部整编成二师时，有一阶段师部就驻于此。说是塘，其实面积并不大，就连师部机关吃水都供应不上。为解决这个问题，还是师长张云逸动员官兵苦干了半个月，才把小水塘挖大了数十倍，又在塘边栽上花草果树。有一次张云逸与罗炳辉开玩笑："黄昏塘里的荷花连片，这么美丽的地方叫黄昏塘太煞风景，不如改成黄花塘。"从此，黄花塘这个充满诗意的名字就在当地老百姓和官兵中叫开了。

此时的黄花塘，地瘠人稀，十分荒凉，连一条像样的路都没有。但从安全性角度来看，这倒不失为一件好事，日伪和国民党顽固派的坦克、大炮等重武器进不来，岂不全是小米加步枪的新四军部队的天下？可是一次会议上，陈毅告诫大家要居安思危提高警惕的语音尚未落地，屋外就传来了飞机马达的轰鸣声。当时，新四军部队是清一色的"十一路"，日伪和国民党顽固派拥有绝对的制空权，所以一听到飞机声不用多想就知道是敌机来了。说好的重武器进不来，飞机不知要比它们强多少倍！所幸，那几天机关部队都在组织整风运动，官兵在室内上讨论课，日机盘旋一圈后一无所获又飞走了。多年后，时任军司令部二科副科长的王征明回忆：

当天敌机飞临黄花塘上空的时间是上午9时左右。事先军部同部队打过招呼，遇到敌机来侦察，一要迅速隐蔽，二不能向飞机开枪。因为那时我们都是步枪、机枪、手枪和手榴弹，没有打飞机的大炮。事后了解到，那天敌机从扬州方向经天长、张铺飞抵黄花塘，并在大王庄、马坝、高桥、穆店、旧铺和王店一线侦察，前后停留了十多分钟。

这正验证了刚才陈毅在会上的预判，日伪在阜宁停翅港"扫荡"扑空后绝不会善罢甘休，一定会不惜一切代价、以百倍的兵力四处寻找华中局和军部机关的驻地。擒贼先擒王，这是兵家常识，要想重创新四军，最好的办法当然是瞄准机关打，两年前蒋介石妄图消灭新四军，不也是先从打皖南军部开始的？显然，对于华中局和军部来说，黄花塘只能说是相对安全，或者说日伪从地面进犯时还有一定把握，如果派飞机从空中袭扰那就只有被动挨打的份了。

原本讨论军事问题的作战会议，话题一下子转移到了军部安全上来。一向沉默寡言的副军长张云逸接过陈毅的话头："解决战斗还是要靠步兵进攻，所以，我们的精力还是要放在设法尽早尽快地掌握敌人出兵的时间和规模上。军部已在通向外县的大小路上设置了自卫哨，从现在来看，仅仅有自卫哨是远远不够的，保证不了军部的绝对安全。我建议在军部周边市镇增设秘密潜伏哨，最好能扩展到南京、徐州等大中城市，这样敌人只要一出动大股部队或飞机，潜伏哨就能立即把敌情通报回来。"

有了刚才这一段插曲，陈毅和饶漱石都觉得这个提议好。

当晚，负有情报侦搜任务的司令部二科和政治部敌工、锄奸、联络等领导紧急碰头，讨论增配秘密潜伏哨，顺带研究了如何协作开展情报搜集、传送、共享和研判等任务。根据分工二科牵头，从相关系统抽调学员进行政治和业务训练。陈毅和饶漱石带头上课，侦察业务课则请来潘汉年讲"我从事工作的几点经验"，二科科长马步英讲"谍报勤务"，副科长王征明讲"怎样看人同各种人打交道"，最后安排刘泮泉讲"怎样在大城市生存、怎样同三教九流交朋友"。

马步英、王征明、潘汉年三人，学员们都很熟悉，刘泮泉是谁，却是听都没听说过。其实，这个刘泮泉不简单，鲁南人，人高马大，原是上海警察局的老交警，能说会道，特别精通多地方言，不但会说，还能模仿得惟妙惟肖。解放战争后期，秘密潜入山东老区和丹阳等地，向南下的三野部队保卫干部介绍上海警察系统、特务组织情况。1949年6月初任新成立的上海公安局交通科长，在老锄奸干部李士英、扬帆手下工作了多年。

此次授课，军部领导给刘泮泉布置了五个题目：一是怎样摆脱盯梢；二是怎样与三教九流打交道；三是怎样利用掩护身份；四是怎样学会算命测字；五是怎样联络帮派和关卡。这些都是一名合格侦察员在城镇独立开展隐蔽工作的必备本领，为了让学员们尽快熟悉情况，刘泮泉不仅对预设课题倾囊相授，还详细介绍了上海、南京、杭州等大城市的江湖帮派情况，以及他们见面时要讲的黑话等。一天讲下来，听得学员们直呼过瘾，不知不觉就到了晚饭时间。

这样的训练班，军部一连举办了五期，结业一批分配一批。不到半年，以黄花塘为中心，北至洪泽湖、南到长江、西跨津浦路西、东抵运河的150公里范围内，布建了大大小小潜伏哨点百十个。侦察员以修车行、杂货铺、小吃店等为掩护，接触过往人员，在闲谈、旁听、观察中搜集情报，整理后再通过电台和政治交通员每周一次报告，紧急情报当天报告。

1943年4月5日，驻淮阴的潜伏哨点发现一小队日军和三十多个伪军，一会装成国民党部队，一会假扮新四军，从淮阴一路南下，经洪泽高良涧拐向盱眙方向活动。4月7日，高良涧潜伏哨兵报告说这股日伪真实身份是日伪谍报分队，沿途边走边向老百姓打听军部位置。军部立即就近调动周边的二师五旅和四师部队，四面包抄将这股日伪围歼在了高良涧以南，他们至死都没摸清黄花塘的具体位置。后来，从俘虏身上搜出的证件证明，这股日伪是淮阴日军派出的代号"乌鸦"的谍报队。

潜伏哨点的侦察员以形形色色的社会职业为掩护，人数可多可少，工作起来方便灵活。1944年起，军部决定向上海、南京等大城市继续派出侦察员，上海的潜伏哨工作重点选择在了黄浦江两岸，通过观察在黄浦江上来往的日伪军船，摸清出发地和落脚点，不到半年就掌握了兵力和行动规律。军部转报延安，再由他们通报美军观察组。有了可靠情报，美制1329重型轰炸机频频发动对上海江湾机场、炮台港兵营、吴淞等地空袭，重创了驻上海的日伪机场、军舰和仓库。

1945年春节刚过，淮阴、宝应和高邮的潜伏哨点几乎同时向军部报告，这三地日军已侦悉到军部具体位置，企图利用二师主力开赴津浦路西、军部兵力空虚之机，约定2月4日从三个方向分头向泗洪顺河集会合，2月6日一起围攻黄花塘。看来不给这帮虎视眈眈的日伪点利害看看，他们绝不可能死心，副军长张云逸命令十八旅部队于2月5日上午提前赶到顺河集设伏，乘其不备寻机歼灭。不料凌晨，十八旅前头部队一个营刚到顺河集以北的小马庄，就与从淮阴方向赶来的日军天井大队和伪军潘干臣二十八师打了个遭遇战。由于实力过于悬殊，这个营边打边撤，准备与旅主力会合。天井哪里知道这个情况，还以为是人少战斗力差不堪一击，指挥日伪尾随追击，很快就中了十八旅的埋伏。不久，闻令而动的淮泗独立团火速赶到增援。仗一直打到下午，天井见正面强攻难奏效，就调动部队改为侧面迂回，想打十八旅一个措手不及。哪知当他们正准备从张福河暗坝上蹚水通过时，被早已设伏在此的五十二团就势歼灭了大半，气得天井哇哇直叫。眼看左右受阻，邻近的新四军部队和地方武装还在不停驰援，天井哪还敢恋战，只得收兵，连尸体都来不及收埋就悻悻地逃回了淮阴城。走到半路的宝应、高邮日伪闻讯纷纷掉转车头龟缩进了据点，再也不敢提进攻黄花塘的事。

身处重重围困的黄花塘，看似孤悬一线，缺乏战略依托，其实有了潜伏哨点就似安了"千里眼""顺风耳"，面对日伪袭扰和国民党顽固派反共摩擦，每次都能得到准确情报，不但没有损及丁点皮毛，而且就如插进日伪心脏边的一枚楔子，从1943年1月一直坚持战斗到了1945年9月中旬，两年多的峥嵘岁月见证了华中根据地军民由相持转入反攻的关键阶段，在党史军史上留下了浓重一笔。

砍头不是割韭菜

锄奸反特不同于其他工作，政治性、政策性很强，涉及个人切身利益，有的甚至攸关性命。1935年10月，中央红军长征刚刚到达陕北，毛泽东就了解到陕北根据地创建人刘志丹等人因肃反被捕，在中共中央政治局常务会上鲜明提出"要刀下留人，停止捕人"，并派西北政治保卫局长王首道赶赴瓦窑堡调查情况。临行前，毛泽东还不忘指示："杀人不像割韭菜那样，韭菜割了还可以长起来，人头落地就长不拢了。如果我们杀错了人，杀了革命同志，那就是犯罪的行为。大家切切记住这一点，要慎重，要做好调查研究工作。"① 后来，延安的王实味在"抢救"运动后期被康生当作"托派"误杀，毛泽东对此事一直耿耿于怀。1962年1月31日，他在扩大的中央工作会议上又一次讲：不要轻易捕人，尤其不要轻易杀人……凡是可捕可不捕的，可杀可不杀的，都要坚决不捕、不杀……

如此明了的道理、中央三令五申的要求，本应得到遵守和执行，可在当时，一些人在执行中还是出现了偏差。

1943年初刘少奇返回延安后，代理华中局书记、新四军政委的饶漱石，就在工作中出现过偏差。其中值得一提的是"黄花塘风波"。

军锄奸部长汤光恢坚持实事求是，调查办案一切用证据说话，既不放过一个坏人，也不冤枉一个好人。

有一次，江南茅山根据地因电台损坏，与华中局失联了很长一段时间，工作上得不到及时指示，汇报工作也只能通过交通员来传递，不仅时效性差，路上还常常遇到危险。中共茅山地委书记汪大铭决定派人前往黄

---

① 转引自郝在今：《中国秘密战》，金城出版社2010年版，第23页。

花塘，临行时他给接头的同志写了张亲笔字条。这名同志是黄包车夫出身，大字不识一个，第一次执行这么重要的秘密任务没有经验，汪大铭什么没说，他也什么不问，揣上字条就上了路。

茅山距黄花塘二百余公里，其间横亘长江，沿途既有日伪据点，又要经过国民党控制区，可谓困难重重，危机四伏。这名接头的同志革命意志没得说，跋山涉水，千辛万苦，几经周折终于找到了军部。饶漱石听完工作人员汇报，把字条翻看了几遍，紧锁的眉头始终没有舒展开来。

应该说，饶漱石的这种警惕不是没有道理，当然不能仅凭一张字条就轻易相信来人的身份。皖南事变前，饶漱石除了党务工作，一直协助军民运部长夏征农做地方秘密工作，他太了解地下接头的方式了，也耳闻目睹了不少这样的教训。

"我看这个人是特务，是冒充茅山地委来联系的。"饶漱石对参谋长赖传珠说。政委都怀疑是特务，还有什么话说，那就按特务先关起来吧。锄奸部主管反特工作，顺理成章汤光恢被指定为专案负责人，负责审讯工作。据汤光恢回忆：

> 他中等个子，身体结实，棕黑色的脸，年纪不大，皱纹不少，看得出是饱经风吹日晒的劳苦人。我先问他一些基本情况，他的回答很简单，但很朴实。他是拉黄包车的，几年前就参加了共产党。我又仔细打量了他一下，问："参加共产党闹革命是有危险的，而且有牺牲自己生命的可能，你为什么要冒这个风险？"他用惊奇的目光望着我，不假思索地说："我是穷人，祖祖辈辈是穷人，共产党是我们穷人的党，跟着共产党走，穷人才能翻身过好日子。我是自愿参加共产党的，我什么都不怕，就是死了也甘心！"我边听边想，他说的这些话都没错，共产党员会说，特务也会这样说，凭这几句话是不能排除怀疑的。从审问情况看，此人言谈朴实，是劳动人民出身，不像特务，况且又有负责人汪大铭的条子，但是，谁又敢肯定这条子是负

人汪大铭亲笔写的呢？再说，他联系的方法又不对头，有什么理由完全相信他呢？看来他的真实身份一时很难清楚。为了让茅山来人有个思想准备，我先给他谈了一些共产党员应有的品德问题。我说："共产党员在任何情况下都要坚持真理。即使受到怀疑和委屈，甚至牺牲生命，都不能动摇。共产党员就是在艰难危险中工作的。"

接头的同志不认罪，第一步拿口供的想法就落了空。是真是假，一面之词，确实难辨，汤光恢决定换个方法开展调查。

"为了对党对一个人负责，我想通过地下党调查，我相信是可以弄清楚的。"

汤光恢主动找饶漱石汇报自己的想法，顺便提出下一步工作建议。没想到饶漱石对这个结果根本不满意："不能随便相信他的话！你不用刑，他能讲真话？"

凭着多年的锄奸保卫工作经验，汤光恢知道接头同志是特务的可能性微乎其微，面对审查哪有特务没有丝毫破绽的，真正扛得下来的更是几乎没有。所以，尽管面对的是华中局书记、新四军政委，汤光恢依然坚持原则。

气得饶漱石把手一摆，固执地来了一句："我负责！"事后，他竟绕过汤光恢直接指示其他人严刑逼供一连搞了好几天。这名同志还真威武不屈，不管如何用刑，始终坚持原来的交代，丝毫没有改口屈服。

审讯陷入了僵局。

"先拘留审查，同时派人和茅山联系，弄清真伪。"汤光恢再次建议，一筹莫展的饶漱石这才表示同意。不久，从茅山传回来消息，这名接头的同志确实是茅山根据地派来的一名老党员。

差点冤枉了好人，虽不是自己一手造成，但毕竟是锄奸部的事。汤光恢就主动去找接头同志谈话表达歉意，最后还不忘给饶漱石开脱："部队四周都是敌人，不得不提高警惕……"出乎他意料，这名同志党性很强，还没等他说完就打断话头，表示理解和谅解，毫无怨言，等养好伤后又返回了茅山根据地。发生在黄花塘的这起冤案，在汤光恢坚持原则下终于得到圆满解决。多年后回忆起来汤光恢仍不忘总结：

> 这个所谓"特务大案"，虽然没有死人，但却是一个严重的教训。如果我们的领导者，头脑冷静一点，实事求是一点，不迷信肉刑的威力，不追求多破案子，这场对内的误伤不就可以避免了吗？锄奸工作的威信，是靠群众路线，靠实事求是，正确执行党的原则，正确执行党的政策，严格按照党的保卫工作原则树立起来的。

陈毅对待锄奸保卫工作就比较冷静，看问题不绝对化，有"兼听"作风。有一次，军部一名战士和驻地妇女通奸。黄花塘周边的地主流氓乘机大造舆论，有的说新四军强奸妇女，有的讲新四军纪律很坏，一些不明真相的群众遭蛊惑也跟着以讹传讹，一时间流言疯传。

消息传到部队，不少干部深感蒙羞，纷纷指责这名战士作风不好，有人甚至建议为平息民愤予以严惩，为部队挽回影响。司令部某位领导受饶漱石影响，也有多抓人多破案的简单想法，所以听到部队反映，不加分析就作出了处决这名战士的决定。

汤光恢派人去一调查才知道，和战士发生关系的那个妇女生活作风一贯不好，是当地一个有名的"破鞋"。当然，这名战士也有严重错误，经不起女方勾引两人勾搭在了一起，所以从双方主观上分析都属自愿行为，锄奸部对此事的定性是通奸，而不属于强奸。

根据军部纪律规定，通奸与强奸在处理上完全不同，通奸最严重的才除名，而强奸是要枪毙的。深感问题严重的汤光恢赶紧到司令部找领导汇报，争取他收回决定，改按通奸处理。不料，这位领导根本听不进汤光恢意见，执意要召开群众大会后宣布死刑。是实事求是依法办案，还是机械执行命令，这令汤光恢左右为难。

"按政策，这个战士不至于死罪。作为锄奸部的负责人，我应该坚持原则，特别是杀人，不像割韭菜，人死不能复活，不该死的而处死，就是草菅人命。这是党的政策和纪律所不容许的，决不能盲从。"

当时，锄奸工作具有独立性，受华中局和部队直接领导。汤光恢对负责此案的锄奸干事说："按照中央规定，处理一个战士，决定权属军首长。执行处决属锄奸部，处决人命需经我们同意，现在既然他们单独作出决定，我们不能参加这样的大会。"

于是，锄奸干事对前来通知开会的司令部同志说："部长不同意处决，你们要开大会，你们开好了。"司令部个别领导不顾锄奸部反对，坚持召开群众大会，汤光恢据理力争无效后拒绝出席大会。

在司令部同志张罗下，群众大会还是按时召开，广场上坐满了部队官兵和群众，气氛十分严肃。按大会议程，代军长要讲话，陈毅准时到了会场。他用眼睛扫了一下主席台，发现汤光恢没有来，就扭头问一旁参与审判的锄奸部干事。了解事情原委后，陈毅也感到如此草率处理过于唐突，略一沉思即对这名干事耳语道："群众都来了，大会还是要开的，但不处决，会后再研究处理，你去告诉汤部长。"这名干事一路小跑来报告，汤光恢这才同意参加群众大会。有了陈毅支持，汤光恢心里更有底了：

> 我随即出席大会。会上，陈毅同志将案情向群众讲清楚了，表示一定要按政策严肃处理。会后，我又单独向陈毅同志作了详细汇报，并提出处理意见。陈毅同志完全同意我的看法，认为搞锄奸工作的同志，应把政策、原则放在第一位。
>
> 由于陈毅同志善于听取不同意见，全面看问题，避免了错杀人。陈毅同志这种民主作风和实事求是的精神，使我至今不能忘怀。

无独有偶，曾任新四军锄奸部审讯科长的苏岗（后改名冯贤弼）也回忆起了一起违纪案件，审理过程同样一波三折，三名涉案的新四军官兵也

第十八章 黄花塘锄奸散记

是在代军长陈毅的巧妙指导下才最终得以妥善处置。

大概是1942年夏季，在新四军政治部的命令下，军部直属队召开公审大会，准备处决三个干部。一个是军部直属队特务团炮兵连副连长，一个是该连的排长。当时因炮兵连需要牲口拉炮，他们二人就到老乡中去买，刚进村子，他们一提出要买牲口，老乡们误以为他们是来抢牲口的，便拉着牲口一股劲地往外跑。他们二人见此情景，就在老乡们的后面向空中鸣枪。由于当时国民党省政府主席韩德勤等正流落在离新四军军部所在地只三十华里处，领导怕这件事传开，会被国民党钻空子，因此下令要军法处处决这两个干部。与此同时，军部直属卫生队的一个卫生员，因偷拿药品被查获。政治部领导也下令军法处一起公审，予以处决。公审大会那天，军法处长汤光恢同志因身体不太舒服，就让我去担任主审官。这是我第一次坐在主审席上。陈毅代军长、梁国斌副部长，以及军部各部门一些领导同志坐在主审席的左边首长席上；主审席的右边是旁听席，有六百多人参加公审大会。当我宣布公审大会开始，群众代表接连发言。所有发言都异口同声地要求对这三人判处死刑，看来，发言是事先有过统一布置的。在发言将近一半时，梁国斌同志从首长席走到主审席旁边来，对我轻轻地说："大会发言完了后，你不要马上宣判，先宣布休庭十五分钟，你到陈老总这里来一下。"大会发言结束，宣布休庭后，我马上去见陈老总等领导同志。当时有二十余位科长以上的干部，聚集在大会场旁边的一间小房内。我一进门，陈老总即问："苏法官，大家意见怎么样？"我说："大会发言一致要求判处这三人死刑。"陈老总接着转身问在座的那二十余位同志："你们有什么看法及不同意见，都可以发表发表！"一时大家均沉默不语，在陈老总一再启发下，有个同志说："是不是可以考虑考虑？"陈老总问："怎么个考虑呀？"又有个同志说："是不是可用别的办法？"接着，你一言我一语，从言词含义看，大家都不希望判处死刑。这时陈老总又问我："你有什么意见？"我说："我听党的，听首长的。"陈老总说："军法高于一切嘛！法官的判决，我军长也得服从呀！现在苏法官既然听我发表意见，我建议是不是不要枪毙？"我立即表示："我同意陈老总意见，但判决书已经写好了，怎么办？"陈老总说："判决书你就照原来的宣读，但念到'判处死刑'后，'立即执行'四个字不要念，可改为'缓期执行、以观后效'八个字！"我当即表示可以照办，陈老总笑着说："苏法官很懂情理呀！"那到会的二十余位同志也均喜笑眉开了。接着，公审大会继续开庭。此时，会场上鸦雀无声，宣判时当我念到判处死刑时，三个人均倒在地上了，但当我接着宣布缓期执行时，三个人又都猛然跳了起来，会场上从原来的一片沉静，转而哗然了！这一曲折的过程充分说明，当时如果没有陈老总等领导的直接过问，这三个人判处死刑显然是失之过头啊！公审大会后不久，陈老总去延安开会，沿途要通过敌伪的一些封锁线，当时该炮连也参加了一些安全保卫工作，那个副连长和排长在警卫工作中也起了些好的作用。

竹镇派出所

走进南京市六合区竹镇新竹街3号，这处略显古朴的四合院老宅子，至今还是铁皮门青砖墙，从远处看虽已明显与周围的民居格格不入，但八十多年来主人达卞良和后人仍坚持保留着旧址原貌，只因那"新四军第一派出所旧址"的门头，似乎还在无声诉说着当年锄奸保卫部门在此领导群众开展锄奸反特的烽火往事。

今天，有事找警察、有矛盾到派出所的口号已经家喻户晓。而对于派出所的称谓，许多人只知道是公安局派出的基层机构，其实早在抗战时期，新四军就在这处宅子里组建了公安派出所。据六合区公安分局戚厚春介绍，2004年他们曾到公安部档案馆查阅过资料，没有比竹镇这个"新四军第一所"更早的派出所了,因此断定竹镇派出所是可追溯的中国最早的派出所。

现在,走进竹镇派出所荣誉陈列室还可以从一幅幅老照片中串联起"新四军第一所"的记忆:1944年4月,为进一步开展根据地锄奸,惩治土匪、流氓恶霸和封建帮会分子,维护社会治安,受淮南路东专署公安局长林道生委托,副局长兼侦察科长洪沛霖专程赶到竹镇组建公安派出所,办公地点就设在了群众杨禄真的家里,不久迁址至东后街的达卜良家,行政上隶属竹镇政府管理,业务上归来六办事处公安局领导。

兼任第一任所长的是竹镇政府警卫排长黄经农,副所长是镇治安区员孙标,警卫班长朱德友。从警30年的竹镇派出所第十六任所长米正才老人还记得,竹镇派出所组建之时正处于抗战时期,派出所人员都是新四军战士,既受新四军领导,又要协助地方政府维持社会治安,之所以称为

竹镇派出所创始人洪沛霖(前排左)与战友合影。

"派出所",意为新四军的"派出机构",新中国成立后全国建立的公安基层组织都叫"派出所",就起源于此。年过九旬的老人夏光明作为当年竹镇派出所组建的见证人,讲述了一段鲜为人知的故事:

> 当时还在抗战,在新四军组建派出所前,竹镇还是国民党的地盘。国民党常备队在竹镇挂起两块牌子,一块写着"江苏省六合县政府",另一块写着"江淮游击司令部"。也许是因为这两块牌子,竹镇被日军当成了国民党军政所在地。1937年起,日军九炸竹镇。
>
> 当时我还是个学生,一早上学途中,头顶来了三架日军飞机,打了个圈就飞走了。没过多久,又来了九架,紧接着,炸弹、燃烧弹、机枪子弹像下雨一样……这是日军第一次空炸竹镇,从早炸到晚。我和两名同学躲进附近茅坑旁的土堆子里,没被炸到,还有一名同学跑出去没几步,被炸死了。
>
> 空炸把竹镇变成了废墟,死伤两千余人。庆幸的是1939年,新四军来了,在废墟上开辟津浦路东抗日根据地。五年后,新四军竹镇派出所在硝烟中诞生,后来被称为"新四军第一所"。
>
> 类似锄奸的快事,在竹镇派出所组建后,屡屡发生。那时对汉奸,逮一个、毙一个。枪毙的地点就在距离派出所不远的乌龟桥。开展锄奸的那阵子,只要乌龟桥那边枪声一响,这边就是一片叫好声。

六合区委党史办王化生对这段历史颇有研究,他在接受采访时谈道,六合抗日根据地的大片地区与敌占区紧密相连,为了保卫新生的抗日政权,防止和打击敌人的破坏活动,县抗日民主政府成立不久就建立了隶属驻军领导的军法室,履行公安部门的职责,在区乡则成立模范队,这也是派出所的前身。竹镇模范队队长是县常备队派出有作战经验的老战士,队员由竹镇18至40岁的男子轮流担任,每10天轮换一次,大约35人,负责保卫乡政府、维持地方治安、站岗放哨、检查户口、传递信件和开展防奸锄奸。

竹镇虽小，但地理位置十分重要，紧邻路东根据地的中心半塔镇，处于交通要道，经济比较繁荣，有一段时间成为苏皖边区的政治、军事、经济和文化中心，刘少奇、方毅和吴学谦等都曾在此战斗，粟裕、谭震林、江渭清和杜平等来往于江南苏北都通过这条秘密交通线。

正因为如此，1940年9月下旬，军法室改称保安分处，并逐步建立侦察、审讯、秘书三个科及一个警卫队和看守所。1943年2月，建立东南来六办事处时，改称公安局。1944年4月，竹镇派出所组建后配有两个班的武装人员，主要任务是维护社会治安，防范、打击日伪特务、汉奸的破坏活动，惩治现行反革命和各种刑事犯罪分子，协助党组织审查干部。此外，还派出人员在敌占区秘密建立情报网点，从事搜集情报和策反伪军的工作。

在工作中，竹镇派出所对罪犯严格执行党的坦白从宽、抗拒从严、立功赎罪、立大功受奖等一系列方针政策，坚持群众路线，紧紧依靠群众，通过各抗敌协会发动群众，参与侦察破案工作。

特务邓学信为人狡诈，死心塌地为日伪效劳，经常化装成普通百姓到根据地搜集情报。在广大群众配合下，竹镇派出所将他擒获，召开群众大会公布罪状依法处决。特务黄义生、王必有经群众揭发并调查核实后，也于1944年7月被竹镇派出所处决。

在严厉打击汉奸特务同时，竹镇派出所还指派干练人员打入日伪内部搜集情报。来六支队副排长王世隆，经批准以假退伍名义回到程桥家中务农，后按照竹镇派出所布置打入伪程桥区任乡丁。1944年12月，当他得知伪警卫三师七团一个营将于22日来程桥换防时，立即将情况报告派出所和程桥区委，来六支队在羊山头一举歼灭日军一个班和伪军一个加强营，缴获大批武器弹药。

1946年，内战全面爆发，竹镇派出所不得不随部队后撤。竹镇暂时成了国民党统治区，不过，仅仅相隔两年多，伴随着隆隆炮声，华野大军重新开进了竹镇。1949年元月,重新组建的竹镇派出所在清匪反霸、搜捕特务中,成功侦破在当地影响极为恶劣的"毛人水怪案",一举抓获冒充水怪妖言惑众的国民党潜伏特务,消除了谣言,稳定了人心。

密衔使命赴南京

1944年下半年起,世界反法西斯战争取得节节胜利,形势对东方战场越来越有利,新四军也开始在华中局部反攻,根据地范围不断前推。9月初秋,因整风审查被关押了将近一年的三师锄奸部长扬帆排除通敌嫌疑。经过一个多月休养,扬帆康复后恢复工作。

一天,黄花塘来了一位名叫纪纲的人,自称系中共潜伏在南京的情报干部,这次受日军中国派遣军总司令冈村宁次之托,说有重要信息向新四军转达。

由谁来具体接谈呢?饶漱石思量再三,还是把目光盯上了刚刚恢复工作的扬帆。尽管扬帆刚刚蒙受不白之冤而且大病初愈,但对饶漱石分配的任务仍是欣然接受,通过找纪纲本人谈话和其他途径核实,很快就掌握了纪纲底数。

纪纲确实是潜伏在南京的红色特工。抗战期间,南京作为汪伪政权和日军指挥中枢,活跃着大批国共潜伏人员。1939年夏,受中共上海情报站委派,方知达(又名张明达)在南京以开日杂店为掩护,通过日本同盟社首席记者西里龙夫和"中华联合通讯社"采访部主任陈一峰(又名陈汝周)搜集传递日伪情报。1940年,原名李德生的纪纲偕妻子张鸣先租住在南京小火瓦巷长治里1号大院挂牌行医,暗地里领导南京情报组工作,与方知达一起组成了三人地下党支部,后又发展汪精卫私人秘书汪锦元加入,并与"南满铁道株式会社上海事务所"日本籍中共党员中西功取得联系,成功获取日军准备偷袭太平洋舰队等绝密情报,但由于未引起美方足够重视,最终还是发生了震惊世界的"珍珠港事件"。对此,还有另一个版本说法，据国民党密码破译专家霍实子回忆：

> 在"珍珠港事件"的前五天，译出日本东京外务省发致美国华盛顿日本野村大使的急电，内容大意是："饬令日本驻美的各使领馆，立刻销毁各种密电码本，只留一本普通电码备用。"从这里就可测知日军要准备发动对美国的战争了。
>
> 当时，我就在译文后写上了研译者的按语："查八一三事变前夕，日寇驻华大使川越曾向日本驻华的各领事馆发出密电，饬令销毁各种密电码本，只留一本普通本子，这就是日寇决定要发动对我国全面侵略战争的预兆。现在，日本外务省又同样电令驻美的使领馆销毁各种密电码本，只留一本普通密码，可以肯定日寇是要发动对英美的战争了。"
>
> 我亲自拿了这份刚研译出来的密电码情报，飞跑地送到办公室，交给了毛庆祥。毛阅后也马上亲自拿了这份电报送到蒋介石的手里。
>
> 事后，毛庆祥对我说，蒋介石立即把这电报内容通知了驻在重庆的美方负责官员。可惜的是，美方低估了当时中国研究日本密电码的技术，不予置信，认为国民党政府不可能破译日本的密电码。
>
> 同时，还因为日本当局事先设置一个骗局，在驻美大使野村以外，又加派了来栖特使去华盛顿搞谈判，美方信以为真，对中国交给他们的那份重要情报淡然置之，不作戒备。

当然，无论是人力获取，还是破译密码，或者兼而有之，总之"珍珠港事件"前中方就已拿到了准确情报，这一点应该毋庸置疑。次年7月，受"佐尔格案件"牵连，中共南京情报组受到严重破坏，除方知达一人乔装走脱外，纪纲与汪锦元、陈一峰及另外两名日本地下情报员全部被捕并押往日本审判。这几人虽都被判处死刑，但在汪精卫一再要求下，三名中国人才被转押回国重新审判，改判为无期徒刑，此后一直关押在南京监狱。

那么，日军为什么要现在释放纪纲，还毫不掩饰地派他来新四军军部转达重要信息呢？扬帆认为：

> 我们从各方面了解到的情况并联系当时的国际和国内形势分析，不难找到答案，原来这和当时日本人日益走向穷途末路的形势有关系……此时日本已经明显地感到灭顶之灾即将来临。日本军阀为了缩短过长的战线，早日拔出深陷在中国大陆的泥足，而苏北新四军是它的心脏边上的一颗钉子，使它坐卧不安，因此，急于想找我们，妄想与我们取得某种默契……就是在这一历史背景下，日方向我们伸出政治触角，妄想试探找到一条延缓他们失败命运的办法。日本人通过纪纲来牵线就是在这一意图下的一招棋。

显然，这完全是日军一厢情愿的痴心妄想。面对如此重大问题，不要说扬帆做不了主，就是饶漱石也不敢擅自决定，需要向延安请示。中共中央很快回复称新四军可以派人与日方秘密接触，目的是了解对方真实意图，但明确交代不得和日军谈判任何具体问题。这就如下棋，一般人是看一步走一步，高手则走一步看几步。中共中央就是战略谋划的高手，因时而动，因势而变，绝不囿于一城一域的得失，但必须牢牢把握大势和格局。

有了中共中央的指示，饶漱石遂请纪纲返回南京，向日方带话表示同意秘密接触。哪料到，纪纲这一去就似放手的风筝杳无音信。其中缘由，其实从当时的局势也可判断一二。1945年春节前后，日军在华中已如强弩之末，虽有时也主动出击"扫荡"，但规模气势大不如前，此时的日军高层用一个词来形容再合适不过：骑虎难下。按理说，他们主动提出要与新四军秘密接触，本应积极推动，结果却是犹豫不决举棋不定，妄图垂死挣扎的心态暴露无遗。

第十八章 黄花塘锄奸散记

直到大半年后的五六月间，纪纲才再次联系扬帆，提出了秘密接触安排。此时的日军已是苟延残喘，哪还有什么与新四军谈判的筹码？但来者都是客，扬帆也做好了接待的准备。6月的一天，纪纲再次从南京来到黄花塘，随行有三个日本人，都改穿了中国便服，按照事先约定双方选择在六合竹镇的一个村子秘密见面，新四军方面则派华中局宣传部长彭康、军锄奸部长梁国斌和扬帆三人参加。据扬帆回忆：

> 日本人为首的叫"立花"，据说是日本天皇的干儿子，曾任宪兵队长，后任冈村宁次总部参谋处二科对中共工作组长；一个叫"原"，一个叫"梅泽"。见面后，这三个日本人毕恭毕敬的样子，完全不像抗战初期日本军人表现的那种飞扬跋扈、蛮横无理、目空一切的形象。对我们说了些对新四军很敬佩之类的好话，接着提出他们奉命来向我们谈"局部和平"的意向，我们拒绝了。日本人以为我们嫌来人身份低不信任他们，因此，又提出希望我们派负责官员去南京和冈村宁次总部首脑直接谈谈，表示绝对保证来去安全。为了取信于我，甚至表示他们愿意留下作"人质"。

华中局研究认为，此时深入敌营一探虚实不仅可以摸清日军下步动向，还能实地了解南京城内的真实情况，便于把握抗战全局主动权。虽有日军信誓旦旦的保证，但此行的危险显而易见，在历史的巨浪中，个人永远只是一叶扁舟。让放心的人去办不放心的事，深入虎穴的重任又落到了扬帆肩上。为体现新四军诚意，并没有留下什么"人质"，此行扬帆化名章克，与这三个日本人同行。行前，华中局在黄花塘专门为扬帆召开了欢送会，一些负责同志反复叮嘱他要注意安全。

走出会场，扬帆真有"风萧萧兮易水寒，壮士一去兮不复还"的悲怆！

到达南京的第二天，日军总司令部参谋处二科主任参谋、代理科长乔岛代表尾琦大佐在位于南京繁华闹市的日军招待所——福昌饭店设宴欢迎，专门调来一个驾驶员、一辆豪华汽车以及四百公升汽油用于出行保障，并称这几天扬帆可以自由游览南京城。扬帆知道，当时日军的汽油供应已经到了非常匮乏的程度，他们之所以这么做无非是故意表示大方，既是讨好，也是为了掩饰窘境。第三天，日军派出副参谋长今井武夫与扬帆在中山路原国民党政府铁道部大楼里正式见面。

今井也是特务出身，是一个地地道道的"中国通"。1935年起出任驻华大使馆助理武官，回国后在参谋本部任中国课课长，经常奔走于南京、上海和香港多地从事侵华活动，策划并参与了建立汪伪政权和对蒋介石诱降活动的"桐工作"计划。今井为中国人所熟知，是他在日军投降后扮演了一个战败者的角色，先后赴芷江洽降和在国民政府国防部中国战区日军投降仪式上签字。

不得不承认，今井的谈判经验丰富，他一上来就主动向扬帆抛出了一个"诱饵"：半年前叛变的新四军七师皖南支队政治部副主任张经武①正在南京，若感兴趣可以随意带回根据地处置。扬帆知道他是想以此为条件试探新四军的底线，当场予以拒绝。

一计不成，今井又开出更丰厚条件：如果新四军愿意与日军合作，在华中地区实现局部和平，日军愿意让出八座县城给新四军，以共同对付美英和蒋介石军队。

狐狸终于露出了尾巴。今井刚才的一席话，果然如行前华中局和新四军领导分析的那样，此次日军主动勾连密谈的真实意图，是担心新四军和美军合作，特别是怕美军在东南沿海登陆时新四军给予配合。

1943年夏，从湖南衡阳飞赴日本执行任务的美军B-29轰炸机在返航途中路过盐阜根据地上空，因故障机组人员跳伞逃生，降落在了建阳县湖

---

① 据扬帆记忆，该张经武是枪伤皖江军区皖南支队政委黄耀南又企图暗杀皖南支队司令未遂的可耻叛徒。参见扬帆口述，丁兆甲整理：《断桅扬帆：蒙冤二十五年的扬帆自传》，群众出版社2001年版，第115页。

垛镇日伪据点附近，当地民兵游击队闻讯后不惜与据点日伪发生激战，拼死救出了五名飞行员，不久安全护送他们归队。后来的两年多时间，类似营救美军飞行员的事情在华中根据地发生过多起，促使驻华美军深感华中根据地在与日伪作战中独具的特殊战略地位。时任驻华军事代表史迪威向国会明确提出，美军在装备国民党军的同时，也应装备活跃于黄海、东海沿岸的新四军。这一建议得到总统罗斯福批准，派出了以包瑞德为首的美军观察组赴延安，同时在五师驻地大悟山专门建立起第十四航空队无线电通讯网，与八路军、新四军共同开展情报交换和营救飞行员等工作。曾战斗在武汉外围的五师老战士余群回忆：

> 1943年秋，刚刚入党的我，被师部选调到国际招待所工作。我们招待所的工作就是负责招待美国在五师设立情报联系的军官。当时招待所已住有四位美国军人，即一位中校、一位少校和两位军士，其中有两名军士是美方的无线电收发报员。招待所下设有：无线电台室、机要室、有线电话班、通讯班、饲养班、警卫排、普通食堂和西餐食堂。我主要从事后勤接待工作。

日本和美国都清楚，黄海和东海岸线辽阔的农村基本都处于新四军控制的根据地内，这一地区最接近上海、杭州、南京等日伪占领的中心城市，美军要想在此登陆或空降，怎么也绕不开新四军部队的支持，而日本要想阻止美军登陆，也非要新四军默许不可。

所以，今井一开口，扬帆就明白他话中的圈套，当即表明态度："我可以听听你们的建议，但是我们现在不愿意具体讨论这些问题，我可以把你们的意见带回去请示新四军领导。"

日方对此表示自然会感到失望，但按照计划，第四天还是安排总参谋长小林浅三郎以冈村宁次代表的名义来见扬帆。他知道要谈具体问题已不可能，便向扬帆表示："我们双方既然有友好的意向，具体问题先不谈，希望保持联系。"

会谈结束后,扬帆借故在南京城逗留了几天,利用日军提供的方便,以游览为名到多地作了观察才返回黄花塘,把日方意图和这几天所见日军高层低落的情绪等向饶漱石一一作了汇报。华中局和军部敏锐地意识到时局即将发生重大改变,在详细报告中共中央同时,对当前工作和部队部署也作了预先调整,调动淮南的二师主力向津浦路南段集中,做好过江准备。

两个月后,就在日军宣布无条件投降的前夜,8月14日扬帆奉命二赴南京,计划通过纪纲联络日军高层转达新四军受降指令,洽谈接管事宜。没料到,此时的日伪顽三方已迅速合流,日方代表答复扬帆,根据《波茨坦公告》规定,日军只能向国民政府投降。冈村宁次在其《回忆录》中也承认:"8月15日午后四时左右,有一个自称新四军军使,名章克的人前来南京派遣军司令部,要求面会总司令官……告称协商有关接收日军武器问题。故拒绝会面,并令该人离去。"

这次秘密行动虽以失败告终,但扬帆通过接触了解到了日伪高层的受降态度,沿路也搜集了情报,待他几天后过江返回根据地时,六合县城已经解放,新四军部队已直达长江边和南京城隔江相望了……

就在扬帆回到军部后不久,新四军部队根据中共中央关于夺取大城市与交通要道的战略部署,由二师担任夺取蚌埠到浦口之线,四师担负夺取徐州,三师主力集中津浦线与二、四师共同担任夺取该线并巩固占领,七师担任夺取芜湖,一、六师及苏南、苏中担任夺取南京、上海之线,浙东担任夺取沪杭甬之线。华中根据地军民迅速转入全面反攻阶段,以摧枯拉朽之势驰骋于大江南北……

根据国共"双十协定",9月19日华中局机关和新四军军部移驻淮阴,一个月后北移临沂,华中局也和山东局合并为华东局,统一领导和指挥新四军、山东省军区工作。直到1947年1月21日华东野战军成立,新四军番号才予撤销。从1937年10月12日国民政府正式宣布成立新四军开始,前后十个年头，铁的新四军不负众望胜利完成了坚持和发展华中敌后的历史使命，以崭新面貌出现在了新的战场上。在这十年里，作为防间反特的主管部门，新四军和根据地的各级锄奸保卫组织对于维护内部的纯洁巩固和集中统一作出历史性贡献，奋战在这条特殊战线上的锄奸保卫干部们，出生入死、功勋卓著，值得后人永远铭记!

尾声：奔赴新的战场

解放战争期间的锄奸斗争，鉴于国共内战属阶级矛盾的性质，中央军委命令全军部队一律改回保卫工作。机构设置也得到加强和健全，在军以上政治部设保卫部，师政治部设保卫科，团政治处设保卫股。

随着部队调整整编，新四军时期从事过锄奸保卫工作的不少同志，有的走上领导工作岗位，如李一氓任华东局常委兼宣传部长，汤光恢任华东野战军第一纵队政治部主任、二十军副政委，周林任华东军区直属政治部主任、渤海三地委书记，方中铎任华东野战军二纵师政委、军政治部主任……

有的改行分配新的工作，如许道琦任陕南军区第三军分区政治部主任、二野十二纵宣传部长，张雍耿任华东野战军一纵师副政委、三野师政委，倪南山任苏浙军区留守处参谋长、皖浙赣边区游击支队长和浮梁军分区司令员，蓝荣玉任华中野战军组织部长、华东野战军组织部副部长，黄宇齐任武汉工委书记、东北俘虏军官管理处长……

也有的转调地方工作，如李丰平任山东省公安局长、昌潍警备司令部副司令员，周山任两淮市公安局长、华中工委社会部长兼公安处长……

更多的则继续战斗在光荣的保卫战线，梁国斌任华东军区保卫部长、华东局社会部长，扬帆任华中局联络部长、华东局社会部副部长，龙潜任三野保卫部长、南京市公安局长，丁公量、杨家保先后任华东野战军一纵保卫部长继续在汤光恢直接领导下开展工作，周彬随三师挥师北上后任东北野战军二纵保卫部长、西满军区保卫部长，耿道明任华东野战军二纵保卫部长、三十五军保卫部长，洪沛霖任华东野战军七纵保卫部长，瞿道文任华东野战军十纵保卫部长、三野九兵团保卫部长……

这一时期，保卫部门以国民党中统军统为主要对手，加强反谍侦察，开展内部清审，落实基层教育，抓好战俘转化，始终保证官兵思想纯洁、防线可靠。特别是1949年前后的历史巨变中，在接管济南、徐州、南京、上海和杭州等大城市过程中，更是临危不惧、身先士卒，导演了一场场不见刀光剑影甚是惊心动魄的反谍肃特大戏，留给后人更多探奇、回味和观止的经典案例。

这就是保卫工作和保卫干部：忠诚、奉献、敬业、担当……

面对我与敌的较量，机智果敢；面对生与死的考验，冲锋在前；面对国与家的取舍，抛妻离子；面对名与利的诱惑，更是习惯性选择为人遗忘。

就连毛泽东也感叹："你们的作用有多大呢？你们起到了一个方面军的作用。你们是无名英雄，工作取得成绩，功劳再大，第一不能登报，第二不能宣传。不过党是知道你们的工作和功绩的！"

历史的天空云卷云舒。据不完全统计，后来曾经战斗在新四军和华中根据地的锄奸保卫干部中，新中国成立后担任军职以上干部35人、省部级以上干部17人，有多人出任司令员、政治委员、省委书记、部长和厅（局）长，伴随着共和国一路成长，在巩固和建设新生的人民政权中再立新功。

无形战线，无私奉献，无名英雄，无上光荣！

主要参考文献

著作类：

[1] 中国人民解放军总政治部历史资料丛书编审委员会：《中国人民解放军政治工作·保卫工作》，解放军出版社 2006 年版。

[2] 南京军区政治部保卫部：《南京军区保卫工作史》，2013 年。

[3] 南京军区政治部军事法院：《南京军区军法工作史》，2015 年。

[4] 胡卫平主编：《军队保卫工作历史研究》，解放军出版社 2016 年版。

[5] 胡兆才：《黄花塘纪事：新四军 1943—1945》，2013 年。

[6] 夏继诚：《日寇宪兵队里的新四军——四〇〇反间谍小组纪实》，人民日报出版社 2003 年版。

[7] 扬帆口述，丁兆甲整理：《断桅扬帆：蒙冤二十五年的扬帆自传》，群众出版社 2001 年版。

[8] 关克涛、李家瑞：《敌后便衣队》，1998 年。

[9] 马洪才编著：《新四军人物志》，江苏人民出版社 2004 年版。

[10] 浙江省新四军研究会：《无形的战线》，1990 年。

[11] 豫皖苏边区党史办公室、安徽省档案馆：《淮北抗日根据地史料选辑》第 6 辑，1985 年。

[12] 安徽省新四军历史研究会编：《隐蔽战线上的斗争》，当代中国出版社 2003 年版。

[13] 南京军区政治部编研室：《新四军组织发展实录》，江苏人民出版社 1992 年版。

[14] 江苏省公安档案中心：《傲雪青松——纪念洪沛霖专辑》，2002 年。

[15] 杨奎松：《国民党的"联共"与"反共"》，社会科学文献出版社 2009 年版。

[16] 刘勉钰：《江西三年游击战争史》，江西人民出版社 2009 年版。

[17] 中国人民政治协商会议上海市委员会文史资料工作委员会：《文史资料选辑》（总第 27 辑），上海人民出版社 1979 年版。

[18] 中国人民政治协商会议上海市委员会文史资料工作委员会：《文史资料选辑》（总第 32 辑），上海人民出版社，1980 年版。

[19] 中国人民政治协商会议上海市委员会文史资料工作委员会：《文史资料选辑》（总第 34 辑），上海人民出版社 1980 年版。

[20] 周焕中主编：《特殊的战线》，武汉大学出版社 1991 年版。

[21] 段焕竞：《武功儿女翻江海——我和李珊的战斗生涯》，上海文艺出版社 1995 年版。

[22]《陈伟达纪念文集》，天津人民出版社 1996 年版。

[23] 赵一德：《据点游击战》，江苏人民出版社 1962 年版。

[24]《赵一德纪念文集》，1998 年。

[25] 芳草后：《打开尘封的记忆——忆我的父亲周林》，南京大学出版社 2012 年版。

[26] 上海市新四军历史研究会、二师淮南研究分会编：《战斗在淮南——新四军第二师暨淮南抗日民主根据地回忆录》，上海文艺出版社 2005 年版。

[27] 沈培新主编：《茂林悲歌——皖南事变全景扫描》，中央文献出版社 2010 年版。

[28] 上海市档案馆：《上海档案史料研究》第 9 辑，上海三联书店 2010 年版。

[29] 江苏省委党史办、江苏省新四军研究会：《老兵话当年》第 1 辑，2001 年。

[30] 北京新四军研究会：《铁流——纪念新四军成立 70 周年》，2007 年。

[31] 北京新四军研究会：《中国抗日战争胜利的意义和思考——纪念抗日战争胜利 60 周年大会论文集》（三），2005 年。

[32] 徐明（李国友）：《回忆与怀念》，1999 年。

[33]浙江省新四军历史研究会、浙江省公安厅政治部：《李丰平百年诞辰纪念》，2012年。

[34]《漆先庭传》编写组：《漆先庭传》，中央文献出版社2012年版。

[35]《李一氓回忆录》，人民出版社2001年版。

[36]迟步洲、霍实子等：《密码战》，中国文史出版社2012年版。

[37]马振犊、邢烨：《军统特务活动史》，金城出版社2016年版。

[38]蒋柳清：《中共锄奸保卫史记》，解放军出版社2015年版。

报刊网络类：

[1]弓云：《新四军美女侦察员之谜》，《坦克装甲车辆·新军事》2011年第1期。

[2]芮天舒：《"楚天奇女"舒赛》，《周末》2015年1月29日。

[3]《走进日军据点的新四军女侦察员》，新华网，2010年2月10日。

[4]石华山：《我的情报工作生涯》，《人民公安》1999年第16期。

[5]魏益想：《孤胆锄奸》，《军事历史》1995年第5期。

[6]《马世和：孤胆女特工》，江海明珠网，2014年7月3日。

[7]《南通美女地下党打入日伪特工组》，《扬子晚报》2013年1月26日。

[8]施宁、陈嘉：《寺街版"潜伏"者——陈自求》，《南通日报》2011年7月20日。

[9]于化民：《淮北根据地纠正淮中、泗阳两案述评》，《抗日战争研究》2009年第3期。

[10]黄栋法：《彭雪枫纠正淮中冤案》，《党史纵横》1995年第2期。

[11]区济文、王彦：《新四军四师"托派"案件始末》，《广西党史》2000年第5期。

[12]赵阜：《我所亲历的"抢救运动"》，《中国社会导刊》2003年第3期。

[13]李东朗：《康生与延安抢救运动》，《百年潮》2002年第5期。

[14]秦生：《延安"抢救运动"始末》，《社会科学》1989年第2期。

［15］曹晋杰：《新四军在抗日根据地的肃反锄奸斗争》，《铁军·纵横》2012年第3期。

［16］赖晨：《"军统谍王"沈之岳》，《湖北档案》2013年第1期。

［17］杭东：《"双面谍王"的传奇与谜案》，《党史纵横》2013年第7期。

［18］卢荻：《沈之岳：潜伏阵营的"最大谜题"》，《同舟共进》2013年第2期。

［19］《保卫刘少奇同志安全回延安纪实》，中华网，2012年3月3日。

［20］卢荻：《陈毅秘密赴延安》，《党史天地》1994年第2期。

［21］钱书琴：《传奇女英雄郑少仪》，《铁军》2015年第3期。

［22］《国军女中尉只身夜送"鸡毛信"新四军连夜备战打赢郭村保卫战》，江苏档案网。

［23］李富慧、丁枚：《施亚夫计赚汪精卫一个师》，《钟山风雨》2011年第5期。

［24］吕传彬：《施亚夫：佩戴日伪中将军衔的中共特工》，《湖北档案》2012年第11期。

［25］胡兆才：《日伪魔窟的谍报员》，《南京史志》1995年第3期。

［26］沈爱平：《我的好战友梁国斌》，《人民公安》2003年第1期。

［27］任国勇：《中国第一个"派出所"诞生记》，《民主与法制时报》2013年6月17日。

［28］《六合竹镇诞生中国第一个派出所》，《东方卫报》2015年8月5日。

［29］《中国第一个"派出所"：在日寇炮火下诞生》，新华网，2013年11月5日。

［30］付兵儿：《"新四军第一所"——竹镇派出所》，《档案与建设》2013年第7期。

［31］朱同友：《论抗战时期苏南的秘密社会》，《党史研究与教学》1995年第1期。

［32］吴云峰：《新四军对刀会、帮会的争取和改造工作》，《江汉大学学报

（人文科学版）》2007 年第 12 期。

［33］周建超：《新四军争取帮会抗日的方针与实践》，《安徽史学》2006年第 5 期。

［34］马继庆：《谭副司令收编土匪余子才》，《党史纵览》1997 年第 4 期。

［35］杨宏伟：《隐蔽战线上的传奇人物潘汉年蒙冤"镇江事件"》，《文史春秋》2005 年第 2 期。

［36］吴新亚：《潘汉年"镇江事件"真相》，《文史精华》2007 年第 1 期。

［37］于继增：《新四军通海自卫团"诈降"内幕》，《档案春秋》2011 年第 1 期。

［38］芮天舒：《汤景延卧底将军"木马计"》，《周末》2015 年 2 月 12 日。

［39］刘晓滇、刘晓清：《具有神秘色彩的新四军联络参谋》，《文史春秋》2008 年第 10 期。

［40］王庭岳：《国民党的特使——联络参谋在延安》，《文史》1990 年第 5 期。

［41］张家胜、王磊：《"皖南事变"中受牵累的苏军顾问》，《文史春秋》2005 年第 1 期。

［42］童志强：《项英被害前后和叛徒刘厚总的下落》，《安徽省委党校学报》1986 年第 4 期。

［43］贺华泉：《"皖南事变"中三个叛变者的结局》，中国共产党新闻网，2010 年 3 月 4 日。

［44］项苏云口述，李菁整理：《项英之女：父亲是死在自己人手里》，《文史博览》2010 年第 1 期。

［45］王中天：《杀项英投敌不料关进渣滓洞，释放后遇熟人叛徒终被擒》，《文史》2010 年第 11 期。

［46］韩三洲：《"皖南事变"后的一桩审查悲剧》，《炎黄春秋》2010 年第 9 期。

［47］毛冀：《陶勇死保叶道志》，《世纪风采》2009 年第 2 期。

［48］夏继诚：《新四军的秘密交通线》，《党史博览》2010 年第 6 期。

［49］余群口述，涂宏伟整理：《我和美国飞虎队员的一段往事》，《军事史林》2010年第11期。

［50］储淡如：《储筱园芜湖锄奸记》，《江淮文史》1995年第4期。

［51］高歌：《新四军特使二进南京》，《红岩春秋》1997年第5期。

［52］汤雄：《解密沙家浜》，《啄木鸟》2005年第10期。

［53］钱凯：《陈毅慧眼识"半仙"》，《铁军·纪实》2013年第3期。

后 记

写一本反映新四军和华中根据地锄奸保卫工作书的想法，源于2012年。

这年的11月，原总政治部保卫部决定筹建中国人民解放军保卫工作历史陈列馆，我有幸参加到这项工作中来，与其他同志一起，完成线索查询、资料收集任务。利用这个工作便利，我先后陪同有关同志到华东五省一市内的多个红色景点、纪念馆和博物馆参观座谈，走进上海、南京等地档案馆查阅文献资料，采访多位保卫战线的老同志、遗属或其子女及研究专家，收集了些第一手资料，使我深受教育。

在此过程中，有三个因素促使我坚定了撰写本书的念头：一是我感到新四军和华中根据地锄奸保卫工作，由于受抗日战争这一民族矛盾因素影响，所展现出来的人性故事更为引人入胜扣人心弦，但从目前所能读到的资料来看，基本上都散见于个人回忆录和零星文章，缺少系统集中的挖掘梳理。二是我采访过的这些老同志老阿姨，年龄最大的丁公量老人时年已95岁高龄，他们给我谈得最多的就是新四军锄奸保卫工作。我想，蕴含其中的无论经验还是教训，对于我们做好今天的部队保卫工作和政法工作都有一定的借鉴意义。三是作为一名来自盐阜老区的后代，我生于斯长于斯，小时候听得最多的革命故事就发生在新四军和华中根据地，是铁军精神滋养和哺养了我们这一代人，把前辈们的丰功伟绩记下来写出来让更多人读到，对我来说责无旁贷。

在文中我也述及，锄奸保卫工作作为隐蔽战线的重要环节，锄奸干部们始终推崇的工作信条就是"无名"，始终坚持的办事原则就是少说少写多干甚至干了也不说不写，这就导致保存到现在的专题资料和实物少之又少，给本书写作带来了不小难度，动笔前才决定采取文学加史实的手法，尽我所能形成了现在这样的文字。当然掩卷而思，无论是辉煌成绩的总结，还是深刻教训的汲取，并非锄奸保卫部门和锄奸保卫干部一家之功、一己之责，必须放到更为宏阔的历史背景中去考察和探寻，不可求全责备。

需要特别说明的是，本书写作的重点是新四军锄奸保卫工作，华中局包括其前身东南局、中原局和华中根据地虽然分设了社会部、保安处（后改名为公安局），但通常都是"一套人马、两块牌子"，人员交叉任职流动频繁，尤其是1943年前后实行精兵简政和一元化领导，许多基层的锄奸保卫干部都是党政军的锄奸保卫"一肩挑"，工作中也长期形成了虽有分家但不分工的状态，所以在写作过程中对于发生在党内和根据地内的锄奸案例一并纳入其中，未加以区别。

写作时参阅了相关著作和论文，出版时考虑到可读性又引用了有关历史照片，由于部分作者姓名、地址不详，未能事先取得联系深表歉意，也请作者或版权所有者见到本书后与我联系，届时将按有关规定支付稿酬。审阅时，得到了原总政治部保卫部、原西安政治学院军队保卫工作系和中国新四军研究会等领导专家的具体指导，《铁军》杂志副总编刘顺发逐字逐句把关修改，提出了许多宝贵意见。我的妻子杨彩霞女士也给予了多方面的支持，在此向他们一并致以谢忱！

限于所掌握的资料和个人水平，加之当年在新四军和华中根据地从事过锄奸保卫工作的绝大多数老同志已经过世，即使尽了最大努力，书中错漏和不当之处在所难免，敬请熟悉的同志批评指正。同时，正是由于本书属于纪实性历史著作，除了当事人的回忆文字外，请不要作为史料引用，特此申明。

按照当初的想法,是要写成全面反映新中国成立前党领导人民军队和根据地开展保卫工作生动实践的系列书籍,为此我也做了一些准备,2017年11月赴山西、河南等地红色景点进行了体验式参观,收集了一批老同志的回忆录和相关文稿,并着手安排采访活动,怎料很快迎来工作岗位调整,也就放慢了手头计划,但由此形成对党史军史的特殊兴趣一直没有改变。今年,中共中央决定在全党开展党史学习教育活动,使我对这项工作有了新的更高认识,也鞭策自己更好学党史、悟思想、办实事、开新局。